"十三五"高等教育课程改革项目研究成果

物流经济地理

（第3版）

主　编　李　旸　陈启新
副主编　张　宁　陈云天　罗维燕

U0832101

北京理工大学出版社
BEIJING INSTITUTE OF TECHNOLOGY PRESS

内 容 简 介

本教材主要内容包括：绪论、物流交通地理、工农业物流地理、商业旅游业物流地理以及国内国际物流分区地理等内容。

作者在编写本书的过程中，力求反映物流经济地理学科的基本规律，反映最新发展理论和实践态势，提高学生理论水平和实践技能，实现素质教育目标。在编写内容上，注意做到内容丰富、应用面广、适用性强。作者在第2版的基础上广泛地收集国内外有关物流经济地理的最新资料，对第2版中的大量的数据和内容进行了更新，使读者能够掌握物流经济地理领域的新动态及新知识并适应高等职业教育的教学特点，增强本书的可读性。在编写结构上，由浅入深、由基础到发展，努力将理论性、实务性及操作性相结合，力求做到重点突出、简明扼要、通俗易懂。

本书专为高等院校物流类专业学生编写，同时也可作为物流在职人员培训及自学知识的参考用书。

版权专有　侵权必究

图书在版编目（CIP）数据

物流经济地理／李旸，陈启新主编. —3版. —北京：北京理工大学出版社，2017.1(2018.2重印)

ISBN 978-7-5682-3489-4

Ⅰ. ①物…　Ⅱ. ①李…　②陈…　Ⅲ. ①物流-经济地理-高等学校-教材　Ⅳ. ①F259.22

中国版本图书馆CIP数据核字(2016)第323800号

出版发行／北京理工大学出版社有限责任公司
社　　址／北京市海淀区中关村南大街5号
邮　　编／100081
电　　话／(010)68914775(总编室)
　　　　　(010)82562903(教材售后服务热线)
　　　　　(010)68948351(其他图书服务热线)
网　　址／http://www.bitpress.com.cn
经　　销／全国各地新华书店
印　　刷／三河市天利华印刷装订有限公司
开　　本／787毫米×1092毫米　1/16
印　　张／17.5
字　　数／411千字
版　　次／2017年1月第3版　2018年2月第4次印刷
定　　价／45.00元

责任编辑／周　磊
文案编辑／周　磊
责任校对／周瑞红
责任印制／李志强

图书出现印装质量问题，请拨打售后服务热线，本社负责调换

第3版前言 PREFACE

本书第1版2007年出版发行，第2版于2011年修订并出版发行，自第2版发行至今已有5年多的时间了。经过近年来的使用和教学实践，为了使其能够更加符合高等教育物流管理专业的教学要求，在收集和征求各院校和读者对本书反馈意见和建议的基础上，结合行业专家、学者和一线教师的宝贵建议，我们对教材进行本次修订。

"突出基础知识，培养创新能力"是本书编写和修订的指导思想。2016-2020年是国民经济和社会发展第"十三五"规划时期，"互联网+"时代的到来对物流行业的影响是及其深远的，本书第3版在各章都增加了拓展阅读的网页链接二维码，希望读者在注重基础知识的同时，也要与时俱进，关注国家经济形势和物流行业的新进展。

本书既可作为高等院校物流管理及相关专业课程的教材，也可作为广大物流业界人员的学习培训用书和学习参考用书。

本书第3版，由李旸、陈启新担任主编，张宁、陈云天、罗维燕担任副主编，李旸对全书进行统稿。

各章编写分工如下：

第1章、第6章 李旸、陈云天

第2章、第3章 张宁、陈启新

第4章、第5章 陈启新、罗维燕

由于作者学识水平有限，加之时间仓促，书中难免有不足之处，恳请广大读者提出宝贵意见。

编　者

前　言 PREFACE

物流经济地理是物流学和经济地理学相结合的一门综合性学科，同许多相邻学科有着极其密切的关系，包括物流学、地理学、经济地理学等，是介于社会经济科学、自然科学和技术科学之间的边缘学科。

物流是商品实体的流动，即商品实体在空间的位移，以及商品实体的包装和外形的改变。物流是以物的动态流转过程为主要研究对象，揭示交通运输、物资仓储、包装流通、装卸搬运及物流信息等活动的内在联系；物流是管理工程和技术工程相结合的综合学科，对于企业加强流通管理，提高经济效益有着十分重要的意义。

经济地理是人文地理学的一个重要分支，是研究各国、各地区生产力布局的形成、发展条件和变化规律的学科。物流经济地理学主要研究各种物流的地域布局、各地区物产分布、商品集散的中心和范围、贸易联系、货运情况等，着重研究商业的地域组织、市场区位、商业中心和腹地的经济联系、商品销售和居民的社会经济结构的关系以及商业活动的季节变化等。

本书编写内容突出实用性、操作性，同时较多地运用数据、图表、图片，以期达到直观的效果。本教材由李旸、罗维燕担任主编；张宁、陈云天，陈秀凤担任副主编；张康潜参与编写。李旸负责全书的总体策划和最后统稿。

各章编写分工如下：第 1 章、第 6 章由李旸、陈云天编写；第 2 章、第 3 章由张宁、陈秀凤编写；第 4 章、第 5 章由罗维燕、张康潜编写。

本书在编写过程中参考了大量的书籍、文献、论文及国内外网站，作者已尽可能地在参考文献中详细地列出，在此对这些专家、学者表示深深的谢意。可能有的引证参考资料由于疏忽或其他转载的原因没有列出出处，在此表示十分的歉意。由于水平有限，时间仓促，作者的研究还不够深入，因此书中难免存在不足，在此恳请读者提出宝贵意见。

编　者

目 录 CONTENTS

第 1 章

绪　论

本章重点

本章介绍了物流经济地理的学科性质和研究内容，围绕生产力布局和物流的关系展开，明确自然条件和人力资源条件是生产力布局的基本条件，重点掌握我国自然资源的特点和人力资源条件。

1.1　概　　述

1.1.1　物流经济地理的学科性质

物流经济地理是物流学和经济地理学相结合的一门综合性学科，同许多相邻学科有着极其密切的关系，包括物流学、地理学、经济地理学等，是介于社会经济科学、自然科学和技术科学之间的边缘科学。

1. 物流学

物流是商品实体的流通，即商品实体在空间的位移，以及商品实体的包装和外形的改变。其内容包括包装、装卸、运输、储存、保管、配送和流通中的加工等环节。

物流是随着商品生产和商品交换的发展而产生和发展起来的。为了提高商品流通的经济效益，要合理组织商品实体的流通，实现物流合理化。其内容包括：选择合理的运输线路，按经济区域组织流通，使商品实体以最短的运输距离从生产领域进入消费领域，从而缩短商品的在途时间，节约流通费用；选择最恰当的运输方式，例如直达运输、转站运输等；选择最方便、最经济的运输工具，提高运输工具的利用效率和综合运输能力；建立物流中心，采用现代化的仓储设备和先进的仓库管理办法以及其他科学的物流手段，促进物流的现代化。

2. 地理学

地理学是研究地表（包括大气圈、水圈、岩石圈、生物圈等）空间分布和变化规律的科学，分为自然地理学和人文地理学两大分支学科。前者揭示自然环境对人类活动的作用，后者则揭示人类活动对赖以生存的自然环境的影响。地理学的学科体系见图 1-1。

3. 经济地理学

经济地理学是人文地理学的一个重要分支，是研究各国、各地区生产力布局的形成、发

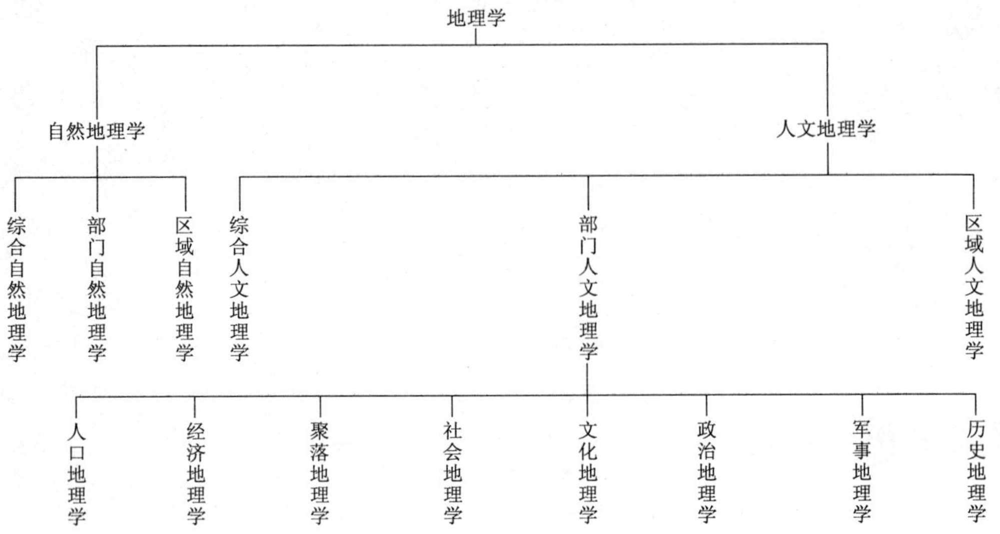

图 1-1　地理学的学科体系

展条件和变化规律的学科。

生产力布局不是一成不变的，随着生产方式的变化以及自然、技术、社会条件的改变而发生相应的变化，尤其是代表生产力水平的科学技术的发展，引起各经济部门和经济要素的空间组合向纵深化、复杂化和多样化的方向不断发展，成为生产力布局的必然趋势。

1.1.2　物流经济地理的研究内容

物流经济地理学主要研究各种物流的地域布局，包括物流运输枢纽和综合运输网的布局，运输活动和地理因素的空间联系，客流和货流的形成、流向和流量分析，运输枢纽和经济腹地的关系，运输区划及其变化等。由于城市化的发展，还出现了一些与城市地理学有关联的研究课题。物流经济地理学还研究各地区物产分布、商品集散的中心和范围、贸易联系、货运情况等，着重研究商业的地域组织、市场区位、商业中心和腹地的经济联系、商品销售和居民的社会经济结构关系、商业活动的季节变化等。以生产为主体的人类经济活动，包括生产、交换、分配和消费的整个过程，是由物质流、商品流、人口流和信息流把农场、矿场、工厂、乡村和城镇居民点、交通运输站点、商业服务设施以及金融等经济中心联结在一起而组成的一个经济活动系统。这一系列经济活动都是在具体的地域内进行的，因此，以地域为单元研究各地区经济活动的系统及其发展过程，已成为物流经济地理学研究的特殊领域。

1.2　生产力布局与物流经济地理

1.2.1　生产力布局的概念

生产力布局亦称生产力配置，指生产力在地理位置上的分布和配置，即在一定范围内（国家、地区、城市）生产力系统的空间分布与组合。生产力布局是一个由点、线、面、网组成的多层次、多侧面、纵横交织的网络系统。生产力布局包括工业生产布局、农业生产布局和交通布局等，其中最重要的是工业生产布局。如果从国民经济的不同角度进行考察，生产力布局包括国民经济宏观布局、地区和部门的中观布局以及地点微观布局三个层次，这三个层次之间有着密切的关系：国民经济宏观布局是确定全国性的生产力布局的总体部署，带有全局性战略意义；地点微观布局是基层单位的布局，是具有局部意义的战术性布局，但却是生产力布局的最后落实与体现；地区和部门的中观布局则介于国民经济宏观布局与地点微观布局之间，具有承上启下的作用。从整体看，宏观布局对其他两个层次具有指导意义，其他两个层次的布局必须服从它的利益和需要。下一层次的布局应当服从上一层次布局的要求，微观布局应为实现宏观布局服务，但宏观布局也必须顾及微观布局的需要，合理的微观布局是宏观布局的基础。只有这样，各个层次的生产力布局才能层层相连，环环相扣，组成一个生产力布局的大系统。因此，必须按照生产力布局的三个层次，由上而下地布局生产力，使之趋于合理化，促进生产力的发展。

生产力宏观布局亦称国家总体布局，指全国范围内生产力的总体配置。它是从国民经济总体来考察各个部门生产力在全国不同区域的分布与组合。如根据自然条件与经济条件将我国内地划分为东部、中部、西部、东北四大板块，并将四个板块划分为八大综合经济区。生产力的宏观布局是生产力布局的战略环节，关系到全国生产力布局的总体部署和轮廓方向，因此，在生产力布局的各个层次中的地位最为重要。生产力的宏观布局必须注意经济区之间的不平衡布局，贯彻经济区专业化和综合发展相结合原则，实现宏观布局合理化。只有搞好国家总体布局，才能为搞好下属各层次的布局提供基础，才会对未来的社会生产和整个国民经济的发展产生深远的影响。

生产力微观布局亦称地点选择，是指生产单位内部生产力各因素的布局，即从经济实体考察的各企业的选点定址以及厂（场）内生产力要素的配置。在每个生产单位中，从原料投入生产开始，经过加工制造到产品运出的全过程，必须对劳动者、劳动工具、劳动条件和劳动对象所需的空间，做出合理的分布和安排，以便实现有效的配合和流畅的运行，取得最佳的经济效益。通过合理的微观布局，可以使企业群体内部按性质分类、按功能分区，分别组成各种功能小区，如工业区、文化区、居住区等。同时，通过集结布局、区位优选，即依据技术经济联系，为企业配套成体系，进行相对集中配置，形成企业群落，在企业群内又根据指向性规律或其他规律的要求，选择最优厂址，以达到企业群体的最佳效益。

生产力布局，是社会生产力发展和社会生产力分工在空间的表现，是社会存在的基本形式。由于各类行业所需要的生产资源不同，不同地域所拥有的生产资源不同，这就产生了一定的行业如何配置在合适的区域才会产生最大经济效益的问题。生产力布局的合理与否，直接影响到社会资源的合理配置，影响到区域经济的协调发展。比如，农业发展需要肥沃的土地和适宜的气候，黑龙江省土地条件居全国之首，因此成为国家粮食主产地之一。山西省矿产资源非常丰富，其中煤、铝、铁矾土和沸石等七种矿藏储量居全国第一，居全国前十位的矿产有 34 种，非常适合发展采矿业。

1.2.2 我国生产力布局的基本条件

发改地区〔2016〕1771号

生产力布局的条件包括影响生产力布局的地理位置、自然条件、社会经济条件、生产技术条件、人力资源条件等。自然条件和人力资源条件是生产力布局的基本条件。

1. 我国的自然条件

自然条件包括自然环境和自然资源两个方面。前者主要指地理位置、地形、气候等要素；后者包括土地、矿产、能源、陆地、水、海洋、动植物等。一国的自然条件状况如何，必然会对生产力布局产生影响，比如影响劳动生产率、产品的质量和形式、生产的地理分工等。

1）地理位置

中华人民共和国简称中国。它位于北半球，在全球最大的大陆——亚欧大陆的东部和全球最大的海洋——太平洋的西岸，西南面距印度洋不远，见图1-2。

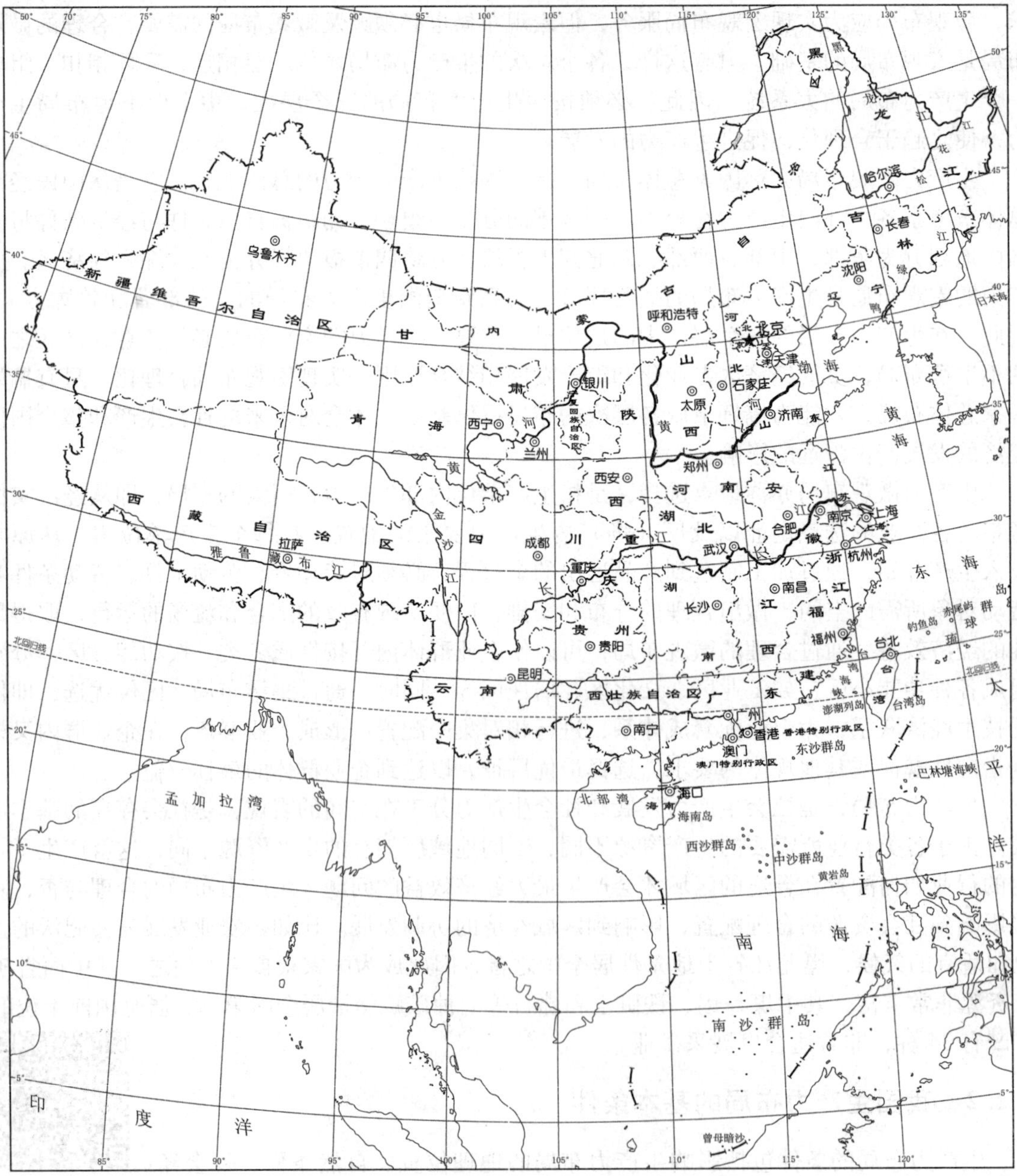

图1-2　中国地理位置

我国国土大部分地处中纬度，最北境在黑龙江省漠河以北的黑龙江主航道的中心线上（北纬53°34′），最南境在南沙群岛的曾母暗沙附近（北纬3°51′），南北延伸5 500千米，跨纬度约50°。由于纬度不同，南北之间太阳入射角的大小和昼夜长短差别很大，由此导致辐射能和温度的差异。从南到北，全国（除青藏高原高寒区外）跨越了赤道带、热带、亚热带、暖（南）温带、中温带和寒（北）温带五个温度带。其中亚热带、暖温带、中温带三者的面积约占全国面积的70%。

我国国土最东境在黑龙江省的黑龙江和乌苏里江的主航道汇合处（东经135°05′），最西境在新疆维吾尔自治区的帕米尔高原上（东经73°40′），东西距离5 200千米，跨经度将近62°，时差在4小时以上。在世界标准时区中，我国国土分属东五区至东九区的五个时区。目前我国除新疆维吾尔自治区外，统一以北京所在的东八区的时间作为全国的标准时间，并称其为“北京时间”。

我国国土辽阔广大，陆地总面积约为960万平方千米，约占全球陆地面积的1/15，亚洲面积的1/4。在世界各国中，我国的面积仅次于俄罗斯和加拿大，居世界第三位。

我国陆地疆界长2万多千米。同我国陆地接壤的邻国：东北有朝鲜；北有俄罗斯和蒙古；西和西南有哈萨克斯坦、吉尔吉斯斯坦、塔吉克斯坦、阿富汗、巴基斯坦、印度、尼泊尔和不丹；南有缅甸、老挝和越南。

我国东部面临海洋，海岸线总长度为3.2万多千米。其中大陆海岸线，北起鸭绿江口，南至北仑河口，长达1.8万多千米。环绕我国大陆边缘的海，自北至南为渤海、黄海、东海和南海，它们与太平洋连成一片。我国是世界上岛屿最多的国家之一，其中近86%分布在杭州湾以南的大陆近海和南海之中。台湾岛东部海岸及钓鱼岛、赤尾屿等岛屿的海岸直接濒临太平洋。

同我国隔海相望的国家，东有韩国、日本；东南有菲律宾、马来西亚、文莱和印度尼西亚。

2）地形

（1）地势西高东低。各种地形类型大致围绕被称做“世界屋脊”的青藏高原，像阶梯一样呈半圆状向着太平洋逐级降低。由两条山岭组成的地形界线，明显地把大陆地形分为三级阶梯，见图1-3。

青藏高原平均海拔在4 000米以上，面积达230万平方千米，是世界上最大的高原之一，也是中国地形上最高一级的阶梯。它雄踞西南，在高原上横卧着一列列雪峰连绵的巨大山脉，自北而南有昆仑山脉、阿尔金山脉、祁连山脉、唐古拉山脉、喀喇昆仑山脉、冈底斯山脉和喜马拉雅山脉。

越过青藏高原北缘的昆仑山—祁连山和东缘的岷山—邛崃山—横断山一线，地势迅速下降到海拔1 000~2 000米，局部地区在500米以下，这便是第二级阶梯。它的东缘大致以大兴安岭至太行山，经巫山向南至武陵山、雪峰山一线为界。这里分布着一系列海拔在1 500米以上的高山、高原和盆地，自北而南有阿尔泰山脉、天山山脉、秦岭山脉；内蒙古高原、黄土高原、云贵高原；准噶尔盆地、塔里木盆地和四川盆地等。

翻过大兴安岭至雪峰山一线，向东直到海岸，这里是一片海拔500米以下的丘陵和平原，它们可作为第三级阶梯。在这一阶梯里，自北而南分布有东北平原、华北平原和长江中下游平原；长江以南还有一片广阔的低山丘陵，一般统称为东南丘陵。前者海拔都在200米

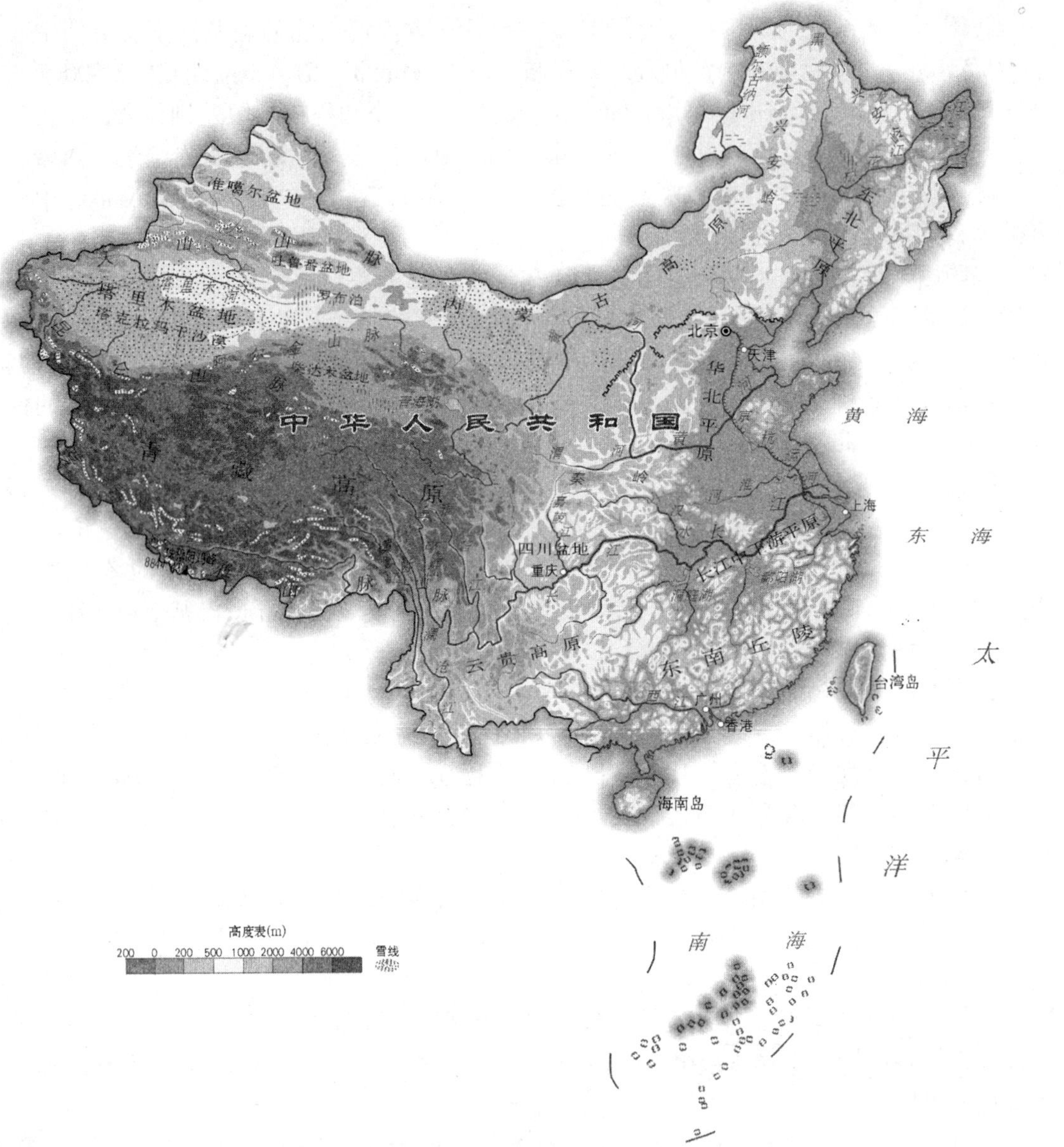

图 1-3　中国地形图

以下，后者海拔大多在 200～500 米，只有少数山岭可以达到或超过 1 000 米。

中国这种西高东低、面向大洋逐级下降的地形特点，不仅有利于来自东南方向的暖湿海洋气流深入内地，对中国的气候产生深刻而良好的影响，使中国东部平原、丘陵地区能得到充分的降水，尤其是最多的降水期和高温期相一致，为中国农业生产的发展提供了优越的水、热条件；而且也使大陆上的主要河流都向东奔流入海，既易于沟通中国的海陆交通，也便于中国东西地区之间经济贸易的交流；同时，这种阶梯状的地形还在一定程度上影响到河流，使之形成较大的多级落差，从而蕴藏着有利于多级开发的异常巨大的水力资源。

（2）地形多样。中国的地形类型，无论是从成因来看，还是从形态来看，都是多种多样、丰富多彩的。有被内力推移而高高抬升的高原和山地，也有被挠曲下降的低洼盆地和平原。在温暖湿润的东部和南部，有各种各样以流水作用为主的侵蚀和堆积地貌；在干旱的西北，有以风力作用为主的沙漠景观；在西部高山上，有别具风格的冰川作用的地貌；在西南部石灰岩分布地区，则有景色迷人的喀斯特地貌。

青藏、云贵、内蒙古和黄土高原，是中国著名的四大高原。塔里木、准噶尔、柴达木和四川盆地，是中国著名的四大盆地。长江、黄河、珠江和黑龙江等大河流，在辽阔的大地上奔流，形成了许多广大而肥沃的平原。在平原上点缀有葱郁秀丽的低山丘陵，而在西部更有无数高大崎岖的山地。多种多样的地形为中国农、林、牧、副、渔的多种经营和综合发展，提供了极为有利的条件。

据统计，中国的山地丘陵约占全国土地总面积的43%，高原占26%，盆地占19%，平原占12%。如果把高山、中山、低山、丘陵和崎岖不平的高原都包括在内，那么中国山区的面积要占全国土地总面积的2/3以上。山区虽然不利于种植业的发展，也不利于交通运输以及经济文化的交流，但却埋藏着丰富的矿藏，生长着茂密的森林和珍贵的动、植物资源。

（3）山脉纵横且定向排列。中国是一个多山的国家，不仅山区面积广大，而且大小山脉纵横全国，它们的分布规则有序，按一定方向排列，大致以东西走向和东北—西南走向为主，西北—东南走向和南北走向为辅。

东西走向的山脉主要有三列：最北的一列是天山—阴山，中间的一列是昆仑山—秦岭，最南的一列就是南岭。

东北—西南走向的山脉多分布在东部，山势较低，主要也有三列：最西的一列是大兴安岭—太行山—巫山—武陵山—雪峰山，即前面提到的第二和第三级阶梯的分界线；中间的一列包括长白山、辽东丘陵、山东丘陵和浙闽一带的东南丘陵山地；最东的一列则是崛起于海上的台湾山脉。

西北—东南走向的山脉多分布于西部，由北而南依次为阿尔泰山、祁连山和喜马拉雅山。

南北走向的山脉纵贯中国中部，主要包括贺兰山、六盘山和横断山脉。

上述这些山脉构成了中国地形的骨架，它们把中国大地分隔成许多网格。分布在这些网格中的高原、盆地、平原以及内海、边海的轮廓，都在一定程度上受到这些山脉的制约。

横亘全国的东西向山脉，又是一些大河的分水岭。秦岭山脉是黄河和长江的分水岭，南岭山脉是长江和珠江的分水岭。河流的流向明显地受着山脉的制约，如西南部的雅鲁藏布江、金沙江、澜沧江和怒江等，它们的流向都受到冈底斯山、唐古拉山、喜马拉雅山与横断山等山脉的控制。长江、黄河总的流向是自西向东，但许多河段也受山脉走向的制约，时宽时窄，时而向东南流，时而向东北流，最后东流入海。

3）气候

中国气候类型多种多样。东半部具有大范围的季风气候，即冬季盛行大陆季风，寒冷干燥；夏季盛行海洋季风，湿热多雨。青藏高原海拔高，面积大，形成独特的高寒气候。西北地区则因僻处内陆，为海洋季风势力所不及，具有西风带内陆干旱气候。

（1）影响中国气候的主要因素。影响中国气候的因素最主要者为地理纬度和太阳辐射、海陆位置和洋流、地形及大气环流。这四者又是相互影响、相互制约的。

① 地理纬度和太阳辐射。中国领土南北跨纬度约50°。由于纬度不同，正午太阳高度角和昼夜长短就有显著差别，因而导致太阳天文辐射南北各异。就全年平均状态而论，则为南

多北少，其差值甚为显著，这是中国气温冬季南北差异大、夏季差异小、气候具有水平地带性差异的主要原因之一。受大气透明度和云量等的影响，中国年均日照时数以青藏高原和西北干旱区为最大，超过3 000小时。四川盆地、贵州高原、江南丘陵及西藏东南察隅地区最小，约为1 000～2 000小时，其余广大地区多在2 000～3 000小时。

② 海陆位置和洋流。中国由于海陆物理性质不同所导致的下垫面热量状况的差异，表现突出。冬季大陆气温明显低于海洋，尤以高纬地区更明显。相反，夏季大陆易于增温，气温明显高于海洋，而非干旱的大陆和海洋亦均为水汽源，低纬地区尤明显。在上述变化中，受地形和面积的影响，大陆的升降温都比海洋快，是变化的主导方面。海洋虽是稳定因素，但也与洋面性质和大小有关。东亚的地理位置导致了大陆上冬季强大干冷的蒙古高压和夏季印度热低压的形成。海上情况则正相反。高低压的生成、分布和性质的季节变化破坏了行星环流的带状分布规律，引起海陆间空气质量的季节变化和输送。因而亚欧非大陆是这种季变的最大中心，约占全球交换量的一半。亚洲大陆是海陆空气质量最大季变中心的核心，形成了著名的东亚季风。

具体的海岸形式、走向和盛行风向的相对位置及距海远近等的差异，造成各地局部气候的差异。中国内陆地区常年得不到海洋气流的调节，气流的大陆性表现非常明显。南疆沙漠的形成除因高原影响外，亦与湿润气流很难到达有关。

中国沿海洋流有太平洋西部的黑潮暖流和自渤海南下至台湾海峡的沿岸流（寒流）。黑潮距中国海岸较远，冬季又盛行去岸风，对中国增温、增湿作用不大，但春夏对沿海气温和台风活动及梅雨的盈亏等有一定影响。沿岸流使近地面层空气稳定，利于海雾形成，中国沿海雾的季节变化受其影响很大。

③ 地形。中国为多山国家，地形对中国气候影响颇大。

青藏高原对中国气候的影响最为明显，高原本身不仅通过对周围大气的直接加热和冷却作用，形成独特的高原寒冷气候，明显地破坏了气候按纬向呈地带性分布的一般规律，还通过和大气环流的相互作用，影响到周围地区的气候特征。高原的突出地形容易加强它南北两侧气流的东西成分及其东侧的南北成分，能引起5 000米以下西风气流的绕流、分支和汇合，直接对中国东部气候季节变化和雨带位置起着制约作用，还对南北气流和水分交换起阻碍和扰动作用。因此，冬季有利于北侧蒙古冷空气的积累加强及沿其东侧向南的侵袭，加强了冬季风。夏季又阻挡了印度洋暖湿空气直接向北的输送，但却有利于高原东侧偏南气流的盛行，因而高原对中国西北地区冬冷夏热的干旱气候的形成，以及中国东部温湿季节变化明显的季风气候的形成起了重要作用。

中国季风结构复杂亦与青藏高原有关，在高原附近对流层低层，中国东部主要是海陆季风。在中低层高原附近受高原上气压系统的控制形成高原季风，冬季表现为高原北侧和东侧为西风，南侧为东风，夏季正相反。对流层还有冬夏间西风和东风带的季节交替，它们相互影响和制约。高原季风有加强和扩大中国东部季风活动范围、影响其进退速度的作用。此外，夏季高原对大气的加热作用还在南北方向形成一个在高原为上升气流，在两侧为下沉气流的垂直环流，并以南侧为主，称为经圈季风环流，正好与同纬度其他地区的哈氏环流方向相反。

中国许多大体东西走向的山系亦对南北冷暖气流的交换起阻碍作用，成为气候区域的分界线。如秦岭即为中国暖温带和亚热带气候的分界线。北起大兴安岭，西南至云贵高原的第二级阶梯地形的边缘，阻挡夏季风入侵，大体为中国东部湿润气候和西部干燥气候的分界线。

山地还通过对局地气流的阻碍作用改变了气温和雨量分布。通常迎风坡多雨、湿润，背风坡少雨、干燥；在山地，气温随海拔上升而降低，形成气温垂直地带性特点及山地气候等。

④ 大气环流。在上述因素作用下形成的东亚季风环流是影响中国气候最直接的因素。冬季高空基本气流为西北季风，低层自北向南分别盛行干冷的西北、北和东北季风；夏季高空北纬30°以北为西风，以南为东风，低层自南向北为湿热的西南季风和偏南到东南风，因而形成了随盛行风的转变，在环流、天气系统、气团性质等方面都发生明显变化的气候特征。四季流场与季风进退中国四季流场各有特点，冬夏季风的季节性交替过程，不但规定了季风区域，还因环流、地形及地理位置的不同，形成了各地的气候差异。

东亚大气环流冬夏的明显差别以及过渡季节环流改变的突然性是其他大陆上所没有的。由环流的季变而引起的天气气候的季节差异，也是东亚独具的特色。

（2）我国气温和降水的特征。我国气温和降水的季节性变化明显，大部分地区四季分明，冬季寒冷少雨，夏季炎热多雨，春秋两个过渡季节较短。气温和降水的年际变化都很大，因逐年冬夏季风进退的迟早和强弱不同，使一些地区常出现冷暖旱涝等异常现象。

① 气温。与同纬度地带相比，中国冬寒夏热，气温相差较大，且越向高纬、越向内陆越明显。年均温的分布，在东半部地形较平坦地区受纬度影响明显，北冷南暖；从东北部（漠河为-5.0 ℃）至南海诸岛（西沙群岛为26.4 ℃）相差30 ℃以上。西半部受地形影响显著，青藏高原除东南一隅外，大部分地区在0 ℃以下。在高度变化较大的地区，年均温差异也很大，形成垂直气候带。

中国冬季除青藏高原外，有3/4国土受寒潮影响，出现不同程度的低温和霜冻。青藏高原则全年高寒，夏季也能见到冰霜。东北、内蒙古和西北地区约自10月至次年4月在长达7个月的时期内最低温在-5 ℃以下，且大部分地区的绝对最低温在-30 ℃以下。1969年2月13日黑龙江省呼玛县漠河镇曾出现-52.3 ℃的低温，最低气温在-40 ℃以下的严寒日数为35.1天。青藏高原3 000～4 000米以上的地区虽每月都可出现0 ℃以下的最低温，但绝对最低温一般都在-30 ℃以上。南岭山脉以南除个别年份外，最低温都在0 ℃以上。

中国夏季最热月多出现在7月份，仅少数地区，如雅鲁藏布江谷地、海南岛部分地区及滇南，最热时期出现在雨季前的5月或6月。东部沿海受海洋影响较大的地区，如大连、青岛、舟山等地，则出现在8月。7月气温分布，全国除青藏高原、天山、大小兴安岭等地7月均温低于20 ℃外，大部分地区气温大都在20～28 ℃。东部平均每一度纬度温差仅为0.2 ℃。漠河与西沙的温差仅为10 ℃左右。闭塞的盆地及内陆低洼地区出现高温中心，如鄱阳盆地7月均温达30 ℃以上，月均最高温高于34 ℃，极端最高温达39 ℃以上。吐鲁番盆地是中国著名的“火洲”，其7月均温达32.8 ℃，最高气温不低于35 ℃的炎热天数达100天之多，平均最高温达40 ℃以上，绝对最高温曾达49.7 ℃。

中国北方普遍是春温高于秋温，南方则多是秋温高于春温。

② 降水。中国各地年降水量分布由东南向西北递减，雨热同季，降水变率较大。

中国年降水量的分布与夏季风的关系最为密切。400毫米年等雨量线大致与夏季风影响所及的界限相当，800毫米年等雨量线大致与秦岭淮河一线相平行。台、粤、桂、闽、浙、赣、湘和川、滇、藏的一部分地区正常年降水量在1 600毫米以上，其中浙、闽、粤和川西一些山地及喜马拉雅山南坡年降水量在2 000毫米以上。中国台湾省大部分地区年降水量均超过2 000毫米，其中高山地区达3 000～4 000毫米。在基隆东南的火烧寮，因位于迎风坡地，年均降水量达6 000多毫米，是中国年降水量最多之地，降雨最多的一年竟达8 000毫米以上，是中国年降雨量最高纪录。在背风面的澎湖列岛，年降水量仅800毫米。在淮河、汉江以南的长江中下游地区，正常年份的年降水量在1 000毫米以上，云贵高原及四川盆地为800～1 000毫米，秦岭淮河以北大多数地区少于800毫米。

（3）中国气候区划。1979年中央气象局编制的《中华人民共和国气候图集》中，将中国气候区划分为气候带、气候大区和气候区三级。

第一级为气候带，以日均温大于10 ℃的积温、最冷月均温和年极端最低温等作为划分气候带的指标，自北向南将中国划分为9个气候带，并将青藏高原另列为高原气候区域。

第二级为气候大区，采用年干燥度（指有植物地段的最大可能蒸发量与降水量的比值）作为划分气候大区的指标。年干燥度小于1.00为湿润（A）、1.00～1.49为亚湿润（B）、1.50～3.49为亚干旱（C）、大于3.50为干旱（D），将上述气候带又划分为18个气候大区。

第三级为气候区，主要采用季干燥度作为气候区的指标，东北地区冬季很长，采用积温作为指标；青藏高原因属高原气候，故采用最热月均温作为指标；再细分为45个气候区。

根据这一划分，中国绝大部分都分属从中温带到南亚热带的各气候带，仅东北北端属于北（寒）温带，台湾南部、雷州半岛以南及云南南部局部地区分属北、中及南热带。北亚热带与南（暖）温带的界线约在北纬34°附近的秦岭淮河一线，向西至东经104°后，再折向西南到贡山附近。这条界线及南亚热带的南界是中国气候上两条较重要的分界线，也是争论较大的界线，尤其是后者，有人认为还要北移，包括整个台湾至梧州、南宁以南地区都属北热带。

4）土地资源

由于我国自然条件复杂，土地资源类型多样，经过几千年的开发利用，逐步形成了现今的多种多样的土地资源利用类型。土地资源利用类型一般分为耕地、林地、牧地、水域、城镇居民用地、交通用地、其他用地（渠道、工矿、盐场等）以及冰川和永久积雪、石山、高寒荒漠、戈壁沙漠等。

根据2014年土地利用变更调查结果，全国耕地11 875.18万公顷①；园地2 820.60万公顷；林地19 349.72万公顷；牧草地21 482.38万公顷；其他农用地2 549.11亿平方米；居民点及独立工矿用地2 664.72亿平方米；交通运输用地244.43亿平方米；水利设施用地362.86亿平方米；其余为未利用地。与2013年相比，按三大类分，农用地面积减少0.55%（其中耕地减少1.1%），建设用地面积增加1.2%，未利用面积减少1.5%。

从土地利用类型的组合看，我国东南部与西北部差异显著，其界线大致北起大兴安岭，向西经河套平原、鄂尔多斯高原中部、宁夏盐池同心地区，再延伸到景泰、永登、湟水谷地，转向青藏高原东南缘。东南部是全国耕地、林地、淡水湖泊、外流水系等的集中分布区，耕地约占全国的90%，土地垦殖指数较高，西北部以牧业用地为主，80%的草地分布在

① 1公顷=10 000平方米。

西北半干旱、干旱地区，垦殖指数低。

水土资源组合的不平衡也很明显。长江、珠江、西南诸河流域以及浙、闽、台地区的水量占全国总水量的81%，而这些地区的耕地仅占全国耕地的35.9%。黄河、淮河及其他北方诸河流域水量占全国水量的14.4%，而这些半湿润、半干旱区需用灌溉的耕地却占全国耕地的58.3%，西部干旱、半干旱区，水资源总量只占全国水量的4.6%，我国水土资源统计见表1-1。

表1-1 我国水土资源统计

地区			全国占比/%			人均水量/（立方米·人$^{-1}$）	亩均水量/（立方米·亩$^{-1}$①）
			水资源量	人口	耕地		
外流河	北方	东北诸河	4.9	9.8	19.8	1 960	637
		海滦河	1.5	9.8	10.9	430	251
		淮河及山东半岛诸河	3.4	15.4	14.9	623	421
		黄河	2.6	8.2	12.7	874	382
		小计	12.4	43.2	58.3	938	454
外流河	南方	长江	34.2	34.8	24.0	2 763	2 620
		珠江及华南诸河	16.8	11.0	6.8	4 307	4 530
		东南诸河	9.2	7.4	3.4	3 528	4 920
		西南诸河	20.8	1.5	1.7	38 431	21 800
		小计	81.0	54.7	35.9	4 170	4 130
内陆河（含额尔齐斯河）			4.6	2.1	5.8	6 287	1 467
全国			100.0	100.0	100.0	2 240	1 670

我国耕地主要集中在东部地区，东北、华北和长江中下游三大平原所在的14个省市，耕地面积占全国耕地的59%。水田主要分布在秦岭淮河一线以南，约占全国水田总面积的93%。旱地分布遍及全国，但主要分布在秦岭淮河一线以北，占全国旱地总面积的85%，其中以东北平原、黄淮海平原最为集中，占全国旱地总面积60%左右。

全国森林面积195.45平方千米，森林覆盖率为20.36%，林木蓄积量149.13亿立方米。森林集中分布在东北和西南地区，面积占全国的50%，蓄积量占75%。而人口稠密，经济发达的华北、中原、长江下游地区，森林资源却很少，只占全国森林面积的4%。

草地主要分布在年均降水量少于400毫米的北部和西部地区，面积约28 666.67亿平方米。其中可利用的约22 000.00亿平方米。北部草地呈带状分布，草原面积约占30%，荒漠地带约占64%，其余为山地草场。南方草山草坡约有6 666.67亿平方米。

① 1亩=666.67平方米。

我国土地资源的特征为：

（1）绝对数量大、人均占有量少。中国国土面积960万平方千米。我国耕地面积居世界第四位，林地居第五位，草地居第二位，但人均占有量很低。世界人均耕地0.37万平方米，我国人均不到0.1万平方米。发达国家10 000平方米耕地负担1.8人，发展中国家负担4人，我国则需负担8人，其压力之大可见一斑。尽管我国已解决了世界1/5人口的温饱问题，但也应注意到，我国非农业用地逐年增加，人均耕地将逐年减少，土地的人口压力将愈来愈大。

（2）类型多样、区域差异显著。我国地跨赤道带、热带、亚热带、暖温带、中温带和寒温带，其中亚热带、暖温带、中温带合计约占全国土地面积的71.7%，温度条件比较优越。从东到西又可分为湿润地区（占土地面积32.2%）、半湿润地区（占17.8%）、半干旱地区（占19.2%）、干旱地区（占30.8%）。由于地形条件复杂，山地、高原、丘陵、盆地、平原等各类地形交错分布，形成了复杂多样的土地资源类型，区域差异明显，为综合发展农、林、牧、副、渔业生产提供了有利的条件。

（3）难以开发利用和质量不高的土地比例较大。我国有相当一部分土地是难以开发利用的。在全国国土总面积中，沙漠占7.4%，戈壁占5.9%，石质裸岩占4.8%，冰川与永久积雪占0.5%，加上居民点、道路占用的8.3%，全国不能供农林牧业利用的土地占全国土地面积的26.9%。

此外，还有一部分土地质量较差。在现有耕地中，涝洼地占4.0%，盐碱地占6.7%，水土流失地占6.7%，红壤低产地占12%，次生潜育性水稻地为6.7%，各类低产地合计3 600.00亿平方米。从草场资源看，年降水量在250毫米以下的荒漠、半荒漠草场有6 000.00亿平方米，分布在青藏高原的高寒草场约有13 333.33亿平方米。草质差、产草量低，需4万～5万平方米，甚至66 666.67平方米草地才能养1只羊，利用价值低。全国单位面积林蓄积量每万平方米只有79立方米，为世界平均110立方米的71.8%。

5）水资源

水资源与人民生活生产关系密切，其中最主要的是降水，以及由其转化生成的陆地表面及地下可补给更新的淡水水源。河川径流和浅层地下水是其最主要组成部分。按利用途径，水资源包括水量资源、水能资源等几个方面。

（1）水量资源。据水利部门估算，中国河川径流总量为27 115亿立方米，地下水资源总量为8 288亿立方米（地质部门计算为8 700亿立方米），由于地表水与地下水可以相互转化，因此两者之间有一部分重复量，经计算这部分重复量为7 279亿立方米。扣除重复水量后，全国水资源总量为28 124亿立方米，仅次于巴西、俄罗斯、加拿大、美国、印尼，居世界第六位。按人均占有水量计算，人均占有量仅为2 240立方米，约为世界人均水平的1/4。按照国际公认的标准，人均低于3 000立方米为轻度缺水；低于2 000立方米为中度缺水；低于1 000立方米为重度缺水；低于500立方米为极度缺水。这样算来，中国总体上已进入中度缺水国家的行列。

① 地表水资源。中国河川径流虽丰富，但地区分布却很不均匀，全国径流总量的96%都集中在外流流域（面积占全国总面积的64%），内陆流域仅占4%（面积占全国总面积的36%）。中国各河径流量的大小相差悬殊。长江为中国最大河流，其多年平均径流总量为9 755亿立方米，占全国径流总量的1/3以上，仅次于南美洲的亚马孙河和非洲的刚果河，居世界第三位。其次为珠江，为3 360亿立方米。雅鲁藏布江居第三位，为1 395.4亿立方

米。黄河虽是中国第二大河，但水量却只居第八位。河川径流时间分布特点、径流的季节分配主要取决于补给来源及其变化：

a. 冬季（12 月至次年 2 月）是中国河川径流最枯季节。冬季径流占年径流的比例，除台湾东北部可达 25% 以外，南方地区河流为 8% ～10%，华北和西北大部地区为 4% ～8%，东北和内蒙古地区均不足 2%。

b. 春季（3～5 月）是中国河川径流普遍增多季节，增长最多者为长江以南、南岭以北地区及内蒙古的锡林郭勒盟和新疆塔城等地，春季径流可达年径流的 30% ～40%，为一年中径流最多季节，东北地区春季径流可占年径流的 15% ～25%。

② 地下水资源。中国的地下水资源约为 8 288 亿立方米/年（或 8 700 亿立方米/年），相当于河川径流总量的 30%左右。但地区分布很不平衡，北方 15 个省、市、自治区和苏北、皖北地区的地下水资源为 3 000 多亿立方米/年；南方各省、市、自治区为 5 000 多亿立方米/年。

中国地下水资源从开发利用来看，集中分布在几个大平原和盆地地区。全国 14 个主要平原和盆地的面积仅为全国的 16%，而其地下水资源约 1 900 亿立方米/年，占全国地下水资源的 23%。这些平原和盆地主要分布在秦岭淮河以北的北方地区。其中最多的有松辽平原、黄淮海平原、天山山前平原、三江平原等。北方地区由于平原面积大，耕地面积占全国的 50% 以上，但因地表径流不丰富，故地下水占有重要地位。全国现有井灌面积 1 130 多亿平方米，地下水年开采量 400 亿立方米，而具备井灌条件的耕地面积共 3 300 多亿平方米，因而地下水还有很大的开发前景。至于山区，主要是基岩裂隙水，一般埋藏深而水量贫乏。

中国淡水资源不仅不丰富，而且分布很不均衡，最为缺水的地区主要在北方。据统计，长江流域及其以南地区，土地面积只占全国的 36. 5%，水资源量却占 81%；淮河流域及其以北的地区，土地面积占全国的 63. 5%，而水资源量仅占 19%。水资源最为紧缺的黄淮海流域本身，水资源量只占全国的 7. 7%。目前，中国有 16 个省（区、市）人均水资源量（不包括过境水）低于 1 000 立方米的严重缺水线，有 6 个省、区（宁夏、河北、山东、河南、山西、江苏）人均水资源量低于 500 立方米的极度缺水线。

（2）水能资源。水能可用于水力发电，我国水能理论蕴藏量总计为 6. 76 亿千瓦，年电能为59 000 万亿千瓦·时（1 千瓦·时 = 3 600 000 焦）。可能开发的水能总装机容量为 3. 78 亿千瓦，年发电量 19 200 亿千瓦·时。由于各河水量及落差不同，各流域水能资源差别很大。长江及西南各河水能蕴藏量占全国各河的 78%，水能可开发量占全国的 80%。

（3）水运资源。河流、湖泊及各种人工水域提供的航道是发展水运事业的基本条件。截至 2007 年年底，我国内河通航里程约 13. 3 万千米，位居世界第一，占全国河流总长度的 1/4。但我国航道等级仍然偏低，四级以上高等级航道仅占总里程的 11. 3%，航道的通过能力、整治标准、渠化程度还需提高。淮河以南各河枯季流量大，冬季不封冻，可全年通航。淮河和秦岭以北河流，枯季水深小，有些河冬季封冻，只能季节性通航。

（4）水产养殖资源。利用河、湖、水库发展水产养殖是水资源利用的一个重要方面。按水面面积计算，河、湖、水库等适宜发展水产养殖的水面面积约 20 万平方千米，到 1980 年已建的水库和其他养殖水面面积约 5 万平方千米，其中水库水面面积约 2 万平方千米，均可开展水产养殖。

6）能源资源

能源是国民经济发展的重要条件之一，我国能源资源绝对数量多，种类齐全，包括矿产能源：煤、石油、天然气、油页岩、铀、钍、地热等8种。此外还有风能、太阳能、潮汐能、盐差能等。

（1）矿产能源。煤、石油、天然气在世界和中国的一次能源消费构成中分别为93%和95%左右。由于矿物能源在一次能源消费中占有主导地位，因而对国民经济和社会发展有特别重要的战略意义。中国能源矿产资源种类齐全，资源丰富，分布广泛。中国煤炭资源相当丰富，据地质工作者对煤炭资源进行远景调查的结果，在距地表以下2 000米深以内的地壳表层范围内，预测煤炭资源远景总量达50 592亿吨。我国煤炭资源保有储量总量中的精查储量2 299亿吨，居世界第三位。

石油是工业的血液，是现代工业文明的基础，是人类赖以生存与发展的重要能源之一。20世纪石油工业的迅速发展与国家战略、全球政治、经济发展紧密地联系在一起，使世界经济、国家关系和人民生活水平发生了巨大的变化。中国是石油资源较为丰富的国家之一，分布比较广泛，在32个油区探明地质储量有181.4亿吨。据美国《Oil & Gas》1997年报道，世界石油剩余探明可采储量1 390亿吨，中国1997年公布的剩余探明可采储量22.41亿吨，居世界第11位。全国共有盆地319个，据对其中145个盆地估算，资源量达930亿吨；其中，已证实有油田存在的有24个盆地，拥有资源量758.9亿吨，占总资源量的84.48%；已发现有油气的盆地有42个，拥有资源量75.66亿吨，占总资源量的7.39%。

天然气（包括沼气）是重要能源，也是国内外很有发展前景的一种清洁能源。中国天然气资源相当广泛，在石油盆地和煤盆地中均有不同程度的产出。资源量也比较丰富，专家预测我国天然气资源量约有70万亿立方米（煤层气约占一半）。

中国是铀矿资源不甚丰富的一个国家。据近年我国向国际原子能机构陆续提供的一批铀矿田的储量推算，我国铀矿探明储量居世界第10位之后，不能适应发展核电的长远需要。

地热资源是指能够为人类经济地开发利用的地球内部的热资源，也是一种清洁能源。中国地热资源分布较广，全国露出地面的温泉就有2 600多处。中国地下热水主要分布在：藏滇地热带，台湾地热带，东南沿海地热带，郯庐断裂地热带，川滇南北向地热带，汾、渭张北地热带。此外，天津、北京、福州等城市已经普遍利用地下热水资源。

（2）风能源。我国幅员辽阔，陆疆总长达20000多千米，还有18 000多千米的大陆海岸线，边缘海中有岛屿5 000多个，风能资源丰富。我国现有风电场场址的年平均风速均达到6米/秒以上。一般认为，可将风电场风况分为三类：年平均风速6米/秒以上时为较好；7米/秒以上为好；8米/秒以上为很好。我国相当于6米/秒以上的地区，在全国范围内仅仅限于较少数几个地带。就内陆而言，大约仅占全国总面积的1/100，主要分布在长江到南澳岛之间的东南沿海及其岛屿，这些地区是我国最大的风能资源区以及风能资源丰富区，包括山东、辽东半岛、黄海之滨，南澳岛以西的南海沿海、海南岛和南海诸岛，内蒙古从阴山山脉以北到大兴安岭以北，新疆达坂城，阿拉山口，河西走廊，松花江下游，张家口北部等地区以及分布各地的高山山口和山顶。

（3）盐差能源。盐差能是指海水和淡水之间或两种含盐浓度不同的海水之间的化学电位差能。主要存在于河海交接处。同时，淡水丰富地区的盐湖和地下盐矿也可以利用盐差能。盐差能是海洋能中能量密度最大的一种可再生能源。通常，海水（35‰盐度）和河水之间的化学电位差相当于240 米水头差的能量密度。这种位差可以利用半渗透膜（水能通过，盐不能通过）在盐水和淡水交接处实现。利用这一水位差就可以直接由水轮发电机发电。

盐差能的利用主要是发电。其基本方式是将不同盐浓度的海水之间的化学电位差能转换成水的势能，再利用水轮机发电，具体主要有渗透压式、蒸汽压式和机械—化学式等，其中渗透压式方案最受重视。

我国海域辽阔，海岸线漫长，入海的江河众多，入海的径流量巨大，在沿岸各江河入海口附近蕴藏着丰富的盐差能资源。据统计，我国沿岸全部江河多年平均入海径流量约为 1.7×10^{12}～1.8×10^{12}立方米，各主要江河的年入海径流量约为 1.5×10^{12}～1.6×10^{12}立方米，据计算，我国沿岸盐差能资源蕴藏量约为 3.9×10^{15}千焦，理论功率约为 1.25×10^{8} 千瓦。

我国盐差能资源有以下特点：第一，地理分布不均。长江口及其以南的大江河口沿岸的资源量占全国总量的 92.5%，理论总功率达 156×10^{8} 千瓦，其中东海沿海占 69%，理论功率为 0.86×10^{8} 千瓦。第二，沿海大城市附近资源最富集，特别是上海和广东附近的资源量分别占全国的 59.2% 和 20%。第三，资源量具有明显的季节变化和年际变化。一般汛期 4～5 个月的资源量占全年的 60% 以上，长江占 70% 以上，珠江占 75% 以上。第四，山东半岛以北的江河冬季均有 1～3 个月的冰封期，不利于全年开发利用。

（4）潮汐能源。潮汐是一种世界性的海平面周期性变化的现象，由于受月亮和太阳这两个万有引力源的作用，海平面每昼夜有两次涨落。潮汐作为一种自然现象，为人类的航海、捕捞和晒盐提供了方便，更值得指出的是，它还可以转变成电能，给人带来光明和动力。潮汐能是一种不消耗燃料、没有污染、不受洪水或枯水影响、用之不竭的再生能源。在海洋各种能源中，潮汐能的开发利用最为现实、最为简便。

我国早在 20 世纪 50 年代就已开始利用潮汐能，在这一方面是世界上起步较早的国家。目前我国尚在运行的潮汐电站还有近 10 座，其中浙江乐清湾的江厦潮汐电站，造价与 600 千瓦以下的小水电站相当，第一台机组于 1980 年开始发电，1985 年年底全面建成，年发电量可达 1 070 万千瓦·时，每千瓦·时电价只要 0.067 元。每年自身经济效益，包括发电 67 万元，水产养殖 74 万元和农垦收入 190 万元，共计可达 331 万元。社会效益，以每千瓦·时电可创社会产值 5 元计，可达 5 000 万元。这是我国，也是亚洲最大的潮汐电站，仅次于法国朗斯潮汐电站和加拿大安纳波利斯潮汐电站，居世界第三位。因此利用潮汐发电并不神秘，也并非遥不可及。

潮汐能是潮差所具有的势能，开发利用的基本方式同建水电站差不多：先在海湾或河口筑堤设闸，涨潮时开闸引水入库，落潮时便放水驱动水轮机组发电，这就是所谓“单库单向发电”。这种类型的电站只能在落潮时发电，一天两次，每次最多 5 小时。

7）矿产资源

（1）概况。我国现已发现的矿产有 168 种，探明有一定数量的矿产有 153 种，其中能源矿产 8 种，金属矿产 54 种，非金属矿产 88 种，水气矿产 3 种，探明储量潜在价值仅次于美国和俄罗斯，居世界第三位，是世界上矿产资源最丰富、矿种配套齐全的少数几个国家之一。能源矿产前面已经介绍，这里不再赘述。

① 金属矿产。中国金属矿产资源品种齐全，储量丰富，分布广泛。已探明储量的矿产有 54 种，即：铁矿、锰矿、铬矿、钛矿、钒矿、铜矿、铅矿、锌矿、铝土矿、镁矿、镍矿、钴矿、钨矿、锡矿、铋矿、钼矿、汞矿、锑矿、铂族金属、锗矿、镓矿、铟矿、铊矿、铪矿、铼矿、镉矿、钪矿、硒矿、碲矿等。各种矿产的地质工作程度不一，其资源丰富度也不尽相同。有的资源比较丰富，如钨、钼、锡、锑、汞、钒、钛、稀土、铅、锌、铜、铁等；

有的则明显不足，如铬矿。

② 非金属矿产资源。中国非金属矿产品种很多，资源丰富，分布广泛。已探明储量的非金属矿产有88种，即：金刚石、石墨、自然硫、硫铁矿、水晶、刚玉、蓝晶石、夕线石、红柱石、硅灰石、钠硝石、滑石、石棉、蓝石棉、云母、长石、石榴子石、叶蜡石、透辉石、透闪石、蛭石、沸石、明矾石、芒硝、石膏、重晶石、毒重石、天然碱、方解石、冰洲石、菱镁矿、萤石、宝石、玉石、玛瑙、颜料矿物、石灰岩、泥灰岩、白垩、白云岩、石英岩、砂岩、天然石英砂、脉石英、粉石英、天然油石、含钾砂叶岩、硅藻土、页岩、高岭土、陶瓷土、耐火黏土、凹凸棒石黏土、海泡石黏土、伊利石黏土、累托石黏土、膨润土、铁矾土、橄榄岩、蛇纹岩、玄武角闪岩、辉长岩、辉绿岩、安山岩、闪长岩、花岗岩、珍珠岩、浮石、霞石正长岩、粗面岩、凝灰岩、火山灰、火山渣、大理岩、板岩、片麻岩、泥炭、盐矿、钾盐、镁盐、碘、溴、砷、硼矿、磷矿等。

（2）中国区域矿产资源概况。中国的矿产资源分布具有明显的分区分带特征，矿产分布的区带性，也必然形成各大行政区、各省矿产资源不同的组合分布特征，以及不同的资源配套特点。

华北地区、东北地区的矿产资源属于以铁矿、煤矿、石油为主的矿产资源配套类型。其中，华北地区主要矿产有煤、铁、稀土、铌、耐火黏土、铸型用砂、芒硝、天然碱、建筑用大理石、石灰岩等26种矿产；东北地区主要有铁、石油、金、菱镁矿、滑石、硼、金刚石、铂、硅藻土等19种矿产。

华东地区矿产资源以有色金属矿产和非金属矿产为主，主要矿产有铜、钨、金、银、钽、金刚石、菱镁矿、明矾石、萤石、高岭土、膨润土、硅藻土、叶蜡石、石膏等22种矿产。

中南地区以有色金属、化工原料矿产及建材非金属矿产为主，主要有锰、铅、锌、钨、锡、钼、锑、铋、铌、钽、钛铁砂矿、独居石、银、磷、硫铁矿、压电水晶、高岭土、油页岩、玻璃用砂等47种矿产。

西南地区以黑色金属、有色金属、化工原料矿产为主，主要有铁、钒、钛、铜、铅、锌、锡、汞、锰、铬、煤、天然气、磷、岩盐、石棉、刚玉等32种矿产。

西北地区矿产以煤、石油、有色金属、化工原料矿产为主，主要有镍、钴、钼、铂族、煤、铅、锌、铜、石油、铍、铌、钽、钠盐、芒硝、钾盐、玻璃硅质原料、石棉等31种矿产。

上述分布特征，为中国矿产资源区域性综合开发利用和区域经济发展提供了各具特色的资源基础。

（3）中国矿产资源的主要特点。我国矿产资源既有优势，也有劣势。优劣并存的基本态势主要表现在以下几个方面：矿产资源总量丰富，人均资源相对不足；矿产品种齐全配套，资源丰度不一；矿产质量贫富不均，贫矿多，富矿少；超大型矿床少，中小型矿床多；共生伴生矿多，单矿种矿床少。

8）生物资源

生物资源通常分为动物资源和植物资源两大类。

（1）我国的动物资源。我国具有多种气候条件，从寒温带、中温带、暖温带、亚热带到热带，以及西部高原的气候带，植被随气候条件相应变化，动物生活的外界环境极为多样，因而动物种类非常丰富，特产种类也比较多。据统计，我国有无脊椎动物约 17 万种，鱼类约 2 400 种，两栖爬行类约 500 种，鸟类 1 186 种，哺乳类 430 种。其中有数量众多的资源动物，约可归纳为珍贵特产动物、食用动物、药用动物、工业用动物、实验动物、害虫害兽的天敌动物、观赏动物和具有其他作用的资源动物等类。

① 珍贵特产动物，是指有重要经济价值或学术价值的特产种类。如哺乳动物中的大熊猫、金丝猴、白鳍豚，还有羚牛、白唇鹿、黑麂、野牦牛、藏羚和台湾猴等；鸟类中如鸳鸯，产于晋冀的褐马鸡，甘、川的蓝马鸡，台湾的蓝腹鹇，至锦鸡、黄腹角雉、绿尾红雉及几种长尾雉；长江中下游的扬子鳄为世界罕见的鳄类之一；我国中部及南部山区的大鲵是世界现存最大的两栖类动物。

② 食用动物，包括水产资源、食用鸟类以及哺乳动物中的有蹄类。海洋水产资源约占水产品总产量的 57.72%，其中鱼类的数量占绝对优势。我国海洋鱼类有 1 700 多种，经济鱼类约 300 种，最常见而产量较高的经济鱼类 60～70 种。此外，沿海藻类约 2 000 种；东海、黄海、渤海的虾蟹类共有近 300 种；经济软体动物有 200 多种。2001 年我国水产品总产量 4 382 万吨，其中海水产品产量 2 572 万吨，占水产品总产量的 58.7%。

飞禽中的各种野鸭、雁、野生雉鸡类及斑鸠等，均为重要而广布全国的食用鸟类。如从江西鄱阳湖、江苏洪泽湖及山东微山湖猎取的雁、鸭等水禽，年产曾达 250～300 吨。森林鸟类如鹧鸪、松鸡、榛鸡、鹌鹑、竹鸡和斑鸠等均为食用禽类中的上品。

哺乳动物中的有蹄类是最重要的肉用动物。20 世纪 70 年代末，每年猎取的黄麂达 65 万头，赤麂 14 万～15 万头，毛冠鹿 10 万头；河南的野兔最高年产量达 298 万只；每年猎获的野猪、狍、原羚（包括黄羊）、水鹿、岩羊和盘羊等数量也很可观，估计全国每年可获野味 5 万多吨。此外有 20 种左右的海兽，特别是鲸类，也提供大量蛋白质和多种维生素。

③ 药用动物。我国是使用动物药材最多的国家，初步统计入药的各种无脊椎动物约有 170 种，如石决明（即几种鲍鱼的贝壳）、地龙（几种蚯蚓）、珍珠、医蛭、蝎等。药用鱼类有 90 余种，如几种海马和几种海龙。药用两栖类有蟾蜍耳后腺分泌的蟾酥，蛤蟆油（我国林蛙的干燥输卵管）。药用爬行类也有数十种，如龟板、鳖甲、蛤蚧（即大壁虎）、蕲蛇和银环蛇等。药用哺乳动物约有 70 种，如麝分泌的麝香、鹿的鹿茸及鹿角、水獭肝、熊胆、甲片（穿山甲鳞片）等。我国麝香资源名列世界之首，20 世纪 50 年代年均产量曾达 1.78 吨。穿山甲的资源较丰富，仅贵州一省的年产量就达 4 万～5 万头。

④ 工业用动物，又可分为五类：制裘及制革工业用动物、香料工业动物、鲸脂、紫胶和白蜡、羽绒与装饰品。我国约有 120 种裘皮兽，是制裘工业的重要原料，珍贵的品种有紫貂、石貂、水獭和几种狐，但裘皮产量有限。毛皮质量较好、数量大而经济价值高的种类有黄鼬、豹猫、貉和鼬獾，年产量分别在 10 万～300 万张。

用于皮革工业原料的动物，主要为 30 多种有蹄类的皮张，如著名的麂皮（包括赤麂、黄麂、黑麂及毛冠鹿）年产近百万张；鲸皮和各种大、中型蛇皮也是良好的制革原料，鳄皮制品尤为名贵。

世界上香料工业的四大动物名香（麝香、灵猫香、龙涎香及河狸香）我国均有出产，其中龙涎香（抹香鲸肠内分泌物）和河狸香（即海狸香，为河狸所产）的产量甚少，麝香主要用于制药，而灵猫香（小灵猫和大灵猫的分泌物）已广泛用于香料工业作为定香剂。

我国有鲸类14种，如江豚、抹香鲸、座头鲸、长须鲸等。

产于我国滇、藏和台的紫胶虫可生产紫胶（虫胶）。1989年紫胶原胶年产量近4 000吨。主产于川、黔、滇的白蜡虫能分泌白蜡。

天鹅及野鸭绒质轻而软，保温性能好，可加工成绒衣、绒被。各种鹭、鸭、雉、鹰、雕、鸮等的翼、羽翎、尾羽或羽皮，均为市场欢迎的装饰品和工艺品原料。

⑤ 实验动物。随着科学的发展，原有的小白鼠、大白鼠、家兔和豚鼠已不能满足各专项试验的需要，因而对野生实验动物资源的开发利用日益受到重视。我国有灵长类14种，用做实验的主要是猕猴，被广泛使用于避孕、免疫、内分泌、肿瘤和心血管方面的研究。近年来，发现树鼩是研究肿瘤的良好医学模型。黑线仓鼠可用于肿瘤和细胞学的研究，也是研究糖尿病的良好动物模型。长爪沙鼠可用于钩端螺旋体和慢性血吸虫病的研究。许多原生动物，如眼虫、变形虫和草履虫等，都是研究遗传学等生物学基础理论的试验动物。节肢动物门中的鲎，其血液制剂用以快速检测人体内或药品、食物是否被细菌感染。此外用于各种试验的其他动物种类繁多。

⑥ 观赏动物。如鸟类中的各种鹤类、天鹅、红腹锦鸡、绿孔雀、绯胸鹦鹉、犀鸟及一些鹭类和相思鸟、画眉与黄鹂等种类；我国著名的文化鸟类——鹤类有9种，占世界鹤类的60%，如丹顶鹤、黑颈鹤和白鹤的数量均居世界之首；濒临绝灭的朱鹮在我国仅有少量残存种群。哺乳类中包括各种灵长类（猿与猴）、鹿类、熊类和虎、豹、云豹、大熊猫、小熊猫、象等。

⑦ 害虫害兽的天敌动物资源。这类资源十分广泛，包括：食虫昆虫，多种害虫的寄生蜂；各种青蛙和蟾蜍；食鼠的蛇类；食虫鸟类和鸮（猫头鹰类）；食虫蝙蝠和许多中、小型食肉兽，特别是黄鼬、艾虎、豹猫、小灵猫等。这些天敌动物在森林或农田生态系统中起着不可估量的积极作用。

⑧ 其他作用的动物资源。许多媒介昆虫在生命活动中给一些靠虫媒授粉的作物带来丰产。原生动物如眼虫，可作为有机污染的指示动物。不少低等动物在净化水质、保护环境方面也有重要作用。多种浮游动物、底栖动物是经济鱼类的饵料。多种食用价值不高的海洋动物却能用来加工成禽、畜饲料。

（2）我国的植物资源。我国是世界上植物种类最丰富的国家之一，植物总数达到4.3万种，其中种子植物就有25 000种以上，仅次于马来西亚和巴西，居世界第三位。我国也是世界上经济植物最多的国家，许多我国原产植物，现已引种到国外。例如，全世界现有裸子植物12科，约800种，而我国就有11科，约240种，它们多是经济用材树种。我国的银杏、水杉、水松素有三大活化石之誉，1956年发现的银杉是又一种活化石。此外还有很多特产树种，如金钱松、油杉、白豆杉等。在被子植物方面，就经济植物来说，水稻、小麦，早在数千年前就有栽培。豆类中的大豆原产于我国。果树中的桃、梅、梨、板栗、枇杷、荔枝、杨梅、橘、金柑皆原产于我国。蔬菜作物方面，我国是蔬菜种类最多的国家。在特产经济作物方面，原产我国的有茶、桑、油桐、大麻、香樟等。药用植物方面，人参及数千种中草药更是宝贵的财富。在蕨类、藻类、苔藓及真菌中，也有许多特产的属种。另一方面，我国地域辽阔，几乎可以看到北半球各种植被类型。最北部的大兴安岭、长白山一带分布有落叶松、云杉、红松，林下还分布我国闻名中外的药材——人参。华北山地和辽东、山东半岛一带，是全国小麦、棉花和杂粮的重要产区，还盛产苹果、梨、桃、葡萄、枣、核桃、板栗等。广阔的亚热带地区，是水稻主要产区，还有银杏、水杉、银杉、毛竹、油茶、油桐、乌桕、漆树、杉木、马尾松等。粤、桂、闽、台和滇南部的热带地区，有菠萝、甘蔗、剑麻、香蕉、荔枝、龙眼、芒果，还有橡胶、椰子、咖啡、可可、胡椒、油棕、槟榔等经济作物，特别是花卉更是闻名于世。东北平原和内蒙古高原有一望无际的大草原，禾本科、豆科牧草，营养价值高，是畜牧业的主要基础。青藏高原有青稞、冬小麦、荞麦和萝卜，新疆、甘肃、青海有我国最优质的长绒棉，还有葡萄、西瓜和哈密瓜；戈壁滩上有沙拐枣和麻黄。

植物资源按用途可分为食用、药用、工业用、保护改造环境用和种质资源五大类。

① 食用植物资源，包括直接和间接（饲料、饵料）食用的植物，可分为七类。

a. 淀粉、糖类植物，如橡子、薯芋、魔芋、蕨类、葛根、百合、慈姑、菱等，是中国野生淀粉植物中较主要的种类。各种橡子中淀粉含量多在50%以上，可供食用及酿酒等。含糖及甜味植物有龙眼、荔枝、柿、枣、罗汉果、马槟榔、甜茶（石栎幼叶）等。

b. 蛋白质植物，包括小球藻、叶蛋白、食用菌类、四棱豆、派克豆等。

c. 油脂植物。初步查明全国野生油料植物含油量在15%以上的约1 000种，其中木本油料含油量在20%以上的约300种，能够食用的百余种，如蝴蝶果、油瓜、榛子、文冠果及各种野生油茶、核桃、松子等。

d. 维生素植物。以各种野生植物为主，如猕猴桃、阳桃、沙棘、山楂、海棠及蔷薇属等，其鲜果一般每100克含维生素200～800毫克。缫丝花（刺梨）可达2 000毫克。

e. 饮料植物。除茶叶、可可、咖啡三大饮料外，还有若干地区性饮料植物（主要是代茶植物），如云南的扫把茶，四川的白茶，广东的布渣叶、鸡蛋花及中国传统的槐花、桑叶茶、菊花茶、金银花等。

f. 食用香料色素植物。苏仿木、茜草、红花、姜黄等为中国传统食用色素。香茅、木姜子、花椒、茶辣及砂仁、三奈、八角、桂皮等为中国特产调味香料。

g. 植物性饲料、饵料。包括大部分禾草类、豆科植物的枝叶荚果、构树叶、高山栎、各种野芭蕉、芭蕉芋等。

② 药用植物资源。可分为两类。

a. 中草药。载于历代本草的中药在500种以上，常用的有300多种，绝大部分来自野生植物，但多逐渐栽培。如三参（人参、党参、丹参）、杜仲、黄连、贝母、天麻、枸杞、当归、川芎、柴胡、甘草、栝蒌、桔梗等，均为较名贵的常用药。全国药草达5 000种以上，常用的约400种，有些已进行栽培和制造成药，或作为化学药品的原料，如萝芙木、三尖杉、锡生藤等。

b. 植物性农药。包括土农药植物，如除虫菊、冲天子、鱼藤、百部、无叶假木贼等共约500种。它们含有除虫菊素、植物碱、糖甙类等物质，有杀虫灭菌或除莠的功能。还有植物激素如露水草（含脱皮激素）、胜红蓟（含抗保幼激素）等，也可作农药用。

③ 工业用植物资源。包括木材、纤维、鞣料、芳香油、胶脂、工业用油脂及植物性染料等资源。

a. 木材资源。中国是少林国家，而且森林分布不均，随着木材的大量采集和森林资源的减少，今后进行树种资源的调查研究并人工营造速生、珍贵木材将是重点工作之一，如团花、八宝树、望天树、阿丁枫、毛麻楝、泡桐、杉木、各种杨树等都是优良速生树种。

b. 纤维资源。中国重要纤维植物有190种，主要利用禾本科、鸢尾科、香蒲科、龙舌兰科、棕榈科等单子叶植物的杆叶及榆、桑、荨麻、锦葵、木棉、罗布麻等的根、茎、皮部或果实的棉毛，用以纺织、造纸、编制等。竹类、芦苇、稻草、麦秆、玉蜀黍皮资源最丰富，分布最广。

c. 鞣料资源。鞣料植物含有丰富的单宁，不仅可以烤胶鞣革、制药，并已发现还是优良的丢水垢物质。各种落叶松、云杉、铁杉、黑荆树、红树、儿茶等都是重要单宁原料植物。

d. 芳香油资源。芳香油植物是提取香料、香精的主要原料，中国种子植物中有60余科含有芳香油植物。木姜子、樟树、枫茅、香草、依兰香、金合欢、安息香等都是中国目前用于生产的香料植物。

e. 植物胶资源。包括富含橡胶、硬胶、树脂、水溶性聚糖胶等的植物，如松科的很多种，豆科的槐、瓜儿豆、金合欢、黄芪等，杜仲、多种卫茅、夹竹桃科的鹿角藤、花皮胶、杜仲藤及菊科的橡胶草、银叶菊等。它们分别产各种胶脂，但栽培的三叶橡胶树仍是现今橡胶的主要来源。

f. 工业用油脂资源。在含油量20%以上的大约300种木本油料中，工业用油树种占50%以上，如油桐、漆树、乌桕、风吹楠属植物等。桐油、生漆为中国传统的出口商品。工业能源植物还有续随子、马利筋等以及新近引种成功的西蒙德木。

g. 工业用植物性染料。如桑色素、苏木精、红木靛叶、姜黄等。

④ 保护和改造环境的植物资源，可分为五类。

a. 防风固沙植物。如木麻黄、大米草、多种桉树、银合欢、毛麻楝、杨树、琐琐、柽柳、沙拐枣等。

b. 保持水土、改造荒山荒地植物。如银合欢、金合欢、雨树、牛油树、油楝、黄檀、洋槐、锦鸡儿、胡枝子、榛葛藤及多种木本油料植物。

c. 固氮增肥、改良土壤植物。如桤木、碱蓬（钾肥植物）、紫苏（增加土壤有机质）、田菁、紫云英、红萍等。

d. 绿化美化、保护环境植物。包括各类草皮、行道树、观赏花卉、盆景等。中国到处都有各色观赏植物，如菊梅、牡丹、芍药、海棠、山茶花、杜鹃花、樱花、报春花、龙胆、百合花、兰花及龙柏、水杉、台湾杉、珙桐、棕榈等。

e. 监测和抗污染植物。如碱蓬可监测环境中汞的含量，风眼兰能快速富集水中的镉类金属，清除酚类。森林对于净化环境有极大作用，许多水藻也有净化水域的功能。

⑤ 植物种质资源。按照遗传学观点，每一植物种具有不同的遗传特性，都应视为不同的种质。现知中国高等植物有2.7万多种，其中绝大多数都是有利于人类的。各种有用植物都归属不同分类单位的科、属、种，往往具有大量的近缘属种，可以进行杂交育种，产生新的优质后代。长期栽培的植物也因不同程度的特化，而往往具有不同的种质特征。然而由于人们对于天然植被的不合理开发和破坏以及局部地方的强烈污染，已使一些植物种类濒危或绝灭，而种质的损失是不可再造的。因此在中国必须建立有用植物的“种质库”。植物园和自然保护区应担负起保护种质资源的重大任务。

2. 我国人力资源条件

人力资源的基础是人口，人是物质资料的生产者和消费者，人口的数量和质量、人口的构成、人口的地区分布等方面对生产力的发展与布局有着重大的影响。国家人口发展战略研究已经提出了优先投资于人的全面发展，将人口大国转变为人力资源强国的人口发展战略思路，为科学制定国家中长期人口发展规划和国民经济总体规划，实现人口经济社会资源环境的协调、可持续发展提供决策支持。

1）人口数量

根据第五次全国人口普查公报，截至2010年11月1日，全国总人口为133 972万人。与2000年第五次全国人口普查相比，10年增加7 395万人，增长5.84%，年平均增长0.57%，比1990年到2000年的年平均增长率1.07下降0.5个百分点，数据表明，10年来我国人口增长处于低生育水平阶段。

庞大的人口数量一直是中国国情最显著的特点之一。虽然中国已经进入了低生育率国家行列，但由于人口增长的惯性作用，当前和今后十几年，中国内地人口仍将以年均800万～1 000万的速度增长。

目前总的生育率1.55，实行“全面放开二胎”政策后，生育率将反弹，预计到2020年，中国内地人口总量将达到14.6亿，人口总量高峰将出现在2033年前后，达15亿左右。

受20世纪80年代至20世纪90年代第三次出生人口高峰的影响，在2005—2020年期间，20～29岁生育旺盛期妇女数量将形成一个高峰。同时，由于独生子女陆续进入生育年龄，按照现行生育政策，政策内生育水平将有所提高。上述两个因素共同作用，导致中国将迎来第四次出生人口高峰。

庞大的人口数量对中国经济社会发展产生多方面影响，在给经济社会的发展提供了丰富的劳动力资源的同时，也给经济发展、社会进步、资源利用、环境保护等诸多方面带来沉重的压力。

2）人口素质

中国政府加大公共卫生事业建设力度，不断提高人口健康素质。平均预期寿命已从新中国成立前的35岁上升到2015年的男性74岁，女性77岁，孕产妇死亡率从20世纪50年代初期的1 500/10万下降到2015年的20.1/10万，婴儿死亡率从新中国成立前的20%下降到2004年的1.49%，5岁以下儿童死亡率从建国初期的25%～30%下降到2015年的0.89%。传染病、寄生虫病和地方病的发病率和死亡率均大幅度减少。非典型肺炎、禽流感等新发传染病得到有效的监测和控制，艾滋病防治工作取得明显进展。

但从总体上讲，中国人口健康素质仍然不高。每年出生缺陷发生率为4%～6%，约100万例。数以千万计的地方病患者和残疾人给家庭和社会带来沉重的负担。防治艾滋病形势依然十分严峻。

截至2015年10月月底，我国累计报告艾滋病病例575 000例，死亡177 000例，而据卫生部等单位对中国艾滋病疫情的估计，中国现存艾滋病病毒感染者和艾滋病病人约100万，这其中可能有44万人不知晓自己已经被感染。

中国政府加快发展教育事业，人口科学文化素质显著提高。我国6岁以上人口平均受教育年限已达12年，比2005年提高4年。2014年义务教育阶段在校学生1.4亿人。全国普及九年义务教育的人口地区覆盖率超过95%，比2000年提高了近10个百分点。高中阶段教育规模显著扩大。2014年高中阶段在校生达到2 400.5万人，比2000年增加1463万人，年平均增长9.6%。高中阶段毛入学率已达到86.5%，预计2020年之前，中国将普及高中阶段教育。

高等教育实现了历史性跨越。2014年高等教育在学总人数超过3 559万人，高等教育毛入学率达37.5%，录取率为74.33%，是1978年的12.3倍；普通高等教育本专科在校学生达2 547.7万人，比2000年增长2.6倍；成人高等教育本专科在校学生524.2万人，增长31%；在学研究生184.8万人，增长4.4倍。

3）人口结构

从人口年龄结构看，在2010年年末中国内地总人口137 054万人中：0～14岁人口为22 246万人，占总人口的16.60%；15～59岁人口为93 962万人，占70.14%；60岁及以上人口为17 765万人，占13.26%。上述数据表明：

（1）当前中国人口社会抚养比较低，劳动年龄人口比重大，劳动力资源丰富，为经济快速发展提供了强大的动力。

未来一二十年是中国经济社会发展的人口红利期。但庞大的劳动年龄人口也给就业带来了巨大的压力，目前，中国城镇每年新增劳动力近千万，农村剩余劳动力2亿多。

并且，劳动年龄人口将保持增长态势。据预测，2020年15～64岁劳动年龄人口将达到10亿左右。这对就业、产业结构调整和社会发展事业提出了更高要求。

（2）2010年，65岁以上老年人口比重达8.9%以上，根据国际标准，中国已经进入老龄化社会。据预测，到2020年，65岁及以上老年人口将达1.64亿，占总人口比重16.1%，80岁以上老人达2 200万。

中国老龄化呈现速度快、规模大、“未富先老”等特点，对未来社会抚养比、储蓄率、消费结构及社会保障等产生重大影响。

（3）从人口性别结构看，2010年年末男性人口68 685万人，占51.3%，女性人口65 287万人，占48.7%，总人口性别比为105.2左右。

从20世纪80年代开始，出生人口性别比持续升高，2000年为117，2003年为119，少数省份高达130。为遏制出生人口性别比升高的势头，国家采取了一系列措施，颁布了《人口与计划生育法》《关于禁止非医学需要的胎儿性别鉴定和选择性别的人工终止妊娠的规定》等法律法规，启动了“关爱女孩行动”，倡导男女平等。

4）人口分布

从城乡分布来看，2010年末全国城镇人口达到66 558万人，占总人口的49.68%，乡村人口为67 415万人，占50.22%。

近年来，由于积极推进人口城镇化和产业结构升级，实施城市带动农村、工业反哺农业的发展战略，人口城镇化率以每年超过1个百分点的速度增长。

2010年，中国流动人口已经超过2.6亿。大量农村劳动力进城务工，为城市发展提供了充裕的劳动力，同时也改善了农村的经济状况。按人口城镇化率每年增加1个百分点测算，到2020年还将从农村转移出3亿左右的人口。与此同时，流动人口管理与服务体系却严重滞后，亟待完善。庞大的流动迁移人口对城市基础设施和公共服务构成巨大压力。

如果流动人口就业、子女受教育、医疗卫生、社会保障以及计划生育等方面的权利得不到有效保障，将严重制约着人口的有序流动和合理分布，统筹城乡、区域协调将发展面临困难。

面对复杂的人口问题，中国政府从全面建设小康社会和构建社会主义和谐社会的战略高度出发，坚持以人为本、全面协调可持续的科学发展观，不断完善人口政策与方案，用人的全面发展统筹解决人口问题，在稳定低生育水平的同时，提高人口素质、改善人口结构、引导人口合理分布、促进人口与经济社会资源环境的协调发展和可持续发展。

1.2.3 我国生产力布局的演变过程

新中国成立以来，我国生产力布局走过了一条曲折坎坷的道路，主要经历了如下四个阶段：一是三年恢复时期至“一五”时期，以协调沿海与内地关系为主线，工业布局由沿海向内地转移；二是从“二五”时期开始，至“五五”时期结束，以“三五”“四五”时期大“三线”建设为中心，以备战和建设战略后方为基调，以工业布局为主体的生产力布局跳跃式地向西推进；三是20世纪80年代，以争取国民经济发展的总体速度、宏观效益为目标，生产力布局大幅度向东部沿海倾斜；四是20世纪90年代，中央开始实施内陆地区发展战略。尽管每一阶段的目标、政策各不相同，生产力布局各有得失，但纵观历年特别是近十年的发展过程，我国生产力布局主要成就表现在如下几个方面。

（1）在巩固和加强原有经济重心区的同时，逐步形成了一批具有全国意义的新的经济重心区。在充分利用原有工业的基础上，加强和改造了以上海为中心的长江三角洲工业区、京津唐工业区和辽中南工业区。改革开放后，珠江三角洲、山东半岛、闽南三角洲地区、以武汉为中心的长江沿岸地区、成渝地区正在崛起和成长为新的具有全国意义的经济重心区，从而奠定了沿海沿江“T”字形经济密集带的生产力布局的基本框架，大大增强了全国经济增长的“动力源”和“发展极”。

（2）建设一大批能源、原材料基地，生产力布局西移。在沿海地区建设宝钢和扬子、齐鲁、上海乙烯工程，以及浙江秦山、广东大亚湾核电站等基地的同时，在内陆地区，国家进行了大规模的能源、原材料基地建设。以山西为中心的能源重化工基地已具相当规模，其开发重点正在向陕北、蒙西地区转移，黄河中上游、长江干流、乌江、红水河、澜沧江等能源、原材料基地的建设已有较大规模，新疆石油基地也已揭开大开发的序幕。这种能源、原材料工业布局西移态势，适应了我国能矿资源的分布格局，因而从生产力布局角度上看是合理的，对于促进国民经济和区域经济进一步持续协调发展具有战略意义。

（3）“三线”企业搬迁调整基本完成。进入20世纪80年代以后，随着国内外形势的变化，国家在改变生产力布局战略的同时，也确定了“三线建设要调整改造，发挥作用”的方针，对“三线”建设进行了一系列调整和改造。到1991年年底，国家安排的121个调整单位累计完成投资31亿元；25个撤并和就地转产项目，完成了24个；93个搬迁项目，已全迁和部分搬迁71个。这不仅解决了“三线”建设中选址不当、规模过大、布局分散的问题，而且在当地不少城市形成了工业小区和企业群体，形成了一批带动地方经济发展的增长点。

（4）全方位开放格局逐步形成。随着改革开放的逐步推进，一个多层次、有重点、点面结合的“经济特区—沿海开放城市—沿海经济开发区—内陆省会开放城市—沿边开放区—沿江开放区”的全方位对外开放格局正在形成之中；各地区经济呈现出利用国内国外两种资源两个市场的态势，有力地推动了各地区经济的高速增长。

（5）生产力布局机制发生重大变化，市场机制的作用越来越明显。改革开放后，随着市场机制的引入和市场体制的建立及投资主体的多元化，我国生产力布局的机制由传统体制下主要依靠国家投资计划分配和建设项目计划安排，逐步向国家制定生产力布局总体目标和基本框架（规划各地带、各地区经济发展的主要方向和任务、国家级产业带走向、重点开发区域和增长极等），综合运用经济手段、法律手段和必要的行政手段调节市场，通过要素市场的经济参数，引导企业和各投资主体，围绕国家生产力布局目标，自主做出投资区位的选择的方向转变。

1.3 物流布局的基本原则和要求

李克强总理和上海自治区“四年四约”

1.3.1 我国的物流布局概述

随着改革的不断深入，国民经济特别是城市经济迅速发展，以沿海大城市群为中心的四大区域性物流圈格局已基本形成，以北京、天津、沈阳、大连和青岛为中心的环渤海物流圈，以上海、南京、杭州和宁波为中心的长三角洲物流圈，以厦门和福州为中心的环台湾海峡物流圈，以广州和深圳为中心的珠江三角洲物流圈。中国内陆腹地的物流布局，以大城市为中心，以铁路为纽带，形成物流结。但我国的物流业经营分散，组织化程度较低，物流布局不合理，物流技术含量不高，物流企业横向联合薄弱。

1.3.2 物流布局的基本原则与要求

物流布局的目的是实现物流的合理化，物流布局必须遵循以下基本原则和要求。

1. 计划化原则

物流计划化是指物流的组织管理要科学规划和计划，这是实现物流合理化的首要条件。物流企业应与商品生产、经营企业紧密结合，对其物流系统进行科学规划，并使物流活动纳入计划。即根据其购销业务的商流计划，制定相应的物流计划，妥善安排货物的运输、储存、装卸等物流环节，按照用户要求的数量、时间、地点，把原材料或商品准确地运送到工厂、商店或消费者手中，达到用户满意，提高物流社会效益的目的。

2. 直达化原则

物流直达化是指物流企业在组织货物运送的过程中，应尽量减少中间环节，特别是物流过程中运输、储存等环节，把货物由供给者的仓库（货场）直接运送到用户的仓库（货场）或消费者手中，实现门到门运送。物流直达化，既可以加快商品运送，创造时间价值，又可以降低物流费用支出，因而是物流企业组织物流合理化的主要形式或目标。

3. 短距化原则

物流短距化是指物流企业在组织货物运送的过程中，要根据货物的发、到地点，选择最佳的运送路径，使运送距离最短。物流短距化涉及的内容很多，其基本原则是：无论供应物流还是销售物流，特别是对普通大宗货物，均应采取就近、分区供应运送，避免倒流、迂回等不合理运送。也就是说，要确定适当的供应、销售区域，选择合理的运输线路，制定最优的物流合理化方案，达到短距化，以减少运输距离，节约运力，降低物流费用。

4. 钟摆化原则

物流钟摆化是指物流企业在组织货物运送过程中，要尽可能组织双向运输，提高运输工具的回运系数或里程利用率，也称钟摆式运输。组织双向运输的主要途径是形成运输网络，物流企业可以自行建立网点，或相互之间达成协议互为对方提供组货服务，同时要建立有效的信息系统，及时传递车、货信息。物流钟摆化可以大大提高运输工具的效率，减少运力浪费，节约能耗，降低物流成本。

5. 集中化原则

物流集中化，亦称物流大量化。指物流企业在组织货物运送时，对于小批量、零星货物，要把几个货主的多种商品，凡发往同一地区、同一方向的，在计划化的基础上，集零为整，变小量为大量，采用混装的形式，进行集中运送。物流集中化是物流企业的一项组织功能，也是市场经济由规模生产、规模消费向小批量、多样化的质量生产、质量消费转变的客观需要，所谓“麻烦我一家，方便全社会”，它不仅提高了运输工具的装载效率，而且活跃了小商品流通，促进“准时制”、零库存生产方式的应用和发展，因而是物流合理化的一种重要形式。

6. 社会化原则

物流社会化是指物流活动商品化、专业化和社会化。物流的各个功能要素被分割，从属于社会各单位、各部门，有的属于生产过程的一个环节，有些作为商流的组成部分，有的同一物流企业分属多个部门。生产流通合一，商流物流合一，条块分割，使物流要素功能弱化，物流系统支离破碎，这在我国由传统计划经济向社会主义市场经济转变过程中，表现比较突出。这一方面受经济发展水平的影响，另一方面受经济体制、社会观念的影响。因此，要在经济体制改革中，遵循社会化大生产分工协作和市场经济运行的客观要求，加快物流活动专业化、商品化和社会化进程，使物流成为相对独立的系统。这是物流合理化的必要条件。

7. 服务化原则

物流服务化是指明确和规范物流活动及其行为的属性。物流企业属于第三产业，它既有经营又有服务，是以服务为主的经营服务型企业。应当树立“用户至上、服务第一”的经营宗旨，提高职工的服务意识和素质，制定服务规范，为社会提供高标准的服务。如运送及时准确、装卸保管安全、收费合理、服务热情、信用可靠等。这样，才能得到用户信任，不断扩大业务范围，提高经济效益，促进产业的发展。反之，物流业就难以维持。所以，物流服务化也是关系物流业务发展、实现物流合理化的一项重要内容。

8. 标准化原则

物流标准化是指从物流系统的整体出发，研究子系统的设施、设备、专用工具等的技术标准，以及业务工作标准及其配合性，按配合性要求，统一整个物流系统的标准。物流标准化工作复杂，难度大，其主要原因：一是涉及面广；二是物流标准化系统属于二次系统，或称后标准化系统（物流系统思想形成晚，各子系统已实现了各自的标准化）；三是要求更高地体现科学性、民主性和经济性；四是有非常强的国际性，要求与国际物流标准化体系相一致。但物流标准化意义重大，只有实现了物流标准化，才能有效地实施物流系统的科学管理，有效地降低物流费用，提高物流系统的经济效益和社会效益。

全面优化运输服务供给

思考题

1. 物流经济地理的研究内容有哪些？
2. 什么是生产力布局？生产力布局的基本条件及其特点是什么？
3. 物流布局的基本原则包括哪些内容？

第2章 物流交通地理

本章重点

通过本章学习，明确交通运输业的特点、交通运输业与物流的关系、熟悉各种运输方式的特点和它们的分布。掌握铁路运输的网络布局，公路运输、水路运输、航空运输、管道运输的布局，交通物流概况，交通物流的发展趋势。掌握铁路运输、公路运输、水路运输、航空运输、管道运输等基本概念。

2.1 概　　述

交通运输业是国民经济的基础性产业，而运输业是整个物流系统中最重要的组成部分，物流业包含了交通运输业所有的内容。国际经验表明，运输业是物流服务的主体或主要提供者。现代交通运输业主要包括铁路运输、公路运输、水路运输、航空运输及管道运输等5种主要运输方式。交通运输业在现代物流体系中占有重要地位。

2.1.1 交通运输业的特点

1. 交通运输业不能产生新的产品

交通运输业的生产过程是运输对象的空间位移，其产品是无形的，不产生新的实物形态产品。运输的结果是产品在地理位置上的移动，是产品价值的一种增值或延伸，不改变产品的原有特性和使用价值，没有半成品，产品的价值总量也不会因运输而增加。

2. 交通运输业的产品具有同一性

运输对象不论是人还是物，以及货物的种类如何繁多，各种运输方式的产品都是一样的，即吨·千米和人·千米。运输产品的这一特点，决定了在一定条件下，各种运输方式之间可以相互替代和相互竞争。

3. 交通运输业资产构成的特殊性

交通运输业的资产构成中，固定资产所占比重很大，交通运输工具又在固定资产中占很大比重，约占80%。

4. 交通运输业的产品不能储存

交通运输业的产品不能脱离生产过程而独立存在，它在生产出来的同时也就被消费掉了，不能输送和调拨，使运输产品具有非实体性和非储存性。

5. 运输生产的安全性

运输生产过程直接关系到旅客生命和国家财产的安全以及国民经济的有序发展。运输不安全，造成的后果是人流和物流的不畅通，使国民经济的第一、二、三产业之间不能有效联系；国土开发、区域发展和资源利用不能平衡发展；阻断了商品的交换和人与人之间面对面的交流，从而制约国民经济各部门的协调发展。

2.1.2 交通运输业与现代物流的重要联系

物流实际是为客户提供运输、包装、装卸、配送、加工等服务，物流服务过程包含多个环节，涉及公路、铁路、航空、仓储、商业、外贸和信息等各个部门。从供应链的角度看，物流服务引发出第三方物流服务的概念。所谓第三方是指相对于生产企业为第一方，销售企业为第二方而言的，是从事为前两者提供服务的专业单位，在供应链中是生产和消费的中间环节。传统运输业是原始的第三方物流，从传统运输业的最终发展方向看，其向现代物流转化是必然的。

1. 运输在现代物流系统中的地位

运输是物流不可或缺的环节，是物流系统的基础功能之一。没有运输，就没有物质资料的移动，物流系统是通过运输来完成对客户所需的原材料、半成品和制成品的地理定位的。企业在以降低成本、提高质量来提高经济效益的空间已越来越小的情况下，企业纷纷将目标转向降低整个供应链的成本，尤其是其中的运输成本。运输成本是目前物流总成本中最大的成本项。以美国为例，1994 年美国的运输开支为 4 250 亿美元，占当年美国物流总成本的 58.2%。欧洲发达国家的运输成本，一般也占物流总成本的 1/3 以上。因此，运输的合理化是物流组织的重要内容，是降低供应链成本、提高经济效益的主要手段。

2. 在业务功能上具有继承性

现代物流的主要功能是仓储、运输、装卸、搬运、包装、配送等，生产企业、运输业、仓储业、外贸企业及 IT 业等均有可能成为现代物流的市场主体。由于各类企业在供应链中所处的位置不同，拥有的基础资源和条件也不相同，进入物流行业所面临的问题也不尽相同。传统运输业是以运输与装卸搬运为主要业务的行业，拥有遍布全国的运输网络和揽货体系，积累了丰富的管理、经营经验，在信息管理和信息传递上也有一定的基础，这些有利因素在向物流业务的转化过程中将得以继承并不断挖掘其潜力。

3. 从国际十大物流公司发展经验来看，以交通运输为主业的居多

从某种意义上来说，物流市场发达程度与经济发达程度有关，经济的不断发展会推动物流市场的发展。世界前十大物流企业中美国占有五家，同时这五家的收益之和占前十大物流企业收益的 2/3。其他大型物流企业分属德国、日本和荷兰等发达国家。

对世界前十大物流企业业务结构的分析见表 2-1。从中可以看出：十大物流企业中，绝大部分是资产密集型企业，大多拥有物流设施和网络，以空运、快递、陆运为主要业务的公司居多。从业务结构来看，具备交通运输业务的快运业务背景的综合企业，拥有巨大的发展现代物流的业务潜力。

表 2-1　世界前十大物流企业业务结构分析

国际物流公司	业务概况	业务分布
UPS	全球最大的包裹递送公司，主要从事专业运输和物流服务的提供商，已建立了规模庞大、可信度高的全球运输基础设施	从运输方式来看，美国内陆运输占 54%，空运占 19%
FEDEX	环球运输、物流、电子商务和供应链管理服务供应商，提供一体化的物流解决方案。业务包括速递业务、包装与地面送货服务、高速运输投递服务、综合性的物流技术和运输服务	从运输方式看，空运业务占 83%，公路占 11%，其他占 6%
德邮 DPWN	划分为四个资助运营的部门，即邮政、物流、速递和金融服务	邮政、速递、物流和金融的净收入分别占 49%、21%、18%和 12%
马士基 Maersk/A. P. Moelle	航运、石油勘探和开采、物流及相关制造业等，是全球最大的集装箱承运人	1. 马士基航运公司，占世界集装箱航运市场的 17% 2. 马士基物流公司
日通 NIPPON EXPRESS	汽车运输、空运、仓储等	汽车运输、空运、仓储分别占 44%、16%和 5%
RYDER	在全球范围内提供一系列的物流、供应链和运输管理服务	运输服务、物流分别占收入的 57%和 32%
荷兰邮政 TPG	提供邮递、速递及物流服务	从净收入来看，邮递、速递和物流分别占 42%、41%和 17%；从运营利润来看，邮递、速递和物流分别占 76%、15%和 9%
EXPEDITORS	一家无缝的国际性服务网络，提供全球物流服务，服务内容包括空运、海运（拼箱货服务）及货运代理	主要集中在空运、海运和理货方面，其收入分别占 63%、25%和 12%
泛亚班拿 PANALPINA	核心业务是综合运输业务，还提供跨国物流服务	从利润来看，空运、海运、物流三大业务各占 44.9%、31.3%和 20.3%
EXEL	提供多式联运、地区配送、库存控制、信息技术和供应链解决方案等服务。业务主要集中在配送、运输管理和环境服务等三个方面	配送、运输管理和环境服务三大业务按净收入分别占 58%、39%和 3%；按运营利润分别占 62%、28%和 10%

2.1.3　我国交通运输业的现状

改革开放以来，我国交通运输业得到了迅速发展，到目前为止，铁路运输紧张状况有所缓解，公路运输明显改善，民航运输基本适应需求，为我国国民经济和社会发展提供了重要保障，基本缓解了运输业的“瓶颈”状况。但发展不够均衡，供需矛盾并未根本解决。“十五”和“十一五”时期是我国交通运输发展迅速的时期。到2015年年末，铁路营业里程达到12.1万千米。公路通车里程457万千米；高速公路从无到有，达到12.3万千米，位列世界第一，且已基本形成网络。民航机场210个，航线2 666条，航线长度292.3万千米。输油（气）管道12万千米。2015年各主要运输方式生产完成情况见表2-2和图2-1。截至2015年货运量增长情况见图2-2。

表2-2 2015年中国主要运输方式货物运输量完成情况

货运方式	铁路	公路	水运	民航	管道
货运量/万吨	336 000	3 150 000	614 000	625.3	71 000
货物周转量/亿吨千米	23 754.3	57 955.7	91 772.45	207.3	4 138.8

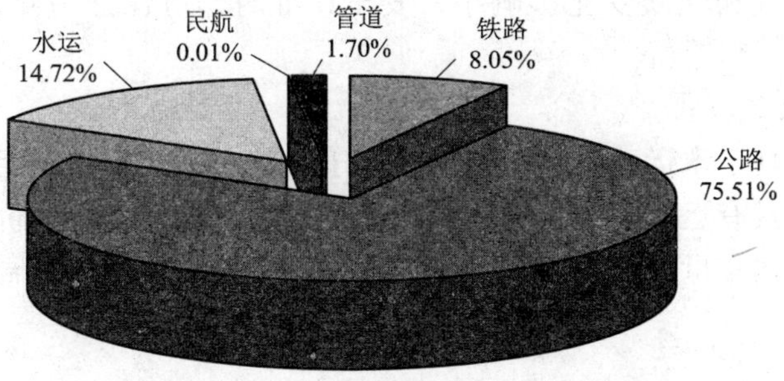

图2-1 2015年各主要运输方式货运量所占比重

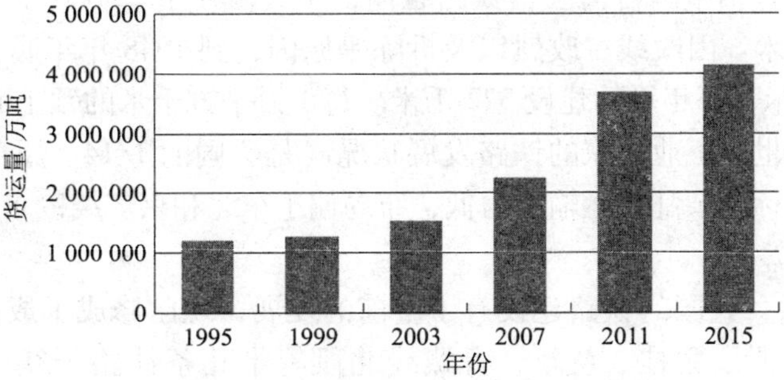

图2-2 1995—2015年中国货运量增长情况

从上述数据可以看出，近年来交通运输基础设施得到了快速发展，然而各种运输方式发展速度却不均衡，这几年公路建设力度加大，呈现超常规发展态势，公路交通得到明显改善。民航发展迅速，旅客周转量和货物周转量每年均以两位数递增，平时上座率和载运率有60%左右。铁路由于各种原因，发展速度相对缓慢，基本建设投资不到公路的一半，虽然运输能力紧张状况有所缓解，但由于发展速度跟不上经济发展要求，铁路运能与运量的矛盾仍然存在，在客流高峰时期，铁路供求矛盾更为突出。

2.2 铁路运输

铁路运输在中国各种现代运输方式中占有头等重要的地位，是中国国民经济的大动脉。

2.2.1 铁路运输的特点

铁路运输是由铁路、车站枢纽设施和机车车辆三要素协调配合，共同实现客、货流位移的最重要的现代化运输方式之一。

1. 运输能力较大

铁路在各种运输方式中，运输能力一般仅次于水运，是普通卡车的数百倍甚至上千倍。

2. 运输速度较快

运输速度仅次于飞机，时速平均可达100千米/小时左右，高速列车时速可达300千米/小时以上。

3. 受气候影响小

运输过程中受天气和气候变化影响小，安全，准时，可保证一年四季昼夜不停地连续工作。

4. 运输成本较低

铁路运输成本略高于水运，长途运输成本低于公路，适宜中、长距离大宗货物的运输。

因此，铁路运输具有运载量大、速度快、连续性强、时刻准、运价低、受自然条件影响较小等优势。铁路运输在世界范围内得到普遍的发展，尤其在国土辽阔的国家，铁路运输的地位异常突出。

2.2.2 铁路运输的发展和现状

新中国成立前，包括中国台湾公营铁路在内，一共修建了29 600千米，复线3 155千米，每年平均建设395千米。因改线、改轨以及拆除等原因，到1948年年底，实有铁路24 900千米，复线约2 000千米，每年平均建设322千米。每1万平方千米的领土面积仅有铁路25.9千米，大大落后于当时世界工业国家的铁路发展状况（是美国的1/14、原苏联的1/4）。当时我国的铁路设备简陋，标准杂乱，运输能力低，布局偏于东北和京广线以东的地区，西北地区几乎没有铁路。

新中国成立以后，我国的铁路建设有了空前的发展，现已修成了成渝、宝成、贵昆、成昆、襄渝、湘黔、川黔、黔桂、兰新、青藏线北段等十几条铁路干线。截至1999年年底，“九五”前4年全国共投入运营新线5 455千米，复线4 102千米。电气化铁路3 743千米，分别是“八五”期间的1.03倍、1.07倍和1.46倍。至此，全国铁路营业里程已接近7万千米，居亚洲第一。铁路技术装备有了明显的改进，已建成宝成、阳安、石太、包兰、成渝、京秦、贵昆、太焦、襄渝、京包、大秦、郑武、兰武、湘黔怀玉段等10多条电气化铁路，总计1.2万千米，还自行设计制造了内燃机车、电力机车、载重50 吨的货车和各种客车。桥梁建设跨入了世界先进行列。在江面宽阔、水深湍急的长江上，先后修建了3座铁路、公路两用桥和2座铁路桥（重庆、攀枝花）以及九江铁路桥。我国铁路运输在现代化建设中发挥着重要的先行作用。2015年铁路货运生产完成情况见表2-3。从中可以看出，我国的铁路运输有了长足的进步。

表 2-3 2015 年铁路货运生产完成情况表

单位	2009 年	2015 年	单位	2009 年	2015 年
货运量/万吨	333 348	335 800	货物周转量/亿吨千米	25 239.2	23 754.3
其中：国家铁路/万吨	277 572	271 400	其中：国家铁路/亿吨千米	23 649.9	21 598.4

2.2.3 铁路运输的网络布局

中长期铁路网规划

铁路在我国交通运输业中之所以发挥着巨大作用，这是由于四通八达的铁路网奠定了物质基础。

我国铁路网的布局特点是：纵横交错成网络状。具体地说南北方向有四条干线：京沪线、京广线、京九线、北同蒲—太焦—焦枝—枝柳线；东西方向有三条干线：京包—包兰线、陇海—兰新线、沪杭—浙赣—湘黔—贵昆线。以上述七条干线为骨干，以北京为中心，组成了包括东北铁路网、西南铁路网、关内外三条联系干线、台湾铁路网和其他干线、支线、辅助线、联络线以及地方铁路在内的全国铁路网。这些铁路网覆盖了几乎全部的国土，把全国主要的工矿、城镇、港口、农作物生产基地联结成有机整体，见图 2-3。

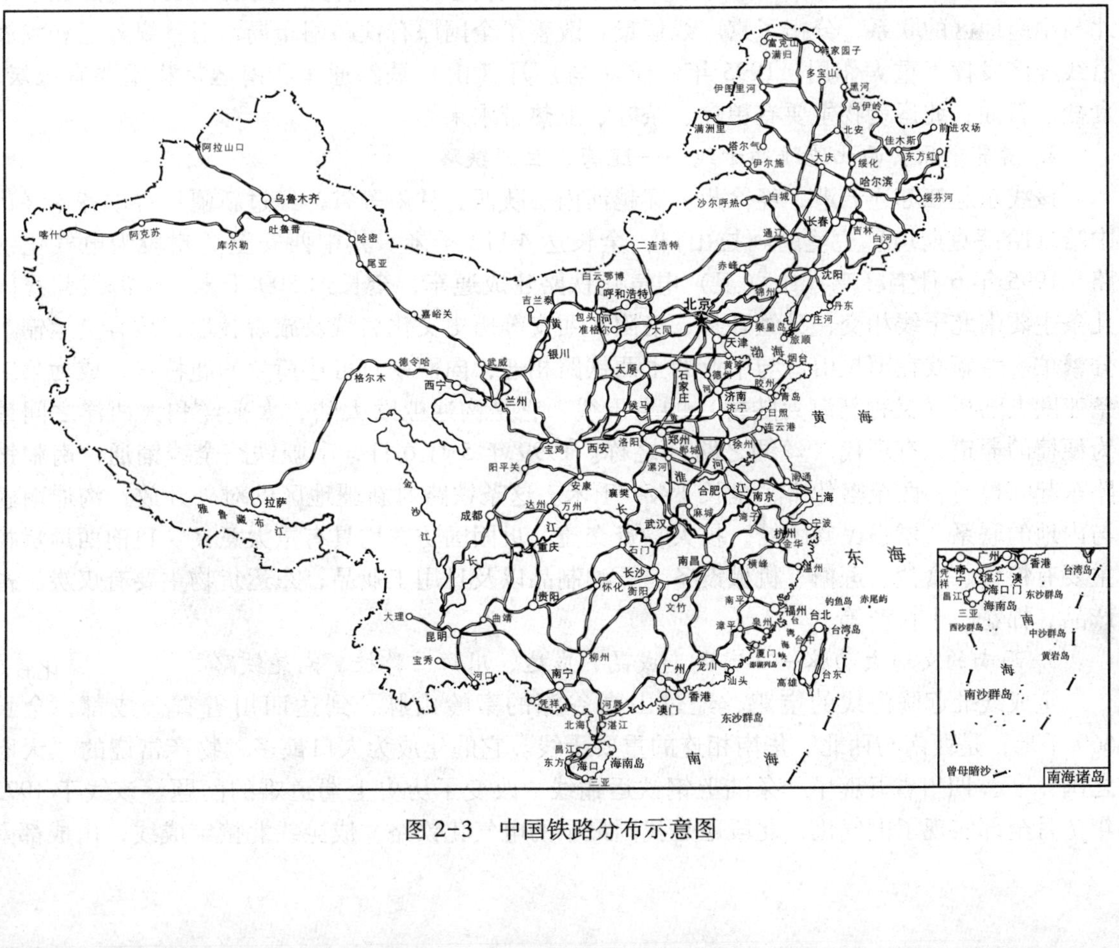

图 2-3 中国铁路分布示意图

1. 纵贯南北铁路中轴线——京广铁路

京广线起始北京，终达广州，全程 2 332 千米，已全线建为复线。沿线物产丰富、工业发达、城镇广布，并先后与 12 条干线相交：北部通京包、京通、京承、京沈线，中部相交陇海线，南部又与汉丹、武大以及浙赣、湘黔、湘桂和广三、广深线接连，成为全国路网中轴。1995 年，北京—武昌段电气化铁路已建成开通，京广线也将全线实现电气化。该线运量大，南运货物主要有煤炭、钢铁、石油、机械、木材、纺织品、北方水果及经广州出口的物资；北运货物主要有稻谷、茶叶、桐油、蔗糖、亚热带水果、土特产、有色金属等矿产品及由广州进口的物资。

2. 东部沿海交通大动脉——京沪铁路

京沪铁路从北京到上海，全长 1 462 千米，全部为复线。它纵贯华北平原和长江中下游平原，穿行天津、河北、山东、安徽、江苏四省一市，连接京、津、沪三大直辖市，跨越海河、黄河、淮河、长江四大流域。沿线石油、煤、铁、盐资源丰富，粮、棉、油生产集中，人口稠密，城镇密布，经济繁荣，文化发达，是我国主要的工、农、商业基地。此线客流量大，行车密度大，成为我国最繁忙的干线之一。南运方向货运量大，主要是煤炭、钢铁、木材、棉花、杂粮、油料、烟草、水果等；北运物资主要是机械、仪表、日用工业品、稻米、面粉、茶叶等。

3. 第二条南北干线——北同蒲、太焦、焦枝、枝柳铁路

该线北自山西省大同市经太原、长治，河南焦作、洛阳，湖北襄樊、枝城，南行至广西柳州，全程长达 2 521 千米。该线是新中国成立后修建的一条重要的南北干线，它加强了华北与中南地区的联系，分担了京广线运量，改善了全国原有铁路网布局，对晋煤外运和发展沿线经济发挥了重大作用。1995 年，侯（马）月（山）铁路通车。南运货物主要有煤炭、食盐、石油；北运货物主要有粮食、茶叶、亚热带水果等。

4. 横贯中原、西北边陲的干线——陇海、兰新铁路

该线东起江苏连云港，经徐州，穿越河南、陕西、甘肃等省，经过新疆乌鲁木齐，终达中哈（哈萨克斯坦）边境的阿拉山口，全长达 4 112 千米。其中西安至兰州段为电气化铁路。1995 年 6 月宝（鸡）中（卫）电气化铁路建成通车，全长约 500 千米。陇海线与我国几条主要南北干线相交，又经开封、洛阳、西安等历史文化名城及旅游胜地，故客货运输十分繁忙。兰新线在阿拉山口与中亚的土西铁路相通，向西一直可达荷兰的鹿特丹，成为第二条亚欧大陆桥（又称新海大陆桥）的主干线。它是沟通亚欧大陆、太平洋和大西洋之间最为便捷的通道，有现代“丝绸之路”之称。1999 年 5 月 6 日，南疆铁路全线铺通，南疆铁路东起吐鲁番，西至喀什市，全长 1 451 千米。这条铁路对新疆地区的对外开放，沟通南疆与内地的联系，增强民族团结，扩大物资交流，巩固国防，均具有重大意义。目前西运货物主要有粮食、食盐、蔗糖、机械设备、石油制品以及日用工业品；东运货物主要有煤炭、畜产品、棉花、土特产等。

5. 西南的交通大动脉——宝成、成昆、成达、川黔、黔桂、南昆铁路

宝成线北起陇海线的宝鸡，经过山高谷深的秦岭山脉，到达四川省省会成都，全长 669 千米，是西南与西北、华南相连的重要干线。它的建成为人口最多、物产富饶的“天府之国”——四川省开辟了一条陆上钢铁运输线，改变了历史上蜀道难的问题。该线于 1975 年 7 月全部实现了电气化，北段还是我国最早的电气化铁路。成昆线北接宝成线，由成都南

下，飞越大渡河，穿过大、小凉山，横跨金沙江，南抵“春城”昆明，全长1 085千米。沿途地下资源丰富，是内地建设的重要地区，也是少数民族聚居区。从昆明还有通达边防重镇河口的昆河线。成渝线由成都到重庆，长达504千米，现已全线实现电气化。它把西南地区两个最大的城市连接起来，对加强省内外的联系和发展起了重大作用。

川黔线北起重庆，经古城遵义，达贵州省省会贵阳，全长463千米。黔桂线从贵阳到柳州，长606千米，是西南通向华南的主要路线，也是沟通西北、西南、华南的主要干线。南运货物主要有石油、食盐；北运货物有化肥、茶叶、亚热带水果等。南昆线西起昆明，经罗平、安龙、百色至南宁，全长899千米，于1997年建成通车。西南地区的货物经南昆—南防线由防城港出海，比经贵昆—湘黔—京广线由广州港出海或经贵昆—黔桂—湘桂—黎湛线由湛江港出海要近。南昆线建成后，防城港将成为我国西南地区最近的出海口。

以上六线主要分布在云、贵、川、桂四省区，从根本上改变了这里过去交通闭塞的局面，对我国铁路的合理布局、国防建设和大西南的经济开发发挥着重大的作用。

6. 晋煤东运的主要干线——大秦电气化铁路

大秦线自山西大同经河北省直达秦皇岛港，全线长达653千米。它是我国第一条双线电气化和重载单元列车线路，第一条具有微型计算机调度集中系统的线路，第一条全线采用光纤通信系统的线路，是目前我国铁路设计标准和现代化水平最高的电气化铁路。该线对保证山西煤炭外运及加速神木、东胜、准噶尔煤田的开发，缓和我国能源供应紧张局面，促进国家经济发展，具有重要的意义。

7. 稠密的东北铁路网

东北是我国铁路建造历史最悠久的地区之一，线路长度达到15 000千米，占全国铁路总长度的26%，分布密度为全国之首。哈大线和滨州—滨绥线构成“丁”字形铁路骨架，沟通了全区70条干、支线。

哈大线北起哈尔滨，经长春、沈阳到大连，全程946千米，完全为复线和自动封闭装置。该线穿经我国经济发达、特产丰富的地区，故客货流密度大，为全国最繁忙的干线之一。主要货物构成是钢铁、煤炭、石油、粮食、木材、机械等，南运量大于北运量。

滨洲—滨绥线西起满洲里，经哈尔滨，东到绥芬河，全程1 483千米，东西两端与俄罗斯西伯利亚铁路接轨，对于发展中俄边境贸易有重要的意义。

8. 沟通关内外的三条重要通道——京沈、京承—锦承、京通线

京沈线自北京经天津、唐山、秦皇岛，沿辽西走廊过锦州到达沈阳，全程844千米。它为重型钢轨铺设的复线，并采用自动封闭装置和内燃机车牵引动力，通过能力很强，是目前国内客货运输最繁忙的线路之一，也是关内外联系的主要通道。其主要货物构成以煤炭、纺织品、石油、木材、粮食、钢材和机械为主，进关货物大于出关货物。

京承—锦承线，由北京至承德到锦州接东北路网，全长696千米，是一条分担京沈线运量的辅助线，其货运量与京沈线接近。

京通线自北京昌平出发经过河北隆化、内蒙古赤峰至通辽，长达868千米。它主要担负着晋煤出关和东北木材进关的任务，也是东北地区北部与华北地区联系的直接通道。该线于1999年6月1日延长到内蒙古首府呼和浩特。

9. 横贯江南的东西干线——沪杭、浙赣、湘黔、贵昆铁路

此线路由四段组成，穿过沪、浙、赣、湘、黔、滇6省市，长达2 672千米。此线位于

长江以南，与陇海线平行，是我国横穿东西的第二条大动脉。这条线路沟通经济发达的华东沿海地区与资源丰富的西南内地，加强了华东、中南、西南地区的联系，对边疆与内地的开发以及巩固国防具有重要的意义。

10. “八五”期间新建的南北铁路干线——京九线

京九线路位于京沪、京广两大铁路干线之间，北起北京，南至香港九龙，纵贯京、冀、鲁、豫、皖、鄂、赣、粤八省市，全长2 538千米，总投资概算为210亿元。它是我国铁路建设史上规模最大、投资最多、线路最长的一条南北大动脉。

京九铁路的建成使全国铁路网布局更加趋于合理、完善，运输能力也明显增强，南北铁路运输的紧张状态将得到缓解。该线沿线物产、矿藏丰富，它的建成将大大促进沿线物产和矿藏资源的开发，并带动沿线地区的经济发展。

11. 京秦—京包—包兰—兰青—青藏线

这是我国北部地区一条重要的东西向铁路干线。东起秦皇岛，经丰润到北京的铁路线为京秦线；从北京向西经张家口、大同、集宁、呼和浩特到达包头的铁路线为京包线；从包头向西经银川到兰州的铁路线为包兰线；自兰州到西宁的铁路线为兰青线；从西宁经格尔木到拉萨的铁路线为青藏线。青藏铁路是我国铁路网的重要组成部分，由青海省省会西宁至西藏自治区首府拉萨，全长1 956千米。本铁路分两期修建，一期工程由青海省省会西宁市至青海西部重镇格尔木市（简称西格段），长约814千米，已于1984年建成通车。二期工程于2002年正式铺轨，由格尔木至西藏自治区首府拉萨（简称格拉段），长约1 142千米。为满足石油专用线和采石场专用线开通使用的需要，格拉段北端格尔木站至南山口站30千米先期建成使用。格拉段实际建筑长度为1 110千米，其中青海省境内522千米，西藏境内588千米。2006年，青藏铁路提前建成通车。

这条东起秦皇岛，西至格尔木，并延伸到拉萨的东西向铁路线联结我国的东北和西南地区，横贯华北和西北地区，是跨越地区最多的一条交通干线。它在集宁交接了集（宁）二连浩特和集（宁）通（辽）线。集通线全长945千米，是全国最长的地方铁路。集通线目前日通过17对货车，2对客车，运输能力为每天1 000万吨，运期经过完善可达每天2 000万吨。青藏铁路施工难度最大的格尔木—拉萨段见图2-4。

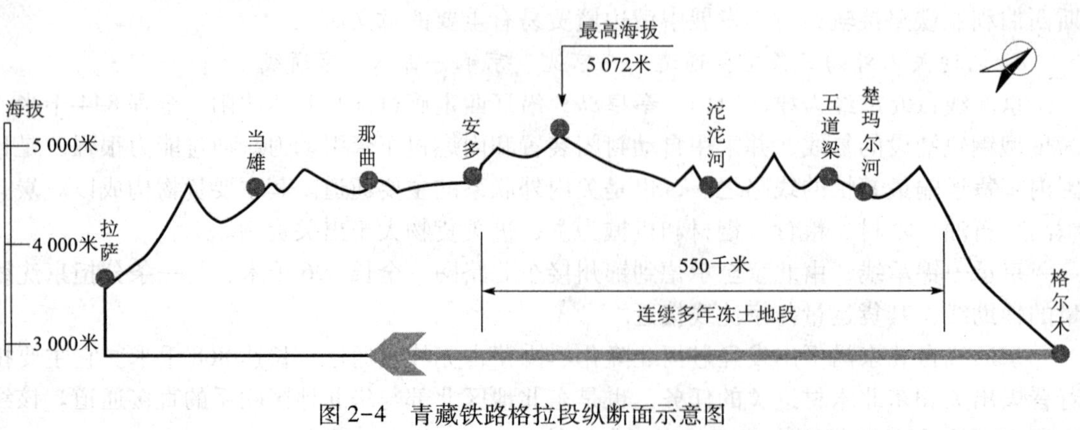

图2-4　青藏铁路格拉段纵断面示意图

12. 东胜—黄骅铁路

1995年7月1日，我国西煤东运第二条铁路通道神（木）黄（骅）铁路一期工程建成通车。神黄铁路西起陕西神府—内蒙古东胜煤田，东到河北黄骅港，是继大秦铁路之后的第二条重载单元列车运煤线，全长820千米。近期设计年运力为6 000万吨，远期为1亿吨。该铁路的建成，对开发陕北、蒙西、晋西北的煤炭能源和基地建设，支援沿海工业，缓解煤炭紧张状况，促进陕北、蒙西、晋西经济发展有重要意义。

13. 初具规模的西南铁路网

西南四川、云南、贵州、重庆三省一市，新中国成立以来大规模发展铁路交通，线网初具规模，彻底扭转了历史上交通闭塞状况，形成了以成都、重庆、贵阳、昆明四大城市为交通枢纽的"井"字状线网布局结构。该区人口比较密集，经济活跃，客货运输较繁忙。主要货运结构以粮食、肉类、烟酒食品、有色金属、石油制品、机械、纺织品为主。

14. 台湾省内部铁路

由于地势的原因，台湾省铁路基本上是按环全岛海岸线分布，尚无穿越中部山脉连接东西两端的铁路。台湾省铁路共长1 300多千米，分为三段，最长的是纵贯南北的西海岸线铁路，北起基隆穿越台北、台南，南到高雄，全长800千米。沿线是全省主要的工农业产区，人口密集，物产丰富，工业发达，客货运量大。东海岸线的铁路称台东线，北起基隆经花莲港到台东，为窄轨铁路。最短的线路是北环线，把西海岸线铁路的支线和东海岸的台东线沟通。

2.2.4 主要铁路枢纽

在铁路网中，由几条线路交叉或衔接，由若干车站、站间联络线以及一系列设施所组成的总体叫做铁路枢纽。铁路枢纽的功能与作用有三点：一是衔接各条干线，使各条干线有机联结成一个整体；二是办理各线间的客货车辆的解体、编组、中转、发送等技术作业；三是集中铁路运量，这具有组织铁路运输生产的中心作用。因此，铁路枢纽的布局、技术装备、作业能力等直接影响到客货运量的大小及行车速度的快慢。

我国铁路20世纪的布局，往往与全国或地区的政治中心、经济贸易中心、工业基地或水陆联运中心相结合，按依附于地区经济的特征，铁路枢纽可划分为如下几种类型：① 设置于政治、经济贸易中心城市的铁路枢纽，如北京、郑州、西安、石家庄、太原、济南、南京、成都、贵阳等；② 设置于综合性工业城市的铁路枢纽，一般位于特大城市，故客货运输量庞大，如上海、天津、沈阳等；③ 设置于水陆联运中心的铁路枢纽，往往是大宗货流集散地，如哈尔滨、武汉、重庆、广州、大连等；④ 设置于大型加工工业地区的铁路枢纽，大宗货物汇集，如包头、兰州等；⑤ 设置于采掘工业地区的交通枢纽，这里是大宗货流发生地，如大同、焦作等。我国主要铁路枢纽见表2-4。

表2-4 我国主要铁路枢纽概况

铁路枢纽	交汇铁路	备注
北京	京原、京广、京九、京哈、京沪、京秦、京承、京通、京包	我国最大的铁路枢纽，由北京站、北京西站等20多个车站组成的巨大混合铁路枢纽，呈辐射状通向全国，并与朝鲜、蒙古、俄罗斯开展了国际贸易联运
天津	京哈、京沪	华北最大的水陆联运中心，与天津港连接，由天津站、天津北站等20多个车站组成

续表

铁路枢纽	交汇铁路	备　注
郑州	陇海、京广	位于全国铁路网的中心，北站是全国最大的铁路编组站，客货转运量很大
武汉	京广、汉丹、武九	我国中部水陆转运枢纽，武昌、汉口、汉阳是三个最大的车站
上海	京沪、沪杭	我国最大的水陆交通枢纽，临近我国内地最大的海港——上海港，西站、南站和上海站是客运站，北站是货运站
广州	京广、广九、广湛、广梅汕	我国南方最大的水陆交通枢纽，连接广州黄埔港，对中国香港地区和中国澳门地区有特殊的地理意义
兰州	包兰、兰新、陇海、兰青	我国西北最大的铁路交通枢纽，是“亚欧大陆桥”的必经之地
沈阳	京哈、沈吉、沈丹、哈大	东北区南部最大的铁路枢纽，由于过境运输量很大，枢纽内的编组任务特别繁重
哈尔滨	哈大、滨洲、滨绥、滨北、滨吉	东北区北部最大的铁路枢纽，由于临近俄罗斯，进出口货物运输的任务十分繁忙
成都	宝成、成昆、成渝、达成	地处人口稠密、城镇众多的成都平原，对西南区经济开发有特殊的意义
重庆	成渝、襄渝、川黔	我国西南最大的水陆交通中心，在重庆港可连接长江航运，水陆货物交换量特别大
贵阳	川黔、黔桂、湘黔、贵昆	新中国成立后形成的铁路交通枢纽，贵阳站是客运站，南站是编组站，东站为货运站

2.2.5 铁路物流发展战略

加快构建现代铁路网

1. 铁路物流的进展

（1）提高货物运达速度，适应现代物流对快捷的需求。为方便广大货主对高附加值货物的快捷要求，开行了定点、定线、定车次、定时、定价的货运“五定”班列，实现了管理规范化、运行客车化、价格公开化、服务承诺化。为适应国有大中型企业对大宗货物运输的需要，开行了大宗货物直达列车。为满足市场对行包快运的需求，在运量较大的产销地之间，铺设快运专线，开行了行包快运专列。开行了北京至莫斯科集装箱国际专列，开辟了湛江至东北、华北、西北地区的果菜运输“绿色通道”，受到了广大经营者和消费者的好评。

（2）狠抓货运服务质量，营造良好的现代物流环境，制定和实施《提高铁路客货运输质量的百点计划》，广泛开展服务质量月活动，简化货运办理手续，加强保价理赔工作，集装箱运输质量有了显著提高。

（3）加快货运改革步伐，提高现代物流的管理水平，实行货场办市场，建立物流集散地，充分利用货场在装卸、运输、仓储等方面的优势；改革货运计划方式，推行随到随批制度，实现了货运计划的计算机联网管理；推行货物运输订单办法，取代传统的要车计划表。

2. 铁路物流趋势

（1）提高对铁路运输在现代物流发展中地位和作用的认识。铁路运输连接生产和销售，是现代物流的一个重要环节，以其运能大、成本低、全天候和安全、节能、污染少等优势，发挥着重要的作用，为现代物流发展创造和提供良好的运输环境和条件。

（2）建立快捷货运体系。通过进一步提速，加快发展铁路集装箱、冷藏、快运、特货及多式联运等运输服务方式，不断开发货运快车，实现货运快车开行方式客车化，而且办理手续简化，停站时间和停站数量大大减少，满足现代物流对快捷运输的需求。

（3）大力提高铁路运输能力。要强化路网主要骨架，提高区域干线质量，扩大西部路网规模，重点建设“八纵八横”铁路通道；实现高速铁路、部分繁忙干线客货分线运输的突破；完善区际通道，优化路网结构，提高综合运输能力；调整货运结构，不断开发货运新产品，提高产品档次，发展适应快速和重载需要的机车和货车。实现大宗货物直达化，高值货物快速化，基本满足不同层次货运市场需求和现代物流发展的要求。

这“八纵八横”路网主骨架的具体内容如下。

八纵是指：

京哈通道（北京—哈尔滨—（满洲里））。

沿海通道（沈阳—大连—烟台—无锡—（上海）—杭州—宁波—温州—厦门—广州—（湛江））。

京沪通道（北京—上海），建设京沪高速铁路。

京九通道（北京—南昌—深圳—九龙）。

京广通道（北京—武汉—广州）。

大湛通道（大同—太原—焦作—洛阳—石门—益阳—永州—柳州—湛江—（海口））。

包柳通道（包头—西安—重庆—贵阳—柳州—（南宁））。

兰昆通道（兰州—成都—昆明）。

八横是指：

京兰通道（北京—呼和浩特—兰州—（拉萨）），建设青藏铁路。

煤运北通道（大同—秦皇岛、神木—黄骅）。

煤运南通道（太原—德州、长治—济南—青岛、侯马—月山—新乡—兖州—日照）。

陆桥通道（连云港—兰州—乌鲁木齐—阿拉山口）。

宁西通道（西安—南京—（启东））。

沿江通道（重庆—武汉—九江—芜湖—南京—上海）。

沪昆（成）通道（上海—株洲—怀化—贵阳—昆明（怀化—重庆—成都））。

西南出海通道（昆明—南宁—黎塘—湛江）。

（4）采用信息技术，对物流各环节进行实时跟踪。尽快实现对铁路机车、货车、列车及运输的货物进行追踪管理的目标。今后要在中铁集装箱中心、中铁快运与物资总公司开展集运输、配送、库存为一体的铁路电子商务试点，积极利用电子数据、互联网等技术，将企业服务网点联结起来，实现资源共享、信息共用。

（5）不断完善铁路货运服务功能。铁路部门必须突破传统的经营观念和模式，以市场需求为导向，为货主提供优质高效的现代物流服务，发展集装箱运输和多式联运，实现“门对门”运输。

（6）为我国物流领域扩大对外开放创造条件。随着我国加入WTO，为鼓励公平竞争，维护运输企业和投资者的合法权益，结合铁路行业特点，根据《中华人民共和国铁路法》和其他法规，制定《外商投资铁路货物运输业审批与管理暂行办法》，规范申报和审批中外合营（合资、合作）铁路货运公司的行为，为现代物流的发展提供有利条件。

2.3 公路运输

中国公路汽车运输在整个交通运输中占有特殊地位。在中国东部铁路和水运都较发达的地区，公路起着辅助运输作用，承担短途运输。在西南和西北地区则担负着干线运输的任务。1949年以前的近半个世纪，全国只修成13万千米公路，其中勉强能通车的仅7.5万千米。经过60多年建设，至2015年中国内地公路通车里程达457万千米，公路汽车运输所完成的货物周转量达57 955.72亿吨千米，旅客周转量为10742.66亿人千米。全国除西藏墨脱县外，已实现了县县通公路，有99%的乡镇和95.7%的村都通了汽车，初步形成了以北京为中心，沟通各省（自治区）省会（首府），连接枢纽站、港口和工矿区、农林牧生产基地的公路网。

2.3.1 公路运输的特点

（1）公路运输具有直达性，门对门的特点。公路运输的直达性可转换为三个效益，即：距离差效益，主要指公路运输可以抄近路，而使运距少于铁路和水运；时间差效益，指公路运输的送达速度比铁路、水运快而带来的经济效益；质量差效益，主要表现为汽车直达运输只要一装一卸，货物损伤少，而铁路运输通常需要多装多卸，货物损伤要大得多。

（2）公路运输机动灵活。公路运输以一人一车为基本特点，体形小，操作方便，又无需铁路那样的专门轨道，对各种自然条件有较强的适应性，机动灵活。农村运输、城市内部运输、城乡联系、铁路和水运港、旅客和货物的集散、日用百货和鲜货的定期运输主要由汽车承担。

汽车的主要缺点是：运载量小，单车运量在美国也只有20吨左右；劳动生产率低，成本高。因此，不适于运载大宗、笨重物资。

随着科学技术和汽车工业的发展，第二次世界大战以后公路运输大有改善。西欧、北美国家推行汽车吨位大型化和汽车运输系列化，使单车运载量和列车运载量分别达到40吨和100吨，汽车运量小的缺点有所克服。为了提高行车速度和解决车流拥挤、堵塞的问题，具有双重通道、全封闭、车速可达120千米/小时以上的高速公路迅速发展。因此公路运输能在短途甚至中、长途运输中与铁路展开激烈竞争，并在部分国家取得明显优势。

公路是具有一定线型、宽度和强度，供各种无轨机动、非机动车辆和人、畜行驶的人工陆上通道。它的重要特点是线路的公用性，即承担混合的交通流（车流和人流），再加上它易于在地域上广泛修筑的优点，使其成为最灵活的运输方式。

在人类社会发展的历史上，公路运输一直是最基本的运输方式。随着近、现代工业化大生产的发展和科学技术的进步，逐步形成了由铁路、公路、水路、航空和管道运输共同组成的综合运输体系。在汽车制造技术进步、公路基础设施不断改进和运输需求变化的促进下，公路交通已不仅是一种运输方式或其他运输方式的补充，而且已成为区域间的主要运输方式之一，形成了以公路为主体的运输大动脉。我国公路运输自新中国成立以来取得了巨大的成就，特别是自改革开放以来，公路运输已迅速成长为对国民经济和社会发展具有重要基础性作用的地面运输方式。

到2015年年底，全国公路通车里程达457万千米，高速公路通车里程已达12.3万千米，京沈、京沪高速公路实现了全线贯通，东北、华北、华东之间形成了一条道路运输大通道。我国用了短短20年的时间，高速公路建设就走过了发达国家一般需要50年完成的发展历程。建成了一批具有世界先进水平的道路桥梁及隧道。如广东虎门大桥、江阴长江大桥、南京长江二桥、济南黄河大桥、厦门海沧大桥等。“五纵七横”国道主干线已于2007年全面建成。

“十一五”时期末，全国农村公路的通达深度和服务水平已有明显提高，全国乡镇公路通达率达到99.8%，行政村公路通达率达到96%。截至2010年，我国农村交通条件已经得到明显改善，所有具备通车条件的乡镇与行政村通公路，通公路的行政村班车通达率达到95%以上。

2.3.2 全国主要公路概况

1. 中国公路运输布局

我国公路运输由国家、省级、县级三级道路组成，运输线遍布全国，初步形成了以北京为中心的道路网。目前，全国有70条主要干线道路被划定为国道。这70条国道分三个序列：编号为1XX的首都放射线、编号为2XX的南北纵线，以及编号为3XX的东西横线，遍布于全国各省、市、区。道路网密度总的特点是东部大于西部，南方密于北方，见图2-5。

70条国道分别是：

101：北京—承德—沈阳，859千米。

102：北京—山海关—沈阳—长春—哈尔滨，1 231千米。

103：北京—天津—塘沽，142千米。

104：北京—南京—杭州—福州，2 284千米。

105：北京—南昌—广州—珠海，2 361千米。

106：北京—兰考—黄冈—广州，2 497千米。

107：北京—郑州—武汉—广州—深圳，2 449千米。

108：北京—太原—西安—成都—昆明，3 356千米。

109：北京—银川—兰州—西宁—拉萨，3 763千米。

110：北京—呼和浩特—银川，1 063千米。

111：北京—通辽—乌兰浩特—加格达奇，2 034千米。

112：北京环线，宣化—唐山—宁河—涞源，942千米。

201：鹤岗—牡丹江—大连，1 822千米。

202：黑河—哈尔滨—吉林—沈阳—大连—旅顺，1 696千米。

203：明水—扶余—沈阳，656千米。

204：烟台—连云港—上海，918千米。

205：山海关—淄博—南京—黄山—深圳，2 755千米。

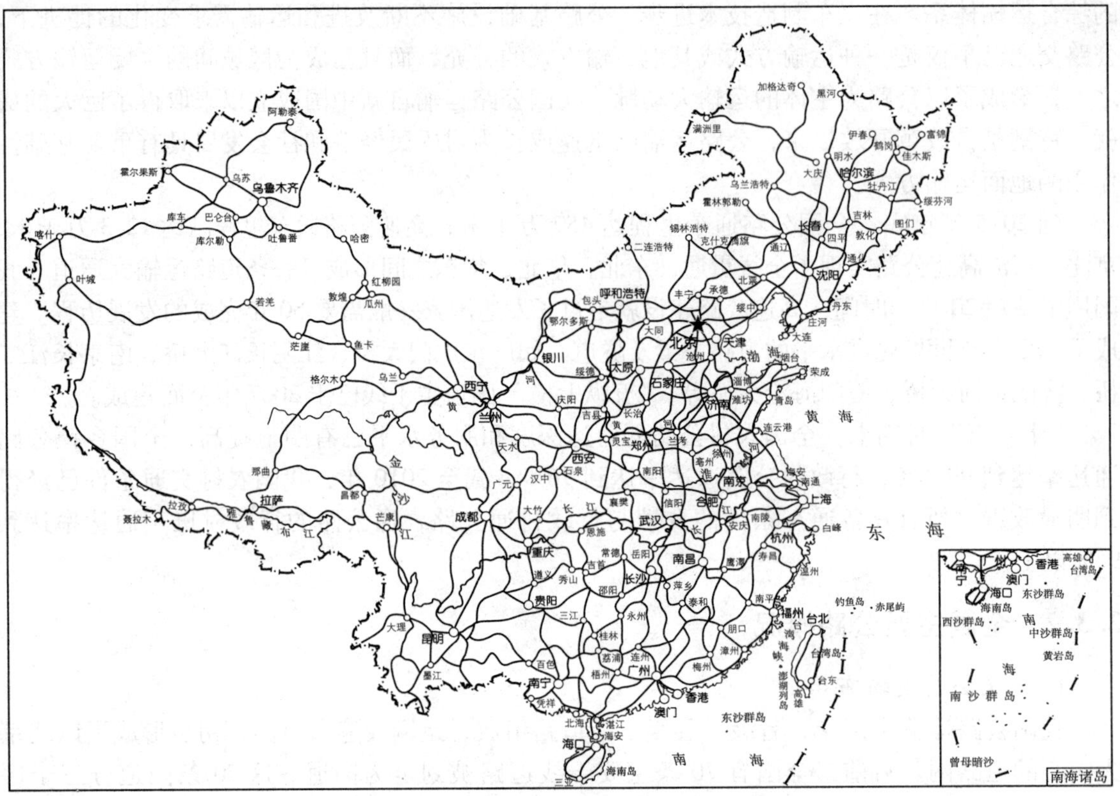

图 2-5 国道主干线示意图

206：烟台—徐州—合肥—景德镇—汕头，2 324 千米。

207：锡林浩特—张家口—长治—襄樊—常德—梧州—海安，3 566 千米。

208：二连浩特—集宁—太原—长治，737 千米。

209：呼和浩特—三门峡—柳州—北海，3 315 千米。

210：包头—西安—重庆—贵阳—南宁，3 005 千米。

211：银川—西安，604 千米。

212：兰州—广元—重庆，1 084 千米。

213：兰州—成都—昆明—景洪—磨憨，2 852 千米。

214：西宁—昌都—景洪，3 008 千米。

215：红柳园—敦煌—格尔木，645 千米。

216：阿勒泰—乌鲁木齐—巴仑台，826 千米。

217：阿勒泰—独山子—库车，1 082 千米。

218：清水河—伊宁—库尔勒—若羌，1 129 千米。

219：叶城—狮泉河—拉孜，2 139 千米。

220：东营—济南—郑州，526 千米。

221：哈尔滨—同江，639 千米。

222：哈尔滨—伊春，332 千米。

223：海口—榆林东线，322 千米。

224：海口—榆林中线，296 千米。

225：海口—榆林西线，431 千米。

226：楚雄—墨江，288 千米。

227：西宁—张掖，345 千米。

228：台湾省环线。

301：绥芬河—哈尔滨—满洲里，1 448 千米。

302：珲春—图们—吉林—长春—乌兰浩特，1 024 千米。

303：集安—四平—通辽—锡林浩特，1 265 千米。

304：丹东—通辽—霍林河，818 千米。

305：庄河—营口—敖汉旗—林东，561 千米。

306：绥中—克什克腾旗，689 千米。

307：黄骅—石家庄—太原—银川，1 193 千米。

308：青岛—济南—石家庄，659 千米。

309：荣成—济南—宜川—兰州，1 961 千米。

310：连云港—徐州—郑州—西安—天水，1 153 千米。

311：徐州—许昌—西峡，694 千米。

312：上海—南京—合肥—西安—兰州—乌鲁木齐—霍尔果斯，4 708 千米。

313：瓜州（原安西）—敦煌—若羌，821 千米。

314：乌鲁木齐—喀什—红其拉甫，2 073 千米。

315：西宁—若羌—喀什，2 746 千米。

316：福州—南昌—武汉—兰州，1 985 千米。

317：成都—昌都—那曲，1 917 千米。

318：上海—武汉—成都—拉萨—聂拉木，4 907 千米。

319：厦门—长沙—重庆—成都，2 631 千米。

320：上海—南昌—昆明—畹町—瑞丽，3 315 千米。

321：广州—桂林—贵阳—成都，1 749 千米。

322：衡阳—桂林—南宁—凭祥—友谊关，1 045 千米。

323：瑞金—韶关—柳州—临沧，2 316 千米。

324：福州—广州—南宁—昆明，2 201 千米。

325：广州—湛江—南宁，771 千米。

326：秀山—毕节—个旧—河口，1 239 千米。

327：连云港—济宁—菏泽，395 千米。

328：南京—扬州—南通，243 千米。

329：杭州—宁波—沈家门，190 千米。

330：温州—寿昌，318 千米。

随着国民经济的不断发展，公路发挥了越来越大的作用。特别是在铁路很不发达的西藏地区，公路尤为重要，主要的公路有如下 4 条。

1）川藏公路

川藏公路是中国筑路史上工程最艰巨的一条公路，共有两条。第一条称为川藏公路北线，从四川成都出发，经雅安、康定、甘孜、昌都等地到达西藏首府拉萨，全长2 415千米，1950年动工修建，1954年12月通车。北线沿途越二郎山、折多山、雀儿山等14座大山，相对高差达1 000 米以上，先后跨越大渡河、金沙江、澜沧江、怒江等12条河流。

第二条称川藏公路南线，由康定向西，从新都桥经巴塘、邦达至拉萨，全长2 161千米，其中昌都至邦达段（169千米）是川藏公路北线和南线的联络线。

国家重点公路工程建设项目川藏公路怒（怒江隧道西口）八（八宿县）段整治工程，于1999年12月竣工并通过国家验收。该路段是川藏公路的中间段，是四川西部进入西藏东南地区的主要通道和国道318线的组成段落，路段设计总长为41. 834千米，1997年5月动工。

2）青藏公路

青藏公路东起青海省省会西宁市，向西经过格尔木折向南行，经那曲到达拉萨，全长1 937千米。穿行海拔4 000米以上的青康高原，跨长江上源，越昆仑、唐古拉等大山，是青藏、川藏、滇藏、新藏四条进藏公路中最主要的一条线路。

1950年4月青藏公路动工修建，1954年12月25日，青藏公路正式通车，它担负着进藏85%、出藏90%的物资运输量，是一条通过世界上海拔最高的多年冻土地区的沥青路面公路。

1973年开始对青藏公路进行改造，将原来的沙石路面改为柏油路面，使之达到2级道路标准，1985年10月改建完工，平均时速达40～60千米/小时。

1991年8月至1996年8月，交通部投资8. 5亿元对青藏公路的病害路段进行整治。工程对339. 27千米的路段进行了整治和改造，新建大中小桥梁13座。整治后公路路面状况大为改善，全线小车平均行车速度可达80千米/小时。

3）新藏公路

新藏公路北起新疆南部的叶城，经西藏的噶尔，向南延伸到边防城镇普兰，再由普兰向东经日喀则到拉萨，全长1 455千米。1991年10月至1996年9月，国家拨款2. 95亿元对新藏公路进行了改建。改建工程开挖土石方4. 39亿立方米，架设桥涵149道，砌筑防护工程14万立方米，铺设路面124千米。

4）滇藏公路

滇藏公路由云南下关镇北上，经香格里拉（中甸）到达西藏芒康，与川藏公路南线相接，全长800千米。该线南段接昆明到畹町的昆畹公路，它与新藏公路共同构成环西南边境道路，是云南与西藏间经济、文化交流的主要干线。该道路于1967年开工建设，国家投资2 810万元。1974年滇藏道路全线建成通车。

2. 高速公路建设

高速公路是一种专供汽车快速行驶的公路。它具有分隔带、多车道（双向4～8车道）、出入口受控制、立体交叉的汽车专用道。在这种公路上行驶的汽车时速都在60千米/小时～80千米/小时以上，中途不允许停车，不许其他车辆、人、畜进入公路，因而高速公路设置技术要求较严，设备和管理要求较高。根据功能可以区分为以联系其他城市之间的高速公路（或叫远程高速公路）和城市内部的快速路（或叫城市高速公路）。前者距离长，行车速度高；后者为引导远程交通、疏散城市交通密集地区的交通、联系城市内各地区和中心地区的高速便捷的公路。

高速公路的优点：① 没有交叉车道，只有在汽车更换线路时才有进出车道。② 在相向行驶的车道之间，有中央分隔带，除救援车外，其他汽车不允许越过隔离带。③ 与其他公路、铁路、人行道采用立体交叉。④ 公路两侧用栏杆隔开，不允许人员、动物进入路面。⑤ 不允许左转弯，右边有紧急停车带，靠中央隔离带有应急车道，在紧急情况下，供交通警察使用。⑥ 一般路面有4～8个车道，大城市附近有12个车道。⑦ 交通设施完备，标志齐全，如地面标线十分醒目，侧面有可变限速板和可变情报板，有专用广播电台。⑧ 有先进的通信监控及控制手段，沿路安装了很多电话和计算机网络，管理部门的中央控制室能随时掌握全路的行车状况，以便收集信息、分析信息、控制车流。⑨ 有健全而严格的管理办法，如不能随意停车、调头、逆行、右超车、穿越隔离带等。⑩ 有完善的环保措施并用机械养护道路，为保持生态平衡和水土流失，在公路两侧广泛种植青草和灌木丛。由于高速公路运输快速、高效，既缩短了运输时间，又提高了运输的稳定性和交通的方便性。因此，不少高新技术产业都建在高速公路附近。

高速公路是在汽车数量增多、车行速度加快、汽车中长途运输在国民经济中日益重要的综合要求下形成和发展的。最早的高速公路出现在20世纪30年代末至20世纪40年代初的德国，是希特勒法西斯政权为军事侵略目的在全国修筑的。第二次世界大战后，各国高速公路迅速发展。一些西方国家已形成全国性高速公路网，如美国的州际高速公路网长达7.5万千米，德、英、意、法、日等国亦各有数千千米的国家高速公路干线。另外，这些国家大城市内都有大量的快速路干线，同高速公路亦有相类似的技术经济特点。

目前，世界上已有80多个国家和地区修筑了高速公路，总里程数达29万多千米，其中美国10万多千米。我国高速公路建设起步较晚，但随着改革开放的发展，我国高速公路事业取得了巨大的成就。

截至2015年年底，我国高速公路总里程已达12.3万千米（不包括港、澳、台地区），跃居世界第一位（见表2-5）。20世纪90年代以来，我国高速公路建设飞速发展，目前仍处于高速发展阶段。这些高速公路分布在30个省、市、自治区。主要线路有：沈阳—大连、北京—天津—塘沽、成都—重庆、广州—深圳、北京—石家庄、上海—南京、吐鲁番—乌鲁木齐—大黄山、上海—杭州、广州—佛山等。这些路段均是我国的国道主干线。

表2-5 世界高速公路里程排名

位次	国家	高速里程（千米）	位次	国家	高高速里程（千米）
1	中国	123 000	5	法国	11 100
2	美国	100 000	6	西班牙	9 763
3	加拿大	18 570	7	意大利	6 957
4	德国	12 800	8	日本	6 514

目前我国已建成的主要高速公路见图2-6。

1）沈（阳）大（连）高速公路

北起沈阳，南至大连，途经辽阳、鞍山、营口、大连四大工业城市，沟通大连港、营口港、鲅鱼圈港三大港口和鞍钢、辽化、辽河油田等许多特大型企业，是东北地区的一条主要公路干线。全长375千米，分8车道上下分向行驶，全封闭、全立交，设计时速为100～120千米/小时，年运货能力为8 000万吨，客运量1.3亿人次。

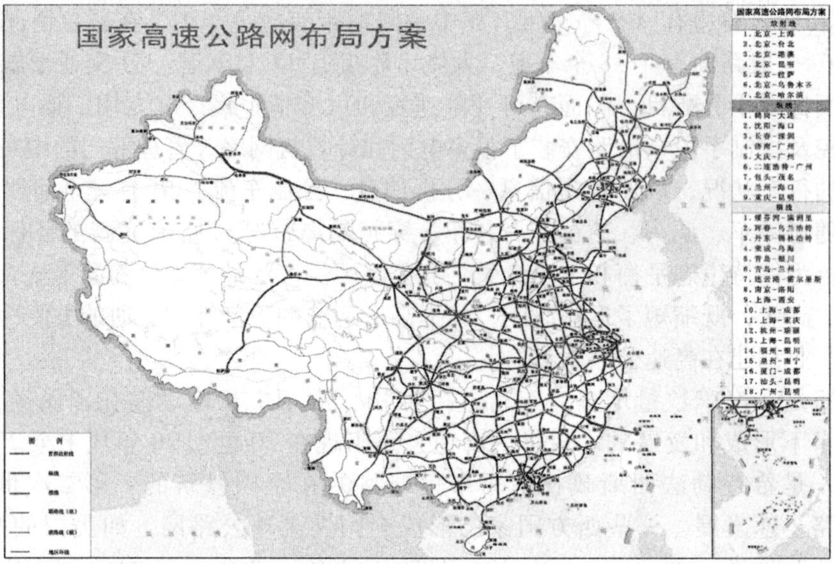

图 2-6　中国高速公路网

沈大高速公路全部工程按国际标准，自行设计，自行施工，并采用国产材料，运用高新技术和先进设备，使全部工程达到高质量。1984 年 6 月 27 日开工兴建，1990 年 10 月全线正式通车，耗资 22 亿元。1992 年 7 月 12 日至 14 日，通过国家验收。1993 年沈大高速公路建设荣获国家科技进步一等奖，1994 年获第六届国家优秀工程设计金奖。

2）京津塘高速公路

京津塘高速公路是中国利用世界银行贷款，通过国际招标建设的第一条高速公路，也是中国第一条采用国际监理制度修建的跨省市的高速公路，是国家“七五”跨“八五”期间重点建设项目。它起自北京市四环路东南角十八里店，至天津塘沽小新滩附近，全长 142.69 千米，其中北京段 35 千米、河北段 6.84 千米、天津段 100.85 千米。途经廊坊东侧、武清区城郊、天津郊区的宜兴埠、张贵庄和军粮城，并通过新建配套联络线与北京三环路、机场路、廊坊市，武清县城、天津市区、天津机场及塘沽港区贯通。

京津塘高速公路按照国际标准，实行了全立交、全封闭，公路路面宽 26 米，为双向 4 车道，设计时速 120 千米/小时，沿线设有闭路电视监控系统、照明系统、通信系统、管护系统等设施，设有 11 个进出口。由交通部、北京市、天津市和日本、法国的工程公司联合中标承建。总投资 22.5 亿人民币，其中 1.5 亿美元是世界银行的贷款。1987 年 12 月开工，1991 年 12 月，北京—天津段建成。1993 年 9 月 25 日全线通车。1995 年 8 月 4 日通过国家竣工验收。

1994 年 7 月经过唐山市评审，公路从塘沽延伸到唐山，全长 47.5 千米，双向 4 车道，全封闭，全立交，总投资约为 8 亿元人民币，1997 年建成通车。

3）沪（上海）宁（南京）高速公路

沪（上海）宁（南京）高速公路起自上海真如，途经沪苏交界的安亭，江苏的昆山、苏州、硕放、无锡、横山、常州、丹阳、镇江、句容，终于南京东郊的马群，全长 274 千米。沪宁高速公路是沪（上海）蓉（成都）国道主干线的重要组成部分，1996年被列为国家重点建设工程。

沪宁高速公路为全封闭、全立交、高等级、多功能的现代化高速公路，全线采用交通部颁布的标准建设，主线高速公路路基26米，双向4车道，中央设3米宽分隔带，设计时速120千米/小时，通过能力每天达6万辆次。全路共建有大小桥梁431座，通道294道，互通立交桥20座。

沪宁高速公路于1992年6月14日正式开工，1993年1月18日，该高速公路开始进行主体工程建设，1996年2月全线贯通，9月15日建成营运，11月28日正式通车。

其中，上海段长25.87千米，江苏段全长248.21千米，另有镇江支线10.25千米。1997年11月28日，沪宁高速公路江苏段通过国家竣工验收。

4）广深珠高速公路

广（州）—深（圳）—珠（海）高速公路横贯珠江三角洲。它东起深圳的皇岗，西至珠海的拱北，途经东莞、广州、佛山、江门、中山等市，总长302千米。广—深—珠高速公路于1998年3月破土动工，工程估算投资人民币39亿元，由中国香港合和实业有限公司与广东省合作兴建。

广深高速公路是广深珠高速公路的首期工程。公路从广州市氮肥厂立交桥起，北接广州北环高速公路，沿途设罗岗、新塘、麻涌、望牛墩、东莞、厚街、太平、长安、新桥、鹤州、南头、福田等可双向上路的互通式立交，还有皇岗口岸、深圳特区同乐检查站、停车场、公共汽车站等设施。通过落马洲大桥与香港地区连接，总投资10.56亿美元和7.72亿元人民币，全长122.8千米，宽33.1米，双向6车道，全封闭、全立交，设计时速为120千米/小时，1987年4月动工，1993年12月28日建成，1994年7月18日全线试通车。

5）京石高速公路

京石高速公路是北京通往石家庄直至广州、深圳的国家级干道。1991年3月5日开工。1993年11月3日京石公路西幅全线开通。1994年12月19日全线双幅正式通车。

公路北起北京六里桥，南至石家庄市南高营村，全长269.6千米，设计时速为80～100千米/小时。全线为双向4车道，东幅路基宽13～13.5米，路面宽11.55～11.75米，占地1 546.5平方千米，总投资24亿元。其中河北段全长224千米，纵贯河北省中部9个县市、59个乡镇，于1994年建成。

6）吐—乌—大高等级公路

吐鲁番—乌鲁木齐—大黄山高等级公路连接3个地、州、市和3条国道线，全长283千米，其中一级公路101.3千米，二级汽车专用公路182千米，总投资30.7亿元人民币，其中利用世界银行贷款1.5亿美元。1995年3月21日公路开工修建，1998年8月20日建成通车。这是新疆利用世界银行贷款建成的第一条长距离高等级公路。

7）成渝高速公路

成渝高速公路途经四川盆地腹心地带，连接成都、内江、重庆三大工业城市，途经14个县（市）区，全长340千米，设计为全封闭、全立交，设中央分隔带、单向行驶的四车道公路，路基宽21.5～25米，设计行车时速100千米/小时。设计交通流量每昼夜4万辆。

成渝高速公路是国家“八五”期间重点公路工程，也是利用世界银行贷款、实行国际竞争性招标和中外工程师联合监理的大型公路建设项目。1990 年 9 月正式开工，1995 年 9 月建成通车。

8）沪杭高速公路

沪（上海）杭（杭州）高速公路起于上海莘庄，经上海的闵行、松江、金山和浙江的嘉善、嘉兴、桐乡、海宁、余杭，终于杭州东郊彭埠镇，与杭甬高速公路相接，东侧跨越 320 国道进入浙江省，全长 151 千米。全线设莘庄、新桥、松江、大港、石湖荡等 14 座立交桥，采用全封闭、全立交，并设有交通监控、通信、收费、安全防护、服务区等附属设施，是一条现代化的高速公路，是世界银行贷款项目。沪杭高速公路是 1993 年 2 月国家计委批复同意建设的高速公路，是沪（上海）杭（杭州）甬（宁波）高速公路的重要组成部分。

沪杭高速公路总投资近 57 亿元人民币，它于 1995 年 9 月正式开工，分为上海段和浙江段。1998 年 12 月 29 日，沪杭高速公路上海段、浙江段同步建成通车。

9）广佛高速公路

广东省广佛（广州—佛山）高速公路，1989 年 8 月建成第一期工程，全长 17.5 千米，路基宽 26 米，4 车道，沥青混凝土路面，全立交，全封闭，并有完善的交通工程设施。

2.3.3 公路运输网的发展前景

国家高速公路网规划

1. 我国公路发展历程

旧中国的公路交通极为落后，1949 年全国公路通车里程仅 8.07 万千米，公路密度仅 0.84 千米/百平方千米。新中国成立，公路交通经历一段时期的恢复后开始获得长足发展，1952 年公路里程达到 12.67 万千米。20 世纪 50 年代中后期，为适应经济发展和开发边疆的需要，我国开始大规模建设通往边疆和山区的公路，相继修建了川藏公路、青藏公路，并在东南沿海、东北和西南地区修建国防公路，公路里程迅速增长，1959 年达到 50 多万千米。

20 世纪 60 年代，我国在继续大力兴建公路的同时，加强了公路技术改造，有路面公路里程及其高级、次高级路面比重显著提高。20 世纪 70 年代中期我国开始对青藏公路进行技术改造，20 世纪 80 年代全面完成，建成了世界上海拔最高的沥青路面公路。随着公路事业的发展，公路桥梁建设也得到发展，建成了一批具有中国特色的石拱桥、双曲拱桥、钢筋混凝土拱桥以及各式混凝土和预应力梁式桥。在 1949—1978 年的 30 年间，尽管国民经济发展道路曲折，但全国公路里程仍基本保持持续增长，到 1978 年底达到 89 万千米，平均每年增加约 3 万千米，公路密度达到 9.3 千米/百平方千米。

改革开放后，国民经济持续高速发展，公路运输需求强劲增长，公路基础设施建设开始发生了历史性转变，其主要表现在：公路建设得到中央和地方各级政府的重视，“要想富、先修路”，公路建设的重要性逐步为全社会所认识；在统一规划的基础上，开始了有计划的全国公路基础设施建设，20 世纪 80 年代初至 20 世纪 80 年代末国家干线公路网和国道主干线系统规划先后制定并实施，使公路建设有了明确的总体目标和阶段目标；公路建设在继续扩大总体规模的同时，重点加强了质量水平的提高，高速公路及其他高等级公路的迅速发展，改变了我国公路事业的落后面貌；公路建设筹资渠道走向多元化，逐步扭转了公路建设资金短缺的状况，尤其在 1984 年底国务院决定提高养路费征收标准、开征车辆购置附加费、允许高等级公路收费还贷，1985年起国家陆续颁布有关法规，使公路建设有了稳定的资金来源。

从统计数字看，到1999年，全国公路里程达到135万千米，公路密度达到14.1千米/百平方千米，为1978年的1.5倍。二级以上公路占全国公路总里程的比重由1979年的1.3%提高到1999年的12.5%，主要城市之间的公路交通条件显著改善，公路交通紧张状况初步缓解。同时，县、乡公路里程快速增长，质量也有很大提高，有的省份已实现所有县公路铺筑沥青路面达到二级技术标准，全国实现了100%的县、98%的乡镇和89%的行政村通公路。总体而言，一个干支衔接、布局合理、四通八达的全国公路网已初步形成。

特别值得一提的是我国高速公路的建设。高速公路建设是改革开放后我国公路事业取得的突出成就。1988年，我国第一条高速公路沪嘉高速公路（18.5千米）建成通车。此后，又相继建成全长375千米的沈大高速公路和143千米的京津塘高速公路。进入20世纪90年代，在国道主干线总体规划指导下，我国高速公路建设步伐加快，每年建成的高速公路由几十km上升到1 000千米以上。到1999年年底，全国高速公路通车里程已达11 605千米。短短10年间，我国高速公路就走过了发达国家高速公路一般需要40年完成的发展历程。高速公路及其他高等级公路的建设，改善了我国公路的技术等级结构，改变了我国公路事业的落后面貌，同时也大大缩短了我国同发达国家之间的差距。

高等级道路的快速发展对公路桥梁、隧道建设提出了较高要求，推动了公路桥梁、隧道数量的增加和技术水平的提高。我国先后在主要江河和一些海峡建设了一批深水基础、大跨度、施工难度很高的桥梁，如黄石长江大桥（我国交通部门自行设计和建设的第一座跨长江特大型桥梁）、重庆市万州区长江大桥、铜陵长江大桥、江阴长江大桥（跨度列中国第一、世界第四的钢悬索桥）、南京长江二桥、风陵渡黄河大桥、济南第二黄河大桥、广东虎门大桥、山东女姑山跨海大桥、厦门海沧大桥等。这些工程标志着我国深水基础、大跨度桥梁建设已进入世界先进行列。到2000年12月31日，全国共有公路桥梁27.88万座，1 031.20万延米；公路隧道1 678处，62.43万延米。

2003年，全国新增高速公路4 600千米，高速公路通车里程已经接近3万千米。全国有16个省区高速公路突破1 000千米。其中山东省突破3 000千米，江苏、广东省突破2 000千米，河北、山西、辽宁、浙江、河南、湖南、湖北、江西、安徽、广西、四川、云南、陕西13个省突破1 000千米。

我国公路隧道建设是在几乎空白的基础上得到发展的。1986年我国第一座设施先进的现代化大型道路隧道——鼓山双洞隧道在福州—马尾一级公路上建成。之后，又相继建设了中梁山、缙云山、六盘山、八达岭等一批具有现代化水平的大型公路隧道工程。

2. 我国公路发展趋势

新中国成立60多年来，我国公路建设已取得巨大成就。回顾我国道路发展历程，对比世界道路发展趋势，可以认为，我国公路交通正处于扩大规模、提高质量的快速发展时期。但是，由于基础十分薄弱，我国公路建设总体上还不能适应国民经济和社会发展的需要，与发达国家的先进水平相比还有较大差距。从公路技术等级看，在全国公路总里程中还有80万千米等外公路，等外公路占公路总里程的比重达到20.8%，西部地区更高，达到21.8%，技术等级构成仍不理想。从行政区划分来看，由于经济发展和人口分布的不平衡，公路发展在各地区之间存在着较大差距，总的来看，东部地区公路密度较大，高等级公路的比例也较高，明显高于全国平均水平，更高于中、西部地区水平。

从“八五”期间开始建设的“五纵七横”国道主干线系统已于2007年年底建成。这些国道主干线将架通首都和直辖市及各省省会、自治区首府，连接所有100万以上人口的特大城市和93%的人口在50万以上的大城市。串联的城市超过200个，约占全国城市的43%。

“五纵”路线是：同江—三亚，长约5 700千米；北京—福州，长约2 540千米；北京—珠海，长约2300千米；二连浩特—河口，长约3 451千米；重庆—湛江，长约1 384千米。

“七横”路线是：绥芬河—满洲里，长约1 300千米；丹东—拉萨，长约4 600千米；青岛—银川，长约1 600千米；连云港—霍尔果斯，长约4 400千米；上海—成都，长约2 154千米；上海—瑞丽，长约4 090千米；衡阳—昆明，长约1 980千米。

“五纵七横”由高速公路和汽车专用道路组成。这个系统还将具有完善的安全保障、通信信息和综合管理服务体系，为城市间、省际间提供快速、直达、安全、经济、舒适的道路客货运输条件。这一体系的建成使我国大城市间、省际间、区域间形成了现代化道路运输网络。现在道路运输400千米到500千米的可以当日往返，900千米到1 000千米的可以当日到达。

资料：2004年12月17日，《国家高速公路网规划》经国务院审议通过，标志着中国高速公路建设发展进入了一个新的历史时期。

（1）《国家高速公路网规划》采用放射线与纵横网格相结合的布局方案，形成由中心城市向外放射以及横连东西、纵贯南北的大通道，由7条首都放射线、9条南北纵向线和18条东西横向线组成，简称为“7918网”，总规模约8.5万千米，其中：主线6.8万千米，地区环线、联络线等其他路线约1.7万千米。

（2）规划方案总体上贯彻了“东部加密、中部成网、西部连通”的布局思路，建成后可以在全国范围内形成“首都连接省会、省会彼此相通、连接主要地市、覆盖重要县市”的高速公路网络。实现东部地区平均30分钟上高速，中部地区平均1小时上高速，西部地区平均2小时上高速的快速出行。

（3）高速公路规划网络是一项庞大的工程，静态投资2万亿元人民币，这个投资的力度随计划建设的进度而变化。这项规划计划用30年的时间完成，前20年是重点，将力争用20年的时间完成这个计划。2010年前，每年的年均投资大约在1 400亿元人民币到1 500亿元人民币，每年增加3 000千米左右。

（4）2010年以后到2020年之间，年均投资大约在1 000亿元人民币。

（5）据测算，在提供相同路网通行能力条件下，修建高速公路的土地占用量仅为一般公路的40%左右，高速公路比普通公路可减少1/3的汽车尾气排放，交通事故率降低1/3，车辆运行燃油消耗也将有大幅度降低。

2.4 水路运输

水路运输包括内河运输和海洋运输。

2.4.1 水运的基本优势

1. 线路投资少

江、河、湖、海为水运提供了天然、廉价的航道，只要稍加治理，建立一些轮船泊位和装卸设备，便可供船只通航。据估计，内河航道单位基建成本只有公路的1/10，铁路的1/100。

2. 运载量大

因受惠于水的浮力，水运比其他陆上运输有较大的载运量。内河驳船运载量一般相当于普通列车的3～5倍。最大的矿石船可达28万吨，超巨型舶轮可达50万吨级。

3. 运输成本低

由于线路投资少和运载量大，美国内河航运成本分别为铁路运输和公路汽车运输的1/5和1/35，海运分别为铁路和公路运输的1/8和1/53。

水运最大的弱点是受自然环境限制大，主要是：灵活性差，水运网的分布是自然结果，往往与运输的经济要求不一致，而且很少能直线行驶，航道往往因河流枯水、冰冻以及大风和浓雾而要中止交通；送达速度慢，船舶的技术速度慢（只有汽车的1/2，火车的1/3），在港停泊的时间长（约几天到十几天），有些货物要几个月甚至半年才能送到用户手中。因此，水运最适于大型、笨重、大宗货物的长距离运输。但在承运的货物上，水运与铁路运输有一定分工，前者更适于煤炭、矿石、谷物散货运输，后者则适于承运需要迅速、准时到达，并以捆包成件的货物为主。随着集装箱运输的发展和船舶的大型化、高速化，水运条件大大改善，在西欧北美的一些国家，水运占有相当重要地位。

2.4.2 我国发展水运的优势条件

（1）江河湖泊众多，有利于发展内河航运。中国有大小天然河流5 800多条，总长40多万千米，现已开辟为航道的里程约13万多千米，其中8万多千米可通航机动船只，超过英、法、德三国内河航道总长的3倍；另有可通航的大小湖泊900多个（不包括台湾省）。这些河流、湖泊，水量一般都较充沛，大多终年不冻。

（2）具有发展河海联运的条件，主要通航河流大都分布在经济发达、人口稠密的地区，且都由西向东流入大海，极利于实行河海联运。

（3）大陆海岸线长，岛屿众多，拥有优良港湾，有利于发展海洋航运。中国是世界海洋国家之一，有漫长的海岸线，港湾众多，尤其是横贯东西的大河入海口，极有利于建立富有经济价值的河口港。早在4 500年前，中国就能制造舟楫，商代即已有帆船；夏、商、周时，黄河已成为重要运粮干线。春秋战国时代开凿了鸿沟、邗沟，秦代修通了灵渠，至隋代则开通了南北大运河，从而形成中国古代水运的兴盛时期。明代郑和七下西洋，为世界航海史册增添了光辉一页。

总之，在内河航运和远洋航海方面，中国在历史上都曾处于世界领先地位。但近百年来，中国水运事业日渐衰落，内河通航里程仅7.3万千米，1949年前没有远洋运输船队。经60多年建设，2015年全国航道通航里程达12.37万千米，货运周转量达91 772.45亿吨千米。远洋运输从无到有，现已拥有一支相当规模的远洋运输船队，2015年货运周转量54 236.09亿吨千米。一个以港口、航道为主体，种类比较齐全，设备基本配套，具有一定规模和水平的水运体系已基本形成（见图2-7）。

2.4.3 内河运输

1. 内河航道分布特点

（1）主要内河航道呈纬向分布。

（2）绝大部分航道分布于南方，“三江两河”水系航运发达。“三江两河”即长江、珠

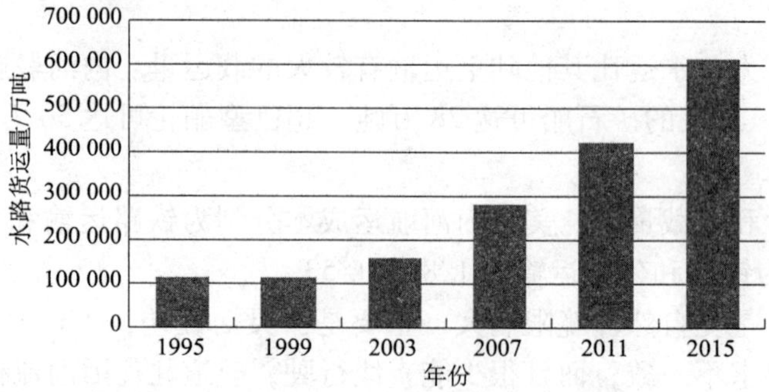

图 2-7　1995—2015 年水路货运量变化趋势

江、黑龙江（包括松花江）航线以及淮河、京杭大运河航线。

2. 主要内河航运干线

1）长江

长江是中国的“黄金水道”。干支流通航里程超过 7 万千米。长江干流从江源至湖北省宜昌为上游，长约 4 500 千米，流域面积约 100 万平方千米，河道经过高原山区和盆地，金沙江和三峡河段多高山深峡，水流湍急，气候分属青藏高寒区和亚热带季风区，主要支流有雅砻江、岷江、嘉陵江、乌江等。

宜昌至江西省湖口为中游，长 938 千米，流域面积 68 万平方千米，其中枝城至城陵矶河段习称荆江，荆江河道蜿蜒曲折，又有“九曲回肠”之称。主要支流有清江、洞庭“四水”（湘、资、沅、澧）、汉江、鄱阳“五水”（赣、抚、信、饶、修）等。

湖口以下至长江口为下游，长 835 千米，流域面积 13 万平方千米，安徽省大通以下受海潮影响，水势和缓。江苏省江阴至长江口为河口段，江面宽由 1 200 米扩展至 91 千米，呈喇叭状。长江下游主要支流有青弋江、水阳江、滁河、秦淮河、黄浦江等。淮河的大部分水量也经京杭运河汇入长江，见图 2-8。

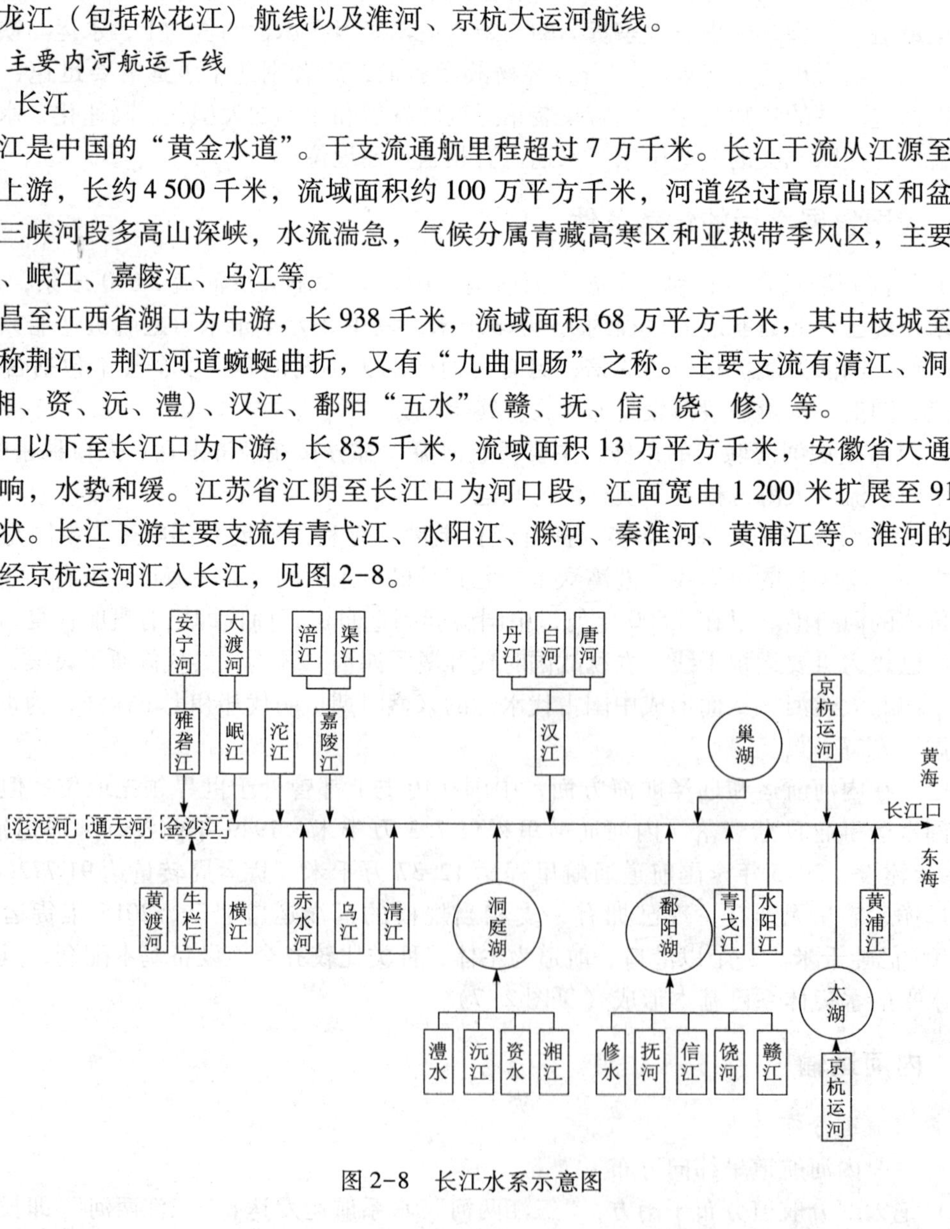

图 2-8　长江水系示意图

长江是中国最重要的内河航运大动脉。长江水系有通航河道3 600余条，通航总里程7万余千米，占全国内河通航总里程的52.6%，其中1 000吨级以上航道3 042千米。宜宾新市镇以下2 900多千米可全年通航轮船。重庆—宜昌段可通行1 500吨级船舶；宜昌—汉口段可通行3 000吨级船舶；汉口—南京段可通行5 000吨级船舶；南京—吴淞口可通行万吨级海轮。中、洪水期，万吨海轮可由长江口驶抵汉口，2万吨级海轮可乘潮驶抵南京。三峡电站建成后，万吨巨轮可达重庆。长江航运资源的开发利用对长江流域的经济发展具有重要的意义。

长江水系发达，支流数以千计，流域面积1万平方千米以上的支流有49条，嘉陵江、汉江、岷江、雅砻江四大支流的流域面积均在10万平方千米以上，长江中下游是中国淡水湖分布最集中的地区，主要有鄱阳湖、洞庭湖、太湖、巢湖等，与京沪、京广、京九、焦枝、川黔、成昆等铁路相交，是我国最重要的内河航道与水路联运干线。

2001年年底，长江流域粮食产量占全国40%，水稻产量占全国71%，棉花产量占全国1/3以上，农业产值占全国32%。成都平原、江汉平原、洞庭湖区、鄱阳湖区、太湖地区是全国重要商品粮基地。长江流域有城市185座，非农业人口在100万以上的大城市有上海、南京、武汉、重庆、成都、昆明、长沙、杭州、南昌、贵阳等。以上海浦东为“龙头”的长江产业带逐步形成。

2001年，长江流域工业产值占全国工业总产值的40%，钢铁、机械、有色、石油、化工、电子、轻纺等工业均占全国重要地位。

长江沿岸自上而下的重要港口有：重庆、宜昌、沙市、城陵矶、武汉、黄石、九江、安庆、芜湖、马鞍山、南京、镇江、南通和上海14个港口。其中重庆、武汉、南京分别为上、中、下游最大的港口。长江货流构成以煤炭、粮食、石油、冶炼物资为主，下水运量大于上水运量。上水商品主要有机械设备、日用工业纺织品、石油及石油制品、食盐等；下水商品主要有粮食、棉花、食油、煤炭、矿产品、土特产品等。

2）珠江

珠江是华南以广州为中心的最大水系，通航价值仅次于长江，目前通航里程略超长江的1/5，其中通航机动船只的仅占1/6，尚有很大发展潜力。

珠江是中国第三大河，是西江、北江和东江的合称。珠江流域跨越滇、黔、粤、桂、赣和湘等省区。流域呈扇状，但各水系呈树枝状分布（见图2-9）。流域内各河流水量充沛，河道稳定，具有良好的航运条件，现有通航河道1 088条，通航总里程14 156千米，约占全国通航里程的10.6%，年货运量仅次于长江而居第二位。

珠江流域总面积45.26万平方千米（其中包括越南境内的1万多平方千米）。这里人口稠密，经济发达，森林、矿藏资源较丰富，水量极为丰富。

珠江流域主要货物运输构成有粮食、煤炭、石油、木材、有色金属、建筑材料、食盐和日用工业品等，主要港口有广州、梧州、桂林、柳州、南宁等。

西江是珠江水系主要内河航运干线。梧州至广州段可常年通航轮船，百色以下可通小型轮驳船，木帆船可上溯至云南境内。北江韶关以下可通轮船，韶关以上及各支流多可通航木帆船。东江龙川以上至合河口只能通航木船，龙川以下400多千米均可通航轮船。

3）黑龙江、松花江

黑龙江在中国境内的通航里程约2 200千米。松花江是黑龙江最大支流，可通航里程达

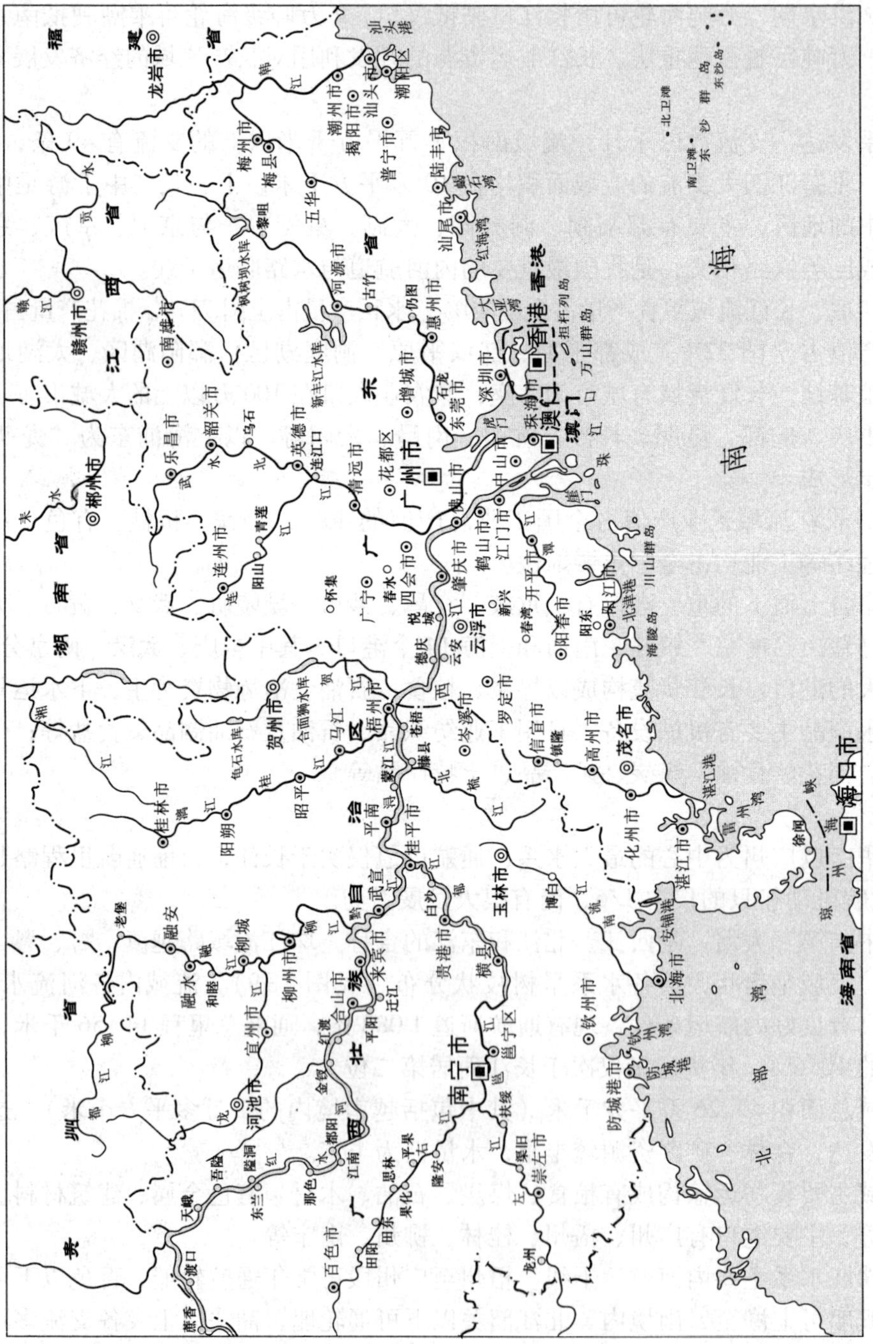

图2-9 珠江水系内河航道

1 500千米，航运价值较大。黑龙江、松花江全年有冰封期5～6个月，冰封期间虽不能通航船只，但可发展东北地区特有的运输方式——冰上运输。

（1）黑龙江。黑龙江流经中国东北部，北纬47°40′～53°34′，东经121°28′～141°20′。全长4 370千米，居世界第10位，流域面积达184.3万平方千米，居世界第10位。黑龙江在中国境内的流域面积约占全流域的48%，包括黑龙江省和吉林省的大部以及内蒙古自治区的一部分。黑龙江流域地跨中国、俄罗斯和蒙古三个国家，下游在俄罗斯境内。

黑龙江的支流共约200余条，其中较大的有松花江、乌苏里江等。但因纬度高，每年有半年封冻期，再加上流域内经济不发达，故航运量不大，主要运输货物有粮食、木材、煤炭，最大的港口是黑河。

（2）松花江。松花江为黑龙江最大的支流，流经中国东北地区北部，全长1 897千米，流域面积55万余平方千米，仅次于长江和黄河，居全国第三位。

松花江是中国东北境内航运价值较大的河流，干流哈尔滨以下丰水期可通航千吨以下江轮。松花江正源在吉林市以下江段，洪水期可通航200吨以下驳船，开江后和封江前的短暂流冰期不能航行，主要的港口有哈尔滨、佳木斯、牡丹江等。

4）淮河

淮河自古即为重要通航河流，后因12世纪末黄河夺淮，又遭历代人为破坏，淮河遂成害河。中华人民共和国成立后，经40年来的努力，淮河干支流航运量增长较快，20世纪80年代后期比1949年增长7倍。淮河水运潜力目前尚未得到充分挖掘。

淮河流域地处我国东部，介于长江和黄河两流域之间，位于东经111°55′～121°25′，北纬30°55′～36°36′，淮河全长1 050千米，其中通航里程为696千米，流域面积为27万平方千米。流域西起桐柏山、伏牛山，东临黄海，南以大别山、江淮丘陵、通扬运河及如泰运河南堤与长江分界，北以黄河南堤和泰山为界，与黄河流域毗邻。

淮河流域包括湖北、河南、安徽、山东、江苏五省40个地（市），181个县（市），总人口为1.65亿人，平均人口密度为每平方千米611人，是全国平均人口密度每平方千米122人的4.8倍，居各大江大河流域人口密度之首。

淮河流域交通发达。京沪、京九、京广三条南北铁路大动脉从本流域东、中、西部通过，著名的亚欧大陆桥——陇海铁路横贯流域北部，还有晋煤南运的主要铁路干线新（乡）石（臼）铁路，以及蚌（埠）合（肥）铁路和新（沂）长（兴）铁路等。内河航运有年货运量居全国第二的南北向的京杭大运河，有东西向的淮河干流，平原各支流及下游水网区内河航运也很发达，货运构成以煤炭、粮食和日用工业品为主。蚌埠是淮河上最大的港口，流域内公路四通八达，近几年高等级公路建设发展迅速。连云港、日照等大型海运码头，不仅可直达全国沿海港口，还能通往韩国、日本、新加坡等地。

5）京杭大运河

京杭运河自兴修以来，几经变动，20世纪50年代以来不断整治，季节性通航里程已可达1 100千米，自邳州以南660千米则终年通航。

京杭大运河是世界上开凿最早、里程最长、工程最大的运河。北起北京通州，南到杭州，全长1 794千米。京杭运河对中国南北地区之间的经济、文化发展与交流，特别是对沿线地区工农业经济的发展和城镇的兴起均起了巨大的作用。它的修通在一定程度上弥补了中国缺少南北纵向天然航道之不足，对沟通中国南北物资交流有重要作用。

京杭大运河自北而南流经京、津、冀、鲁、苏、浙六省市。贯通了海河、黄河、淮河、长江、钱塘江和一系列湖泊。

目前，大运河济宁段以北河段，因水源不足，未能发挥航运效益。济宁以南至杭州河段，已建成16座通航梯级，其中大型船闸12座。运河及其沿岸河流、湖泊已节节设闸控制，洪水期调泄，枯水期补给，江水北调工程已初具规模。徐州以南河段，船闸年通过船舶吨位已达1 370万吨，年货运量达5 500万吨。为适应货运任务的迅速增长，分流煤炭南运，济宁至杭州段的运河扩建工程业已开始，将进一步浚深扩宽航道，加建复线船闸，沟通运河至钱塘江的航道，扩大港口吞吐能力，使运河单向通过能力达到3 500万～4 000万吨。承担起年货运量1亿吨的总货运任务。京杭大运河对我国东部地区的经济发展有着不可忽视的作用。

3. 内河主要港口分布

我国内河港口分布较为广泛，其中最重要的内河港口包括以下三个。

1）南京港

南京港依托华东重镇南京市，经济地位突出，交通条件优越，是长江三角洲地区的主要枢纽港。经过改革开放以来的发展，今天的南京港已成为我国华东地区及长江流域地区江海换装、水陆中转、货物集散和对外开放的多功能的江海型港口，2003年货物吞吐量已达6 600多万吨，是我国内河第一大港，原油、煤炭、外贸、集装箱装卸均是内河最大的港口。

南京港区江阔水深，江岸线稳定，辖区全长98千米，长江大桥以下常年可航行万吨级远洋轮船。1986年3月，国务院正式批准南京港对外国籍船舶开放。

南京港辖区范围100千米。港口现拥有万吨级泊位14个、千吨级泊位51个、浮筒泊位16个，各类船舶147艘，各类装卸运输机械设备343台套，仓库59 338平方米，堆场面积477 878平方米，港区铁路18千米，拥有长江最大的外贸港区、原油港区和煤炭港区。1992年6月，南京港加入国际港口协会，成为中国内地首批正式会员港之一。

2）武汉港

武汉港地处长江中游，位于长江、汉水及京广铁路的汇合处，是中国第二大河港。它凭借“居中独优、得水独厚”的优势，从东汉末年起，就有“九省通衢”的美称。20世纪60年代，武汉港区开始了新建和扩建，到20世纪70年代，武汉港区综合能力已由1952年不足100万吨增长到746.7万吨。改革开放以后，武汉港进入了科技兴港的发展时期，建成码头泊位5个，仓库面积2.3万平方米，水泥地坪货场10万平方米，延伸铁路专用线858米，新建锚泊基地17座，其中天兴洲锚地长10 150米，宽250米，水域总面积753.8万平方米，一次可停泊150艘以上驳船，是长江干线最长的锚地之一。1991年武汉港新客运总站建成，占地面积6.3平方千米。

3）重庆港

重庆港位于重庆市长江与嘉陵江交汇处，是长江上游唯一的水陆联运对外贸易港口，顺流下行2 399千米到上海，溯江而上372千米达宜宾，沿嘉陵江上行325千米至南充。

重庆港早在公元前11世纪就成为西南的交通中心。至明清时期，成为四川粮、盐的集散地和滇铜、黔铅的中转港。1898年第一艘轮船驶入重庆港。

港区最大靠泊能力3 000吨级，仓库面积3.03万平方米，堆场面积32.4万平方米。1985年货物吞吐量600万吨，其中出口157万吨；旅客吞吐量242万人次。

2.4.4 海洋运输

旧中国海洋运输发展极为缓慢，港口吞吐能力低，设备陈旧落后。新中国成立前夕，海运事业更遭空前浩劫，海洋运输完全陷入瘫痪状态。新中国成立后，海运事业得到迅速发展，海运船舶数量迅速增长，远洋船队从无到有，逐渐发展壮大。

我国海洋运输分沿海运输和远洋运输。

1. 沿海航线

中国沿海海上运输习惯上以温州为界，划分为北方沿海和南方沿海两个航区。北方沿海航区指温州以北至丹东的海域，它以上海、大连为中心，包括有：上海—青岛—大连；上海—烟台—天津；上海—秦皇岛；上海—连云港；上海—温州；大连—石岛—青岛；大连—烟台；大连—龙口；大连—天津等航线。南方沿海航区指温州至北部湾的海域，以广州为中心，包括有：广州—汕头；广州—北海；广州—海口等航线。按所承担的货运量来看，以北方沿海航区占绝对优势。货运物资的构成：北方沿海航区由北而南，以石油、煤炭运量最大，其次为钢铁、木材等，由南至北为金属矿石、粮食和工业产品；南方沿海航区则以农产品比重最大，其次为食盐、矿石和煤炭，其中除煤炭以外，其余物资大部分由各中小港口向广州、湛江集中转运内地。现在上海—福州、上海—厦门、上海—广州均有定期班轮航线。最新规划中，已决定把南、北两个沿海航区连成一片，建设南北海运通道。

2. 远洋航线

目前中国已开辟90多条通往亚、非、欧、美、大洋洲150多个国家和地区的600多个港口的远洋航线。这些航线大都以上海、大连、天津、秦皇岛、广州、湛江等港口为起点，包括东、西、南、北四条主要远洋航线。① 西行线：由中国沿海各大港经新加坡和马六甲海峡，西行印度洋入红海，出苏伊士运河，过地中海进入大西洋，沿途抵达欧、非各国港口。② 南行线：由中国沿海各大港南行，通往东南亚、大洋洲等地。③ 东行线：从中国沿海各大港出发，东行抵达日本，横渡太平洋则可抵达美国、加拿大和南美各国。④ 北行线：由中国沿海各港北行，可抵达朝鲜和俄罗斯东部各个海港。中国内地主要海港见表2-6。

表2-6 中国内地主要海港概况

主要海港	备　注
大连港	东北区最大的海港。通过哈大铁路、沈大高速公路和输油管道连接东北腹地。在鲇鱼湾建有巨型原油码头，是一个优良的深水不冻港。大连港吞吐的货物主要有石油、木材、钢铁、机械、煤炭、大豆、粮食、铁矿石、杂货等
营口港	东北区第二大港，是东北和内蒙古东部最近的出海口，有铁路支线经大石桥市和哈大线连接，东北三省的货物从营口港出海比从大连港出海所需的费用要低
秦皇岛港	北方最重要的煤炭、石油输出港。有京哈线、大秦线、京秦线连接东北和内地，地处连接华北和东北必经之路的辽西走廊，是背山面海、港阔水深的天然良港，主要进出口物资有煤炭、钢铁、矿石、机械、化肥、建材等

续表

主要海港	备　注
天津港	我国北方最大的港口。天津港由天津港、塘沽港和新港组成，通过京哈线和京沪线和内地连接。新港建有规模较大的集装箱码头，是国际著名的人工大港。天津港主要吞吐货物有粮食、化肥、盐、钢铁和集装箱等
烟台港	山东第二大港。通过蓝烟线连接山东各地，港口北面有芝罘岛和崆峒岛为天然屏障，是一个优良的海港，主要吞吐货物有粮食、水产品、机械产品等
青岛港	山东第一大港。濒临黄海和胶州湾，北依崂山，港阔水深，不冻不淤，为天然良港。港区包括大港、中港和黄岛油港三部分，是以吞吐煤炭、原油为主的综合性港口，经胶济铁路连接各地，主要吞吐货物有煤炭、原油、钢铁、粮食、化肥、水产品等
日照港	山东以吞吐煤炭为主的海港。本港建有煤炭专用码头，经兖石、兖菏、新菏、新焦、太焦线和山西煤炭产地连接，是晋煤东运出海的重要海港
连云港	江苏北部大港，位于“亚欧大陆桥”的东端，有“东方鹿特丹”之称。经陇海铁路和兰新铁路连接郑州、西安、兰州、乌鲁木齐，是豫、陕、甘、新等省区最近的出海口。主要吞吐货物有煤炭、食盐、化肥、轻工产品、建材、矿石、杂货等

2.4.5 公路、水运物流发展战略

我国综合运输体系由公路、水运、铁路、航空和管道五种运输方式组成。公路、水路交通则是现代综合运输体系的主要组成部分，是国家最重要的基础设施之一。公路交通是一种服务范围广、承担运量大、发展速度快、对当代经济发展贡献大的运输方式，是促进综合运输体系形成和发展的基础；水路运输投资少、占地小、劳动生产率高、运输成本低，对促进沿河、沿海、港口城市和外向型紧急发展有着先导性、基础性的贡献。经过改革开放以来的建设，公路、水路运输业的发展已经达到了一定的规模和水平，为进一步向物流业发展提供了必要的基础条件。

截止到2015年，全国公路总里程已达457万千米，高速公路里程已达到12.3万千米。内河航道网结构进一步改善，等级航道达到6.63万千米，占总里程的52.2%，港口深水泊位达到1554个。公路、水路运输基础设施的改善和运输能力的提高，为我国现代物流的发展提供了良好的先决条件。

为鼓励运输企业发展现代物流业务，交通运输部发布了《关于促进运输企业发展综合物流服务的若干意见》（简称《意见》）。交通运输企业发展物流服务的总体目标是：充分发挥公路、航运、港口以及相关产业的优势，鼓励运输企业的业务向综合物流服务延伸，通过为生产、加工、贸易企业和消费者提供更加富有效率的供应链管理，以及更加低廉的供应与配送服务，扩展传统运输产业的发展空间，增强其增值服务功能，创造新的利润增长源。通过推动交通运输企业参与物流服务市场的竞争，促进交通运输的结构调整，增强交通运输业的竞争力。

《意见》主要包括：① 要加强主枢纽港站建设，发展中转货运站和运输仓储设施；

② 要鼓励不同类型企业包括港航、公路运输企业及工商企业的联合联营，发挥综合优势；③ 要鼓励发展铁路、公路、水运等多式联运和“门到门”服务；④ 要鼓励开发第三方物流服务，开展专业化经营；⑤ 要利用港口优势发展仓储与物流服务；⑥ 要鼓励运输企业应用现代信息技术，提高物流服务水平；⑦ 要坚持运输市场适度对外开放原则，提高开放的质量和水平。

我国交通运输今后重点做好以下工作：① 要统一和提高思想认识，增强加快我国现代物流发展的紧迫感和责任感；② 要尽快制定物流发展规划，尤其是物流基础设施建设规划；③ 对交通运输企业进行结构调整，彻底打破地区和所有制界限，组建一批区域性运输企业集团；④ 要继续加强与发达国家在物流领域的技术交流与合作。

2.5 航空和管道运输

航空运输最快捷，管道运输是一种既古老又新型的现代运输方式。这两种运输方式随着我国经济的发展，对改善运输结构、完善全国综合运输网具有十分重要的意义。

2.5.1 航空运输

航空运输具有速度快、机动灵活性高、开辟航线方便等优点，但运量小、运价高、耗能大，一般适于长途客运及邮件、贵重和鲜活物品的运输。2003 年我国航空运输完成货运量 219 亿吨，比上年增长 8.4%，客运量 8 759 万人，比上年增长 1.9%。今后，随着人民生活水平的不断提高，人们对旅途的舒适程度的要求也日益提高，因此，航空运输以它特有的优越性将越来越被旅游者所青睐。

1. 我国民航的国内航线

我国幅员辽阔，沿海与内陆、南方与北方距离遥远，自然和经济条件差异很大。随着我国经济建设的飞速发展和国际交往的日益频繁，建设一个发达的航空运输网显得非常重要。目前民航班机已成为西藏和新疆的重要交通工具，同时也大大改善了西南地区和西北地区的交通落后状况。

现在，我国已建立起以北京为中心，连接全国各省市区省会（首府）、经济中心城市、主要旅游城市、沿海开放城市和一部分边远城市的航空运输网。上海、广州、香港、哈尔滨、乌鲁木齐、昆明、沈阳、成都等都是我国重要的航空运输中心。2002 年，中国民航改革和发展史翻开了新篇章，中国航空集团公司、中国东方航空集团公司、中国南方航空集团公司、中国民航信息集团公司、中国航空油料集团公司和中国航空器材进出口集团公司于 2002 年 10 月 11 日宣告成立。这六大中国民航运输及服务保障集团公司的成立，是中国民航体制改革取得的重大成果，标志着中国民航发展进入了新的阶段，将使中国民航的整体实力及角逐世界空运市场的能力大为增强。

中国航空集团公司是以中国国际航空公司为基础，联合中国航空总公司和中国西南航空公司组建的。重组后的新国航仍被指定为国家唯一载国旗飞行的航空公司，实现了优势互补，资源共享，对联合的三方进行主辅业分离。新国航将形成以北京为枢纽，以长江三角洲、珠江三角洲、成渝经济带为依托，连接国内干线、支线，并对国际航线形成全面支持的国际、国内航空运输网络。

中国东方航空集团公司是以中国东方航空公司为主体，兼并中国西北航空公司、联合云南航空公司组建的国有大型航空运输企业。重组后的集团公司统一使用中国东方航空集团公司的标识，集团公司总部设在上海。新东航将围绕上海、北京、广州三大中心，以华东地区为腹地，以西安、昆明为两翼，拓展西北和西南市场，在国际和地区航线上与国内外大型航空公司竞争。

中国南方航空集团公司以中国南方航空公司为主，联合中国北方航空公司、中国新疆航空公司组建而成。新南航将保留南方航空公司的名称，并以南航的标志为统一标识。重组后，新南航旅客运输量所占市场份额为1/3，是国内飞行基地最多、直属服务机构最多的航空公司，并新增沈阳、大连、长春、哈尔滨、三亚、乌鲁木齐等飞行基地。

此外，我国各省区均组建有地区性的航空公司，如厦门、海南、四川、深圳等航空公司。

2015年我国定期航班国内航线2 666条，航线里程292. 3万千米，其中主要的航线有：北京至上海、广州、乌鲁木齐、哈尔滨、福州、成都、昆明、合肥等，上海至北京、昆明、沈阳、兰州等，广州至哈尔滨、厦门、上海等，香港至北京、广州、南京等，沈阳至南京、广州等，西安至重庆、桂林等，成都至武汉、西安、拉萨等。

2015年我国民航机场210个，其中主要的国际航空港有北京的首都机场、广州的白云机场、上海的虹桥机场和浦东机场、成都的双流机场、西安的咸阳机场、深圳的宝安机场、昆明的巫家坝机场、厦门的高崎机场、福州的长乐机场、海口的美兰机场等。

我国民航还发展了航空摄影、航空探矿、航空调查、农业播种、施肥、除草、灭虫、人工降雨、护林、防火、石油普查、侦察鱼群、海上服务等100多个作业项目，从事作业区遍及除台湾省以外的全国各省市区，直接为工农业生产和国防服务。

2. 国际航空运输网

随着我国综合国力和国际地位的不断提高，国际交往和旅游事业的高速发展，我国民航国际航线和国际业务发展迅速。我国民航部门已和许多国家和地区的航空公司建立了业务关系，2009年我国有263条国际航空线，总长92. 0万千米，可通往世界五大洲的几十个国家和地区的100多个城市。我国的主要国际航空线向东的有中朝（北京—平壤）、中韩（北京—首尔）、中日（北京—上海—东京—大阪）、中美（北京—上海—旧金山—纽约）等，向西的有中英（北京—法兰克福—伦敦）、中俄（北京—乌鲁木齐—莫斯科）、中法（北京—沙迦—巴黎）、中德（北京—莫斯科—柏林）、中塞（北京—卡拉奇—贝尔格莱德）等，向南的有中澳（北京—广州—墨尔本）、中新（北京—上海—新加坡）、中菲（北京—广州—马尼拉）、中缅（北京—昆明—仰光）等。

3. 航空物流发展战略

航空运输业的物流服务主要体现在航空货邮的运输上。1998—2009年，我国航空运输的货邮量持续上升，1998年为140. 1万吨，1999年为170. 4万吨，2009年为446万吨，这说明我国航空货运具有很大的发展潜力。如何抓住时机，利用优势，加快发展我国的航空运输事业，需要民航业人士认真研究，制定相应的政策和战略，以适应发展的需要。

目前国内航空货运主要依赖客货混合型飞机或客机舱位，并且处于单一形式的运输服务，无法满足现代物流发展的需要。造成这种状况的主要原因有三个：一是缺少现代专业货运及工业加工型机场。目前北京首都，上海虹桥、浦东，广州白云和深圳机场等大的航空港已具备集装设备，但在货运仓库、营业场所等方面与国外大型机场相比还有一定的差距，在机场内还没有完全建立加工或增值活动。二是缺乏先进的管理水平。物流是对传统运输业务的根本性革命，它是一个科学化和系统化的业务领域，集现代运输、信息网络、仓储管理、产品后道加工和营销策划等多门学科于一体，所涉及的领域是空前的，而我国民航目前还不具备实施这样现代管理的方法和手段。三是我国航空货运人员素质有待提高，许多人观念陈旧，急需更新，等货上门思想还很普遍，围绕顾客需求服务的运输服务新理念还未形成。所有这些，使我国民航在世界物流服务业蓬勃发展的今天面临着严峻的挑战。然而，我们也要看到，我国现在有比任何时候都好的发展航空物流的条件和机遇。

（1）我国经济持续、快速、健康的发展是航空物流业发展的强大基础。《华尔街日报》预测，中国未来10年航空货运增长率将达到17%，远远高于客运8%的增长速度，我国将成为亚洲最繁忙的航空货运市场，从而为航空物流业的发展打下坚实的基础。

（2）世界经济一体化将有力地推动对外经贸的增长，形成发展航空物流良好的外部环境。我国加入WTO之后，对外贸易的增长、全球化市场的激烈竞争，都迫切需要加快我国航空物流的发展，同时，外国航空公司进入我国航空货运市场，也迫使我们必须尽快地发展自己的航空物流业。实际上，进入20世纪90年代以来，世界上航空货运发达国家就看好中国货运市场，美国联邦捷运、大韩航空、法航、意大利航、日航、新航等航空公司都开通了到中国的全货机航班，每周达到41班，并不断要求增加航班频率。如果我们不尽快地建立航空物流体系，就无法应对外航的竞争。

（3）国内民航业已认识到发展现代航空物流业的重要性，这是发展航空物流的思想基础。市场竞争使我国民航业越来越清楚地认识到，我国物流体系的建立，需要航空货运的快速发展。我们不能坐等外国航空公司物流服务占领中国市场，而自己却无所作为。航空货运的发展需要物流的支持，而建立广泛的营销网络的重要平台就是以建立物流业为基础的服务中心。在航空运输业引入现代物流，是推进我国航空货运发展十分迫切和必要的任务。

目前，我国航空货物运输方式与现代物流服务的运作方式相差甚远，仍然是由托运人交货、由收货人取货的传统模式，基本上没有实现物流的全程服务，多式联运也很少。由于缺少现代专业货运及工业加工型机场，缺乏先进的管理水平及高素质的货运人员，目前国内航空货运主要依赖客货混合型飞机或客机舱位，而且处于单一形式的运输服务，无法满足现代物流发展的需要。所有这些，使我国民航面临着严峻的挑战。

我们也要看到，我国现在有比任何时候都好的发展航空物流的条件和机遇。我国经济持续、快速、健康的发展是航空业物流发展的强大基础，据有关方面预测，我国将成为亚洲最繁忙的航空货运市场。世界经济一体化将有力地推动对外经贸的增长，形成发展航空物流良好的外部环境，外国航空公司进入我国航空货运市场，并不断要求增加航班频率，也迫使我们必须尽快发展自己的航空物流业，应对外航的竞争。国内民航业已认识到航空运输业引入现代物流，是推进我国航空货运发展十分迫切和必要的任务。

航空货运和快递业务是民航新的经济增长点，航空物流服务体系的发展趋势有以下五点。

（1）航空运输企业应该全面研究物流服务的现状和今后的发展方向，扬长避短，取长补短，尽快制定建立物流服务体系的发展战略及市场竞争的策略。

（2）找准发展的切入点，加大人、财、物的投入，正确处理好政府、企业、竞争对手及社会等方面的关系，积极创造比较好的发展环境。

（3）加强信息、设施、设备建设，实现体制创新、机制创新、管理创新，不断提高服务水平。

（4）加强网络建设，提供物流服务必需的网络，以保证物流全过程的畅通。

（5）加强与交通运输业的联系，共同研究建立健全畅通、安全、便捷的现代综合运输体系，在综合运输体系中，航空与铁路、水运、公路不仅是竞争关系，更重要的是协作、联运的关系。通过不同运输方式之间有效的联合协作，可以发挥各自优势，优化资源配置，提高综合运输效率，降低社会运输综合成本，提供满足社会各方面多层次、多样化的需求，促进交通运输业和物流业的长远发展。

2.5.2 管道运输

管道运输是一种既古老又年轻的运输方式，与其他运输方式相比，具有占地少、建设工期短、投资省、成本低、自动化程度高、安全可靠等优点，但无法承担多种货物的运输，并且铺设管道需要大量钢材。早在公元前2世纪，我国劳动人民就创造了用竹管送水的方法。后来，我国四川南部的内江、自贡地区的劳动人民也发明了用竹管连接起来输送天然气和盐卤水。现代化的管道运输是以铺设在地下的管道作为运输线路的新型运输方式，管道系统由大型钢管、泵站、加压设备组成。1958年，我国修建的第一条原油干线管道是从克拉玛依油田到独山子炼油厂。随着我国石油工业的发展，我国的运输管道已发展到目前的400多条，减轻了其他运输方式的压力，为我国运输业做出了巨大的贡献。

1. 输油管道

我国大油田主要分布在东北、华北和西北地区，而炼油厂主要分布在消费区，形成北油南运和西油东运的格局。因此，我国输油管道的发展和布局，也就形成了类似的基本特征。2003年我国输油管道总长1.6万千米，输油量约2亿吨。我国的输油管道主要分布在东北、华北、华东北部的石油产区，把大庆、扶余、辽河、胜利、大港、中原、华北七大油田和大连、秦皇岛、青岛、南京四大油港及主要炼油基地连接起来，组成了我国最大的南北向原油输油管道运输网。

东北地区已建成连接大庆、扶余、辽河三大油田，通往大连和秦皇岛油码头的输油管道，途经铁岭、抚顺、鞍山等几个大型炼油厂。华北和华东地区的华北、大港、胜利三大油田，修建了通往北京、济南、青岛、南京、仪征的输油管道。这样，在我国东部地区现有的主要油田同主要的炼油厂、石化厂、转运油港紧密地联系在一起，构成了我国东部地区的原油运输网。

西北地区的新疆克拉玛依油田通向乌鲁木齐的复线原油管道，除小部分在乌鲁木齐炼油厂加工外，大部分要经兰新铁路运送到兰州炼油厂加工。

我国南方最主要的原油管道是湛江到茂名的管线，它把来自我国北方大庆、胜利等油田原油和从国外进口的原油从湛江港油码头运往茂名石油公司炼油厂。

中部地区的中原、南阳、江汉等油田，也分别修建原油管道连接炼油厂。

除输送原油的管道外，我国还修建了一部分成品油输送管道。这些成品油输送管道大多连接各炼油厂到油库或油码头，一般距离较短。由于以前青藏铁路尚未通车到西藏境内，故修建了自格尔木到拉萨长距离的成品油输送管道。2002年11月，我国又建成了最长的“兰州—成都—重庆”成品油管道，并投入运行。兰成渝管道干线全长1 250千米，是我国目前口径最大和压力最高的成品油运输管道，途经甘、陕、川、渝等省，年输油能力达500万吨，总投资近40亿元人民币。

2. 输气管道

我国第一条输送天然气的输气管道是1963年修建的，从四川石油沟到重庆。至2003年我国天然气管道总长1.7万千米，输气量2 313.3万立方米，分别比上年增长20.4%和10.8%。输气管道主要分布在川、陕、晋、鲁、豫、渝、黑、新、甘、辽、津等省市区，如重庆垫江向西南到四川泸州，向西北经威远、成都到德阳的天然气管道，从陕西靖边向东经榆林到北京的天然气管道，从河南淮阳向西南经开封、郑州到洛阳的天然气管道等。此外，我国各大油田及许多大炼油厂还修建了一些短距离、小管径的输送石油伴生气的输气管道。目前，我国正在建设从河南义马煤矿经洛阳到郑州的第一条输送煤制气的管道。国家重点工程“西气东输”（被誉为中国天然气管网的“脊梁”）于2002年7月开工，2004年12月30日全线正式投入商业运营，滚滚西气翻山越岭涌入长江三角洲地区，供应该区和沿线各省区的工业和居民用气。从此，绵延4 000 多千米、横贯中华大地的钢铁长龙将深深镌刻于世界油气管网的版图上。

“西气东输”是一项举世瞩目的宏伟工程，是实施西部大开发战略的重要举措。它不仅能够发挥新疆优势，加快新疆经济发展，造福新疆各族人民，而且将有力地带动东部、中部、西部地区共同发展。工程西起新疆轮南，途经10个省、自治区、直辖市，全长4 000 多千米，设计年输气量120亿立方米，管道工程投资400多亿元人民币，上、中、下游投资总额约1 400多亿元人民币。管道工程经过戈壁沙漠、黄土高原、太行山脉，穿过黄河、淮河、长江，是我国目前距离最长、投资最多、输气量最大、施工条件最复杂的输气管道。该工程管道建设投资435亿元人民币，覆盖东部8 500万户居民生活用气。一条长约4 200千米，管道干线直径达1 016毫米的天然气管道，将从新疆塔里木延伸到上海白鹤镇，成为横贯中国的能源传输大动脉。饱受能源匮乏之苦的长江三角洲地区，即将迎来清洁高效的天然气时代。

西起新疆霍尔果斯，南达广州，东到上海，干线全长4 895千米的西气东输二线工程已于2011年年底前贯通。这将为珠江三角洲、长江三角洲提供清洁能源，影响深远，意义重大。

3. 固体输送管道

输送固体的管道是近年来才发展起来的一项新技术。我国现在只有几条短距离的固体输送管道，如滇北东川铜矿的铜精矿自流管道和粤、甘、皖、辽等省一些矿区输送矿石的管道。目前，我国正在建设从山西平朔煤矿经保定到山东潍坊，最长的输送煤炭的固体输送管道。

由此可见，管道运输已成为我国货运的重要组成部分，但由管道担负的运量所占比重尚小。我国管道长度与原油产量很不相称。今后，要进一步修建和完善各油田的管道系统，对现有管道进行改造，采用新技术、新工艺，逐步把全国各大油田的管道连接成网，保证原油供应畅通无阻，同时要积极发展成品油管道、输气管道和固体输送管道。

思考题

1. 简述交通与物流的关系。
2. 概述我国铁路运输网的地区分布。
3. 试述我国公路运输布局。
4. 为什么说长江是一条“黄金水道”？
5. 我国原油管道运输网的地区分布有何特征？

第 3 章

工农业物流地理

本章重点

本章主要讲产业与物流的关系，主要介绍了物流与轻工业的关系、物流与重工业的关系，农业物流的含义，农业物流的现状。通过本章的学习，掌握农业物流、轻工业物流、重工业物流的基本概念，了解农业物流的发展现状以及工业物流的现状，理解物流与农业、工业的关系。

3.1 概　述

3.1.1 物流与轻工业

1. 轻工业物流的现状

轻工业是以生产消费资料为主的加工工业部门，包括纺织、食品、造纸、日用品、民用机电产品等行业。

轻工业产品的特点是：花色品种多而每一花色品种相对批量较小，且一般具有质量要求较高，较为精密，易损、易污等特点，全部轻工业产品总量很大，物流费用承受能力也高。

尽管目前我国轻工业企业的生产系统已基本采用现代科学技术，但其发展水平与世界同级水平相比，仍存在着相当大的差距。长期以来，由于受传统技改思维的束缚，许多企业在片面追求提高单台设备的制造能力的时候，忽视企业生产系统能力的提高，忽视企业生产物流基础的落后，致使企业生产物流环节的落后已成为制约生产效率的重要瓶颈之一。在烟草行业，一个生产量为 80 万大箱的卷烟包装车间，每天工作 20 小时，总的物料搬运量近 220 吨（含废烟废料处理，但不含风送烟丝、风送滤嘴棒等），由此可见轻工业发展物流的重要性。

2. 物流与轻工业的关系

我国加入 WTO 后，轻工业积极实施“走出去”的战略。在 20 大类轻工业产品中，皮毛制品、文教体育用品、家电、塑料制品、金属制品和家具的出口额占出口比例正在加大。在单项轻工业产品出口中，皮革制品名列前茅。物流在轻工业中发挥着越来越重要的作用。它们的关系主要体现在以下三个方面。

（1）物流业促使国内轻工业的布局发生了变化。我国轻工业的布局70%集中在沿海地区，越往内地越稀疏，这是因为沿海地区的传统物流能力远比内地发达。随着经济的发展，尤其是近几年大力提倡发展现代物流，在一定程度上使内地的物流环境或物流条件得到了改善，从而使轻工业的布局发生了变化。比如毛纺、制糖、造纸工业，过去那种原料地、产地与消费地严重脱节的现象比比皆是。此外，还存在重复建设的问题。由于物流能力的加强，使得政府管理部门在规划行业布局时有了更多的选择余地。

（2）物流发展促使我国轻工业成为外贸主力。改革开放以来，轻工业由于开放程度高、外资物流业进入早，已形成具有相当规模和一定水平、门类齐全、功能基本满足国内需求又有一定国际竞争能力的产业。目前，我国轻工行业一些主要产品产量已跃居世界前列，如自行车、日用陶瓷、皮鞋、电冰箱、洗衣机、电风扇、电熨斗、电饭锅、塑料地膜、盐的产量居世界第一；合成洗涤剂、啤酒的产量居世界第二；机制纸及纸板、糖、房间空调器、手表的产量居世界第三。我国成为世界上的轻工生产和出口大国。2002年是我国加入WTO的第一年，我国轻工产品出口额达到890亿美元，约占我国外贸出口总额的1/3，实现贸易顺差600亿美元。

（3）轻工业的发展又推动了物流的发展。轻工业是我国加入WTO之后，相对有竞争力的产业。“九五”时期以来，我国轻工产品的供求关系已由“卖方市场”转为“买方市场”。在买方市场中，轻工业满足低需求水平的中、低档产品积压严重，其生产能力大量过剩，而适应高需求水平的有效供给不足。在这种情况下，企业经营者将目光转移到追求“第三利润源泉”上来，通过物流的方法减缓企业产品积压、生产过剩的压力，如兴建大型的物流配送中心，与第三方物流企业实现战略联盟，这些举措都推动了物流的进步和发展。

3.1.2　物流与重工业

1. 重工业物流的现状

我国从新中国成立初就实行优先发展重工业的政策。“一五”期间，重工业生产在工业总产值中的比重，由1952年的35.5%提高到45%，新中国成立前重工业过分落后的面貌有所改变。一大批新中国成立前没有的重工业部门，开始建立起来。由于基本建设投资半数以上投放内地，一大批工矿企业在内地兴办，使新中国成立前工业过分偏于沿海的不合理布局初步得到改善。到1978年，重工业的比重上升为56.9%。改革开放后，我国的重工业的比重开始下降。

从生产布局看，我国的重工业基地，如煤炭、钢铁、石油等，都要求接近原材料产地，并且重工业产品需要有发达的物流业的支持。而物流业的发展也促进了重工业产品的流通，推动我国重工业的发展。

由于历史原因，目前中国的石化行业、汽车制造业、钢铁工业等重工业部门基本沿长江流域和环渤海地区建设，国外大型跨国公司对中国重工业物流投资方面的项目，基本也集中在上海、南京、天津、青岛等地。

重工业企业从原材料到产品的生产过程中，物流的工作量常常是产品重量*的几十倍，甚至数百倍。据统计，机械加工行业每生产1吨产品，在加工过程中要装卸、搬运50吨物

* 重量等于质量，后同。

料，在铸造过程中要搬运 80 吨物料。在冶金行业，每冶炼 1 吨钢，需要搬运 6 吨原料，车间之间的转运量为 160 吨。由此而造成的各行业的物流成本费用都很高。例如：机械制造业的物流总成本费用占全部生产费用的 15% ~30%；冶金行业的物流总成本费用占全部生产费用的 35% ~45%。就世界各国国民经济总量中物流成本所占的比重，西方发达国家均控制在 10%左右，美国为 9.6%，我们的近邻日本为 10%，韩国为 11%，而我国则高于 25%。由此可见，我国重工业的物流还存在着巨大的潜在效益。

2. 物流与重工业的关系

重工业与物流的关系体现在以下三个方面。

（1）重工业制造成本的降低需要物流。重工业和轻工业一样，其原材料的采购、生产、销售等环节存在着大量的物流需求，即存在着采购物流、生产物流、销售物流等，重工业的物流成本空间大。以前，企业总是将目光关注于制造成本的降低和销售利润的提高，关注于如何提高产品质量，却很少考虑如何以最低的成本将产品准时、准确地送到顾客手中，或准时、准确地获得原材料和半成品。用物流的思路管理企业能使重工业的制造成本大大降低。

（2）发展物流是重工业企业提高竞争力的需要。重工业产品虽不像轻工业产品适应市场的需求那样快，但还是可以通过有效的物流系统使重工业企业的物流实现合理化，从而提高竞争能力。近几年外资投资重工业物流就说明了这一点，今后发展的重点是按照国家加大产业结构调整的要求，大力发展重工业物流。

（3）重工业物流是物流系统不可缺少的一环。物流系统处在社会经济大环境中，由若干相互依赖、相互制约的部分紧密结合而形成有机整体。根据物流理论，物流系统包括流通业物流和制造业物流两大部分。重工业物流和轻工业物流一起构成制造业物流，在当前重工业产品产值在工业产值中仍占大半江山的情况下，发展重工业物流对于构建全社会的物流系统是不可或缺的。供应链理论使全社会物流系统的整合成为可能。

3.1.3 物流与农业

1. 农业物流的概念和分类

农业物流是指以农业生产为中心而发生的一系列物质运动过程和与之有关的技术、组织、管理等活动，涉及运输、储存、加工、包装、装卸、搬运、配送和信息管理等。其中包括根据商流关系来确定物流内容、物流方式、物流环节、物流手段以及物流规模（流量、流向、流程）等内容。农业物流是农业流通生产力贯穿于农业经济运行的实物运输形态，也是农业生产和农业经济运行的配套系统。

根据农业物流各阶段的任务和管理形式不同，可分为农业供应物流、农业生产物流和农业销售物流三种物流形式。根据农业物流作用的产品对象不同，又可将其分为粮食作物物流、经济作物物流、林产品物流、畜牧产品物流、水产品物流和其他产品物流。

2. 农业物流的现状与缺陷

（1）农产品物流难度大，差异性显著。农村物流的服务对象既涉及生产资料等无生命的生产要素，也涉及有生命的产品，如植物的根、茎、花、果、叶、种子等，家畜家禽的肉、皮、毛、蛋、奶等。由于这些动植物的生物学特性，决定了农村物流对加工、储存、保管、运输等都有特殊要求，如粮食的散装运输、水产品的冷冻运输、分割肉的冷藏运输、牛奶等制品的恒温运输等，因而农村物流在运输、储存、加工、保管等方面相对城市物流更复杂。由于不同地域、自然条件的差异，以及东西部、沿海和内陆各地区经济和物流发展水平的不同，导致了农村物流的巨大差异性，带来农村物流系统本身以及农村物流系统和其他物流系统之间衔接的复杂性。农村物流的差异性，必然要求农村物流服务的多样性和个体物流服务的专业化，对建立现代农村物流体系提出更高的要求。

（2）农村物流基础设施和管理手段落后，流通效率低下。与发达国家相比，我国农产品批发市场的建设、农产品仓储、交通运输条件和工具、信息网络平台等公共设施仍然落后。我国农副产品流通量很大，但是由于现代化冷藏储运基础设施建设严重滞后，其中80%以上的农产品是采取常温保存、流通。据统计，常温物流过程中果蔬约损失20%～30%，而发达国家的果蔬损失率则控制在5%以下。许多进行农产品运输的企业拥有的运输手段单一，运输网络也不完善，重复、对流运输比率较高，货运汽车空驶率高，返空现象严重，使得农产品物流的效率大打折扣。农场、合作社等流通企业管理技术差，自动化装备少，大量靠手工操作，信息管理系统不健全，网络营销少，农产品信息服务不周到、不及时，以至于农产品流通不方便、速度慢、交易率低，资金周转不快。

（3）市场主体发育程度低，农产品流通渠道狭窄。首先，农户作为农产品市场主体之一，在现实中很难真正承担起市场主体的角色。其次，缺乏能真正代表农民利益的代理人或者中介组织。再次，由于政策方向的原因，国有流通企业在部分农产品流通中仍居垄断地位，其他各类流通组织无法与之形成公平竞争。但国有商业普遍面临着机制不活、为农民服务的意识不强、企业亏损严重等棘手问题，而这些问题的存在又进一步影响着农产品的流通。最后，目前在农村物流中发挥主力军作用的农村经纪人、贩运大户等市场主体，仍存在不少问题，如数量少，商品流通效率不高，组织化程度低，内部运行机制尚未完全建立，经济实力不强，缺乏足够的抵御市场风险的能力和开展系列服务的功能。不成熟的市场主体，有限的流通渠道难以支撑无限的农村市场需求和市场供给，使农产品流通陷入“小农户”与“大市场”的矛盾中。

（4）农村物流体系中信息建设滞后。一方面，政府相关部门和流通管理部门对农村物流市场信息服务工作重视不够，虽然建立了农业信息网络，但网络在乡村出现断层，不能有效地进行农产品市场信息采集、加工、整理和发布工作，发布的信息时效性差，信息质量低，无法起到市场信息的指导服务功能；另一方面，由于农产品市场发育不足，市场分割明显，条块管理责权不清，造成农民获取信息难度大、成本高。

（5）物流理论、专业人才匮乏。相比较而言，中国在物流研究和教育方面还非常落后，从事物流研究的学校和专业研究机构还很少，针对农村物流层面的研究和投入更微乎其微，而农村物流的主体农户和中介组织合作社普遍缺乏专业的物流教育与培训，导致农村物流业缺乏先进的管理理论和专业的管理人才。

3. 农村物流体系重构的政策措施

（1）尽快制定中国物流产业发展的方针和总体目标，加强农村物流业的政策引导作用。

（2）政府应增加农村物流基础设施的投入。

（3）大力发展第三方农产品物流服务。

（4）重视农村物流的信息化建设。

（5）加强农村物流的标准化工作。

2015年国民经济和社会发展社会公报

3.2 轻 工 业

轻工业是以生产生活资料为主的加工工业部门，其产品主要用于满足生活消费的需要，也有少部分作为生产资料，满足于工业和农业生产的需要。中国的轻工业门类众多，包括食品、烟草加工、纺织、缝纫、皮革和毛皮制作、造纸、印刷、文教体育用品、工艺美术品、化学药品制造、日用纤维制造、日用化学制品、日用玻璃制品、日用金属制品、手工工具制造、医疗器械制造、日用机械、家用电器、制盐、电光源、日用硅酸盐等几十个行业、20多万个品种。下面仅重点介绍纺织、造纸和食品工业。

3.2.1 纺织工业

我国纺织工业，历史最悠久、分布最广泛的有棉、毛、丝、麻和化学纤维五大类，分为纤维原料加工、纺纱、织布和印染等部门。纺织工业的生产布局，要考虑以下三个因素的影响。

（1）面料。纺织工业一般要求设置在原料产地，在合理的生产规模下，以取得原料的充分供给。

（2）市场。纺织工业产品一般是人民生活必需品，其发展规模往往受制于地区人口密度、消费水平、民族组成、消费习惯等。因此，纺织工业又宜设置在消费地区，按人口数量、供销范围确定规模和品种。

（3）劳力和技术。纺织工业需要较多的劳动力，并需要一定的生产技术水平，一般宜设置在劳动力资源丰富、生产技术水平高的地方。

我国纺织工业原料极为丰富，国内消费市场极其广阔，拥有世界重要生产技术力量和生产水平，具有发展纺织工业的各项有利条件，是世界纺织工业大国之一（见表3-1、表3-2）。在纺织工业布局上，因地制宜地建设和形成了棉、毛、麻、丝、化纤相结合的全国纺织工业分布体系。2002年全国有纺织企业23 600多家，工业总产值（不变价）10 195.1亿元，实现利润336.6亿元，从业人数达788.9万人。我国的纺织工业在满足人民衣着消费、增加社会就业、扩大出口创汇、积累建设资金和为相关产业配套等方面发挥了重要作用，见表3-3。

表3-1 中国纺织生产能力在全球排位

产　　品	生产能力排位
棉纺	1
丝绸	1
毛纺	2
化纤	3

表3-2 中国纺织品产量在全球排位

产　　品	生产产量排位
棉纺	1
棉布	1
丝织品	1
服装	1
呢绒	2
化纤	3

表 3-3 1995—2000 年中国纺织品及原材料进出口情况表

年　份	1995	1996	1997	1998	1999	2000
纺织工业产品出口值/亿美元	379.68	370.95	455.77	428.89	430.62	520.78
占全国出口总值/%	25.52	24.56	24.93	23.34	22.09	20.90
纺织工业用原材料进口总值/亿美元	84.28	84.69	61.35	42.71	36.28	46.63
占全国进口总值/%	6.38	6.10	4.31	3.05	2.19	2.07

1. 棉纺织工业布局

我国棉纺织工业具有“大分散、小集中”的布局特征，主要棉纺织工业基地有：

（1）以上海为中心的长江三角洲地区，是全国最大和最先进的棉纺织工业基地。棉纺织企业主要分布在无锡、南通、常州、苏州、常熟、南京、镇江、扬州、泰州、盐城、合肥、芜湖、蚌埠、安庆、杭州、宁波等地，其中无锡、南通规模最大，该区棉纺织工业原料不足，需从外地调进。

（2）以天津市为中心的京津冀地区，是全国第二大棉纺织工业区。棉纺织企业主要分布在天津、石家庄、保定、唐山等地。该区原料丰富、人口稠密、交通方便，可适当发展。

（3）以青岛、济南为中心的山东棉纺织区，是我国第三大棉纺织工业基地，在德州、惠民、烟台、潍坊、聊城、菏泽都有棉纺厂。

（4）以武汉为中心的湘鄂赣棉纺织区。该区棉纺织企业主要分布在武汉、沙市、湘潭、长沙、黄石、襄樊、宜昌、赤壁、南昌、九江、抚州等地。该区人口稠密、交通方便，现有的设备和原料均有一定的增产潜力。

（5）以郑州为中心的河南地区。该区棉纺织企业分布在郑州、新乡、安阳、开封、洛阳等地。

（6）以太原为中心的山西地区。该区棉纺织工业集中分布在太原、榆次、介休、临汾等棉花产地。

（7）以西安为中心的关中地区。该区棉纺织工业主要分布在西安、咸阳、宝鸡、渭南等地。该区的关中地区和天山南北以及河西走廊具有发展纺织工业的前景。

（8）东北地区。该区棉纺织企业主要分布在沈阳、辽阳、营口、金州、大连、锦州、长春、牡丹江、佳木斯等地。

（9）南方地区。该区棉纺织企业分布在广州、柳州、南宁、昆明、贵阳、遵义、三明、厦门和福州等地。

此外，西北的兰州、乌鲁木齐、银川、石河子等地或利用当地棉花，或满足消费需要，也分布有棉纺织企业。

2. 毛纺织工业布局

毛纺织工业是生产高中档毛织品的纺织工业部门。毛纺织原料主要有羊毛、山羊绒、驼绒、兔毛和其他动物毛纤维，其中以羊毛用量最大。毛纺织生产工艺过程分洗、纺、织、染几个阶段，洗毛和纺、织、染在布局上有不同的要求。由于原毛含杂质多，加工要除去大约一半重量的杂质，不宜远距离运输，故洗毛厂一般布置在原料产地，而经过洗毛加工后的毛纺织原料，在纺织和染的过程中基本不失重，几乎可以全部得到利用。因此，纺、织、染的布局适宜接近消费区，特别是布局在技术力量较强、协作条件较好的大中城市。

目前我国毛纺织工业分布广泛，但又相对集中，突出表现为集中分布于东部沿海地区和西北羊毛产地。

（1）东部沿海集中区。该区发展毛纺织工业的优势是毛纺织技术水平高，力量雄厚，人口稠密，拥有巨大的消费市场。目前该区是我国最重要的毛纺织工业基地，我国三大毛纺织工业中心——上海、北京、天津，都分布在这一集中产区。另外，无锡、南京、常州、苏州、济南、青岛、嘉兴、杭州、桐乡、保定、沈阳、丹东、广州等也是重要的毛纺织工业基地。

（2）西部地区集中区。该区毛纺织工业的发展，主要是依靠原料充足的优势，现在已成为我国较发达的毛纺织工业基地，同时也是今后我国毛纺织工业最具有发展潜力的地区，其中新疆和内蒙古的毛纺织工业发展得最为迅速。本区主要毛纺织基地有乌鲁木齐、石河子、伊宁、呼和浩特、通辽、赤峰、海拉尔、林芝、西宁、兰州、天水、银川、咸阳等地。

（3）中部地区。在我国中部地区发展毛纺织工业，既无原料优势，又无技术优势，仅仅只为满足当地人民消费的需要。因此，区内的毛纺织工业的生产规模不大，河南省是本区最大的生产省。本区主要毛纺织基地有开封、吉林、哈尔滨、太原、武汉、重庆、长沙、衡阳、蚌埠、襄樊等地。

3. 丝纺织工业布局

我国素有“东方丝国”之称。两千年前我国的丝绸就沿“丝绸之路”远销国外。目前，丝绸仍是我国外贸出口和换汇最多的商品之一。

我国的丝纺织有桑蚕丝纺织和柞丝纺织两种。桑蚕丝纺织工业遍布全国10多个省、市、自治区，主要集中在浙江（杭州、湖州、嘉兴、绍兴、温州、金华）、四川（南充、绵阳、遂宁、三台、盐亭、资中、成都、乐山）、江苏（苏州、吴江、无锡、镇江、南京）三省，其次是广东（顺德、佛山、南海、中山）、山东（淄博、青岛）、湖北、安徽、重庆等省市。我国四川丝织业内部结构不平衡，蚕茧生产能力、缫丝能力、织绸能力、印染加工能力依次减小，因而，每年都要调出大量蚕茧、生丝、坯绸供上海、江苏的丝绸工业。我国柞蚕丝织业主要分布在辽宁（丹东、凤城、本溪）、山东（烟台、青岛、淄博、牟平）、河南（鲁山、镇平、南阳）三省，其次在内蒙古的扎兰屯、贵州的遵义和陕西的汉中。“鸭绿江绸”和“南阳绸”是国际市场上畅销衣料。

4. 麻纺织工业布局

我国麻类资源丰富，非常有利于麻纺织工业的发展。由于麻类初加工成品失重性大，因此麻纺织工业一般多布局在原料产区或产区附近交通便利的地点。我国麻纺织工业布局情况是：

（1）亚麻纺织主要分布在北方黑龙江、宁夏、甘肃、内蒙古、吉林、河北等亚麻产区，哈尔滨有全国最大的包括梳、纺、织、染的全能厂。

（2）麻袋织造业以上海、青岛、大连、天津等老基地和新建的杭州、广州、天水、承德等地最为重要，其中位于我国最集中的黄麻产区、浙江钱塘江两岸的杭州规模最大。

（3）现代化的苎麻纺织企业，以无锡、株洲、益阳规模最大，在产区附近的上海、广州、武汉、南昌、重庆、都匀等地也有分布。

5. 化学纤维纺织工业布局

化学纤维的出现，改变了单纯依靠天然纤维发展纺织工业的局面。化学纤维具有耐拉、耐磨、耐腐蚀等各种优良性能，因此广泛应用于纺织工业，不但增加了纺织原料资源，而且增加了纺织品的花色品种。我国的化学纤维纺织工业布局情况为：

（1）以天然纤维素（木材、棉短绒）为原料的粘胶纤维等工业，主要分布在吉林、丹东、保定、南京、新乡、上海和杭州等地。

（2）以炼油、炼焦废气、石灰石、食盐为原料生产锦纶、腈纶的合成纤维工业，主要分布在北京、兰州、永安（福建）、南昌、安徽、湖南、广西等地。

（3）以石油、天然气为原料的化纤工业，主要分布在上海、南京、天津、辽阳、长春和大庆等地。

3.2.2 造纸工业

造纸工业是制造纸张的部门。纸张在国民经济生活中占有重要位置，科技、文化、教育事业的发展，需要消费大量的纸张。纸张在工农业生产上也有广泛的用途。因此，现代化的造纸工业已成为与国民经济许多部门产品相配套的一个重要行业。

1. 我国造纸工业的发展和现状

我国是世界上最早发明造纸技术的国家，远在东汉时期的蔡伦就发明了造纸术，对人类文明与进步作出了巨大的贡献。唐代是我国造纸工业兴盛时期，手工造纸遍及全国各地。中国的造纸术在人类历史上流传千年之后，直到1799年，世界上才出现机器造纸法。机制纸的问世，开创了造纸工业的新局面，而我国与这方面反而长期停滞不前。从1891年，上海兴办第一家机制纸厂开始到1943年，全国机制纸年产16.5万吨（新中国成立前的最高年产量），1949年降到10.8万吨。新中国成立后，我国造纸工业有了飞速发展：1952年纸及纸板年产量37.2万吨，1962年111.6万吨，1975年341.0万吨，1980年534.6万吨，1986年998.6万吨，1994年2 138万吨，1998年2 750万吨，2003年达4 300万吨。同时纸的品种也在逐年增加，新中国成立前生产的品种只有二三十种，现在已达六百多种。我国已成为纸张生产的第三大国，纸张消费的第二大国，令国际造纸界瞩目。

2. 影响造纸工业布局的因素

目前，造纸工业常用的原料有木材、芦苇、甘蔗渣、稻麦秸、龙须草等，另外，还按需要使用一部分棉、麻、破布、树皮和回收的废纸等。尽管造纸工业的原料多种多样，但从生产工艺看却大体相似，均可分为制浆和造纸两大步骤，影响其布局的主要因素有：

（1）原料因素。造纸工业需要消耗大量原料，平均生产1吨纸，需要3～5立方米木材，或2吨芦苇，或3吨稻草，或4吨甘蔗渣。原料费用对产品成本影响大，原料一般体积大、价廉、不宜长途运输。因此，造纸工业特别是制浆工业在布局上宜接近原料地。

（2）水源因素。造纸工业耗水量大，平均生产1吨纸需100～600立方米水，并且要求水质清洁，不得含有铁、锰等杂质，水的硬度要低。因此，造纸工业要求接近丰富和优质的水源。

（3）环境因素。造纸行业“三废”防治的重点是废水，造纸工业废水排放量大，约为用水量的95%，并且废水中含有挥发性刺鼻物质（如甲硫醇等），甚至还有少量有毒物质。

此外，生产过程中会产生污染大气的硫化氢、二氧化硫等有害气体。据环保部门统计，2002年造纸及纸制品行业废水排放量31.9亿吨，占全国工业总排放量的17.4%，化学需氧量（COD）排放量163.9万吨，占全国工业废水污染物排放量的35.3%。因此，对造纸工业的布局应充分考虑到对环境的污染，综合考虑盛行风向、水流、人口密度等多种因素。

（4）交通运输因素。造纸工业需要原料、燃料和辅助材料的数量大，为此，要求造纸厂必须布局在交通运输条件方便的地点，以保证原材料和产品的及时输送。

3. 造纸工业的布局类型

按造纸工业与原料产地结合的不同情况，其布局可分为以下四种类型。

（1）接近木材原料产区的造纸工业。在林区或林区木材加工区附近，或大型木材集散地、大型木材加工中心等地的造纸工业均属此种类型。此种类型具有较大的优越性：原料集中、供应稳定、原料质量好且可综合利用一切木材资源。另外，在林区可就地建厂制造纸浆输出（用1.3～1.5吨纸浆制1吨纸），较直接运送木材到消费地造纸，可节约大量运输费用，因而降低纸张成本。东北的开山屯、石砚造纸厂，福建的南平造纸厂等均属此种类型。

（2）接近草类纤维产区的造纸工业。我国森林资源贫乏，多分布于边远地区。广大的华北、华东、东北平原地带林木少，但农副业发达，有稻麦秸、芦苇、竹子、龙须草等多种草类纤维原料，数量多、分布广泛，草类纤维是当地主要的造纸原料。如果要将分散的稻草集中起来，需要较大的工作量，且草类纤维多为轻浮物质不宜远运。一个日产150吨的造纸厂一年需要十多万吨稻草，而生产规模越大对原料需求量越多，牵涉的地区面积越广，这样对工业生产会产生不利影响。因此，利用农副产品草类纤维为原料的造纸工业多以中小型为主，分散在原料产区内。

（3）与工业废料结合的造纸工业。综合利用工业废料发展造纸工业是纸张增产的一个重要途径。例如在我国甘蔗产区建立了许多糖纸联合企业，使用甘蔗渣制浆造纸（4吨甘蔗渣造1吨纸），其中广东江门造纸厂生产蔗渣纸浆供上海等地制造新闻纸。在内蒙古赤峰造纸厂利用当地药厂制造麻黄素剩余的麻黄皮和麦秸生产黄板纸。

（4）接近大消费中心的造纸工业。纸张集中消费区多为大城市或消费纸张的工业中心（如水泥袋纸供应大型水泥厂等）。在这里建厂，木浆或草浆多靠外调，少数地区以原木为生产原料，但多数是以回收废纸、旧布等为主，辅以外浆，生产多种纸张供应当地市场。

4. 我国造纸工业的布局

我国植物纤维丰富，造纸原料来源广泛，为造纸工业普遍发展提供了条件。除西藏外，各省市都发展了机制纸生产，并呈现出明显的地域差异。

（1）东北区。东北区是我国重要的纸张生产基地和商品纸供应基地，造纸原料丰富多样。辽宁以芦苇、木材、禾草为原料；吉林、黑龙江以丰富的木材为主要原料。大型造纸中心有辽宁省的锦州、营口、沈阳、丹东，吉林省的吉林、石砚、开山屯，黑龙江省的佳木斯和齐齐哈尔等。

（2）华北区。该区造纸工业原料主要有麦秸、棉秆、芦苇、废纸等。天津是最重要的造纸中心，大型造纸中心还有北京、河北保定、山西太原、内蒙古的扎兰屯等。

（3）华东区。华东区是我国最大的纸张生产基地，但因本身消费量大，产品以自给为主。上海是本区和全国高级纸张的主要生产基地，产品供应全国各地，造纸原料以外地调入纸浆为主，其余则利用城市的废纸、废布、废棉等。山东省造纸原料以麦秸、废棉为主，青岛、济南、潍坊为重要产地。福建竹木资源丰富，是我国新闻纸的主要产地之一，南平、福州都建有大型造纸厂。江西、浙江、江苏、安徽等地以稻草、芦苇、竹竿等多种原料造纸，重要的造纸中心有苏州、镇江、芜湖、杭州、嘉兴、南昌等。世界闻名、历史悠久的宣纸，原产于我国安徽泾县，是以檀树皮为原料制成，纸质绵软，坚韧洁白，吸墨均匀，光泽经久不变，有“纸寿千年”之称。

（4）中南地区。该区造纸工业原料丰富，发展速度快，既有竹、木原料，又有蔗渣、禾草等多种原料，主要中心有湖北的武汉，湖南的岳阳，广东的广州、江门，广西的南宁、柳州，河南的开封、新乡、中牟等。其中广州造纸厂是全国著名的新闻纸厂之一。

（5）西南区。该区以竹子、龙须草、禾草等为原料制浆造纸，造纸工业主要分布于四川及重庆，宜宾、乐山、重庆等地为主要生产中心。宜宾是我国重要的新闻纸产地之一。

（6）西北地区。该区造纸工业基础较差，且受原料、水源限制，发展缓慢，除西安、宝鸡、咸阳建有中型造纸厂外，其他地区分布有少数小型造纸企业。西北地区以陕西省产量最大。

3.2.3 食品工业

1. 食品工业的特点和布局要求

食品工业是我国最主要的工业之一。由于人体的营养需要食物的多样性，因而使食品工业构成复杂，门类繁多，品种繁杂，与其他轻工行业相比具有以下三个特点。

（1）原料来源和消费市场的广泛性和普遍性。原料来源非常广泛，农、林、牧、副、渔都可以给食品工业提供丰富多样的原料来源，这样有利于食品工业在各地的均衡发展。此外，从食品需求来讲，凡是有人群居住的地方都要有相应数量的食品，并且随着人民生活水平的提高，食品需求量会日益扩大，需求范围会越来越广阔。

（2）生产的季节性和地域差异性。因农业生产具有强烈的季节特性，形成农副产品原料的收购具有季节性，进而食品工业同样受季节变化和气候条件的影响。此外，农副产品原料带有区域性差别，有些原料又具有不宜久存和远销的特殊性。因此，就地加工或就近生产，是食品工业区别于其他轻工业生产之处。

（3）食品工业一般规模较小、投资较少、设备较简单，适宜地方普遍发展。

由于食品工业具有上述特点，因此食品工业的布局受下列因素的影响：

（1）原料因素，也就是农业因素。食品工业发展布局的基础是农业生产的发展；食品工业的发展水平和规模取决于农业生产的水平；食品工业布局和工业结构特征受农业产品的分布及其组合特点的影响。

（2）消费因素，也就是人口因素。食品工业的布局状况，包括企业数量、生产规模和产品的种类，受人口数量、密度、居民的生活水平、消费习惯和消费季节性的影响。一般地说，大的消费中心，往往是多种食品工业的分布中心。

（3）运输条件。由于食品工业原料的理化特性各不相同，其对运输的要求也就各异。对原料重量大，加工后失重多，或者原料容易腐烂变质，容易影响产品质量，不宜长途运输的，如制糖、制茶、果酒、鱼类加工、乳制品等工业部门，应布置在原料产地；对原料加工后失重少，加工产品需保持新鲜度或易在运输途中腐烂的，如面包、啤酒、糕点等部门应布置在消费中心；而对介于两者之间的，如肉类加工等，则运输条件影响不大。

2. 我国主要食品工业布局

1）粮食加工工业

粮食加工工业是将原粮加工成米或面粉，供人们生活消费。粮食加工工业遍布城乡各地，主要可分为碾米工业、面粉加工和方便食品工业。世界粮食消费大致有三种类型：① 以粮食为主的国家，大部分是发展中国家，如埃及，每年人均吃粮 205 千克；② 以粮食、食糖、畜产品等多种食物并存的国家，如印度、日本，每年人均吃粮 140 千克；③ 以畜产品为主的国家，每年人均吃粮不足 100 千克，如加拿大、澳大利亚和美国。中国人口多，粮食消费结构接近世界平均消费水平，即食用占 42. 3%，饲料占 42. 9%，种子占 5%，其他占 9. 8%。碾米工业和面粉加工业的规模，取决于粮食消费结构中食用比重的大小。

（1）碾米工业。中国的碾米工业与粮食消费的集中地区紧密相连，多分布在城市和稻谷集散地。在长江中下游的稻谷集中产区，集中分布大型碾米工业基地，如上海、南京、无锡、芜湖、九江、武汉、长沙等地。在我国北方水稻产区的河北、辽宁、宁夏也有一定规模的碾米工业分布。在全国分布着珠江三角洲、长江三角洲、四川盆地、太湖流域和福建沿海小平原五大碾米工业区。碾米工业相对集中的广州、上海、北京、成都、长沙、武汉等地，在加工成品粮的同时，利用稻谷的副产品制成糠醛、米糠，进而为酿酒工业、化学工业和日用化妆品生产提供了原料。

（2）面粉加工业。由于面粉易污染，不宜长途远运，故面粉加工业都接近消费区。我国广大小麦产区，既是面粉工业的原料地，又是面粉的主要消费区。解放以前面粉加工业多分布在长江下游的上海、南京等地。新中国成立后随着农业生产技术的推广和农业政策的调整，除在东南沿海改建、扩建原有面粉加工企业外，又在大中城市新建了一批面粉厂，在全国形成均衡布局的面粉加工体系，其中北京、上海、天津、西安、武汉、南京、郑州、济南等城市面粉加工能力最强。

（3）方便食品工业。方便食品工业以大米、面粉为基本原料，生产各类方便食品，如儿童食品、营养食品、旅游食品等。随着科学技术的进步和消费结构的演变，近年来，各类方便食品已大量涌进消费品市场。目前，在全国各大城市中，方便食品工业发展速度非常迅速，尤以北京、上海、武汉、太原、广州、西安发展最快。方便食品工业是一个新兴的食品工业，全国以北京、上海、广州三大城市为核心的华北、华东、华南三大方便食品生产基地已经形成，为方便食品工业在全国的推广奠定了基础。

2）食用油脂工业

食用油脂工业是食品工业中的重要部门，按其原料来源可分为植物油和动物油。植物油脂是目前我国消费量多、产量大的基本油脂，其原料主要有花生、油菜籽、芝麻、大豆、棉籽、葵花籽和胡麻籽等。我国食用植物油的工业布局基本上与油料作物分布一致，存在地域特点。以油菜籽为原料的油脂工业主要分布在长江沿岸各省及以南地区，主要产地有重庆、成都、昆明、武汉、长沙、天津、上海、广州等城市。以花生为原料的油脂工业主要分布在山东省的青岛、烟台、济南及天津、石家庄、广州、南京、郑州等地。以大豆为原料的油脂工业主要分布在东北的大连、营口、丹东、长春和哈尔滨等地。以芝麻为原料的油脂工业主要分布在郑州、新乡、开封、安阳和武汉、蚌埠等地。以棉籽为原料的油脂工业主要分布在天津、郑州、西安、上海、无锡、南通等地。此外，在湖南、江西、福建等省有茶油生产，为我国所特有的木本油料油。在西北、内蒙古等地有胡麻油生产。江西、湖南有米糠油生产，东北地区有玉米胚油生产。雷州半岛和西双版纳的油棕加工也闻名全国。

我国是世界上食用油料生产最多的国家。2002 年，我国从事食用植物油生产的企业 1 186 家，产量 943.13 万吨，实现销售收入 935.30 亿元，利润 18.66 亿元。

3）制糖工业

制糖工业的原料以甘蔗和甜菜为主。由于糖料的含糖量低（甘蔗为 8%～17%，甜菜为 14%～20%），每生产 1 吨糖需要甘蔗 8～12 吨或甜菜 7～8 吨；糖料不宜久存，否则糖分会自然转化。据计算甘蔗收割后一周内不作处理，就会损失糖分 2%～5%，一般说来，在甘蔗收割后的 36 小时内，运到糖厂加工的经济价值最大，如果糖厂远离原料产地，不仅增加原料的无效运量，还会降低原料的质量，从而降低经济效益。因此，制糖工业是趋向原料产地最明显的食品工业。

我国制糖工业和糖料产地的分布一致，糖料作物分布是“南甘北甜”，因此，南方盛产甘蔗的广东、广西、福建、云南、四川、江西、湖南等省区，以甘蔗为原料制糖；北方盛产甜菜的黑龙江、内蒙古、吉林、新疆、甘肃等省区，以甜菜为原料制糖。目前全国大型制糖企业，主要分布在广东、广西、福建、云南和黑龙江。

我国以甘蔗为原料的糖厂分布具有明显的特点。① 沿江河两岸建厂。由于糖料含糖率低，制糖需要大量的甘蔗调入，同时产生大量的废蔗调出，因此制糖工业多分布在运输便利、运价较低的水路沿线。如广东蔗糖工业主要分布在珠江三角洲的珠江水系上。以顺德、南海、中山、番禺、惠阳、东莞、江门为集中产区。广东省除珠江三角洲外，湛江、揭阳、汕头也有一定食糖产量。广西大型糖厂主要分布在南部的郁江和浔江流域，以贵港、南宁、桂平为集中产地。四川则主要分布在沱江流域，以内江、资中、资阳、简阳为集中产区。② 相对集中分布。如珠江三角洲上集中分布着以佛山和惠阳为中心的密集型制糖工业基地，此地区甘蔗种植面积占全国的 1/3，而食糖产量占全省的 78%。福建蔗糖生产基地，集中分布在仙游、莆田、晋江、龙溪和厦门等地。

我国北方以甜菜为原料的制糖工业，主要分布在东北的嫩江、松花江沿岸的呼兰、阿城、哈尔滨、佳木斯、吉林市和富拉尔基，以及内蒙古自治区的包头、呼和浩特，新疆的玛纳斯河流域的石河子、呼图壁和伊宁，甘肃省的武威。上述地区土壤肥沃、地势平坦、日照时间长、昼夜温差大、宜农荒地较多，非常适宜甜菜的生长，为发展甜菜制糖业提供了有利的条件。

3.3 重 工 业

3.3.1 能源工业

1. 能源的分类

能源的分类方法很多。按原始来源可分为来自地球以外天体的能源（其中最重要的是太阳能）、来自地球内部的能源（包括地热能和核能等）、地球及其他天体相互作用产生的能源（潮汐能）三大类。

按基本形态可分为一次能源和二次能源。一次能源是指以现成的形式存在于自然界的能源，如石油、煤炭、天然气等。二次能源是指由一次能源经加工转换成人工能源，如电力、汽油等。

按再生性可分为再生能源和非再生能源。再生能源是指可循环利用的能源，不会因人类的使用而减少，如太阳能、风能等。非再生能源是指用一点少一点的能源，如石油、煤炭、铀等。

按应用广泛性可分为常规能源和新能源。常规能源是指当前人类普遍使用的能源，如煤炭、石油、天然气等。新能源是指应用不久或今后可能得到发展的能源，如潮汐能、核能等。新能源和常规能源是相对而言的，在不同时期、不同地区有不同的内涵。如核能在我国还是一种新能源，而在发达国家则是一种常规能源。

2. 我国能源结构

我国能源资源丰富。煤炭、水能等的储量居世界前列。地热能、太阳能、风能、潮汐能的储量也很丰富，油气资源的开发前景良好。1978 年以来，我国能源工业高速发展，产量稳步上升（见图 3-1）。20 世纪 90 年代生产量已登上 10 亿吨标准煤的台阶，居世界第一位。至 2005 年，我国能源生产总量（折标准煤）约 20 亿吨，比上年增长 10.12%，其中煤炭占能源总产量的 76.3%。从总量看，我国已是能源生产大国，在世界能源生产中占有重要地位。但就人均能源拥有量来看，能源生产和消费仍处于较低水平，目前我国人均电力产量只相当于巴西的 1/3，德国的 1/10，美国的 1/20。根据我国能源资源、能源生产和消费现状，从 1993 年开始，国家能源政策已由“水火为主，核电补充”改为“水火核并举，因地制宜”。我国能源工业发展的基本方针是“以电力为中心，以煤炭为基础，大力发展水电和核电，积极开发石油和天然气，改善能源结构，重视节电和节油”。

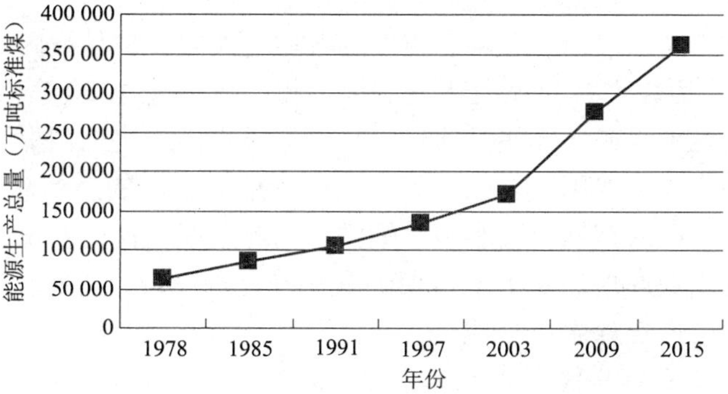

图 3-1 1978—2015 年能源工业生产总量

3. 煤炭工业

煤炭工业是我国最重要的能源生产部门。它主要包括勘探、开采和采掘的全部生产过程。我国煤炭工业发展迅速，从 20 世纪 80 年代开始，国家投巨资兴建一批大型现代化煤矿，使煤炭产量逐渐提高，1989 年后年产量一直保持在 10 亿吨以上，满足了国民经济发展的需要。2003 年原煤产量 16.7 亿吨，比上年增长 20.8%。中国煤炭工业的技术水平，目前已经具备设计、施工、装备及管理千万吨级露天煤矿和大中型矿区的能力。煤类洗选技术和能力也在不断提高，煤类液化、地下气化工作正在开展。从 1978 年至今，我国的煤炭产量始终保持世界首位，是世界上产煤最多的国家。21 世纪初，中国煤炭出口突破 8 000 万吨，成为世界第二大煤炭出口国。

1）煤炭资源特点

（1）资源丰富。我国目前已探明的煤炭储量达8 900亿吨，高居世界第三。按目前煤炭产量，我国的煤炭资源可供开采300余年，是我国可供开采年限最长的非再生性能源资源。

（2）分布广泛而又相对集中。从黑龙江到海南，从东海之滨到天山山麓，全国80%以上的县都有煤炭资源，但分布很不均匀。80%以上的煤炭探明储量集中在秦岭—淮河一线以北地区，尤其是山西、内蒙古两省区的煤炭储量均在2 000亿吨以上，是我国探明煤炭资源最丰富的省区。此外陕、滇、黔、豫、冀、皖等省区的煤炭资源也较丰富。我国煤炭资源北多南少、西多东少的分布特点，使煤炭资源集中区与消费市场距离较远，因此形成了我国北煤南运和西煤东运的基本格局。

（3）品种齐全、品质优良。我国煤种齐全，炼焦煤、动力煤、化工煤和民用煤都有，而且以发热量高的无烟煤和用途广泛的烟煤为主，烟煤中炼焦煤占1/3以上，煤质良好。

（4）开采条件较好。煤层的厚度、埋藏深度和煤层的倾角等因素对煤炭的开采方式和开采难易程度有很大的影响。我国大多数煤炭资源埋藏深度为500米左右，且地质构造简单，煤层倾斜度小，开采难度不大。

2）煤炭工业地区分布

（1）华北煤炭基地。华北煤炭的储藏量和开采量均为全国第一。其中山西、内蒙古煤炭探明储量分居全国第一、第二位，而且煤种齐全、质量高、埋藏浅、煤层稳定，地理位置又处于全国能源消费扇面中心，具有发展煤炭工业得天独厚的条件。2003年其产量分别为2. 95亿吨和1. 2亿吨，合计占全国煤炭总产量的24. 9%。晋煤年外运量占全国煤炭省际外调量的80%，有力支援了全国的经济建设。

山西著名煤矿有大同、西山、阳泉、潞安和晋城。大同煤矿是我国最大的煤矿，年产煤炭约3 500万吨。所产原煤大多为煤质优良的动力煤，供应全国20余个省市区或出口。阳泉煤矿是我国最大的无烟煤矿，煤炭品质优良，宜作民用煤或化工用煤。西山煤矿位于太原市西，以生产焦煤为主，是我国重要的炼焦煤生产基地，生产的煤炭除供太原钢铁公司外，还运销宝鸡钢铁公司、武汉钢铁公司和包头钢铁公司等企业。古交、汾西、轩岗、霍州、平朔等也是山西重要的煤炭产地。其中平朔煤矿系中外合资建设，为我国五大露天煤矿之一。古交煤矿是全国最大的炼焦煤生产基地。

内蒙古著名煤矿主要有乌海、东胜、平庄、石拐沟、准格尔、元宝山、伊敏河和霍林河，以乌海煤矿规模较大。东胜煤田是我国优质精煤的主产区。元宝山、伊敏河和霍林河位于内蒙古东部，准格尔地处鄂尔多斯高原，这四个煤矿均为“七五”期间重点建设的露天煤矿，所产的原煤主要通过坑口电厂转化为电力供应东北。

河北的著名煤矿主要有开滦和峰峰，年产量均在1 000万吨以上，且接近铁矿和重要工业基地，经济效益高。

（2）西南煤炭基地。本区煤探明储量居全国第二位。煤生产主要集中于黔西、川东和滇东。储量与产量均为贵州省最大，2003年产原煤0. 78亿吨，占本区产量的56. 5%。六盘水已建成西南区最大的煤炭基地，最高年产量超过1 500万吨，所产炼焦煤除供攀钢外，还支援两广地区，并有部分出口。

（3）西北煤炭基地。本区煤探明储量居全国第三位。煤田主要分布在陕、新等省区，煤炭生产主要集中在渭北和陕北地区。渭北煤矿主要有铜川、蒲白、韩城等，素有“渭北黑腰带”之称。正在开发建设中的神府煤矿，位于陕北的鄂尔多斯高原上，是陕西省最有发展前途的煤炭基地。它与内蒙古南部的东胜煤田相接，合称神府东胜煤田（见图3-2），现探明含煤面积3.12万平方千米，储量2 236亿吨，占全国已探明储量的1/4，是我国已发现的最大煤田，也是世界八大煤田之一。煤质优良，开采条件优越，主要由神华集团负责开发，进行煤、电、路、港、航五位一体的产运销一条龙经营。截至2003年年底，累计完成投资143亿元，建成矿井9个，实际年生产能力8 000万吨以上，配套建成了现代化的洗选和装车外运系统等配套工程。2003年生产原煤7 384万吨，比上年增产2 218万吨，实现了煤炭生产一年2 000万吨的历史性跨越，5年时间产量增长了10倍。

图3-2 秀美的神东

神华工程是新中国成立以来，第一个以煤矿、铁路、电站、港口、航运一体化建设为重点的国家骨干工程，总投资近900亿元。以神府东胜煤田开发为基础，包括与之配套的包（头）神（木）铁路、神（木）黄（骅）铁路、电力电信、黄骅港（见图3-3）和相应的航运船队以及相关产业。

西起神府东胜煤田，横穿山西、河北至黄骅（见图3-3）的西煤东运通道是神华工程的核心，全长820多千米。

图3-3 黄骅港

本区其他产煤基地有新（哈密、乌鲁木齐、阜康）、宁（灵武、石嘴山）、甘（华亭砚北等）。

（4）东北煤炭基地。东北区重工业发达，耗煤量大。煤探明储量虽然占全国的6%，但煤开发历史悠久，很早就形成了抚顺、阜新、鸡西、鹤岗四大煤炭基地。抚顺位于辽东，是我国大型露天煤矿之一，主产动力煤和炼焦煤，它与鞍山、本溪的铁矿相结合形成大型的钢铁基地。阜新位于辽西，也是大型露天煤矿，主产动力煤。鸡西、鹤岗、双鸭山等煤矿群位于黑龙江东部，主产气煤、焦煤。各矿区均建有大型洗煤厂，主要供鞍本钢铁基地炼焦。

（5）中南、华东煤炭基地。中南、华东区煤炭资源少，但经济发达，煤耗量大，是我国最大的缺煤区。煤炭基地主要分布在鲁、豫、皖等省。2003年，鲁、豫产煤分别为1.47亿吨和1.19亿吨，列全国第二和第四位。河南的平顶山煤矿素有“中原煤都”之称，其煤层厚而平缓，易于开采且交通方便，生产规模仅次于大同和开滦，居全国第三位。此外，本区大型煤矿还有兖州、淮南、淮北和徐州等。

各大区产煤情况见表3-4。

表3-4 全国各大区原煤生产情况表（2009年）

区名	华北	西南	西北	东北	中南	华东
产量/亿吨	12.86	3.26	4.79	1.97	3.12	3.51
占全国产量/%	43.26	10.97	16.11	6.62	10.49	1.81

4. *石油工业*

石油是现代社会极其重要的燃料和原料。石油工业主要包括勘探、采炼油气、人造石油的生产和油气及其产品的储运。

1）油气资源及其分布

我国拥有丰富的油气资源。陆上石油总资源量达694亿吨，天然气资源38万亿立方米，集中分布东北、华北和西北地区，其中尤以华北盆地、东北盆地和塔里木盆地油气资源最为丰富。但陆上石油资源探明率仅为20%左右，勘探开发潜力巨大。我国近海海底已发现不少储油构造，其中以渤海湾、黄海、东海、南海的珠江口、莺歌海、北部湾和台湾浅滩七个含油气盆地最有前景。海域初步探明的石油储量为400亿吨以上，资源远景以东海大陆架为最佳，其次是南海和渤海。我国油气资源大多伴生。陆上初步探明四个大型的天然气区，分别是陕甘宁盆地、四川盆地、新疆的吐鲁番—哈密—准噶尔盆地和塔里木盆地、柴达木盆地。1998年，塔里木、克拉玛依、青海、长庆油田、四川油气田相继发现亿吨级规模的大气田，从而使天然气储量继续保持快速发展势头，并达历史最高水平。预计至2020年天然气产量可达1 000亿～1 100亿立方米，在一次能源结构中的比重从目前2%提高至8%。

2）石油工业的地区分布

我国是世界最早发现和利用石油资源的国家，但石油工业发展缓慢。新中国成立后，它是我国发展最快、成绩最突出的重要工业部门。20世纪50年代末60年代初，随着大庆、胜利、大港油田的开发，到1963年，我国石油已基本自给。1976年，我国一跃成为世界重要的石油出口国。1978年我国石油产量登上亿吨台阶，此后我国石油产量持续稳步增长。1997—2003年连续7年年产量超过1.6亿吨，列世界第五位。天然气产量自1996年突破200亿立方米开始，一直保持稳步增长，2003年增至350.2亿立方米。石油、天然气产量的增长，使其在能源消费结构中的比例明显提高。

（1）采油工业。旧中国石油生产集中于西北和台湾地区。新中国成立后，随着东部油田的大开发，石油生产重心移向东部。如今全国90%的产量和80%的探明储量都集中在东部，但东部石油开采已进入自然递减阶段。国家在“八五”期间制定了“稳定东部，发展西部”的战略方针。目前在西部已成功地建成塔里木、吐鲁番—哈密、准噶尔三大盆地油气田，开采量较大，已成为我国石油工业的战略接替区。

海上油田。截至2003年年底，中国近海油田累计生产原油17 505万吨、天然气325.32亿立方米。5年来原油产量增长迅速，从1999年的1 617万吨增加到2003年的2 224万吨，天然气产量基本稳定。我国近海油气田的开发目前主要集中在渤海、珠江口、琼东南、莺歌海、北部湾和东海六个含油气盆地，已形成了四个油气开发区：渤海油气开发区、珠江口油气开发区、南海西部油气开发区和东海油气开发区。投入开发的油气田有32个，油田共25

个；其中合作油田16个，自营油田13个。在全国原油总产量中所占份额从“八五”期间的3.6%上升为现在的10%以上。

（2）炼油工业。我国是世界原油加工大国。目前年炼油加工能力已达1.6亿吨，居世界第四位。我国重要的炼油基地在大庆、吉林、抚顺、葫芦岛、大连、北京、天津、大港、沧州、上海、南京、镇海、安庆、九江、洛阳、武汉、岳阳、荆门、惠州、茂名、广州、兰州、玉门、格尔木、乌鲁木齐、独山子等地。

5. 电力工业

1）电厂布局类型

电力工业是指生产、输送和分配电能的工业部门，通常可分为火力、水力和核能发电等，我国以火电为主，占总发电量的80%以上。电力传递迅速，便于远距离输送，使用方便、效率高、污染少，且电能极易转化成光能、热能、机械能和化学能，可满足不同生产和消费部门的需要。新中国成立以来，我国电力工业发展迅速，发电量1995年已突破1万亿千瓦·时，2003年发电量达1.91万亿千瓦·时，居世界第二位。

（1）火力发电厂。火力发电厂是指用煤炭、石油和天然气等为燃料发电的电厂，我国以燃煤电厂居多。火电厂区位选择较为灵活，其布局主要受原料、消费、交通和水源等因素的影响。火力发电厂主要有坑口电厂、油田电厂、港口、路口和负荷中心电厂等几种布局形式。

坑口（或油田）电厂布局在原料地，供煤（油）方便，但电力通过超高压输电线输向消费地，易损耗，且建电厂的地区必须有水源保证，有一定的局限性。负荷中心电厂可减少输电费用和输电损耗，增加供电的可靠性，但需增加燃料运输费用。港口、路口电厂位于交通要道，利用途经的燃料建电厂，有时它们也是负荷中心。这一类型电厂既可利用便利的交通运送燃料，又减少了部分输电费用。

（2）水力发电厂。水电厂初始投资大，建设周期长，但建成后运行成本低，污染少，水力资源可持续利用，水库亦可综合利用。水电厂的区位受坝址条件的严格限制。建电厂时还应兼顾防洪、灌溉、航运、渔业、旅游等方面的利益，同时还要考虑因开发带来的淹没损失。

（3）核能发电厂。核电是一种安全、清洁、经济的能源。20世纪末至21世纪初以来，我国核能发电发展迅速，但与世界上许多发达国家还有较大差距。

2）电力网

电力网是指由发电厂、变电站、各级输电线路、配电站及用户组成的发、供、用的整体。电力网可经济合理地利用各种能源，降低最高负荷，减少备用机组，便于安装大容量机组，进而促进经济的合理布局。目前我国电网建设也进入历史上最快的发展阶段，除西北之外的六个跨省区电网，以及五个独立的省级电网500千伏主网架已经建成，连同一系列大型电站的投产，表明中国电力工业进入了以大机组、大电厂、大电网、超高压、自动化为主干的新时期。各大电网已覆盖全国所有城市和大部分农村。500千伏主网架开始逐步取代220千伏电网，承担跨省、跨地区电力输送和交换任务。以计算机为主的国际先进调度自动化系统已普遍采用并达到实用化程度。

（1）华东电力网，跨沪、苏、浙、皖、闽四省一市，总装机容量达3 100万千瓦，是我国规模最大的电力网。华东电网是一个以火电为主，水电也占有一定地位的电网，主要火电厂有望亭、戚墅堰、谏壁、南京、马鞍山、淮阴、合肥、杭州等负荷中心电厂，有淮北、淮南、徐州等坑口电厂，有镇海、北仓、长乐等港口电厂；主要水电厂有水口、新安江、富春江和紧水滩等。浙江安吉天荒坪抽水蓄能电厂装机容量180万千瓦，是我国自行设计的最大抽水蓄能电厂。该电网的秦山核电厂是我国第一座自行开发建设的核电厂。

（2）华北电力网，包括京、津、冀、晋四省市和内蒙古西部地区，装机容量约3 000万千瓦，为我国第二大电网。华北地区拥有丰富的煤炭资源，整个电网基本上由火电厂组成，水电厂极少。华北电力网重要电厂有大同、唐山（陡河）、北京、天津、高井、马头（邯郸）、大港、太原、朔州、包头、集宁、呼和浩特和石家庄等。大同第二发电厂是我国目前最大的坑口电厂。我国规划在内蒙古的达拉特旗建一座装机容量达520万千瓦的特大型火电厂，这一电厂建成后将是亚洲最大的火力发电厂。

（3）华中电力网，包括豫、鄂、湘、赣、州、渝五省一市，总装机容量为2 760万千瓦，是全国第三大电网，主要火电厂有武汉青山、平顶山、焦作、义马、洛阳、新乡、荆门等。水电在华中电网中占有重要的地位，葛洲坝、丹江口水电站装机容量分别为271.5万千瓦、90万千瓦。随着长江三峡工程建成，华中电力网已成为一个以水电为主的电力网。

长江三峡水利枢纽工程是综合治理和开发长江的国家重点工程，位于湖北省宜昌市三斗坪镇，下游距葛洲坝水利枢纽38千米，于1993年开始建设，总工期17年，2003年首批机组发电，2009年竣工。截至2004年年底已累计发电385亿千瓦·时，全面实现二期目标，顺利转入三期工程建设。大坝为混凝土重力坝，全长2 309米，坝顶高程185米，水库正常蓄水位175米，总库容393亿立方米，其中防洪库容221.5亿立方米，枢纽的最大泄洪每秒10万立方米。水电厂共26台70万千瓦机组，总装机容量达1 820万千瓦，是世界上最大的水力发电厂。

此外，四川的水电资源非常丰富，开发潜力巨大，大水电厂有乌江渡、龚嘴、东风等。金沙江上装机容量达330万千瓦的二滩水电厂于1999年竣工，是我国20世纪建成投产的最大水电站工程。

（4）东北电力网。它是我国最早形成的电力网，地跨黑、吉、辽和内蒙古东部三盟一市。网内主要火电厂有清河、阜新、吉林、抚顺、哈尔滨、前廓、朝阳等，主要水电厂有白山、红石、丰满、水丰、镜泊湖等。松花江上的白山水电厂装机容量150万千瓦，是目前我国仅次于长江三峡、葛洲坝的第三大水电厂。

虽然东北电网的总装机容量已达2 600多万千瓦，但由于东北地区重工业发达，能源消耗量大，也是我国电力缺口较大的地区。为缓和东北电力紧缺状况，在加快内蒙古东部霍林河、伊敏河、元宝山等坑口电厂建设的同时，国家还将加强松花江水力资源的开发，并由华北地区输入部分电力。

（5）南方四省区联营电网，包括粤、桂、滇、黔四省区，目前装机在3 000万千瓦以上。该电网主要火电厂有广州、南宁、柳州、韶关、茂名、开远、昆明、贵阳、遵义等，主要水电厂有鲁布革、大化、天生桥、新丰江等。

（6）西北电力网，包括陕、甘、宁、青、新五省区，装机容量1 100万千瓦。西北电网水电的装机容量占整个电网的50%以上，是我国唯一的一个以水电为主的电力网，主要水电厂有龙羊峡、刘家峡、盐锅峡、八盆峡、青铜峡等，前二者的装机容量分别是128万千瓦和122万千瓦。正在建设中的李家峡水电厂也是一个容量超过百万千瓦的大型水电厂。

3.3.2 钢铁工业

钢铁工业是冶金工业的主体，是国民经济重要的基础部门，其产业规模和技术水平是一个国家实力的重要标志。新中国成立以来，我国钢铁工业发展迅速，产量呈直线上升，1996年钢产量突破1亿吨大关，雄居世界第一，我国2009年钢产量5.68亿吨（见图3-4）。已能生产各种碳素钢、合金钢、高温合金、精密合金等1 000多个钢种，能轧制上万种规格的钢材。

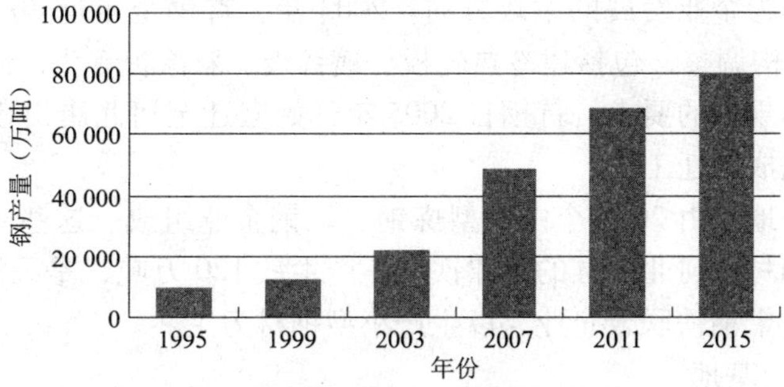

图3-4　1995—2015年钢产量完成情况

1. 钢铁工业布局

钢铁工业基建投资大、生产环节多、技术水平高，是一个庞大的工业部门。钢铁企业有两种基本类型，最主要的一种是钢铁联合企业，拥有采矿、炼铁、炼钢、轧钢及其他辅助行业，另一种为单独的生产企业，如炼铁厂、炼钢厂和轧钢厂等。大型钢铁联合企业是各国钢铁工业体系的主体。

我国大型钢铁企业的地区分布，基本上分南、北两线。南线在北纬30°左右沿长江分布，从东到西依次为：上海、马鞍山、武汉、重庆、攀枝花等；北线在北纬40°左右，从东到西依次为：本溪、鞍山、唐山、天津、北京、太原、包头等。由于鞍山与本溪，北京、天津与唐山钢铁基地在地理位置上非常接近，可以将它们分别合起来作为两个大的钢铁基地看待。

2. 钢铁工业基地

1）鞍本钢铁工业基地

鞍本钢铁工业基地布局属近铁型，地理位置十分优越，邻近鞍山、本溪的煤、铁矿和辽南重工业基地，交通方便，历来是我国最重要的钢铁工业基地，钢铁年产量逾1 000万吨，以鞍山钢铁公司（简称“鞍钢”）和本溪钢铁公司（简称“本钢”）为主体企业。

鞍山被誉为中国的“钢都”。鞍钢已具备年产生铁、钢800万吨以上，钢材600万吨以上的综合生产能力，能生产型材、板材、管材和特殊轧制品四大类各品种钢材。目前鞍钢利用高新技术改造传统产业，成功地走出了一条“高起点、少投入、快产出、高效益”的老国企技术改造之路，一跃成为主体技术装备和生产工艺达到国际先进水平的大型现代钢铁企业。本钢是鞍钢的兄弟企业，其生铁的质量特别好，含磷低，历来是我国优质铸造生铁的生产基地。新中国成立以来，本钢几经改造，生产能力大幅提高，产品结构得到很大改善。目前本钢已形成年产生铁300万吨以上、普钢250万吨、特钢50万吨、热轧薄板200万吨的综合生产能力。

2）京津唐钢铁工业基地

这是一个以首钢为中心，包括天津和唐山各钢铁厂组成的钢铁基地。冀东铁矿是我国第二大铁矿，开滦、峰峰煤矿资源丰富，且本地区交通便利，工业发达，钢铁消费量大，发展钢铁工业的条件十分优越。

首都钢铁公司（简称“首钢”）属钢铁联合企业，拥有包括秘鲁铁矿在内的三个大型现代化矿山，目前年生产能力已达1 000万吨。首钢不仅生产普通钢，也生产特殊钢。到20世纪末，首钢全部钢铁生产能力达2 000万吨，进入世界十大钢铁企业行列。首钢把钢铁业实施产品结构调整作为企业发展的主攻方向。2003年，首钢全年近80亿元的发展资金中，71. 3%用于钢铁业结构调整，包括建冷热轧板、镀锌板、彩涂板等生产线。

由于北京市整体规划的要求，首钢自2005年开始搬迁至河北唐山曹妃甸。到2011年1月，首钢已经顺利完成搬迁工作。

天津钢铁工业基地是由20多个中小型炼钢、轧钢企业组成。这些企业主要是以废钢铁为原料，生产钢和钢材。河北涉县的天津铁厂年产生铁120万吨，是天津生铁供应基地。唐山钢铁工业基地是一个钢铁联合企业，以生产小型钢材为主。

3）上海钢铁工业基地

上海是我国钢铁工业发源地之一，钢铁工业基础雄厚，拥有宝山钢铁公司（简称“宝钢”）和上海钢铁公司（简称“上钢”）等十几个厂。1990年上钢与宝钢联合创建新的宝钢集团，成为国内、国际上著名的钢铁联合企业。宝钢集团又于1998年下半年和上海冶金控股（集团）公司、上海梅山（集团）有限公司实行强强联合，联合后的集团公司以宝钢为主体，总部集生产经营与资本经营于一体。2010年宝钢生产粗钢2 645万吨，实现利润128. 89亿元，已经成为集产业、贸易和金融三位一体的巨型企业集团，跨入世界最大的500家工企之列。

宝钢是成套引进国外先进设备建设起来的现代化大型钢铁联合企业。宝钢从国外进口铁矿石，加工生产生铁、钢锭和钢材。近年来，宝钢的汽车板、造船板、石油和管线用钢、不锈钢、电工钢、高等级建筑用钢等高技术含量、高附加值产品，全面进入国内外高端钢铁产品的竞争市场。2003年宝钢生产汽车板突破150万吨，占据国内市场半壁江山，并具备了向世界各大著名汽车制造商供货的能力。油井管、石油钻杆被各大油田普遍采用，并出口中东、欧美等市场。宝钢为“神舟”四号、五号航天飞船关键部位提供耐高温用材。宝钢高等级管线钢广泛用于国家重点工程建设，在举世瞩目的西气东输工程中，宝钢以66%的供货量成为最大的管材供应商。

4）武汉钢铁工业基地

武钢位于武汉青山区，铁矿主要来自大冶，不足部分从海南调入或进口，焦煤由平顶山供给。武钢是建于20世纪50年代，60年代扩建，70年代用现代化设备装备起来的大型钢铁联合企业，并于1992年年末经中央批准组建武钢（集团）公司。1993年以来，武钢自筹资金350多亿元用于技术改造和扩建改造，新建和扩建改造了第三炼钢厂、硅钢、高速线材等一批国际一流水平的效益工程。2001年武钢研制了耐火耐候钢，该钢种目前已应用于国家大剧院和上海残疾人体育艺术培训基地等重要建筑。武钢已发展成为我国重要的板材生产基地。

5）马鞍山钢铁工业基地

马钢濒临长江，交通方便，毗邻铁矿，临近煤炭产地，发展钢铁工业条件良好，是我国唯一生产火车轮箍的钢铁企业。

6）重庆钢铁工业基地

重钢是以重庆钢铁（集团）有限公司和重庆特殊钢厂为主体，能生产多品种的钢材。綦江铁矿已无法满足重钢需要，要从外地调入，从而形成了采矿小于炼铁，炼铁小于炼钢，炼钢小于轧钢的“倒金字塔形”结构。今后，应充分利用长江运输能力，调入铁矿石，把重庆建设成炼铁、炼钢和轧钢能力相协调的钢铁联合企业。

7）包头钢铁工业基地

包钢主要是利用白云鄂博铁矿发展起来的。该铁矿含有丰富的稀土元素，因此，包钢在生产钢铁产品的同时，还生产大量的稀土产品。

8）攀枝花钢铁工业基地

攀钢是我国自己设计、自己制造设备、自己安装建设起来的一个大型钢铁工业基地，是我国战略后方最大的钢铁基地。由于攀枝花铁矿富含钒钛元素，攀钢在生产钢铁的基础上，又生产钒钛产品，目前已发展成为世界最大的钒钛提炼基地。

9）邯郸钢铁工业基地

邯钢是我国首家年产钢超过200万吨地方钢铁公司。其创造的“模拟市场，成本否决”法被推广到全国各工业企业。

3.3.3 机械工业

中国制造2025

机械工业是制造各种机器设备的生产部门，主要包括工业设备制造、农业机械制造和运输机械制造。建国至今，我国已形成门类齐全、布局合理、具有相当水平的机械工业体系。机械工业已能为我国国民经济各部门提供高水平的大型成套设备，包括大型燃气轮机、大型抽水蓄能机组、核电机组等发电设备，超高压直流输变电设备，大型冶金、化肥和石化成套设备，城市轨道交通设备，新型造纸和纺织机械等。我国生产的不少机械产品已经达到国际先进水平，并打入国际市场。

1. 工业设备制造业

工业设备制造业是一个生产装备工业本身的各种机器设备的产业部门，主要包括重型机械、通用机械、机床工具、仪器仪表、发电设备和轻纺设备制造等。

1）重型机械

重型机械主要包括冶金、矿山、起重和工程等设备。这些设备大而重，消耗金属多，生产周期较长，其生产布局一般毗邻钢铁工业基地或矿山。我国有上海、沈阳、德阳、太原、北京、天津、洛阳、大连和广州十大重型机械工业基地。富拉尔基的第一重型机器制造厂是我国规模最大的重型机械制造企业，主要生产金属专用设备、重型锻压设备和大型铸锻件设备等。德阳的第二重型机器厂主要生产轧钢设备、水压机、飞机和汽车模锻件等。上海重型机器厂是我国东南地区最大的重型机械制造厂和铸造中心。洛阳矿山机器厂是我国最大的矿山设备制造企业。大连是我国最大的起重机生产基地。

2）通用机械

通用机械主要包括石化设备、工业泵、阀门、气体压缩机、空气分离设备、冷冻设备和环境保护设备等。我国现有通用机械制造企业众多，可生产47 000多个品种。上海是我国最大的通用机械制造中心，产值约占全国总产值的25%。上海也是我国最大的电动工具生产中心。沈阳和大连为我国重要的工业泵、阀门、石化设备和橡胶塑料机械制造中心，大连还是我国最大的制冷设备生产中心。杭州是我国最大的空气分离设备生产中心，洛阳是我国最大的轴承生产中心，北京是我国最大的印刷机生产中心。

3）机床工具

机床工具主要包括金属切削机床、锻压设备、木工机械、标准紧固件、量具、刃具和磨具等。机床工具是国民经济各部门的基本生产工具，其制造业因此被誉为“机械工业之母”。我国机床工具制造业地区分布广泛。沪、辽为我国最重要的机床工具制造业基地，产量占全国总产量的1/3以上。普通机床生产主要分布在上海、沈阳、北京、齐齐哈尔、济南、无锡、南京、武汉、重庆、西宁、杭州等地。精密机床生产主要集中在上海、北京、哈尔滨、成都、昆明等地。重型机床生产主要分布在武汉、西宁、上海、济南和芜湖等地。

4）仪器仪表

仪器仪表主要包括自动化仪表、光学仪器、材料试验机、分析仪器和照相机等。仪器仪表工业生产技术要求高，工艺复杂，布局一般在科技中心或工业发达的城市。上海是我国最大的仪器仪表制造中心，产值占全国的1/3。上海、天津、大连、哈尔滨和西安等地是工业自动化仪表生产中心。牡丹江、桂林、贵阳、宜昌等地是电工仪器仪表生产中心。照相机生产以上海、广州和常州等地较为集中。

5）发电设备

发电设备制造是新中国成立后发展起来的一个新兴机械工业领域，发展极其迅速，其产值已占工业设备制造业总产值的1/3左右。我国发电设备制造有哈尔滨、上海、四川（德阳、绵竹、自贡）三大生产中心。上海是我国最大的火电设备生产基地。哈尔滨是我国最大的水电设备生产基地。此外，北京、天津、武汉、南京、洛阳和杭州也有一定规模的发电设备制造业。

6）轻纺设备

轻纺设备包括纺织和轻工机械，产品种类比较单纯，技术要求不太复杂，一般布局在消费地。我国纺织机械有上海、榆次、郑州、天津、咸阳和青岛等生产基地。轻工机械制造业分布在上海、天津、广州、西安、大连、辽阳、安阳、合肥和唐山等地。广州是全国最大的制糖机械生产中心。上海是全国最大的食品机械生产中心。

2. 运输机械制造业

运输机械制造包括汽车、机车车辆、船舶和飞机等。它们是现代化交通运输发展的关键。

1）汽车工业

我国目前已能生产载重货车、越野汽车、自动汽车、牵引车、客车、轿车六大类。20世纪90年代以来，我国汽车工业保持多年快速发展势头，产量从1990年51.4万辆增长至2003年的444.4万辆。其中吉、沪、渝、鄂、京、苏、皖、黑八省市汽车生产量均在20万辆以上。发展汽车工业需要高技术和大量资金的投入，生产高度集中化、大企业主宰市场是汽车工业的最大特点。20世纪末全球九大汽车霸主结盟，宣布成立新的贸易联合会取代原来的美国汽车制造业联合会，总部设在华盛顿。这九家汽车公司依次为美国通用、福特公司，德国宝马、大众和戴姆勒-克莱斯勒公司，瑞典沃尔沃公司，日本的马自达、日产和丰田公司。它们代表了当今世界汽车制造业的最高水平，统治当今国际汽车市场。我国为应对国际竞争，企业重组的步伐也在加快。20世纪90年代末，已把过去120家主机厂调整到现在的13家整车厂，生产集中度达90%。1999年国家机械工业局又提出了汽车行业重点支持“上汽”“一汽”和“东风”三家，逐步由这三家以各种方式联合其他企业形成中国汽车工业的三大巨头，如“一汽”与“天汽”的强强联合、“上汽”与“东风”的部分项目的重组等，这充分展示了中国汽车工业的实力。

第一汽车制造厂，简称“一汽”，位于吉林省长春市，被誉为中国汽车工业的摇篮，始建于1953年7月，于1995年兼并吉林、长春等四个小轻型车厂和沈阳金杯汽车公司，现已发展成为我国特大型企业，产品以中型卡车、轻型卡车和轿车三大系列为主，旗下的“解放”“红旗”两个民族品牌，在我国汽车工业发展史上留下了不朽的辉煌。

第二汽车制造厂，又称东风集团汽车公司，位于湖北省十堰市。其始建于1967年，经过40多年的建设，现已形成以十堰为中心，包括襄樊、武汉等地300多家汽车生产及配套企业的我国最大的汽车工业基地，现拥有东风小霸王、东风多利卡、东风信天游、东风之星、东风金刚、东风锐霸、东风客车七大系列。

上海汽车工业总公司，简称“上汽”，是以轿车为主的汽车生产基地。1985年，其与德国合资，组建上海大众汽车集团，以生产桑塔纳轿车为主。1997年6月，其与通用汽车公司共同出资组建上海通用汽车有限公司，主要生产别克轿车。

此外，北京（吉普）、天津（夏利）等也是我国重要的轿车生产基地；济南主要是载重汽车生产基地；重庆是摩托车的主要生产基地。

2）飞机工业

我国飞机制造业创立于20世纪50年代初期，在20世纪80年代以前以研制生产军用飞机为主。目前我国生产的多数机型是参考原苏联20世纪五六十年代设计的老机种，技术落后，经济性、舒适性差，与世界先进水平存在很大的差距。国产主要飞机型号有：通用飞机Y5型军民两用机、Y5B型民用机、YⅡ型轻型农林飞机及其改型机YⅡB（Ⅰ）、农林机H5A等；支线客机有Y12型（17座、19座）客机、Y7系列飞机（50座，包括Y7-200B、Y7-200A等）；大中型客机有MD 82/83型，系进口零部件组装；货运飞机有Y8系列及在Y7飞机基础上改型的Y7H-500货机。我国飞机制造中心有西安、上海、沈阳、南昌、成都、哈尔滨等。

3）船舶制造业

我国是世界造船业发展较早的国家之一。新中国成立后，特别是20世纪80年代后，我国造船工业迅速崛起，2009年，我国造船完工量居世界第二，新接订单量和手持订单量均列世界第一，产品性能和建造工艺方面已达到国际先进水平，生产的船舶除满足国内需要外，还出口20多个国家和地区。我国两大海洋船舶制造中心为上海和大连，其后是广州、天津、青岛、马尾（福州）和秦皇岛等沿海港口。武汉是我国最大的内河船舶制造基地。

4）铁路机车制造业

我国铁路机车生产发展迅速，产量已居世界第二位。1988年后，我国已停产蒸汽机车。主要基地有大连、大同、唐山、北京、青岛、资阳和株洲等，以大同的生产规模为最大。长春是我国最大的铁路客车生产基地，齐齐哈尔是最大的货车生产基地，武汉是冷藏车生产基地。

3. 农业机械制造业

农业机械包括各种拖拉机和用于农林牧副渔生产的各种机械，其中最重要的是拖拉机。我国又以生产小型拖拉机为主，其数量占拖拉机总量的95%以上。这种结构符合我国山地多、平原少的自然特点。拖拉机生产主要集中在东部地区。大型农用拖拉机生产集中在北方，主要分布在洛阳、沈阳、天津、鞍山、长春等地。中小型拖拉机生产集中在南方，有南京、南昌、上海、常州、南宁、柳州和武汉等生产基地。洛阳是我国最大的拖拉机生产基地。联合收割机生产主要在开封、佳木斯和四平等地。

3.3.4 化学工业

化学工业属于知识和资金密集型的行业，在生产工艺技术、对资源的综合利用和生产过程的严格比例性、连续性等方面，比一般工业部门突出。化学工业有化学采矿业、无机化工、有机化工、化肥工业、医药工业和橡胶工业六大部门，以前四大部门为主体。

1. 无机化学工业

无机化学工业是指生产“三酸两碱”（硫酸、盐酸、硝酸和烧碱、纯碱）以及其他一些无机酸碱的化工部门，又称酸碱工业。其产品既是化工的基本原料，也是国民经济其他部门不可缺少的原料。

1）硫酸

硫酸是化工中产量最大、用途最广的产品，有“工业血液”之称。我国硫酸产量位居世界前列，2003年年产量达3 371.22万吨，比2002年增长10.52%。硫酸是液体产品，腐蚀性强，运输不便，布局趋向消费地，加之我国黄铁矿资源（生产硫酸的主要原料）分布广泛，因此，我国硫酸生产以中小企业为主，分布较分散，全国除西藏外，各省市区均有生产。2003年年产量超过200万吨的有鲁、滇、鄂、苏、川、黔等省，其中以山东省产量最高，达353.82万吨。

2）硝酸

硝酸多用于化肥、国防、染料和医药工业。硝酸生产以合成氨为原料，因此多数与氨肥工业结合，以集中布局为主。兰州和吉林是我国最大的硝酸产地。

3）盐酸

盐酸主要用于冶金和电镀工业。它是烧碱工业的副产品，因此我国盐酸生产分布与烧碱的分布基本一致。上海和天津为主要生产中心。

4）烧碱

烧碱主要用于化工、化纤、染织、造纸和炼铝。我国烧碱主要以原盐为原料，采用电解法生产，2003年年产量945.27万吨。由于碱液不易运输，烧碱的生产一般布局在消费地或电力充足地区。全国除西藏外，各省市区均有生产，主要生产基地有山东、上海、天津、北京等。

5）纯碱

纯碱主要用于玻璃和玻璃制品以及化工、冶金、造纸、洗涤剂等工业部门。纯碱生产企业需消耗大量的原盐，宜建在原盐产地。我国是世界纯碱生产大国。2003年年产量1 133.56万吨，集中分布于东部沿海地区，内地以四川为多。重要的纯碱生产中心有大连、塘沽、青岛、潍坊、连云港、唐山、应城和自贡等。

2. 有机化学工业

有机化工分为基本有机原料工业和有机合成工业两大类。

1）基本有机原料工业

基本有机原料工业是以煤炭、石油和天然气等为原料，生产烯烃、芳香烃、炔烃及其化合物醇、醛、酮和有机酸类等基本有机原料，供进一步生产有机合成产品用，以石油和天然气为原料称石油化工，以煤为原料称煤化工，我国以前者为主。我国主要石化基地有淄博、上海、大庆、南京、抚顺、北京、天津、辽阳、吉林、锦州、仪征、岳阳、宁波、广州和兰州等。我国煤化工基地主要有山西潞城、太原和吉林等。

2）有机合成工业

有机合成产品包括合成塑料、合成橡胶、合成洗涤剂、合成化纤、染料和农药等。近年来，我国有机合成工业增长迅速。我国有机合成工业生产分布与大多数工业部门一样，相对集中在东部沿海和东北地区，以鲁、京、津、沪、苏、辽、吉、黑等省市规模较大，内地主要分布在晋、甘两省区。有机合成工业一般与基本有机原料工业布局结合在一起，形成综合性的有机合成工业基地。以下是我国重要的有机化工基地。

（1）淄博是我国最大的有机化工产品的生产基地。齐鲁石化是我国特大型石化企业，年原油加工能力达 800 万吨；年产合成氨 38 万吨、尿素 60 万吨，是全国最大的化肥生产基地之一；年产顺丁橡胶 2.5 万吨、丁苯橡胶 8 万吨，是全国规模最大的合成橡胶生产企业；年产聚氯乙烯 20 万吨，年产塑料 50 万吨，为全国最大的塑料生产企业。

（2）上海以高桥石化和金山石化企业为主体。高桥石化位于浦东，是一个跨行业的石油化工企业，年产各种有机化工产品 20 多万吨。金山石化是一个以化纤生产为主的综合性石化企业，年产化纤 35 万吨、塑料 30 万吨，还有 100 多万吨油品和各种化工原料。

（3）北京燕山石化是我国特大型石油化工联合企业，每年向社会提供 200 多吨成品油，生产塑料、橡胶、聚酯等有机合成材料 45 万吨，其中顺丁橡胶产量居全国第一位。

（4）吉林为大型综合性有机化工基地，既有煤化工，又有石油化工，生产各种基本有机和有机合成产品，其中染料和电石在全国占有突出的地位。

（5）兰州是我国第一个自行开发建设的石油化工基地，主要的有机化工产品有甲醇系列产品、合成橡胶、塑料、合成纤维及各种基本有机原料等。

（6）南京以金陵石化、扬子石化和仪征化纤为主体企业。扬子乙烯工程是我国“七五”期间重点建设的四大乙烯装置之一（其他三个是齐鲁、上海和大庆）。南京石油化工基地产品多样化，其中合成纤维、塑料、合成洗涤剂原料（烷基苯）在全国占有重要的地位，为全国最大的化纤原料和合成洗涤剂原料生产基地。

（7）大庆是一个集炼油、化工、化肥和化纤生产于一体的石油化工基地。其乙烯年生产能力为 30 万吨，除生产油品和化肥外，年产化纤、塑料及各种基本有机化工原料 100 多万吨。

3. 化学肥料工业

化学肥料是指人们用化学方法大规模生产或机械加工而成的肥料。目前世界各国化肥的品种约在 100 种以上，其中氮、磷、钾肥约 50 种，微量元素肥在 60 种左右，产量最大的是氮肥、磷肥、钾肥和这三者（有时也根据需要添加其他营养元素）按一定比例混合而成的复合肥。化肥所含的有效成分比天然肥料（农家肥料、有机肥料）高得多，使用得当，能大大提高作物产量。近年我国又在化肥的品种结构上改良，增加复合肥的比重，现已开发了五大系列70多个品种的复合肥。化肥是促进农业生产发展的必要物质条件，在实现农业现代化中具有重要的地位和作用。

1）氮肥

氮肥是农业生产需要量最大的一种化肥。2003年我国氮肥总产量为2 814.52万吨，约占农用化肥总量的73%。目前多采用煤、石油、天然气、水和空气为原料，生产尿素、硫铵、硝铵、碳酸氢铵、氨水等多种氮肥。我国氮肥工业是大中小企业相结合，全国除少数边远省区外，都建有年产10万～30万吨合成氨的氮肥厂。

2）磷肥

磷肥以磷矿和硫铁矿为主要原料，生产普钙和钙镁磷肥等。2003年全国磷肥产量978.08万吨，占化肥总产量的25.2%。鉴于中国大部分地区土壤缺磷，因此，发展磷肥工业很重要。磷肥的生产集中分布在磷矿资源丰富的南方，主要有川、鄂、滇、苏、皖、豫、湘七省。

3）钾肥

钾肥以钾盐为主要原料。我国钾盐资源贫乏，保有储量仅约4亿吨，主要分布在青海柴达木盆地、云南思茅、四川自贡等地。其中柴达木盆地的察尔汗盐湖是我国最大的钾盐矿区。钾肥主要生产基地有察尔汗、思茅、天津、北京、浙江的温州和瑞安等。位于察尔汗的青海钾肥厂，是我国最大的钾肥生产企业。

4）复合肥

复合肥（也称复肥）是指含有两种以上养分的化学肥料。它具有体积小、有效成分高、对土壤副作用小、经济效果好等优点，是世界化肥生产的主流品种。目前我国所生产的复肥主要品种有磷酸铵、硝酸磷肥等。

此外，我国近年还出现了硼肥、锌肥、锰肥等微量元素肥种，满足了农业生产的需要。

3.3.5 电子信息工业

电子工业和电子信息工业是高技术工业的中枢和先导。过去将电子工业看作传统的机械工业的认识已不合时宜。我国电子工业与其他高技术工业相比，起步较早，发展速度较快，效益较高。一般按用途把电子产品分为三类，即以计算机和通信设备为代表的投资类产品，以彩电、移动电话、个人计算机为代表的消费类产品和以集成电路为代表的基础类产品。

电子计算机是电子技术的标志，反映着一国电子工业发展水平的高低和实力大小。从20世纪60年代到70年代，我国基本依靠自己的力量走完了电子管、晶体管、中小规模集成电路三代计算机的发展历程。从20世纪80年代开始向第四代大规模集成电路计算机过渡，并且很快研制出大型电子计算机，成为世界上少数几个能生产大型计算机的国家之一。进入21世纪以来，我国计算机技术的发展日新月异，产业规模迅速扩大。目前我国已拥有计算机制造企业1 000余家，具备微、小、中型机的开发与批量生产能力，全行业从业人员近100万，其中软件开发人员已超过15万人。第一批国产第六代高能奔腾微机于1995年年底在联想、长城、方正三家集团同时诞生，实现了与全球第一批高能奔腾微机的同步开发，标志着我国PC开发技术水平走向世界发展的最前沿。2004年，每秒峰值运算速度11万亿次的曙光4000A在上海超级计算中心正式启动，标志着中国最大的网络主节点投入运行，一座信息技术领域的“三峡大坝”正在构建，也标志着我国超级计算机实现了技术和应用的双重跨越，成为世界上继美、日之后第三个跨越10万亿次计算机研发和应用的国家。2010年11月，我国自主研制的首台千万亿次超级计算机“天河一号”实测运算速度可达每秒2 570万亿次，成为世界上最快的超级计算机。20世纪末，多媒体、微机互联网已成为人们茶余饭后的话题之一。21世纪已进入“e”时代，宽带网已接入千家万户，上网几乎成了绝大部分人生活中必备的议程，生产和生活与网络紧密相连。此外，原子弹、氢弹爆炸，卫星上天，运载火箭发射成功，正负电子对撞机建成，这些代表新中国科技尖端水平的项目，无不聚集了电子技术的精华。我国主要消费类电子产品为电视设备，20世纪70年代末就已研制成功了彩电，能生产黑白、彩色电视、发射机、差转机等多种产品，能够适应中央、省、市、县四级办电视台的需要。

我国电子信息工业比其他高技术工业分布广，已形成一线多点的基本格局，即以桂、粤、琼、闽、浙、沪、苏、鲁、津、京、冀、辽等沿海省市组成的电子信息工业带和以川、陕、贵等地组成的多个电子信息工业基地。

我国目前软件产业绝大部分是小型企业。骨干企业有紫光、四通利方、用友、王码、联想、方正、蓝通、中软、先锋、瑞星等。软件企业在国内已形成较广泛的分布，但以北京、上海、深圳、沈阳及沿海发达城市数量较多。其中上海和珠海已被国家确定为我国软件产业的两大基地，将建成我国最重要的两个软件园区。

3.4 农　业

我国农业生产历史悠久，但旧中国农业处于十分落后的状况。新中国成立后，农业生产才得以较快地发展。尤其是十一届三中全会以后，农村推行了联产承包责任制，加上积极引进和推广先进的农业科学技术，使农业生产走上了快速发展的道路。我国主要农产品产量统计见表3-5，从中可以看出农产品产量的迅速提高。

表3-5　我国主要农产品产量统计表

万吨

品种＼年份	1978	1985	1990	1995	2000	2005	2009	2015
粮食	30 477	37 911	44 624	46 662	46 218	48 402	53 082	62 144
棉花	216.7	414.7	450.8	476.8	441.7	571.4	637.7	561.0
油料	521.8	1 578.4	1 613.2	2 250.3	2 954.8	3 077.1	3 154.3	3 537.0
甘蔗	2 111.6	5 154.9	5 762.0	6 541.7	6 828.0	8 663.8	11 558.7	11 697.0
茶叶	26.8	43.2	54.0	58.9	68.3	93.5	135.9	225.0
水产品	465.4	705.2	1 237.0	2 517.2	4 278.5	5 106.1	5 120.0	6 699.0

3.4.1 农业生产的特点

农业是国民经济的基础，是利用动植物的生长繁殖能力，通过人工控制以取得产品的物质生产部门。农业生产的过程是自然再生产和经济再生产密切结合的物质生产过程。作为自然再生产，农业要受光、热、水、土等自然要素的制约；作为经济再生产，农业有与自然再生产密切结合的种（养）、管、收、储、售等社会经济过程和环节。这就使农业生产具有不同于其他物质生产部门的一系列特点。在研究农业生产时必须考虑以下四点。

1. 季节性和周期性

我国大部分地区位于温带，四季交替，周而复始。“适者生存”，作为农业生产的对象——各种动植物为适应环境变化，其生命过程也必然呈季节性和周期性变化。在不同季节，农业生产的内容、强度也随之有规律地变化，形成农忙（春耕、夏耘、秋收）与农闲的季节。因此“不违农时”是农业生产必须遵循的原则之一。

2. 地域性

农业生产是与生态环境关系十分密切的部门，农业生产对土地有很强的依赖性。生态环境中的光、热、水等因素在地域分布与组合上的明显差异，是导致农业生产地域性的基本原因。各地不同的社会经济条件，加剧了农业的地域差异。因此，“因地制宜”是农业生产必须遵循的又一原则。

3. 综合性

农业生产的综合性，是提高农业生产经济效益的客观要求，也是维护农业生态系统平衡，促使农业持续、稳定发展的客观要求。农业内部农、林、牧、副、渔各业之间存在相辅相成、相互促进和相互制约的关系。这主要是在自然条件的利用上，它们因对光、热、水、土等环境因素和自然资源的要求既存在差异性，又存在互补性和依存性，使它们既可以在不同空间各有侧重同时发展，也可在相同空间综合发展。将农业生产设置在条件最适宜的地区，有利于资源的综合利用，达到用地与养地相结合的目的，保持农业生态平衡，最大限度地提高经济效益。如今“大农业”观点已被全社会尤其是被农民所接受，成为农业生产持续发展和合理布局的重要指导思想。

4. 不稳定性

农业与其他经济部门相比，对自然环境的依赖性强。目前人类改造利用自然的能力很有限，所以自然环境中诸多不稳定因素直接影响农业生产的丰与歉。我国是个幅员辽阔、各类自然灾害发生频繁的国家，因此，提高农业科技水平，发展农业生产力，增强其抵抗自然灾害的能力，是我们一贯的努力方向。

3.4.2 粮食作物

种植业结构调整规划（2016-2020年）

1. 粮食作物含义和地位

我国是世界最大的产粮国。粮食生产是指水稻、小麦、玉米、大豆、薯类等的生产。粮食生产是种植业的主体，在农业中占有十分重要的地位（见图 3-5）。粮食是人们必不可少的基本生活资料。

1）我国粮食生产的特点

新中国成立以来，我国的粮食生产发展迅速，取得了以世界 9% 的耕地养活世界 1/5 人

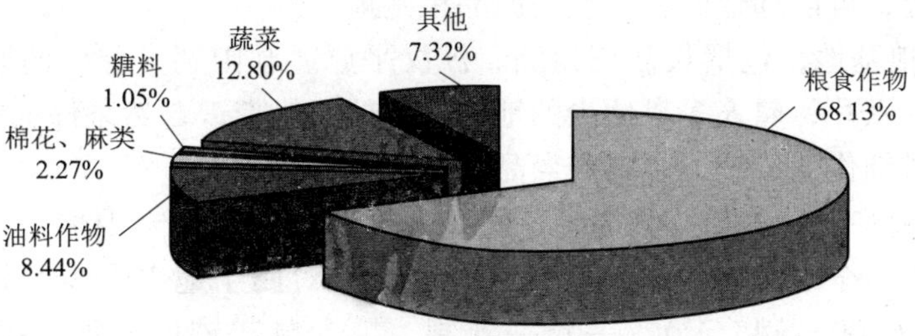

图 3-5　2015 年农作物播种面积构成

口的伟大成绩，但也存在着一些问题，具体有以下四个特点。

（1）粮食生产发展速度快。从 1949 年的 11 318 万吨发展到 2000 年 4.58 亿吨以上。

（2）粮食生产的品种结构有所变化。稻谷、小麦等主要细粮比重有所提高，杂粮的比重下降，标志着人民的粮食需求与消费水平都有所提高。

（3）粮食生产水平较低。表现在单位面积产量不高，农业劳动生产率低。

（4）各地区之间的粮食生产发展不平衡。

2）提高单位面积产量，加强商品粮基地建设

根据我国粮食生产的基本情况，应把提高单位面积产量和建设商品粮基地问题提高到粮食生产发展的战略高度来抓。

（1）提高单产。由于我国人均耕地面积仅为 1.36 亩，只相当于世界人均耕地的 45%，所以我国粮食增产，应以提高单位面积产量为主攻方向，提高单产的主要措施有以下四个方面。

① 精耕细作，实行集约经营。我国农业资金有限，应充分发挥农业劳动力资源丰富的优势。目前，我国有不少中低产地区，生产水平不高，但潜力大，是提高集约水平的重点。

② 培育良种，推广新技术。这对提高单产有显著作用。我国已有不少成功的经验，但要贯彻“因地制宜”的原则。

③ 提高复种，扩大播种面积。这是充分利用热量资源，提高单产的重要措施。但必须从水、热、肥、土、劳动力等诸条件的可能性出发，否则难以达到增产的效果。

④ 扩种高产作物。这是利用生物特性增产粮食的措施，但要以不影响粮食的合理结构和质量为前提。

（2）建立商品粮基地。商品粮基地是指在一定条件下，以生产粮食为主并能稳定地提供数量较多的商品粮的地区。建立商品粮基地，可以充分利用各地区粮食生产的优越条件，扬长避短，最大限度地挖掘粮食生产潜力，有利于集中财力、物力和人力，为发展粮食生产进行必需的农业基本建设，有利于采用先进的科学技术，实现农业生产区域专业化，提高粮食生产水平和商品率。所以，建设商品粮基地，是发展我国粮食生产，实现农业现代化的一项重要措施。

选建商品粮基地应注意选择那些能够经常稳定地提供余粮的地区，投资少、见效快的地区，自然条件和生产条件基本类似、便于统一规划和进行建设的地区，交通运输比较方便的地区；而与粮食生产矛盾大的经济作物主产区和林、牧业为主的地区，不宜选为商品粮基地。

根据我国情况，可以选建四种类型的商品粮基地。

① 南方商品粮基地，包括长江三角洲、江汉平原、鄱阳湖平原、洞庭湖平原、珠江三角洲和成都平原共六片，属人多耕地少的地区，地处亚热带，自然条件优越，农田基本建设基础较好，有精耕细作的传统，是高产商品粮基地。

② 东北商品粮基地，包括三江平原、松嫩平原、吉林和辽宁中部平原，共三大片。该区商品粮耕地面积占全国商品粮耕地的40%以上，相对属于地多人少的地区。该区地处温带，无霜期较短（100～145天），一年一熟制，粮食单产较低，每年提供全国商品粮的20%，是发展潜力较大的商品粮基地。

③ 西北商品粮基地，包括河西走廊、内蒙古和宁夏的河套地区，共三片。该区地处内陆，气候干旱，无霜期短，农作物一年一熟。

④ 淮河平原商品粮基地，包括苏北和皖北两片。这里地处由暖温带向亚热带过渡地区，水、热条件高于黄河以北的地区，是我国重要的水旱轮作地区，耕作制度以一年二熟和二年三熟为主，是发展前途很广阔的商品粮基地。

2. 粮食作物种类

1）水稻

我国水稻生产分布很广，南自热带海南岛、北到寒温带的黑龙江呼玛县，东起台湾省、西到新疆均有水稻生产分布。其大致可分为南方和北方两个主要稻谷产区，且具有南方多而集中，北方少而分散的特点。

（1）南方稻谷集中产区。我国南方稻谷产区水稻种植面积占全国90%以上，水稻集中产区有三个。

① 华南双季稻区，指南岭以南的两广、海南、福建、台湾，具体分布在珠江三角洲，福建的闽江和九龙江下游，广西的西江两岸及台湾的西部平原。水稻生长季节长、复种潜力大，以双季连作稻为主。著名品种有福建漳平的“过山香”，广东的“05粘”和东莞“虎门粘”。

② 长江流域单双稻区，指南岭以北、秦岭淮河以南（含豫南、陕南）的地区，是我国最大最集中的水稻产区，以双季稻和稻麦两熟为主。该区产量约占全国的2/3，水稻产地主要分布在长江三角洲、江苏里下河平原、浙江的杭嘉湖地区、安徽中部的沿江平原、湖北江汉平原、江西鄱阳湖平原、湖南洞庭湖平原和四川成都平原等。该区稻米名品有江苏的红粘粳、湖南的莲香稻、江西的香稻、四川的寸谷、陕西汉中的黑米、安徽宿州的夹沟香稻等。

③ 云贵高原单季稻区。该区海拔2 000米上下的高山区多种粳稻，海拔1 200米以下的低山丘陵区和平坝地区多种籼稻，优质米有云南石屏的紫米等。

（2）北方稻谷分散产区。秦岭淮河以北是我国一季粳稻分布区，稻谷播种面积占全国稻谷总面积的10%左右，其中华北较多，东北次之，西北最少。

① 华北单季粳稻区，包括秦岭淮河以北、长城以南、六盘山以东的华北各省市和陕西、河南、江苏、安徽的部分地区。稻谷主要分布在海河下游低地区，河南沙、汝、颍、洪四河沿岸洼地，山东济宁、菏泽地区的滨湖洼地和临沂地区，太原、榆次河谷盆地，苏、皖北部沿湖沿河洼地、盐碱土和低产土地区。

② 东北早熟粳稻区，主要分布在辽河下游平原、延边朝鲜族自治州、松花江平原、西辽河平原、牡丹江半山区谷地及黑河沿江地区。辽宁、吉林、黑龙江三省全种一冬粳稻，实

行夏稻冬闲制。

③ 西北干旱稻区，包括银川平原、河西走廊、新疆的绿洲地带，全靠人工灌溉，均为抗旱早熟品种。

④ 青藏水稻零星分布区。高寒的青藏地区，水稻零星分布在比较低缓的河谷地带。

2）小麦

小麦是我国主要粮食作物之一，总面积和总产量仅次于水稻，居第二位。在我国北方、南方，春季、冬季均可种植。分布广泛，以北方为主。在夏涝地区可早收避灾，比较稳产保收。小麦分冬小麦和春小麦两大类，我国以栽培冬小麦为主，其播种面积占全国小麦播种面积的 82%，产量占 87%。我国小麦可分为三大区。

（1）春小麦区，包括长城以北，六盘山、折多山以西地区，即东北、内蒙古、青海、新疆、甘肃的大部分、四川西部及陕西、河北北部地区。其中黑龙江、内蒙古、甘肃和新疆为主要产区。本区冬季严寒，无霜期短，绝大部分以一年一熟为主。近年来，春麦区由北向南扩展，作为套种或复种作物，插入长城沿线以玉米、高粱、谷子为主的一年一熟地区或华北平原的棉区。

（2）北方冬小麦区，包括长城以南、六盘山以东、秦岭—淮河一线以北地区。这是全国最大的小麦产区和消费区，尤以山东、河南、河北和陕西为集中产区。一般实行一年两熟和两年三熟耕作制度。近年已过长城推进到北纬 47°地区，向西推进到河西走廊和南疆。在分布高度上，已登上海拔 4 100 米的拉萨澎波农场。

（3）南方冬小麦区，包括秦岭—淮河一线以南、折多山以东的地区，小麦的面积占全国的 30%，以安徽、江苏、四川和湖北为集中产区。本区居民以大米为主食，小麦商品率高，大部分实行稻麦、棉麦两熟制，还有稻麦杂粮三熟制和双季稻小麦三熟制，是我国重要的商品小麦区。粤、闽、湘、赣、桂及浙南等地是以双季稻为主的地区，小麦多作为冬种作物或在旱地种植，种植面积占全国很小的部分。

3）杂粮

我国杂粮种类很多，主要有玉米、高粱、薯类、谷子、大麦、糜子等，还有荞麦、豌豆、蚕豆、绿豆等小杂粮。杂粮一般生长期短，适应性强，有耐旱、耐寒、耐涝、耐碱等特性，对土壤条件要求不严，因而分布较广；杂粮便于间作、套作和轮种换茬等，能提高土地利用率，增加产量；有些杂粮能起到防治病虫害的作用；杂粮不仅是我国人民的重要口粮和副食，还是重要的饲料、农村燃料、建筑材料和某些工业原料的来源。杂粮主要分布于东北、华北，南方则以四川为最多。在杂粮作物构成中，以玉米、谷子、高粱为最多。

（1）玉米。玉米的经济价值高，属于高产作物，是我国最主要的杂粮。从玉米播种面积的密度看，大致集中在从东北到西南的弧形狭长地带内，即大兴安岭—辽南—冀北—晋东南—陕南—鄂北—豫西—四川盆地的周围—黔、桂西部—滇西南等地。玉米主要种植于这一狭长地带内的 500 米以上的半山、丘陵地区。

（2）豆类。豆类中最重要的作物为大豆。大豆原产我国，栽培历史悠久，种植面积大，分布遍及全国。20 世纪以前我国是世界上唯一生产大豆的国家。目前大豆仍是我国重要的出口产品。大豆是喜温作物，适于北方温带地区栽植。我国大豆老产区主要有两个，即东北及黄淮海平原。东北是我国最大的大豆产区，主要集中于松花江、辽河沿岸及哈大铁路沿线。其中，哈尔滨、辽源、长春等地，号称我国大豆的“三大仓库”。黄淮海平原是我国第二大豆产区，主要集中于淮河以北，石德铁路以南，京广铁路以东的地区。目前，我国大豆产区划分为五大产区：① 北方一年一熟春大豆区；② 黄河流域夏大豆区；③ 长江流域夏大豆区；④ 长江以南秋大豆区；⑤ 南方大豆两熟区。

在豆类作物中，除大豆外，以收获干豆为主要目的的其他豆类统称为食用豆类，是全世界普遍栽培的作物。我国食用豆类栽培历史悠久，种类繁多，遍及全国，主要种类有：小豆、绿豆、饭豆、蚕豆、豌豆、普通菜豆、多花菜豆、豇豆等。

食用豆类营养丰富，用途广泛，可作食用、蔬菜、加工制作各种食品，有一定医疗价值及作出口换汇商品。如天津、东北的小红豆，云南的大白芸豆、小白芸豆，安徽等地的明光绿豆，云南、贵州、四川的豌豆，浙江的白扁豆，四川的大雪山豆，青海、甘肃的蚕豆等都是深受欢迎的出口商品。

（3）高粱。高粱有抗旱、耐涝、耐盐碱的特性，所以在我国北方干旱地区、涝洼及盐碱地区多有种植。高粱用途广泛，不但可作为粮食、酿酒、饲料和工业原料，秸秆也是农村不可缺少的建筑材料和燃料。高粱在我国分布甚广，以东北平原最集中，其次为黄河中下游各省及淮北平原一带。

（4）谷子。谷子又称粟或小米，抗旱能力强，适应性好，生长期短（70～120天），容易储存，适宜作储备粮，营养价值高，容易消化，秸秆是大牲畜的优良饲草，是我国北方特别是干旱地区的主要粮食作物。我国的华北平原、黄土高原、松辽平原和内蒙古西部等地区是我国谷子最集中的产区。从杂粮分布特点来看，玉米带东侧高粱居多，西侧谷子居多。

（5）薯类。我国薯类品种繁多，以甘薯、马铃薯为主，还有芋头、木薯、蕉芋（藕芋）、豆薯（凉薯）等。在我国薯类生产中，甘薯约占薯类种植面积的80%，其次为马铃薯。

甘薯性喜高温多湿，有一定抗旱能力，对土壤的选择性不强，但以沙壤土最为适宜，甘薯的耐酸性较强，是红壤荒地良好的先锋作物。我国甘薯多集中于黄河下游地区、长江流域及珠江流域各省，四川、山东是甘薯产量最多的省份，其次是河南、安徽、江苏、广东、河北等省。南方多种于丘陵山地，与稻、麦复种，以秋薯为主；北方平原多种于沙岗薄地，以夏薯为主。

马铃薯适于温凉气候，生长期短，以沙土和轻沙壤土为最适宜。马铃薯具有抗酸而不耐碱的特性，在生长期需要较多的钾肥。

3.4.3 经济作物

经济作物生产主要是指以棉、麻、丝为代表的纤维作物、油料作物、糖料作物、饮料作物、胶类作物以及各种蔬菜、水果、花卉、药材等的生产及栽培。同时，经济作物产品也是重要的工业原料，如棉花、糖料、橡胶、药材等。

1. 棉花

我国是世界上最大的产棉国，棉花是我国最大宗的经济作物，是我国纺织工业的主要原料，也是医药、化工、军工等部门的重要原料；棉秆可造纸或造人造纤维板、人造丝；棉籽可榨食用油，棉籽饼是优质饲料，又是农业生产很好的有机肥料，还是棉区农民的好燃料。棉花原产亚热带，是喜温、好光、生长期长的农作物，棉花需降水量为450～650毫米，棉花是深根作物，要求深厚疏松的土壤，以中性至微碱性的沙壤土最为适宜。棉花产地分布广泛，除青、藏、蒙外，各地都有种植。我国棉花可分为五大棉区。

1）黄河流域棉产区

该区主要范围在秦岭淮河以北、长城以南、六盘山以东的河北中南部、山东西北部、河南东部、关中平原和汾河谷地，其中棉花产量以河南、山东、河北最多。该区一直是我国最大棉产区，目前亩产量低于长江流域亩产量。

2）长江流域棉产区

该区范围主要在秦岭淮河以南、南岭以北、青藏高原以东的长江流域地区。棉花产地主要集中在江苏的沿江沿海地带、上海市郊、浙江杭州湾地区、江汉平原、安徽沿江平原、湖南和江西的滨湖平原，以及四川的沱江和涪江流域。本区接近各纺织工业中心，交通便利。

3）西北内陆棉产区

该区主要是六盘山以西的沿黄河灌区、河西走廊和新疆全境。棉田主要分布在新疆和河西走廊地区，其中新疆棉田占90%。该区棉花质量最佳，是我国长绒棉生产基地。新疆是全国产棉第一大省区，约占全国棉产量的20%以上，是极具发展前景的地区。

4）辽河流域棉区

该区范围主要分布在长城以北的辽河及大凌河两岸的平原和辽东半岛，区内气温低，生长期短，是植棉面积不大、历史较短的棉区，棉花产量低。今后本区不宜扩大棉田，而应选用抗旱、高产早熟的品种来提高棉花产量。

5）华南棉区

该区位于我国长江棉区以南各省，包括粤、桂、闽、台、滇、黔南等地区，区内高温多雨，病虫、杂草危害严重，适应性较差，棉田少而分散，今后可发展多年生木棉。

江苏、湖北、山东、河南、河北和新疆等省区，是我国调出商品棉的主要地区。国家为实现产、供、需平衡，就近满足需要，重点建设如下五大商品棉基地。

（1）江汉平原基地，包括荆州、宜昌、孝感、黄冈地区。上述地区植棉条件优越，又是国家商品棉基地。

（2）长江下游滨海、沿江平原基地，包括江苏沿江、沿海、上海一带和浙江慈溪市等。棉田连片集中，为全国高产棉花基地。

（3）黄淮平原基地，包括江苏、安徽、山东、河南等省黄河以南、淮河以北的部分地区。上述地区自然条件优越，土地资源丰富，但棉田比重较低，产量不够稳定。

（4）冀鲁豫平原基地，包括鲁西、冀中南、豫北地区。上述地区植棉条件优越，棉田扩大迅速。

（5）南疆基地，是我国植棉生态条件最优越，土地资源丰富的商品棉基地。目前该基地棉田比重小，分散低产，应以水定地，扩大面积，促进稳定发展。

2. 麻类

我国是人工种麻最早、麻类品种最多的国家。麻是一年或多年生的草本植物，种类很多，有黄麻、红麻、苎麻、亚麻、大麻、龙舌兰麻、青麻等，经济价值较高的主要是红麻、黄麻、苎麻和亚麻。

（1）黄麻。黄麻原产于我国热带和亚热带，要求高温多湿的气候。黄麻纤维结构疏松，吸湿性强，最适宜制麻袋、麻片和绳索，作粮食、食糖、食盐、化肥等的包装物料，经久耐用，并能保持干燥和清洁。黄麻主要分布在淮河流域以南的温暖地区，以广东、浙江、福建、江苏、湖南、湖北、江西等省种植较多。

（2）红麻。红麻用途和黄麻相同，也主要为麻袋原料，红麻为 20 世纪 70 年代初从国外引进，它能适应冷、热、干、湿等各种气候条件，苗期耐旱，生长后耐涝，对土质适应性也很强，因此全国各地都有栽培，主要分布在黄河、长江流域及华南地区。

（3）苎麻。苎麻是纺织工业的优质原料，也是我国的特产，有“中国草”之称。苎麻是一种常年生的喜温作物，对土地要求不严格，常栽培在丘陵地区。它在麻类中是品质最好的一种，纤维细长洁白、坚韧柔软、富有弹性和光泽，具有不皱缩、质地轻、染色鲜艳、不易褪色、吸收散热快、绝缘、不易霉变等优点。苎麻纤维除织制高级衣料外，在工业、航海业、渔业及国防工业等方面用途也很广，是一种重要工业原料，可用作制渔网、缆绳等，还是我国的重要出口物资。苎麻从海南岛到陕西、河南等省均有栽培，以湖南、湖北、四川等省产量最多。湖南的沅江、湖北阳新、四川的达县和大竹等地均为苎麻的集中产地。

（4）亚麻。亚麻分油用亚麻（胡麻）、纤维亚麻和兼用亚麻三种。其中纤维亚麻销售稍逊于苎麻，主要作纺织原料，除制高级衣料外，还适宜制作防雨用的帆布、帐篷、水龙带等。纤维亚麻的产地多分布在我国的东北和内蒙古，主要集中在黑龙江省的哈尔滨周围和吉林延边地区，两省的常年产量占全国的 90% 以上。

（5）大麻。大麻因初加工方法不同，而有不同的名称，经过沤制的称线麻，收割后晾干剥皮所得之麻，称奎麻。大麻普及全国，主产在华北和西北。

（6）龙舌兰麻。龙舌兰麻是剑麻、番麻、菠萝麻等品种的统称，是热带麻类作物，纤维强韧，抗盐、碱性强，耐腐蚀，可作航海、渔业、运输等绳索之用，主要产于我国台湾、广东、广西、福建、云南等热带亚热带地区。

（7）青麻。青麻主要分布在我国华北、东北的沿河涝洼地。

3. 蚕茧

蚕茧是种养结合的产品，我国自古有“东方丝国”之称。我国以桑蚕茧和柞蚕茧最多。蚕丝是一种高级的纺织原料，具有光滑柔软、耐磨耐拉、富有弹性等特点，为国防、医疗、民用工业所广泛使用，并一直是我国传统大宗出口物资。

（1）桑蚕茧。桑蚕以食桑叶而闻名，我国桑蚕主要分布在浙江、四川、江苏、广东四省，尤以江浙的嘉兴地区和苏州地区、广东的佛山地区以及四川的南充地区为四大生产地区，山东、湖北、安徽、陕西等省次之。可以重点建设的桑蚕商品性的生产基地有：浙江的杭嘉湖平原，江苏的太湖平原、徐淮平原，江苏、安徽的江淮平原，河南、安徽的黄淮平原，四川的川中盆地，湖南的洞庭湖平原，珠江流域的粤西南、桂东南的丘陵区，山东丘陵以及湖北、河南、安徽的大别山区等地。

（2）柞蚕茧。柞蚕茧又名野蚕茧，是放养在山地丘陵的丛林中，以食柞树（麻栎）、橡树（青冈）、栎树等树叶而得名。柞蚕是我国特产，也不与粮棉争地。主要分布在辽东半岛的丹东、凤城，山东半岛的青岛、烟台，豫西山地的南阳和黔北遵义地区。此外，黑龙江、湖北、内蒙古、吉林等地都有柞蚕茧生产。

（3）蓖麻茧。在山东、河南、河北、安徽、广东、广西等地还有少量的蓖麻茧。

4. 油料作物

油料作物种类多，有油菜、花生、胡麻、向日葵，还有油茶、核桃、椰子、油橄榄等。其中油菜、花生、芝麻、胡麻、向日葵五种种植面积大，产量高，是我国五大主要植物油源。

（1）油菜。油菜产量占我国油料作物产量的30%左右，一般含油率为30%～40%，我国是世界上生产油菜最多的国家。油菜品种类型多，适应范围广，喜凉，各种土壤均能种植。油菜也是油、肥兼收，用地养地结合的作物。油菜根据播种时间的不同，分为冬油菜和春油菜。我国春油菜分布在秦岭、淮河以北，以及青藏高原的广大地区。冬油菜主要产区以长江流域最为集中，面积占全国油菜总面积的2/3以上，总产量占全国的3/4以上。冬油菜一般作为水稻田的越冬作物，所以水稻集中区一般也是冬油菜的产区，其中四川省的播种面积和产量居全国之冠。近年来，黄淮海平原冬油菜种植发展很快，主要分布于豫东南、苏北、鲁西南等地。

（2）花生。花生含油率一般在30%～50%（仅次于芝麻），是含油率较高的油料作物，花生能够利用较瘠薄的沙质土和红壤土，一般与棉粮及其他作物争地的矛盾较小。花生又是根系强大的豆科作物，它的茎叶是大牲畜的良好饲料，因而对养地和发展畜牧业都有一定的作用。

花生主要分布在山东、广东、广西、河北、辽宁、安徽、四川、江苏、河南等十个省区，以前五省区为主，其中山东花生产量占全国1/3。花生集中产区有：① 山东半岛、辽东半岛、辽西走廊和河北的滦河下游地区；② 华南闽、粤、桂、台丘陵及沿海地区。商品性花生基地为山东半岛（胶东、鲁中甫）和苏北沿海（东海、赣榆两县）地区。

（3）芝麻。芝麻含油率一般在40%～60%，是含油率最高的草本油料作物，但单产低。芝麻是一种喜温、怕涝的作物，对空气湿度也有一定的要求。芝麻的生长期较短，一般为90～120天，适于在排水方便、透水性良好的沙壤土或轻沙壤土上生长。

河南、湖北、安徽历来称为我国三大芝麻产区。河南芝麻多分布于中南部的颍、汝、沙、洪四河两岸地带，豫西南的方城、南阳及豫东的商丘、淮阳等地都为芝麻主要产区。湖北芝麻单产高，以襄樊地区为集中产区。安徽芝麻主要分布于怀远、凤阳等地。产量较多的还有河北、江西等省。

（4）胡麻。胡麻属油用亚麻，广泛分布于长城以北地多人少的华北北部及西北各省区，是当地人民的主要食用油料之一。胡麻籽出油率一般在30%～35%。我国胡麻籽生产主要集中于两个地区：① 河北坝上地区、内蒙古东南、山西大同及忻市地区，胡麻是这些地区的四大作物（莜麦、马铃薯、春小麦及胡麻）之一；② 六盘山两侧附近地区，以西吉、固原、会宁、定西等县市和陕北最集中。西北的干旱灌区也有胡麻的零星种植。

（5）向日葵。向日葵籽出油率高达37%～40%，向日葵油营养价值高，并有降低血压作用，是新兴的油料作物。籽饼和花盘都是较好的饲料，子壳和茎秆可作纤维板。向日葵具有耐旱、耐瘠、耐盐碱、生长期较短的特点。我国向日葵主要分布于内蒙古东部及河套地区、吉林和辽宁两省的西部、山西西部、河北邯郸、山东惠民、甘肃张掖、新疆塔城等地区。

5. 糖料作物

我国糖料作物主要集中在南方的甘蔗产区和北方的甜菜产区，有“南甘北甜”之说。

（1）甘蔗糖产区。南方甘蔗产区以广西、广东、云南、海南、福建最为集中，约占全国食糖总产量的80%，蔗糖总产值的90%。我国甘蔗集中产区如下。

① 珠江三角洲甘蔗产区：地处西江下游、珠江三角洲和韩江流域。

② 湛江、海南甘蔗产区：主要分布在雷州半岛、海南岛沿海平原。

③ 广西甘蔗产区：主要分布在郁江、浔江。

④ 闽东南甘蔗产区：主要分布在晋江下游，是著名的高产区。

⑤ 云南甘蔗产区：主要分布在河谷盆地和山间盆地，每万平方米产甘蔗达60吨。但种植分散，运输加工困难。

其他还有四川、江西、浙江、湖南、贵州、台湾等地为一般产区。

（2）甜菜糖产区。甜菜是栽培历史较晚的糖料作物。甜菜性喜温凉气候，具有耐寒、旱、碱等特点，生长期在150～170天，要求日照时间长，昼夜温差大，以及深厚疏松的土壤。

我国甜菜主要分布于东北、内蒙古、新疆等北纬40°以北的地区。黑龙江省是我国生产甜菜最多的地区，主要分布于哈尔滨、牡丹江附近。内蒙古产量居第二，主要分布于包头、呼和浩特附近。新疆的昌吉和玛纳斯河地区，宁夏、甘肃河西走廊地区，甜菜生长条件较好，均有一定的发展前途。

6. 茶叶

茶叶原产我国，属热带、亚热带作物，喜暖温，要求深厚能排水的酸性与微酸性土壤，茶叶是我国传统饮料，也是主要的出口创汇农产品。茶叶广泛分布于我国南方山丘地带，以浙江、湖南、安徽、四川、福建、云南、湖北等省为主，宜在华南茶区的云南、广东、桂南、闽南等地分别建立红茶、普洱茶、乌龙茶基地；在西南茶区的四川、贵州建立红茶基地；在江南茶区的闽南、鄂西南、赣北、闽北分别建立红茶、绿茶、乌龙茶基地；在福州、长沙、苏州、桂林、歙县（安徽南部）等地建立花茶基地；在长江以北茶区的皖中、鄂东南、陕南、豫南建立绿茶基地；以及在湖南、河北、四川、云南等省建立茶叶生产基地。

7. 烟草

烟草原产于南美洲，明万历年间传入我国。按加工方法不同分为烤烟、晒烟和晾烟。新中国成立前，我国以晒烟为主，烤烟大量进口，目前则是烤烟占绝大多数。现在我国是第一烟草大国，这主要是从增加财政收入考虑，各地鼓励大力发展所致。这是所有农作物中唯一对人民身体健康毫无好处可言的作物，是一种“亚毒品”，需从保护人民健康、减少资源浪费出发，限制其进一步增长或削减产量。

我国烤烟主要集中在云南、贵州、河南、湖南和山东。晾、晒烟分布不如烤烟集中，除西藏、青海、宁夏等省区外，各省区都有分布。目前大部分自产自销，商品率不高。

3.4.4 林业

林业是培育和保护森林，以取得木材和其他产品的生产行业。它包括造林、育林、护林、采伐、集运、加工制造等一系列生产环节。林业是国民经济的重要组成部分。森林是陆地上最典型、多样性和最重要的生态系统，它吸收二氧化碳释放出氧气，保护和美化环境、净化空气、调节气候、涵养水源、防风固沙、防旱防涝、保持水土、改善自然条件、保持生态平衡，还能够提供大量木材和各种林副产品。林业的发展不但是农业生产得以稳产、高产的有力保障，而且能满足国家经济建设和人民生活的需要，因此，积极发展林业是国土整治的一项根本大计，是一项重要战略任务。

1. 我国森林资源的特点

森林是以乔木为主体，并由林下木、草被、动物、微生物、土壤、气候、水文等共同组合的综合体。目前我国森林资源有以下四个特点。

1）树种资源丰富

我国幅员广阔，地跨寒、温、热三个气候带，自然条件复杂多样。我国的树种资源十分丰富。据统计，我国种子植物多达2万多种（300多科，2 000多属），其中树种达5 000余种（乔木树种200多种）是世界上树种最多的国家之一。树种中经济价值很高的有1 000多种。针叶树中松杉科植物世界上约有30属，我国就有20属，近200种。阔叶树种资源更为丰富。此外，还有许多特有针阔叶林种，如水杉属、银杉属、油杉属、台湾杉属、水松属、金钱松属、福建柏属、杜仲属、旱连属、珙桐属、山荔枝属、香果树属和银鹊树属等，不胜枚举。近年来还引进国外速生树种，如江苏、湖南、山东引进的意大利速生杨，2年成林；江南引进的国外松树，比马尾松生长速度快一倍。森林中有芳香油植物、单宁植物、油料植物、药用植物和纤维植物等。此外，我国的竹林资源丰富，竹种繁多居世界之冠，全世界竹类有50多属，我国占20多属，有200多种。

2）森林覆盖率低

我国森林覆盖率大约只相当于世界森林覆盖率的70%，人均占有量只相当于世界人均占有量的25%，可见我国森林覆盖率还是很低的。

3）森林资源分布不均匀

我国森林资源分布很不均匀，东北、西南多，华北中原少，西北更少，而且森林资源多数分布在交通不便或是江河的源头和分水岭及边远地区，如由黑龙江、吉林和内蒙古东北部组成的东北林区；由四川、云南和西藏东南部组成的西南林区，其土地面积仅占全国总面积的20%，森林面积却将近占全国的一半，森林蓄积量占全国的75%。而人烟稠密、工农业生产发达的华北中原等地区，包括辽宁、河北、北京、天津、山西、山东、河南、安徽、江苏、上海十省、市在内，森林覆盖率只有11.2%，人均不足200平方米；森林蓄积量3.5亿立方米，人均不足1立方米，西北的甘肃、宁夏、青海、新疆和西藏的中西部、内蒙古的中西部地区等，占国土总面积的一半以上，森林面积仅10余万平方千米，森林覆盖率在3%以下。

我国经济林的分布也很集中，如油茶林69.3%集中于湖南、江西两省；油桐林集中于四川、贵州、湖南三省，其他南方省区虽有适生树种，面积却很少。

4）用材林和成、过熟林比重大，经济林、防护林比重小

根据森林的功能及在国民经济中的作用，森林可分为六类，即用材林、防护林、经济林、薪炭林、特种林和竹林。我国六大类森林，在森林总面积中所占的比重，用材林为80.3%，经济林为7.1%，防护林为6.5%，薪炭林为2.7%，特种林为0.5%，竹林为2.9%。用材林比重大，是一个相对的优势，其他林类尤其是经济林、防护林比重小，则是其不足之处。在现有森林中，成、过熟林比重也很大。据前些年统计，在75.5亿立方米的木材蓄积量中，成、过熟林占69%。在9.6万平方千米用材林中，成、过熟林占33%，这些成、过熟林大部分分布在东北和西南边远地区。四川、云南、西藏、黑龙江、吉林五省区就占成、过熟林总蓄积量的80%以上，形成我国主要的林木基地。其多为边远地区，交通不便，特别是西南地区，山高水深，开发利用少，年自然枯损严重，这是一个不利因素；另一方面在工农业生产发达的江南八省和华北各省区，成、过熟林蓄积量则很少，各占10%和0.9%，用材十分紧张。

2. 我国主要林区的分布

1）东北林区

东北林区包括大兴安岭、小兴安岭、长白山地，是我国最大的天然林区。其木材蓄积量约占全国蓄积总量的1/3，是我国目前最主要的供应基地，以兴安落叶松、红松、云松、花松、桦树等用材林为主。该区是我国目前最大的林木采伐基地，主要伐林场和林产加工地分布在内蒙古东部的伊图里河、牙克石，黑龙江的库都尔、伊春和吉林的临江等地。本区森林集中连片，交通便利，林业基础好，采伐量大，机械化水平高，木材的采伐量和运出量居全国各林区之冠。由于集中过伐情况突出，资源枯竭，林地减少，影响了生态平衡。今后应注意适度采伐，资源更新，综合利用。发展林区劳动密集型和技术型产业，建立防火、防盗、防止病虫害的护林监测网点，具有十分重要的意义。

2）西南林区

该区是我国第二大天然林区，森林主要分布于岷江上游、大渡河中上游、雅砻江、金沙江、澜沧江和怒江等各大河流域。另外，喜马拉雅山南麓及雅鲁藏布江中下游地区也有森林分布。本区拥有从寒温带到热带的各种树种，主要树种有冷杉、云杉、铁杉、马尾松、油松等，还有梓、楠等珍贵树种。由于地处偏远，交通不便，没有充分开发过，熟林比重较大，因此，必须加速交通建设和林地其他建设。

3）南方林区

包括秦岭—淮河一线以南、云贵高原以东的广大山区，即湖北、湖南、安徽、江西、浙江、福建、广东、广西和贵州省区及江苏省的一部分。区内以人工林为主，除用材林外，还是我国最大的经济林区。这里地处亚热带，林木生长的自然条件优越，交通便利，经济发达，接近消费区，农民有经营林业的传统经验，历来是我国主要木材、竹材供应基地之一。一般多为农林兼营，林区分布比较零散。根据林木种类的差异，区内又可分长江流域和华南两个林区。

（1）长江流域林区，除松、杉、樟、檀等用材林和毛竹林广为分布外，经济林木种类繁多，林产品经济价值高，有些还是重要的出口物资。该林区主要经济林木树种有油桐、漆树、油茶、乌桕、杜仲、白蜡树、五倍子、栓皮栎等。今后，应尽快因地制宜地营造速生用材林、薪炭林，大力发展木本粮油树种。

（2）华南林区，主要包括粤、桂、闽、台等省、自治区。该区地处南亚热带和热带地区，水热条件优越，除有一般针叶林、阔叶林和经济林外，还是我国唯一的热带林区。经济价值较高的热带林木，主要有橡胶、柚木、桃花心木、红椿、樟、金鸡纳、八角、沉香、肉桂、油棕、椰子、木棉等。

天然橡胶是重要的工业原料，国外历来认为北纬17°以北的地区不能种植橡胶，但在我国经过科学实验，已建成了以海南省、西双版纳为主的天然橡胶生产基地。另外，在接近北纬25°的广西、福建一些经过严格选择的地区，移植橡胶成功。

4）防护林区

防护林是为了调节气候，减免干热风、风沙及旱、涝、碱等自然灾害所营造的林带或大片森林。新中国成立以来，我国各地营造的防护林已取得举世瞩目的成就。其中规模较大的有五大防护林体系：①“三北”防护林体系；② 沿海防护林体系；③ 长江上游防护林体系；④ 平原防护林体系；⑤ 太行山绿化工程。

（1）“三北”防护林体系。“三北”防护林体系是指东北西部（辽、吉、黑）、华北北部（内蒙古、山西、河北）、西北（陕、甘、宁、青、新）三个地区的防护林。其林木是以防风固沙、保持水土、改善农牧业生产条件和生态环境为目的。故称“三北”防护林区，其范围包括新疆、青海、甘肃、宁夏、内蒙古、陕西、晋西北、冀北坝上地区和辽宁、吉林、黑龙江省的西部。建设“三北”防护林区，是我国改造自然的伟大壮举。

（2）沿海防护林体系。沿海防护林体系是指北起鸭绿江口，南至北仑河口的沿海地区防护林。1989 年开始建设，一期工程到 2000 年建成，二期工程计划到 2010 年建成。该防护林主要是为了防御台风、暴雨、风沙、洪涝等自然灾害，改善沿海地区的生态环境。

（3）长江中上游防护林体系。长江中上游防护林体系已经展开，主要是为了防止水土流失、涵养水源、减少洪涝灾害，现在已有一定成效。

（4）平原防护林体系。平原防护林体系是指在平原地区的农田“四旁”植树造林，实现耕地林网化，以改善农业生产条件的防护林。

（5）太行山绿化工程。太行山绿化工程，包括山西、河北、河南、北京的 100 多个市、县（区），它将从生态环境上保护以北京为中心的经济文化区和整个华北大平原。此外，冀西、豫东的沙荒林是由黄河、漳河和沙河泛滥造成的沙荒地带。该地带自从营造沙荒林以后，现已泡桐成林、果树成片，改造了低产田，收到了多方面的经济效益。

5）西北少林区

该区由于天然林破坏严重，大部分属于无林和少林地区。现在，陕、甘、宁、青、新五省（区）森林覆盖率仅 3%。现有残存的森林主要分布于白龙江流域、祁连山北侧、阿尔泰山南坡和天山、秦岭等山区。对于这些林区应禁止或限制生产性采伐，要以保护为主，并不断扩大森林资源。该区沙漠、戈壁和荒山秃岭广为分布，应把植树造林放到极为重要的地位。这是发展生产和改善当地人民生活环境的一项关键性措施。

3.4.5 畜牧业

改革开放以来，我国畜牧业发展迅速。1985 年以来，我国禽蛋产量一直居世界首位。1990 年以来，肉类产量荣登世界榜首，其他畜产品如奶类、羊毛等都快速增长，有效地保障了供给，为全国人民解决温饱、实现小康提供了物质保证。同时，畜牧业在农业中所占比重逐年上升，畜牧业内部结构也向更合理的方向发展，其标志是猪的相对量下降而其他食草、低耗粮型的畜禽种类在上升。但是与发达国家相比，我国尚有一定差距，存在一系列问题。如草原畜牧业经营方式粗放，自然经济色彩重，生态质量下降；农区畜禽良种化程度不高，现代化畜禽饲养业所占比重低等。

1. 畜牧业生产分布

由于自然环境和社会经济条件的地域差异，我国畜禽业在空间分布上，首先是由东南向西北有规律地分为农区畜牧业、半农半牧区畜牧业和牧区畜牧业。其次，在各区域之内又有呈点状分布的现代化水平较高的城郊畜牧业。

1）牧区畜牧业

牧区畜牧业是指分布于我国西部和北部干旱、半干旱地区的草原畜牧业。这一区域有全国著名的内蒙古、新疆和青藏牧区。区内地广人稀，草原草场广布，耕地资源极少，散布于一些河谷、绿洲地带，故纯农户所占比例小。畜牧业是这里人民的生活所依，其产值占全区农业总产值70%以上。经营方式主要靠天然草场放牧，过去多为逐水草而居的游牧方式。但区内地域差异显著，其中内蒙古已出现在全国影响很大的贸、工、牧一体化现代企业。新疆地区畜牧业生产水平也较高，但从区内自然条件来看，发展种植业、园艺业为主的农业比畜牧业前景更广阔，因此改革开放以来，该地区畜牧业比重下降，种植业、园艺业比重上升。青藏牧区相对落后，多数仍是游牧型、自给型的落后经营方式。

牧区畜牧业主要有牛、马、羊、骆驼等食草的大牲畜，其中骆驼总头数占全国87.1%，马占53.9%，绵羊占76.1%，牛占28%。本区众多的优良牲畜品种是未来畜牧业发展的宝贵资源库，主要有新疆细毛羊、伊犁马，内蒙古三河牛以及西藏和青海的藏绵羊及牦牛。本区所提供的畜牧产品约占全国总量的20%，与偌大的地域面积极不相称。

今后，本区应坚持以牧为主、草业先行、多种经营、全面发展的方针，加强草原管理、保护和建设，科学养畜，规定合理载畜量，实行定期轮牧和定期打草制，有计划地建设人工草场，以减轻天然草场压力，逐步改变靠天养畜的落后经营方式。

2）农区畜牧业

我国东南部广大农耕区，虽面积不到国土1/2，但耕地和人口占全国绝对多数；虽以耕作业为主，畜牧业仅居从属地位，但却在全国畜牧业中占重要地位。牲畜总量占全国70%以上，所提供的肉、奶、禽蛋等占全国的80%左右。

农区畜牧业的发展是建立在种植业发展基础之上的，其特点是与种植业紧密结合、互相促进：畜牧业为种植业提供肥料和役畜，种植业为畜牧业提供饲料。大部分地区的饲料以农作物秸秆、各种农副产品及饲料作物为主，经营方式以舍饲为主。畜产品种类齐全，猪、牛、羊、马、骡、驴及各种家禽都有，以养猪最普遍。以秦岭—淮河一线为界，北方广大地区大牲畜较多，由于邻近草原牧区，牲畜构成复杂，以黄牛、马、驴、骡为主，羊也不少，养猪也很普遍，家禽以鸡为主。南方地区，由于受水田耕作的影响，大牲畜虽数量不少但构成简单，以牛为主，且多水牛，基本无骡、马，少有驴，局部地区有山羊饲养。本区是传统产粮区，养猪和家禽饲养业很发达，商品化程度高。今后农区畜牧业的发展方向应是以种植业为主，农牧结合，综合经营，全面发展，要广辟饲料来源，调整畜禽结构，提高食草及粗饲类畜禽比重，加速畜禽品种的优化和改良，并有计划地建立大牲畜饲养和繁殖基地，逐步增加现代化养殖及饲养业，全面提高畜牧业生产水平，以牧促农，以农带牧。牧区畜牧业和农区畜牧业的对比见表3-6。

表3-6 牧区畜牧业与农区畜牧业的对比

对比项目	牧区畜牧业	农区畜牧业
生产环境	草原、荒漠草原、高寒草甸、高寒草原、高寒荒漠为主	农田、森林、次生草地为主
土地利用状况	天然草地为主、放牧利用方式为主，割草利用次之	农田为主，次生草地零星分散
饲草来源	天然牧草为主	饲料谷物、各种农副产品与作物秸秆
畜群构成	羊、牛、马、骆驼、牦牛等	猪、兔、家禽、奶牛、肉牛及羊
经营方式	放牧为主，半牧半养次之	以农为主，兼营牧业，舍养与圈养为主，间有小群分散放牧

续表

对比项目	牧区畜牧业	农区畜牧业
经营者人群构成	以少数民族为主，不少专营牧业	汉族为主
在全国畜牧业中的地位	重要的毛皮生产基地	主要的肉、蛋、奶生产基地
在地区农业中的地位	相对重要，有的地区为主体	相对次要，有个别专业村、镇

3）半农半牧区

在我国农区与牧区之间存在一个大致由东北向西南延伸，并逐渐加宽的半农半牧地带。这一地带在气候上处于季风区与非季风区交替、干旱区与半干旱区过渡状况。南部也有小范围湿润地区，地形地势上基本属二级阶梯的中、南部分。从自然区来看，包括北部的鄂尔多斯高原、黄土高原大部，南部的云贵高原和四川盆地。这是个具有浓厚过渡色彩的地域，农耕区与畜牧业区交错分布，种植业与畜牧业相互交融。这里既有农耕发达、富甲一方的银川平原、河套平原、河西走廊及四川盆地，也有生态环境严重恶化的定西、河西、西海固、滇东南、黔西北、陕北高原等全国著名的贫困地区；既包括植被繁茂的藏南、滇南等西南林区，也包括植被稀疏，燃料、肥料、饲料“三料”俱缺，沟壑纵横的黄土高原区。鉴于区内大部分地区的自然和经济状况，今后发展的主要方向首先是要在生态严重恶化的地区植树种草，保持水土，整治生态环境，摆脱贫困；改农牧业粗放经营为集约经营，宜林则林，宜牧则牧；发展自给型种植业、保护型林业和商品型畜牧业。少数自然和经济状况良好，农牧业有机结合、良性发展的地区，如四川盆地，发展方向应与东部农耕区基本一致。

4）城郊畜牧业

随着城市化进程的加速，城市规模的扩大，城市非农业人口对肉、奶、禽、蛋等畜禽产品需求量越来越大，在各中心城市周围逐渐形成一些集约化、现代化水平高的畜禽产品供应基地，即城郊畜牧业。虽占地不广，但城郊畜牧业在产值和产量上所占比重却直线上升，显示出勃勃生机。随着市场经济的发展，城郊畜牧业正在向集中、大型、专业化方向发展，并带动所在地区畜牧业发展。它们发达、先进的生产方式，已被越来越多的个体农户所效仿和接受，在经济发达区域，在交通干线沿线，已不断涌现出类似这样的畜牧业基地和企业，它们正悄悄地改变着我国传统的畜牧业生产方式。

2. 主要畜牧业基地

经过长期发展，我国逐步形成了一些畜牧业生产优势区域，它们是新形势下我国畜牧业发展的依托。目前重点建设的畜牧业基地有以下五处。

1）大兴安岭两侧肉乳和皮毛生产基地

本基地包括黑龙江与吉林西部、内蒙古东部。这里为草甸草原区，大面积分布着天然草场，是我国重要的肉、乳、皮毛生产基地，着重发展乳、肉兼用牛和细毛羊与半细毛羊。

2）新疆北部细毛羊、肉用牛羊和马生产基地

这里是我国荒漠草原发展畜牧业条件较好的地区。阿尔泰山与天山垂直分布的山地草场，饲草类型多，可供细毛羊、肉用牛及马匹的发展；山间盆地和谷地具有生产饲草饲料的

良好条件，新疆细毛羊、阿尔泰肥臀羊、伊犁马等优良畜种都分布在这里。该基地冬季牧草不足，今后需加强天然草场的管理，并合理发展为牧业服务的种植业，生产优质饲草、饲料，以便充分发挥其生产潜力。

3）青藏高原东部牛羊肉、乳、毛生产基地

这里的天然牧场是亚高山和高山草甸，牧区条件虽不如上述两个基地，但却是青藏高原上畜牧业发展条件最好的地区，目前以绵羊、山羊、牦牛和马等各种牲畜为主。牦牛和藏绵羊是这里的特有畜种。该区技术力量薄弱，今后应着手提高生产技术和管理水平，逐步提高商品率，并适当发展畜产品加工业。

4）华北和西北农牧交错区牛羊肉、毛生产基地

本基地包括河北承德、张家口地区，晋西北和陕甘的黄土高原。这里自然条件较牧区好，临近畜产品消费地，为发展畜牧业提供了一定条件，但目前生产水平很低。今后可实行草、粮轮作制，以牧为主，农、林、牧相结合，发展饲草、饲料生产，致力扩大肉用牛及细毛羊饲养规模，加快建设具有地域特色的畜牧业基地。

5）东部平原地区以养猪、禽为主的肉、蛋生产基地

这些地区是我国主要产粮区，是猪、禽集中产区。今后要提高生产专业化、集约化程度，加强饲料工业建设，改良畜禽品种，进一步提高肉、禽产量和商品率。该区要重点建设区域有东北平原牛、羊、猪饲养基地，四川盆地肉猪供应基地，长江三角洲、珠江三角洲商品畜禽生产基地，黄淮海平原黄牛、猪生产基地。

3.4.6 水产业

我国发展水产业的条件十分优越，无论是淡水水产还是海洋水产，资源条件均属世界一流。改革开放之前，我们一直是轻养殖、重捕捞，致使水产资源条件及生态环境严重衰退、受损，生产发展缓慢。改革开放以来，我们本着“以养为主、养捕并举、因地制宜、各有侧重”的方针，一方面使天然水产资源及生态环境得到应有的休歇、养生，另一方面使水产养殖业以惊人的速度发展。1978 年，我国水产品总量只有 466 万吨，此后，以每年递增 100 多万吨的速度增长，1988 年突破 1 000 万吨大关，1991 年以来水产品总量一直稳居世界首位。2003 年我国水产品总量超过 4 700 万吨，水产品人均占有量高于世界平均水平。我国水产业已发展成为由养殖、捕捞、加工、流通、渔业工业以及科研教育相互配套、比较完整的产业体系。

但是，在水产业高速发展、多数水域生态环境得到治理的同时，也有为数不少的水产生态环境在继续恶化——沿海各海域频受赤潮侵扰，尤其是渤海海域。内陆各大小湖泊均遭受不同程度的污染，特别是巢湖、太湖等水产基地。

1. 海洋水产业

海洋水产业主要是指对海洋中的鱼、虾、蟹、贝等海产资源进行人工繁殖、合理捕捞和加工利用的生产活动。我国发展海洋水产业条件十分优越，大陆海岸线长 1.8 万千米，沿海分布着众多的港湾、岬角、岛屿和广阔的沿海滩涂。沿海渔场总面积 1 227 万亩（1 亩 = 0.066 7 公顷，下同），已利用的仅占 1/5，潜力巨大。我国领海跨温带、亚热带和热带，沿岸有寒暖流交汇，陆上有江河注入，饵料丰富，是多种鱼类觅食、产卵、巡游的好场所。我国海洋水产，在国内渔业统计和市场列名的有 200 余种，获渔量超过 1 万吨的有 40 多种。

在世界上，我国海水养殖和海水捕捞分别居世界第一位和第三位。海水养殖比重已超过天然捕捞。为避免“竭泽而渔”，1999 年农业部提出海洋捕捞要实行零增长。

1）渤海海区

渤海位于我国北部，是三面环绕陆地的内海，总面积 7.7 万多平方千米，平均水深 18 米，有辽东湾、渤海湾和莱州湾三大海湾，有辽河、滦河、海河和黄河流入。沿海浮游生物丰富、天然饵料多，成为鱼类天然的产卵场所和重要渔场。海底比较平坦，泥沙层厚，有利于拖网作业。该海区主要水产有鳓鱼、对虾、毛虾及海蟹等。渤海水浅坡缓、水域封闭，发展养殖业潜力很大，已成为我国海水水产养殖规模最大的海域，“海洋牧场”等新技术，在此普遍可获高效益。但因遭受严重污染，生态质量下降，有的海域已无鱼可捕，有的鱼种已濒临灭绝，有的水产养殖场频受赤潮侵扰，急需加大力度治理。

2）黄海海区

黄海位于我国大陆和朝鲜半岛之间，为半封闭性浅海，总面积约 38 万平方千米。本海域北部水域较深，有一冷水团，是我国冷水鱼类如鳕鱼等分布的海域。南部则受台湾暖流的影响形成外海高盐水体与低盐水体的混合区，饵料为来自两种水域的生物群体，这为各种鱼类的生存提供了有利条件。黄海海区主要经济鱼类有大小黄鱼、带鱼、乌贼、鳕鱼、鱿鱼、鲐鱼、鳓鱼等。黄海沿岸水产养殖业发展较快，自 20 世纪 80 年代起，山东省陆续在黄海近海海域实施对虾“人工放牧”等养殖技术，收效可观。对虾和鲍鱼是这里海水养殖的主要对象。本区水产资源也呈衰退趋势，现已普遍采取措施禁止滥捕，实行季节性休渔制，以保护资源。

3）东海海区

东海包括广东省南澳岛至台湾省鹅銮鼻一线以北、黄海以南的大片水域，总面积约 77 万平方千米，其中大陆架面积近 52 万平方千米，入海河流有长江、钱塘江、甬江、瓯江、闽江等。这一海域饵料极为丰富，鱼种以暖水性为主，这里是沿海四大经济鱼类即大小黄鱼、带鱼、墨鱼的重点产区，近年来还在大陆架外缘和大陆坡深海发现一些新的渔业资源。东海的水产养殖也同样得到了发展。东海海区的舟山渔场是全国最大的海洋渔业基地，但舟山渔场由于污染及酷渔滥捕，经济鱼类的作业季节现已不复存在，渔场正在向更远的洋面上移动。捕鱼时日比以前缩短，众多鱼种濒临灭绝，四大经济鱼类总产量持续下降，以往普遍上市的大小黄鱼，尤其是天然大黄鱼已成为餐桌上的罕见之物。这些现象已受到有关方面的充分重视，现已在该区严格实行休渔制，以让海洋鱼类充分休养生息。沿东海相关城市和工矿区的排污治理工作已全面展开，以还海洋鱼类理想生存空间。

4）南海海区

南海是我国仅次于东海的第二大海洋水产区，总面积约 350 万平方千米，大小岛屿 800 多个。南海洋面宽广，多大洋性水产品，主产蓝圆参、阑鱼、沙丁鱼、鲨鱼、海蛇等，也产四大经济鱼类等近海鱼种。海龟、玳瑁、龙虾是南海特产。南海珍珠举世闻名，合浦、北海、东兴被称为“珍珠之乡”，所产“南珠”扬名国际市场。北部湾为我国重要渔场之一，雷州半岛、海南岛一带有发达的水产养殖业。

除上述边缘海区的水产业之外，我国还积极参与海洋渔业竞争，发展远洋捕捞。自 1985 年中国第一支远洋渔船队出征远航至今，远洋渔业生产经营活动已遍及世界三大洋 20 多个国家和地区，形成一定规模。

2. 淡水水产业

我国淡水水产业主要集中在降水丰沛、地表水域宽广的东部季风区。根据自然条件、资源状况和生产水平方面的差异，可分为四大淡水水产区。

1）长江、淮河流域淡水水产区

本区主要包括秦岭—淮河一线以南、南岭以北的长江中下游平原、盆地和丘陵区。本区位于亚热带，雨量充沛，水域宽广，占全国水域的50%，水质肥沃，水产资源极为丰富。本区水产业历史悠久，基础良好，是我国最大的淡水水产基地。淡水水产占全国60%以上，淡水鱼苗占全国70%以上。区内鱼种多，特种水产品多，主要经济鱼类有被称为“四大家鱼”的青鱼、草鱼、鲢鱼、鳙鱼，有鲤鱼、鲫鱼、鳊鱼、淡水虾、甲鱼、河蟹等家养、野生皆宜的多种水产品，有鳗鱼、江鲚等洄游鱼类，还有巢湖与太湖的特产银鱼。本区水产养殖和天然捕捞并举，养殖业发达，水产商品率高。区内的太湖片、洪泽湖里下河片、江淮片、洞庭湖平原片及鄱阳湖平原片是国家“八五”时期以来重点发展的商品鱼基地。本区的淡水珍珠养殖全国闻名，20世纪70年代末“温咸水河蟹苗人工繁殖培育技术”问世以来，河蟹人工养殖在区内蓬勃发展。这里也是全国著名的“稻田养鱼”技术推广区和普及区。

2）珠江、闽江流域淡水水产区

本区主要包括闽江流域及珠江三角洲、西江、东江、北江流域及南岭以南的农村池塘等水面，水域面积约占全国的18%，以珠江三角洲地区为重点。这里鱼种虽不如长江流域丰富，但纬度低，热量足，生长期长，鱼类生产迅速，是全国淡水鱼单产最高的地区。本区水产养殖业历来居全国重要地位。西江为全国重要鱼苗产地，珠江三角洲为全国重点商品鱼基地。珠江三角洲地区历史形成的“基塘渔业”技术，在新的科学技术条件下得到发扬光大。改革开放以来，水产养殖品种除传统的四大家鱼外，还大量养殖鳗鱼、加州鲈鱼等优质鱼种，产品除充分满足本地消费外，还大量输往港澳地区和内地。

3）黄河、海河流域淡水水产区

本区包括秦岭—淮河一线以北、长城以南、六盘山以东的大片地区，属暖温带半湿润半干旱地区。区内的黄土高原区严重缺水，水产业落后。黄河下游水系、海河水系、淮河及北部支流、白洋淀、微山湖等天然水域及众多的人工库塘和沿河洼地，为水产养殖及天然捕捞提供了一定基础。本水产区主要有鲤、鲫、鳊等水产。黄河鲤鱼天下闻名，由于自然条件限制，水产业一向不受重视，轻养重捕，经营粗放。改革开放以来，随着农业内部产业结构调整和市场经济发展，库塘、洼地的淡水人工养殖业也发展较快。

4）黑龙江、辽河流域水产区

本区水域大多分布在北纬40°以北地区，气候寒冷，结冰期长，是我国重要的冷水性鱼类产区。本区主要河流有黑龙江、乌苏里江、松花江、嫩江，大型湖泊有兴凯湖、镜泊湖、松花湖等。本区的水土条件特别，鱼类生长缓慢，脂肪等营养丰富，肉味鲜香，名产有镜泊湖鲫鱼、兴凯湖大白鱼、嫩江上游的哲罗鱼，特别是大马哈鱼、鲑鱼、鲟鱼和鳇鱼，是全国稀有的名贵鱼类。

云、贵、川、渝各地为大江大河上游地区，少淡水湖泊，多急流活水，水域较广，饵料丰富，特有鱼种颇多，但水流湍急，难以开发利用，水产业在全国的地位较低。但区内库塘养鱼、稻田养鱼、活水网箱养鱼等已有一定发展。

广大非季风区或缺水或高寒，水产业均不发达。

3.4.7 土特产

我国自然条件复杂，开发历史悠久，各地从事农业生产的传统习惯千差万别，形成为数众多的土特产。

1. 油漆类

桐油是我国传统的三大出口产品之一。油桐树喜温暖多雨的气候，适宜种植在向阳背风、排水良好的低山坡地和山麓。川、湘、贵、鄂为我国桐油四大产地，其中四川省产量居全国首位，约占全国总产量的1/3。生漆是制油漆最重要的原料。我国漆树分布较广，主产于陕南、甘南、鄂、贵、川、云、豫等地，其中陕西省的产量居全国首位。湖北建始、陕西平利、贵州大方所产生漆的漆质最好。

2. 干菜类

干菜的品种很多，主要有以下六种。

（1）木耳属于真菌，有黑白之分，原为野生，现多为人工培育。我国以黑木耳为主，几乎遍及全国。湖北房县、保康，广西百色，黑龙江牡丹江，吉林延边等地都是木耳的重要产区。房县所产木耳质优量大，素称“黑木耳之冠”，延边则被誉为“木耳之乡”。白木耳（也称银耳）主要分布在南方的四川通江、万源，福建古田，湖北保康、房县，贵州遵义，陕西西乡等地，其中四川通江被称为“银耳之乡”，所产银耳朵大、肉厚、胶浓色纯，是出口名品。

（2）榨菜以鲜、香、嫩、脆、辣为其特点，是腌菜中之珍品，既可作佐餐小菜，又可作烹调配料。重庆是全国最大榨菜生产地，质量为全国之冠，主要分布在涪陵、江北、丰都、长寿、忠县等地，以涪陵产量最大。浙江是我国第二大榨菜主产省，著名产地有海宁、斜桥。浙江近年来榨菜加工业发展很快，迅速占据全国大量市场。我国所产榨菜除内销外，还大量出口日本、东南亚各国。

（3）金针菜又名黄花菜，营养丰富，是重要烹调配料之一。金针菜在我国分布较广，湖南产量最多，约占全国总产量的一半，以邵阳、邵东为主要产地。江苏宿迁、泗阳等地所产的金针菜，质量最好，其中泗阳为著名的“金针菜之乡”。

（4）笋干味鲜爽口，主产于江南、华南等竹类分布地，其中浙、闽两省产量占全国60%以上，著名的有天目笋干、福建白笋干等。

（5）菇类即各种食用菌，产地遍布我国南北，资源极其丰富。野生菇类味美质佳，现以人工培育为主。香菇是我国传统出口物资，主产于赣、闽、粤、贵、云、皖等省，以江西产量最多，福建古田发展最快。蘑菇是目前世界上栽培面积最大、产量最多、发展最快的一种食用菌。我国经张家口集散的口蘑和长白山特产元蘑为蘑菇中的佳品。

（6）发菜主产于干旱，半干旱地区的内蒙古、甘、宁、新、青等省区，其中内蒙古产量占全国的1/3。

3. 调味品

我国调味品丰富多样，是我国丰富多样、色香味俱全的餐饮文化的重要基础。调味品生产的地域差异大，现举以下四种重要的调味品为例加以说明。

（1）八角是我国特有的经济树种，主要分布在桂、云、粤等省区，广西产量约占全国85%以上。八角的主要产地有广西的“八角之乡”防城和德保、云南富宁等地。我国八角约占世界贸易总量的80%。

（2）肉桂是烹调腥膻类肉食品的重要佐料，主产地是桂、粤，浙、皖、鄂等省区也有分布，广西桂皮产量大，质量好，主要分布在防城、上思、藤县、平南、桂林等地。

（3）花椒籽麻味重，椒香浓郁，主产于鲁、冀、晋、甘、陕、川、云等省，山东产量占全国总产量的1/3，其次是河北。河北涉县所产花椒个小、皮薄、味香，属上品。

（4）胡椒是一种价值较高的调味品，主产于亚热带和热带地区。未成熟果实干后皮皱缩发黑，制成品为黑胡椒，成熟果实去皮加工成白胡椒。海南是我国最大的胡椒产地，其次是云南的西双版纳、广东湛江，以西双版纳的胡椒质最佳。

4. 药材类

20世纪80年代后期进行的药材资源调查、普查结果表明，我国中药资源有12 807种，常用药材总量850万吨，是世界上天然药材种类最丰富的国家，其中植物类占90%以上，其余为动物、矿物类。药材的分布上从东北到西南逐渐增多。

人参有野参（山参）和家参（园参）之分，为我国珍贵的药用植物。我国山参主要分布在长白山和大、小兴安岭一带，园参主要分布于吉林的抚松、集安、通化等地，其中抚松产量最大且质量好，人称此地为“人参之乡”。

鹿茸是雄鹿头上初长出的嫩角，是珍贵补品。我国东北、西北、西南等地区均有鹿茸，以东北的产量最大，质量也最好。吉、辽、川等省建有几十处国营鹿场，专门生产鹿茸。

甘草为多年生草本植物，味香甜，有补脾润肺、祛疾、健胃、清热、解毒以及调和众药之功能，被誉为“百药之王”。甘草主要分布于西北干旱地区，以内蒙古、甘肃产量最大。内蒙古的产量约占全国一半，甘肃民勤所产甘草质量最好。

当归是多年生草本植物，药用其根，为妇科良药。当归生产分布很广，甘、川、滇、陕、鄂等省均有种植，其中以甘肃岷县的当归产量最高，质量最佳，驰名中外。由于输出线路不同，习惯称产于甘、陕的为“秦归”，产于滇、川的为“川归”，以“秦归”产量、销量最大。

田七为多年生草本作物，又称三七或田三七，块根是一种驰名中外的名贵药材，有强心止血、散瘀、止疼等功效。田七产于云南文山州和广西百色市，尤以文山州的砚山、西畴两县产量最高。田七是制“云南白药”的主料之一。

虫草又名冬虫夏草，是由一种很奇妙的生物寄生现象而产生的举世无双的名贵药材，生长在高寒的环境，主产于我国川、云、甘、藏等高寒地区，有滋补功用。

枸杞是一种价廉物美的大众化滋补药，在我国栽培历史悠久。枸杞主产于宁夏，集中分布于卫宁盆地的中宁县、中卫市部分地区。这里所产枸杞粒大肉多，红润甘甜，营养丰富，质量高于其他产地，不仅畅销国内，还远销东南亚和欧美一些国家。

思考题

1. 简述我国纺织工业的生产布局。
2. 概述煤炭工业的地区分布。
3. 我国重要的钢铁工业基地有哪些？
4. 简述我国粮食作物和经济作物的生产布局。
5. 简述物流与工、农业的关系。

第 4 章

商业、旅游业物流地理

本章重点

通过本章学习，明确商业、旅游业与物流的关系及我国商业物流、旅游业的发展现状。

4.1 商业物流地理

4.1.1 商业物流概述

1. 商业物流的概念

商业是人类社会经济生活中一个具有悠久历史的产业。在现代经济发展中，商业发展对市场关系的发育成型乃至市场机制的成熟完善，以及解决劳动力就业问题，起着至关重要的作用。而现代物流的发展，促进了商业流通体系的变革和商业流通组织的现代化发展。

加快内贸流通创新推动供给侧改革

商业物流是指商品被生产出来以后，通过销售进入最终消费的物流活动，即生产企业发货—商贸企业销售—最终消费的物流活动。它产生于商品交易过程中。

2. 商业与物流的关系

商品流通是由商流活动与物流活动两部分组成。它们之间既有互相制约而构成整个商品流通有机体的统一性，又具有各自处于不同流通环节的相对独立性。因此，从它们的业务性质上加以考察，表现为两种类型：商品收购和商品销售。商品流通是以货币为媒介，在不同部门或企业之间实现以商品所有权转移为特征的“商流”类型，商品运输和商品储存是实现商品实体在空间位置上移动和为衔接下一个“商流”业务而等待商机，以及进行必要的包装、加工和整理为特征的“物流”类型。商流对物流有决定性的作用；物流也反作用于商流。物流做好了，就能促进商流的发展；反之，就会使商流处于中断或瘫痪状态。所以，物流在整个商品流通乃至社会再生产中都占有十分重要的地位，有着极其重要的作用。

4.1.2 我国商业物流发展现状

虽然我国商业物流目前正处于高速发展阶段，但仍受物流成本较高、物流效率较低等因素制约，亟须从政策环境、物流载体等方面寻求突破。

1. “四大瓶颈”制约我国商业物流发展

（1）物流成本较高，影响流通业的发展。虽然我国整体物流绩效在不断改善，但我国社会物流总成本与 GDP 的比率仍高达 7.8%，比发达国家 9.5%～10% 的比例高出近一倍，而这些物流成本大部分发生在流通过程中，从而影响了我国流通业的发展。

（2）物流效率不高，导致流通效益不高。从流通时间看，在商品的整个流通过程中，90% 以上的时间被物流过程所占用；从流通费用看，物流费用占产品总成本的比重高达 30%～40%；从时间上来看，我国的产成品库存是 40 天，在发达国家一般是 20 天；从设备利用效率方面，我国汽车空驶率高达 37%。另外，由于我国商业企业的商品送达有 74% 是由供货方完成的，只有 13% 的企业依靠第三方物流机构完成，造成千家万户做运输、仓储，大量人力、物力、财力投入物流环节，中小流通企业的公共配送中心极不发达，批发业与中国零售业的物流生产率低下。

（3）第三方物流企业发展相对滞后，形成对现代流通方式发展的瓶颈约束。由于起步较晚，经验不足，我国第三方物流企业存在营销手段落后的问题，表现在需求分析的欠缺、目标客户定位不准确、缺乏拓展市场的策略和手段。同时，由于我国第三方物流企业的人力、财力、物力资源有限，所能提供的服务类型较为单一，往往只提供传统的配送、运输与储存服务，这些服务类型的利润率普遍较低，无法为企业赢得竞争优势，而第三方物流企业提供加工、包装等增值服务很少。

据中国产业调研网发布的《2015—2020 年中国第三方物流行业现状调研分析及发展趋势研究报告》显示，近年来，随着社会经济的发展，经济体制改革的逐步完善和现代企业制度开始建立，对第三方物流的需求越来越强，中国第三方物流产业保持快速增长的态势，年均增速在 20% 左右。2010 年国内第三方物流企业物流业务收入达 5 390 亿元。截止到 2014 年年底，我国第三方物流企业物流业务收入突破 9 000 亿元，达 9 380 亿元。企业对第三方物流服务业的需求迅速扩大，使第三方物流成为新兴的朝阳产业和丰厚利润的源泉。

（4）物流技术与装备水平在地区间和城乡间的差异造成流通发展的不平衡。据统计，东部沿海省份物流网点占全国总量的 61.8%，而中、西部地区分别占 22.6% 和 15.6%。物流发展水平诸多的不平衡因素，导致了我国流通运作效率和管理水平的不平衡，也成为区域经济发展不平衡的重要原因。

2. 商业物流发展亟须从五个方面寻求突破

（1）在政策环境方面，应充分利用全国现代物流工作部际联席会议机制，贯彻落实中央九部委文件，积极争取有关部门支持，解决土地、融资等方面问题。

（2）在运行载体方面，有关部委应支持中西部地区物流园区的建设，将其作为全国商业物流体系建设的重要载体，营造良好的环境，搭建一个基础设施和工作条件相对完善的物流企业运行平台，实现同步提高现有公共设施水平，统一配套管理支持，形成区域带动和辐射能力。

（3）在物流主体方面，应把尽快培育一批拥有现代装备能力和管理水平并自有配送中心的连锁企业和能够提供综合解决方案的第三方物流作为重点，按照认定和培育相结合的原则，对已经具备较强服务功能、较强辐射能力的物流企业进行认定，并创造较为宽松的政策环境；对具备一定物流基础，具有较好发展前景的物流企业积极培育，逐步提高全行业的物流水平和物流能力。

（4）在运行模式方面，应重点推动三大类商品物流模式的建设与完善，即：生鲜食品的物流配送模式、快速消费品的物流配送模式和生产资料的物流配送模式。在总结经验的基础上，逐步完善其他类商品的物流模式。

（5）在关键技术方面，应将制约商业物流发展的三个较关键技术作为应用和推广重点，即：托盘共用系统、物流信息系统和 RFID（射频识别）技术（在几个大类商品中率先应用）。通过技术应用，实现物流装备水平和管理水平的提升。

4.1.3 我国商业中心分布

我国商业中心主要分布在东部沿海地区，西部地区的商业中心多集中在中心城市。

1. 大型商业中心

大型商业中心是指承担全国或跨省区较大地域范围的商品流通组织功能的商业中心。大多分布在交通条件非常好和经济地理位置十分优越的地区，自身拥有较强的商品生产能力，多与全国性的经济中心相结合，商业服务设施齐全，在全国的商品流通中具有举足轻重的地位。我国的大型商业中心主要有以下八个。

（1）上海。上海是我国最大的工业城市和最大的商业中心。上海的商品流通量大，商业设施齐全，批发和零售商业都十分发达。上海的南京路、淮海路和金陵路等地是著名的商业区。

（2）北京。北京也是重要的工业生产基地，商品货源充足，商业设施齐全，商业网点众多。北京的王府井商业街、西单商业街以及前门等地都是商业繁荣地区。

（3）天津。天津是华北地区重要的经济中心和最大的港口，也是重要的工商业城市。

（4）广州。广州是我国南方最大的经济中心和贸易港口。广州的轻工业生产在全国占有重要地位，商品货源充足，商贸活动十分活跃，是华南最大的商业中心。

（5）沈阳。沈阳是我国重要的重工业基地，东北重要的物资集散中心，也是东北最大的商业中心。

（6）武汉。武汉工业发达，是我国综合性的工业基地；武汉商业发达，是华中最大的商业中心。

（7）重庆。重庆历来是西南地区的商品集散地和贸易中心。重庆工业生产发达，是西南地区重要的商品货源地，也是西南最大的商业中心。

（8）西安。西安是西北最大的经济中心、交通枢纽和物资集散地，也是西北最大的商业中心。

2. 中型商业中心

中型商业中心是指承担着省区范围内较大地域范围商品流动组织功能的商业中心。中型商业中心大多设置在商品生产比较发达，交通相对便利的省区，往往与地区性的商品生产中心和商品集散地相结合。我国的中型商业中心很多，遍布全国各省区。按其所依附的城市的主要职能不同，主要有以下三类。

（1）以省区的行政中心为依托的商业中心。这类商业中心有哈尔滨、郑州、呼和浩特、兰州和成都等。

（2）以交通枢纽城市为依托的商业中心。这类商业中心的主要特点是交通便利、商品集散的功能强，如秦皇岛、蚌埠、柳州和梧州等。

（3）以商品生产中心城市为依托的商业中心。这类商业中心的主要特点是商品货源充足，有利于组织较大规模的商品流通，如鞍山、无锡和温州等。

此外，还有一些边疆少数民族商业中心及新发展起来的经济特区等。

3. 小型商业中心

小型商业中心是指组织小区域范围内商品流通的商业中心。小型商业中心大多设置在地级或县级市，主要承担本县市或周边几个县市范围内的商品流通的组织工作。小型商业中心数量繁多，遍布全国各地。

4.1.4 我国商品流向

1. 我国商品市场分布

1）商品货源市场

我国商品货源市场主要有以下四种。

（1）购进总额最大的货源市场，主要是上海、江苏、广东。这些地区也是我国主要的采购市场，主要货源对象是工业品、时装、高档消费品等。

（2）全国商品货源重要市场，主要有北京、广东、山东、四川、辽宁、河南、湖北、浙江、河北、黑龙江、天津、安徽等，这些地区是工农产品供应的重要市场。

（3）农、副产品及某些工业品货源市场，包括吉林、福建、云南、江西、陕西、广西、山西、新疆、内蒙古、甘肃、贵州等。这些地区工业不甚发达，主要货源是特殊工业产品及农副产品，如山西的煤、福建等地的糖。

（4）土特畜产品货源市场，有青海、宁夏、西藏等，虽然货源量不大，但有其他地区没有的特产，如宁夏的羊，青海的藏红花、冬虫夏草等。

2）商品销售市场

我国商品销售市场按销售总量及人均社会商品零售额分成以下四种。

（1）全国重大商品销售市场，有北京、上海、天津、广东、江苏、山东、四川、辽宁、河南等省市。

（2）全国商品销售重要市场，有河北、湖北、浙江、湖南、黑龙江、安徽、吉林等。

（3）商品销售的一般市场，有福建、山西、广西、江西、云南、陕西、内蒙古、新疆、贵州等。

（4）商品销售次要市场，有青海、宁夏、西藏等地。

2. 我国生产资料市场分布

1）生产资料货源市场

生产资料生产一般规模较大，因而货源市场较集中，其规律是以矿区和大城市为主要货源市场，某些开放城市及沿海城市为主要进口货源市场。我国的主要产品货源市场如下。

（1）钢材货源市场。辽宁省是我国最大的钢材货源市场，此外还有上海、北京、包头、武汉、攀枝花等地；广州、深圳等地是进口货源市场。

（2）木材货源市场。内蒙古北部、黑龙江是我国最大的木材货源市场，此外还有云南、贵州、四川等省的部分地区。

（3）水泥货源市场。由于水泥生产力布局较为分散，因而货源市场集中程度不高，主要货源市场为辽宁、河南、河北、安徽等地；主要出口货源市场有广东。

（4）化肥，主要货源市场有四川、山东、江苏、上海及云南、贵州。

（5）汽车。货运车货源市场主要为吉林及湖北，此外还有济南、北京、沈阳等地；轻型车货源市场有北京、上海、长春、广州、重庆等地。

其他多种生产资料货源市场，基本集中于产地。

2）生产资料流向

商品合理流向要求主要反映在批量大，品种规格、花色较少的生产资料领域，如化肥、水泥、木材等。有些生产资料总量虽大，但品种、规格繁多，分布到单一品种规格上的数量则相对较小，这就很难区分出不同品种、规格的合理流向。

（1）化肥流向，基本流向是：四川氮肥流向甘肃、青海、新疆、陕西、贵州及内蒙古等地；山东氮肥流向河北、山西、河南北部、江苏北部；江苏氮肥流向安徽、河北、内蒙古；上海氮肥流向浙江、安徽、广西，磷肥流向基本是由南向北。

（2）木材流向，基本流向是：东北特种木材（如红松、白松）流向全国，一般木材流向华北、中南、西部及华东；南方木材基本就地使用；西南木材流向华南等地。

（3）水泥流向，基本流向是：东北水泥除本地用之外，部分南流；河南水泥向南、北两方向流；山东水泥西运及南运；甘肃水泥部分东运及西运；四川、贵州水泥部分北运；广东水泥南运出口。

（4）煤炭流向，基本流向是：山西、内蒙古煤沿大秦、兖石、太焦—焦枝、京广等几条铁路东运、南运，有的登船后南运或出口；贵州煤东运；其他地区煤一般就近使用。

3. 我国大宗商品的基本流向

由于生产力布局的相对固定以及商品货源市场及销售市场有一定的稳定性，因此，在一定时间内，商品必然呈现出由货源市场向销售市场的单向运动状态，这就决定了一定时期大宗商品的流向。我国五种主要商品流向如下。

（1）粮食。东北地区的小麦、大豆、杂粮南运往华北，西运至西北；长江流域大米南运广东，北运华北，东运上海及沿海城市。

（2）糖。基本流向是南糖北运、西运；东北及内蒙古产的甜菜糖少量运至华北及西北。

（3）盐。基本流向是北方沿海盐场（长芦盐）流至华北、东北、华东、中部地区；南部沿海盐场流至华中、华南及南部地区；我国西部盐除本地消费外，运至我国中部地区。

（4）石油。基本流向是北油南运。东北是我国成品油的最大产区，产品一部分经大连海运到华东地区或出口，一部分经铁路进关，供应关内各地的需要。西北地区成品油基本自给，只有少数汽油从东北、华北调入。西南地区几乎无自产成品油，全靠区外供应。

（5）煤炭。总流向是西煤东运、北煤南运。以山西为中心的北方煤炭基地，主要流向是华东、华中和东北及出口；以贵州六盘水为中心的南方煤炭基地，主要流向是中南两广地区；以两淮为中心包括鲁南、徐州的华东煤炭主要流向上海、江苏、浙江等地或出口。

4. 我国外贸商品流向

统计数据表明我国的对外贸易流向集中在亚洲、欧洲及北美地区。在贸易总额上，亚洲所占比重最大，其次是北美地区和欧洲，而且这些区域与中国的贸易额在近期内一直呈积极的上升趋势。在亚洲，主要是对中国香港、日本和韩国出口，对中国香港的出口主要是转口贸易；进口主要来自于日本、韩国和中国台湾省。对北美地区的进出口都主要集中在美国。而对欧洲的贸易则相对分散一些（见表4-1）。

表 4-1　2014 年我国同各国（地区）进出口状况

单位：亿美元

项目	进出口额	出口额	进口额
总　值	44 040.3	23 980.6	20 059.7
其中：中国香港	3 757.0	3 630.8	126.2
日本	3 123.1	1 493.9	1 629.2
东盟	3 762.3	1 812.6	1 749.7
欧盟	6 749.6	3 388.2	2 361.3
南非	602.7	157.0	445.7
巴西	865.4	348.9	516.5
美国	5 551.2	3 960.6	1 590.6
澳大利亚	1 367.8	391.5	976.3

（资料来源：海关总署）

在区域分布上，我国的贸易相对集中在东亚地区或距离东亚较近的地区。从地理位置上看，我国的对外贸易相对集中在环太平洋国家和地区。可见运输成本也是影响我国对外贸易流向的一个重要因素。一般来说，地理位置接近的国家和地区之间，文化和风俗习惯的相互影响和渗透比较多，市场需求的相似性比较大，企业对这些市场的开发和维护也更加容易些。

4.2　旅游业物流地理

4.2.1　物流业与旅游业的关系

物流业与旅游业在经济社会发展中占据重要地位，整合物流业与旅游业的相关优势，使之互促互进，将有利于经济社会的持续协调健康发展。

1. 物流业发展对旅游业的促进作用

1）物流基础设施——现代旅游的先决条件

物流运输网络体系、信息网络体系的完善有利于旅游业的持续发展。物流运输网络体系即铁路运输体系、公路运输体系、水路运输体系、管道运输体系和航空运输体系等，以及不同运输体系之间的联运情况。这些体系的下列评价指标：路网密度、连接率、通达率、路环指数越高说明物流运输网络体系越完善。完善的信息网络体系是现代物流业发展的基本条件，物流基础设施是现代旅游业发展的先决条件。因为只有信息快捷、交通方便，才能够使游客“进得来、出得去、散得开”，达到玩得开心的目的，才能推动旅游业健康快速发展。

2）现代物流——旅游业发展的基础

物流业的有序发展将会使“吃、住、行、游、购、娱”六大旅游环节相互衔接，顺利进行，使旅游购物潜力得到充分发挥。目前，在我国内地旅游产业发展进程中，旅游商品的设计和供给一直滞后于其他领域，导致旅游购物在旅游创汇中的比例多年徘徊在20%左右，1999年的比例（19.7%）比1990年（25.4%）下降了近六个百分点，与新加坡和中国香港（购物比达60%）相比，还存在很大的差距。究其原因，主要与旅游商品设计生产无规模、销售渠道不畅、管理环节繁臃、购物环境杂乱、产销脱节以及政府扶持不力等因素有关。由此可见，物流业的发展对旅游购物环节有着重要的影响。

3）物流——重要的旅游资源

物流业主要包括：物流园区，物流程序设计，物流信息网络，物流运输网络，以及相关的仓储、包装、配送等。其中，物流园区、现代物流展和相关的物流专业化操作等均具有较高的科学考察价值，可开展物流科学考察游（主要针对物流专业人士和物流专业学生）、物流环节展示游（主要针对物流行业以外的其他从业人员）等旅游项目。物流行业自身旅游价值的开发将进一步丰富旅游资源的内涵，促进旅游业进一步发展。

2. 旅游业发展对物流业的促进作用

旅游业在产业结构调整升级过程中成为一个新的经济增长点，并实现了国际间、产业间、城乡间和地区间的交流。在交流过程中，以旅游者的人流为载体，资金流、信息流和物流随之发生，流动规模越大，流动频率越高，越能体现出旅游业新的经济增长点的意义。

1）商务旅游——物流业的重要一环

根据旅游目的可将旅游划分为商务旅游、休闲度假旅游、观光旅游、探险旅游等多种类别，其中商务旅游主要是以商贸洽谈为目的旅游。商务旅游加大了物流总量和速度，是物流业发展中的重要一环。

2）旅游购物品——物流业的窗口

旅游购物品包括旅游纪念品、文物古玩及其仿制品、实用工艺品及土特产品、特种工艺美术品、旅游日用品等。旅游业发展使旅游购物品增加，物流量增大；同时旅游购物品也是区域产品对外展示的一个窗口，从而带动区域相关产业的发展，间接地推动物流业发展。

3. 物流业与旅游业互动对策

1）整合物流业与旅游业的优势

物流业与旅游业的发展都需要便利的交通条件和发达的信息网络，为二者之间的优势资源整合奠定了基础。优势整合包括交通设施建设的统一规划，信息网络的统一使用，相关资源的统一共享等。例如，铁路部门利用其铁路运输优势经营旅行社、酒店等相关旅游经营活动；航空运输部门结合其自身优势开发相关娱乐项目——城市上空飞行游等。

2）采取集团多元化经营模式

由于旅游业的脆弱性以及利益驱动，整合物流业与旅游业优势时可采取集团多元化经营模式。利用集团优势，通过收购、兼并、控股、合作等多种手段来完成。一种方式是物流行业集团涉足旅游业，参与景区、饭店等开发建设，收购、兼并旅游企业，参股控股旅游上市公司。另一种是经营旅游业的集团也可经营和旅游业有一定关联的物流行业，同样采取资本运作的方式将一部分盈余资金转移到旅游业外。多元化集团可以建立以行业划分的事业部，形成较为独立的利润中心。这种经营方式可以为整个集团带来高额利润，更重要的是分散了一部分经营风险。其优势在于可以借助实力和品牌，采用多种资产运作方式拓展经营边界、整合资产、调整产品结构，从而有利于集团的发展。

3）建立现代企业制度

无论是物流企业还是旅游企业都要把改革放到重要位置。通过改革，打破地区封锁和行业垄断，进行兼并、联合、重组；通过改革，更新观念，加大引进外资步伐；通过改革，使物流业、旅游业与国际接轨；通过改革，建立现代企业制度。目前，我国城乡已建立起很多连锁经营的超级市场、便利店、专卖店、仓储或综合商场，餐饮店、照相、洗染、修理、美容美发、旅游等服务业连锁店，以及金属、建材、机械零配件连锁店等，电子商务也开始起步，物流企业和旅游企业都迎来了新的发展机遇。

4）积极发展旅游电子商务

"旅游电子商务"可以理解为电子商务技术在旅游产业中的活动。具体包括两种含义：一是互联网上在线销售式，这是从狭义上理解的电子商务，旅游网站通过即时的在线服务，对每一位旅游者提供专门的服务。二是以整个旅游市场为基础的电子商务，这是从广义上理解的旅游电子商务，泛指一切与数字化处理有关的商务活动。因此，它不仅仅只是通过网络进行旅游者所需的劳务服务买卖活动，还涉及传统市场的方方面面。除了在网络上寻求旅游者，企业还通过计算机网络与供应商、财会人员、结算服务机构、政府机构建立业务联系。旅游电子商务是物流与旅游优势整合的集中体现。

4.2.2 影响旅游区、点布局的因素

农产品"变身"旅游商品

1. 自然景观因素

自然景观是旅游业发展的必要条件，又是旅游区、点布局的自然基础。自然景观主要包括以下六个方面。

（1）地质地貌，包括山脉、峡谷、峭壁、岩溶、冰川、戈壁、绿洲、河谷、海岸、岛屿等。

（2）气候和小气候，包括气温、水温、湿度、风、日照、云量、气压、太阳辐射以及降水量等。

（3）水文条件，包括河流、溪涧、湖泊、水库、池塘、海边、瀑布、激流、泉水等。各种水域要注意查明面积、深度、流速、底部状况、沿岸特点、化学杂质和水质清洁程度、卫生条件等方面。

（4）土质情况，包括土壤成分、地下水水位、地表水、沼泽化地段、治疗用泥、卫生条件等方面。

（5）植物情况，包括森林覆盖率、树种、草地面积、植被特点，以及观赏性植物的种类和分布。

（6）动物状况，包括渔、猎条件以及观赏性动物的种类和分布。

2. 历史因素

我国历史悠久，历史古迹、文化遗产遍布全国。它不仅为旅游者提供了极高的艺术享受，也是考古、科学研究的珍贵资料。我国在发展旅游业的同时，必须重视发挥文化资源的作用，使之于旅游事业紧密结合在一起，使旅游者慕名而来，领略光辉灿烂的中国古代文化。

3. 建筑景观因素

建筑和山、水、林木一样，是构成风景区的四个要素之一。建筑物的布局必须根据不同

的地貌分布，使其与环境协调，增强环境对旅游者的感染力。建筑物在景观中所居地位，应视景观的种类性质而有所不同：以自然景观为主体，建筑物从属于自然景观，融于自然景物之中，起着点睛生辉的作用；以建筑物为主体，强调选定建筑物的位置方向，而后布置景物。

4. 交通运输因素

交通运输是先行部门，它是旅游体系的重要组成部分，对旅游业的发展至关重要。现代的旅游者要求交通方便快捷，尽可能消除游客“等候”和“排队”的现象。

此外，地理位置、基础设施、消费水平以及环境保护等因素，对旅游区、点的吸引力都有直接影响。相关部门在规划旅游区、点布局时，都应进行全面地考虑，科学地、合理地开发旅游资源，开辟符合我国国情的旅游区、点。

4.2.3 我国旅游风景名胜区分布

截至2009年10月，中国经政府审定命名的风景名胜区已有906处，其中国家级风景名胜区有208处，省级风景名胜区有698处，总面积约占国土面积的1.89%。在这些风景名胜区中，由联合国教科文组织列入《世界遗产名录》的中国国家重点风景名胜区已达21处，其中包括泰山、黄山、峨眉山—乐山、武夷山、庐山、武陵源、九寨沟、黄龙、青城山—都江堰、三江并流等闻名世界的风景名胜。

我国国家级风景名胜区分布如下：

5A旅游景区

北京：八达岭—十三陵、石花洞风景名胜区。

天津：盘山风景名胜区。

内蒙古：扎兰屯风景名胜区。

河北省：河北承德避暑山庄外八庙、秦皇岛北戴河、野三坡、苍岩山、嶂石岩、西柏坡—天桂山、崆山白云洞风景名胜区。

山西省：山西五台山、恒山风景、北武当山、五老峰、黄河壶口瀑布风景名胜区。

黑龙江：镜泊湖、五大连池风景名胜区。

辽宁：鞍山千山、鸭绿江、金石滩、兴城海滨、大连海滨—旅顺口、凤凰山、本溪水洞、青山沟、医巫闾山风景名胜区。

吉林：松花湖、吉林“八大部”—净月潭、仙景台、防川风景名胜区。

江苏：太湖、南京钟山、蜀岗瘦西湖、云台山、三山风景名胜区。

浙江：杭州西湖、富春江—新安江、雁荡山、普陀山、天台山、嵊泗列岛、楠溪江、莫干山、雪窦山、双龙、仙都、江郎山、仙居、浣江—五泄、方山—长屿硐天、方岩、百丈漈—飞云湖风景名胜区。

安徽：黄山、九华山、天柱山、琅琊山、齐云山、采石、巢湖、花山谜窟、花亭湖、太极洞风景名胜区。

福建：武夷山、清源山、鼓浪屿—万石山、太姥山、桃源洞—鳞隐石林、金湖、鸳鸯溪、海坛、冠豸山、鼓山、玉华洞、十八重溪、青云山风景名胜区。

江西：庐山、井冈山、三清山、龙虎山、仙女湖、三百山、高岭—瑶里、武功山、云居山—柘林湖、梅岭—滕王阁、龟峰风景名胜区。

山东：泰山、青岛崂山、胶东半岛海滨、博山、青州风景名胜区。

河南：鸡公山、洛阳龙门、嵩山、王屋山—云台山、石人山、青天河、神农山、林虑山风景名胜区。

湖北：武当山、武汉东湖、大洪山、隆中、九宫山风景名胜区、陆水风景名胜区。

湖南：韶山、衡山、武陵源、岳阳楼洞庭湖、岳麓、崀山、紫鹊界梯田—梅山龙宫、德夯、猛洞河、桃花源风景名胜区。

广东：肇庆星湖、西樵山、丹霞山、白云山、惠州西湖、罗浮山、湖光岩风景名胜区。

广西：桂林漓江、桂平西山、花山风景名胜区。

海南：三亚热带海滨风景名胜区。

四川：峨眉山、黄龙寺—九寨沟、青城山—都江堰、剑门蜀道、贡嘎山、蜀南竹海、西岭雪山、四姑娘山、石海洞乡、邛海—螺髻山、白龙湖、光雾山—诺水河、天台山、龙门山风景名胜区。

重庆：长江三峡、四面山、缙云山、金佛山、芙蓉江、天坑地缝风景名胜区。

贵州：织金洞、黄果树、濡阳河、红枫湖、龙宫、荔波樟江、赤水、马岭河峡谷、紫云格凸河穿洞、都匀斗篷山—剑江、九洞天、九龙洞、黎平侗乡风景名胜区。

云南：路南石林、大理风景、西双版纳、三江并流、昆明滇池、丽江玉龙雪山、腾冲地热火山、瑞丽江—大盈江、九乡、建水、普者黑、阿庐风景名胜区。

陕西：华山、临潼骊山、宝鸡天台山、黄帝陵、合阳洽川风景名胜区。

甘肃：麦积山、崆峒山、鸣沙山—月牙泉风景名胜区。

新疆：天山天池、库木塔格沙漠、博斯腾湖、赛里木湖风景名胜区。

西藏：雅砻河风景名胜区。

宁夏：西夏王陵风景名胜区。

青海：青海湖风景名胜区。

思考题

1. 商业与物流的关系是什么？
2. 旅游业与物流业的关系是什么？
3. 简述我国旅游风景区的分布。

第 5 章

我国物流分区地理

本章重点

本章主要介绍我国各地区的自然条件、经济特征和物流业的发展状况。通过本章学习，明确各地区经济特征、物流发展状况。重点掌握各地区物流发展的状况及发展对策。

5.1 我国经济区划的演变与发展

百度百科——经济区划

当我们进行地区间物流业发展比较分析时，必须首先明确中国的经济区划。中国内地的经济区划经过了一个漫长的演变过程。中华人民共和国成立以后的较长时期，中国内地的经济区划一直采用“两分法”，即划分为沿海与内地。改革开放以后，随着区域经济研究的活跃和深化，人们提出了多种多样的划分方法，主要有：

（1）三大地带。这一方法将中国内地的 31 个省级行政区划分为东、中、西三大地带。东部地带包括北京、天津、河北、辽宁、上海、江苏、浙江、福建、山东、广东和海南 11 个省市；中部地带包括山西、吉林、黑龙江、安徽、江西、河南、湖北和湖南 8 省；西部地带包括重庆、四川、贵州、云南、西藏、陕西、甘肃、青海、宁夏、新疆、广西和内蒙古 12 个省、市、自治区。

（2）六大综合经济区。包括东北地区、黄河中下游地区、长江中下游地区、东南沿海、西南地区和西北地区。

（3）七大经济区。包括东北（辽宁、吉林、黑龙江）、西北（陕西、甘肃、青海、宁夏、新疆）、华北（北京、天津、河北、内蒙古、山西）、华东（山东、上海、江苏、浙江）、华中（河南、安徽、江西、湖北、湖南）、华南（福建、广东、广西、海南）和西南（四川、重庆、贵州、云南、西藏）。

（4）九大经济区。这里有两种划法：第一种划法包括东北地区（东北三省、内蒙古东部）、环渤海地区（北京、天津、河北、山东）、黄河中游流域（山西、河南、内蒙古中西部）、长江三角洲地区（上海、江苏、浙江）、长江中游地区（湖北、湖南、安徽、江西）、东南沿海地区（福建、广东、广西、海南）、西北地区（陕西、甘肃、青海、宁夏、新疆）和西南地区（四川、重庆、云南、贵州）、西藏自治区等。第二种划法包括东北地区（东北三省）、北部沿海（北京、天津、河北、山东）、北部内陆（山西、陕西、内蒙古）、东部沿海（上海、江苏、浙江）、东部内陆（河南、安徽、江西）、中部内陆（湖南、湖北）、南部沿海（福建、广东、广西、海南）、西部内陆（甘肃、青海、宁夏、新疆、西藏）和西南内陆（四川、重庆、云南、贵州）等。

总的来看，目前中国内地区域的划分方法比较零乱，常用“三大地带”划法。

区域划分既要遵循区域经济发展的一般规律，又要方便区域发展问题的研究和区域政策的分析。借鉴国际经验，结合中国国情，中国区域的划分必须遵循以下9个原则：① 空间上相互毗邻；② 自然条件、资源禀赋结构相近；③ 经济发展水平接近；④ 经济上相互联系密切或面临相似的发展问题；⑤ 社会结构相仿；⑥ 区块规模适度；⑦ 适当考虑历史延续性；⑧ 保持行政区划的完整性；⑨ 便于进行区域研究和区域政策分析。

根据以上原则，考虑到目前各种划法的种种弊端，将中国内地划分为如下八大区域。

（1）东北地区，包括辽宁、吉林、黑龙江三省，总面积79万平方千米，2010年总人口10 933万。这一地区自然条件和资源禀赋结构相近，历史上相互联系比较紧密，目前，面临的共同问题多，如资源枯竭问题、产业结构升级换代问题等。

（2）北部沿海地区，包括北京、天津、河北、山东两市两省，总面积37万平方千米，2010年总人口20 020万。这一地区地理位置优越，交通便捷，科技教育文化事业发达，在对外开放中成绩显著。

（3）东部沿海地区，包括上海、江苏、浙江一市两省，总面积21万平方千米，2010年总人口15 611万。这一地区现代化起步早，历史上对外经济联系密切，在改革开放的许多领域先行一步，人力资源丰富，发展优势明显。

（4）南部沿海地区，包括福建、广东、海南三省，总面积33万平方千米，2010年总人口14 987万。这一地区面临港澳台地区，开放程度高。

（5）黄河中游地区，包括陕西、山西、河南、内蒙古三省一区，总面积160万平方千米，2010年总人口19 177万。这一地区自然资源尤其是煤炭和天然气资源丰富，地处内陆，战略地位重要，对外开放不足，结构调整任务艰巨。

（6）长江中游地区，包括湖北、湖南、江西、安徽四省，总面积68万平方千米，2010年总人口22 699万。这一地区农业生产条件优良，人口稠密，对外开放程度低，产业转型压力大。

（7）西南地区，包括云南、贵州、四川、重庆、广西三省一市一区，总面积134万平方千米，2010年总人口23 600万。这一地区地处偏远，土地贫瘠，贫困人口多，对南亚开放有着较好的条件。

（8）西北地区，包括甘肃、青海、宁夏、西藏、新疆两省三区，总面积410.5万平方千米，2010年总人口6 232万。这一地区自然条件恶劣，地广人稀，市场狭小，向西亚开放有着一定的条件。

5.2 东北地区

5.2.1 概况

东北地区位于中国的东北部，包括黑龙江、吉林、辽宁三省。它的东、北、西三面与朝鲜、俄罗斯和蒙古国为邻；隔日本海和黄海与日本、韩国相望；南濒渤海与北部沿海地区连接，在地理上是一个很有特色的区域。东北经济区总面积为79万平方千米，约占全国土地总面积的8.2%。

东北地区地面结构的基本特征是水绕山环、沃野千里，南面是黄、渤两海，东面和北面有鸭绿江、图们江、乌苏里江和黑龙江环绕，仅西面为陆界，内侧是大、小兴安岭和长白山系的高山、中山、低山和丘陵，中心部分是辽阔的松辽大平原和渤海凹陷。东北地区平原面积高于全国平原面积的比重，拥有宜垦荒地约666.67亿平方米，潜力之大国内少有。

东北地区属大陆性季风型气候：自南而北跨暖温带、中温带与寒温带，热量显著不同，大于等于10℃的积温，南部可达3 600℃，北部则仅有1 000℃；自东而西，降水量从1 000毫米降至300毫米以下，气候上从湿润区、半湿润区过渡到半干旱区。水热条件的纵横交叉，形成东北地区农业体系和农业地域差异的基本格局，是综合性大农业基地的自然基础。

东北地区物质富饶，蕴藏着丰富的野生动植物资源。这里的东北虎、紫貂、丹顶鹤、梅花鹿、大马哈鱼、黑熊、飞龙、猴头、人参、黄芪、松耳等驰名中外。

东北周围的山区分布着大面积的森林，森林覆盖率、木材蓄积量、木材采伐量居全国第一，林业用地面积达3 875亿平方米，占全国的14.7%，森林覆盖率达39.6%，远远高出全国森林覆盖率20.36%的水平。

东北的粮食作物主要有玉米、高粱、大豆、谷子、春小麦和水稻。其中玉米播种面积最大，产量也最高。东北的高粱种植历史悠久，产区遍及东北各地；大豆是东北平原著名的农产品，品质优良，黑龙江省的大豆产量居全国第一；东北的春小麦主要集中在黑龙江省近三四十年来新建的农垦区，机械化程度和粮食商品率都很高。此外，东北还是中国甜菜和亚麻的主要产地。

东北地区矿产资源丰富，主要矿种比较齐全，主要金属矿产有铁、锰、铜、钼、铅、锌、金以及稀有元素等，非金属矿产有煤、石油、油页岩、石墨、菱镁矿、白云石、滑石、石棉等。这里的油页岩、铁、硼、菱镁石、金刚石、滑石、玉石、溶剂灰岩等矿产的储量均居全国首位，辽河油田是中国第三大油气田，石油、天然气储量分别占全国的15%和10%。分布在鞍山、本溪一带的铁矿，储量约占全国的1/4，目前仍是全国最大的探明矿区之一。东北地区煤炭资源总量不足且分布不均匀，但煤种比较齐全。南部沿海的海盐、东部山地的石灰石也极其丰富，发展化学工业和水泥工业条件有利。东北地区的资源对建立冶金、燃料动力、化学、建材等基础工业有比较充分的保证。

东北地区水资源比较丰富，地表径流总量约为1 500亿立方米，但分布不理想，东部多于西部，北部多于南部，需进行区域性调水，才能根本保证本区发展的需要。本区可供开发利用的水能资源约有1 200万千瓦，充分利用后不仅可以节约煤炭和石油资源，而且对东北电网的调峰、调频将起重大作用。东北地区南部濒临黄海与渤海，沿海渔场面积为5.6万平方海里①。另外，还有水库、湖泊淡水面积90.53亿平方米，为发展海运和水产业提供了有利条件。

东北地区文化历史源远流长，具有丰富的旅游资源，以原始、粗犷、神奇和博大见长。冰河树挂，冰雕雪塑，蔚为奇观；森林、草原广袤富饶以及朝鲜族、满族、蒙古族、回族等少数民族风情民俗吸引着大量中外游客。东北地区的主要景点有黑龙江省的五大连池风景

---

① 1平方海里=3.43平方千米。

区、镜泊湖、太阳岛，辽宁省的千山风景区、鸭绿江游览区、兴城海滨、金石滩、大连海滨—旅顺口，吉林省的松花湖、八大部—净月潭风景区、长白山等。

5.2.2 经济

1. 产业

东北地区经济起步较早，为新中国的发展壮大做出过历史性的贡献，有力地支援了全国的经济建设，被誉为新中国的“工业摇篮”。布局在东北三省的钢铁、能源、化工、重型机械、汽车、造船、飞机、军工等重大工业项目，奠定了中国工业化的初步基础。东北老工业基地中的装备制造业特别是重大装备制造业，曾经为我国做出很大贡献，现在仍具有产业优势、科研优势和产业技术工人等“基础性技术群体”的优势和产业实力，而这些优势和巨大潜力，是东南沿海等发达地区所不具备的。如辽宁省的机床占全国的11%，吉林省的汽车占全国的11.5%，黑龙江省的大型火电和水电装备分别占全国市场的33%和50%，东北三省的输变电设备占全国的40%，对国家的经济安全发挥了重要保障作用。2014年，东北三省的工业增加值24 315亿元，占全国工业增加值的8.9%。全部国有及规模以上非国有企业10 955家，其中国有及国有控股企业4 908家。

近年来，东北三省以哈尔滨、长春、沈阳、大连四个副省级城市为突破口，使社会主义现代化建设出现了蓬勃发展的新局面。特别是十六大提出了“支持东北等老工业基地的调整和改造，支持资源为主的城市和地区发展接续产业”“扶持粮食主产区发展”等政策，确立为东北三省新的发展战略，并继续在政策上给予倾斜支持，更加促进东北三省的经济和社会快速发展。2014年，东北三省国内生产总值达57 468.8亿元，占全国比重为9.0%。其中：第一产业增加值6 420.9亿元，第二产业增加值27 215.6亿元，第三产业增加值23 832.3亿元。三次产业在全省国内生产总值中的比重为9.2∶42.7∶48.1（见表5-1）。

表5-1　2014年东北地区产业结构状况

区域	第一产业增加值/亿元	第二产业增加值/亿元	第三产业增加值/亿元	三次产业比重	国内生产总值/亿元	占全国比重/%
黑龙江省	2 611.4	5 544.4	6 883.6	17.4∶36.9∶45.8	15 039.4	2.3
吉林省	1 524.0	7 286.6	4 992.5	11.0∶52.8∶36.2	13 803.1	2.1
辽宁省	2 285.8	14 384.6	11 956.2	8.0∶50.2∶41.8	28 626.6	4.4
东北地区合计	6 420.9	27 215.6	23 832.3	9.2∶42.7∶48.1	57 468.8	9.0

（资料来源：2014年中国统计年鉴相关数据计算得出）

从上表中可以看出，东北地区的产业结构不甚合理，第二产业比重明显偏高，第三产业偏低，第三产业比重甚至低于全国48.2%的平均水平，重型结构的局面至今没有大的改变。因此，发展服务业，特别是生产性服务业，对振兴东北有非常重要的意义。

2. 对外开放

东北地区具有对外开放的优越区位，不仅海岸线蜿蜒，陆地边境线漫长，而且有一些良好的对外开放口岸，以及与这些口岸相连的交通线。周边有俄罗斯、蒙古、朝鲜，与韩国、日本也相距不远。从世界地线角度看，东北地区及俄罗斯的西伯利亚、蒙古、朝鲜半岛、日本共同构成“东北亚经济圈”。东北地区正处于这一经济圈的中部，为本区发展提供了有利条件。东北地区丰富的自然资源为对外开放和边贸发展提供了物质基础。改革开放以来，东北地区对外开放的范围不断扩大，程度不断加深。大连、黑河、绥芬河、珲春、营口、丹东、图们被宣布为对外开放城市，在边境出现了许多边贸小城市，形成了以沿边、沿线为前沿，全方位、多层次的对外开放格局。2014 年东北地区外贸进出口总值 1 973. 6 亿美元，比上年同期增长 13. 6%，占全国外贸总额的 4. 6%，增幅比全国水平低 6. 5 个百分点。实际利用外资额 312. 7 亿美元，占全国的 26. 1%（见表 5-2）。

表 5-2 2014 年东北地区对外经济状况

区域	国内生产总值/亿元	进出口总额/亿美元	实际利用外资额/亿美元
黑龙江省	10 368. 6	389. 0	33. 0
吉林省	8 667. 6	263. 8	61. 6
辽宁省	18 457. 3	1 140. 0	218. 1
东北地区合计	37 493. 5	1 792. 8	312. 7
占全国比重/%	5. 9	4. 1	26. 1

（资料来源：2014 年中国统计年鉴相关数据计算得出）

东北地区对外贸易从贸易规模上来看，辽宁省最大，黑龙江省次之，吉林省最小。从贸易方式上看，辽宁省加工贸易占比重较大，吉林省一般贸易最具优势，黑龙江省边境小额贸易独具特色。从外贸主体上看，外商投资企业占主导地位，国有企业增速缓慢，私营企业进出口大幅增长，其中辽宁省外贸以外商投资企业为主要力量，吉林省国有企业和外商投资企业规模相当，黑龙江省私营企业一枝独秀。从进出口市场上看，出口市场集中于日本、美国、俄罗斯和韩国，进口货物主要产自日本、德国、俄罗斯，其中辽宁省的主要出口国是日本、美国和韩国，进口以日韩货物为主；吉林省的主要出口市场是韩国和日本，进口货物主要来自德国和日本；俄罗斯是黑龙江省最重要的贸易伙伴，进出口货值均接近半数。从进出口商品结构上看，辽吉机电产品出口优势明显；黑龙江省传统大宗商品出口占优，进口商品均以机电产品为主，辅以资源性商品和工业原料。

3. 交通邮电

东北地区基础设施建设比较完善，现已形成由水陆空立体交通组成的综合运输体系，为市场交易提供了便利的条件。据统计，截至 2012 年年底，东北地区铁路营业里程 1. 54 万千米，占全国的 23. 2%；公路里程 35. 79 万千米，占全国的 8. 4%；内河航运里程 0. 7 万千米，占全国的 5. 9%。东北地区的五大海港——大连、丹东、营口、锦州、葫芦岛，与五大洲 140 多个国家和地区通航；航线连通着日本、俄罗斯、韩国等国家和地区及国内 100 多个大中城市。东北地区的邮电通信发展迅速，光纤、数字微波、卫星通信、程控交换、移动通信、数字通信等辐射全国、通达世界；公用电网以及网点密布，业务种类齐全；公用邮政网运输手段多样。

5.2.3 物流

1. 东北地区物流现状

尽管东北三省在中国国民经济整体中仍然占有比较重要的地位，但物流发展现状不容乐观。

首先，物流成本过高，2014年东北三省的国内生产总值占全国的9.0%，物流成本却占GDP的18.3%，要高于沿海经济区，这已成了东北经济发展与物流发展的重大问题。

其次，物流效率低下，发展物流有很多制约因素。第一，政府部门对发展物流有很多观念问题，铁路、公路、港口、堆场、仓库各自归属不同部门，政府没有规划东北三省统一的物流市场，没有出台相应的扶持物流企业的政策，现有的物流市场管理存在问题，使物流企业发展有很多困难；第二，老工业基地的国有企业很难摆脱计划经济的“大而全”“小而全”，不愿意或很难将自己的物流业务委托第三方物流企业；第三，现有的物流企业除少数为大型国企外，多数为原来的个体运输企业，整体还处在多而散、小而乱的状态，且运力结构失调，实体和信息网络也很不完善，物流企业运作方式不能适应客户的需要。据有关部门统计与调查分析，货运车辆空载率为37%左右，在工业生产的产品总成本中，物流费用占40%，生产企业原材料存期达30天左右，成品库存达45天左右，而且有相当一部分仓库不适合现代物流的需要。

最后，制约东北物流发展的是缺乏大批的物流人才。现代物流企业从事物流工作的人员绝大部分是转行的，物流的理念、物流的运作技术、分析物流客户的需求、制作使客户满意的物流解决方案的能力等都需要大幅提高，才能适应物流发展的需要。

2. 东北地区物流发展对策

（1）应尽快制订东北物流产业发展的方针和总体目标，明确物流产业在东北发展中的作用。

（2）加快制定规范的物流产业发展政策措施，为物流产业发展营造良好的制度环境。

（3）优先鼓励国内外知名物流企业到本地区建立物流园区。

（4）政府部门应加大对现代物流管理的宣传，引导企业调整经营组织结构，剥离效率低的物流部门，大力发展第三方物流企业。

（5）制订东北物流信息系统平台发展规划。

发展物流要把大生产、大贸易、大流通、大物流联系起来，考虑物流基础设施的布局和网络构成，合理建设港口、公路、铁路、物流园区、仓库、配送中心，构建以大型物流园区为核心、综合性物流配送中心和专业性物流配送企业为节点的现代物流体系。

3. 东北地区物流发展的措施

1）开通东北区域物流运输网

为理顺和疏通辽宁、吉林、黑龙江三省间互寄物流邮件运输配送渠道，共同打造东北区域物流运输配送平台，三省邮政局于2003年11月正式开通了东北区域物流运输配送网。为保证东北区域物流运输配送网的正常运行，三省局共同制订了业务处理办法，并确定了三省省会间物流运输、物流邮件的交接（装卸）办法及物流运输配送的价格与结算方式。

2）发挥区域交通优势打造东北物流大通道

2005年大连、沈阳、长春、哈尔滨四市签署了《关于共同加快物流业发展的战略合作协议书》，提出以大连为门户，以沈阳、长春、哈尔滨为腹地，建设东北快速出海大通道。

3）打破关区界限、畅通东北物流

2005 年，由大连海关牵头，东北地区的大连、沈阳、长春、哈尔滨、满洲里五个直属海关签订了《东北协作区海关合作推动东北物流发展九项措施》。此后五海关在东北三省一区进行了前所未有的跨关区合作，合作从硬、软两方面入手：硬件方面的举措之一就是增开“海铁联运”班列；软件方面的重要措施之一就是建立数据共享制度，实时监控海铁联运货物种类、流量和流向，并将人工审核调整为计算机系统自动审核。这些措施使东北地区的跨关区通关作业程序从以前的“两次申报，两次放行”简化为“一次申报，一次放行”，大大降低了企业的成本。

“海铁联运”转关模式受到普遍欢迎，随着应用范围不断扩大。2008 年，中海集运在大连港的铁海联运量超过 10 万标准箱，在东北内陆 20 多个主要站点设立了还箱点，和大连港共同经营 10 余条集装箱班列和循环车组，并在黑龙江开展以哈尔滨为枢纽站的小循环班列运转的新模式。同时，结合铁海联运运输通道的铺设，优化调整了大连到华东、华南地区的航线，实现了中海精品航线和铁路精品班列的无缝衔接。下一步，中海集运将提高航线的服务能力，最大限度地发挥铁海联运的优势。根据东北地区的货源特点，大力发展精品班列、循环车组、内陆小循环的综合铁海联运服务模式，使铁海联运在东北地区实现系统化、网络化。

4）完善现代化综合交通网络体系

东北地区积极争取国家启动，于 2007 年 8 月开工建设的哈尔滨—大连高速铁路，已于 2010 年年底全线铺通。此外，还扩建哈大高速公路，将“双向八道”由沈阳延伸到长春、哈尔滨，实现高速公路同等级连接。

关于促进海运业健康发展的实施意见

5）引进中国外运铸造东北物流航母

2006 年 9 月 22 日，中国外运股份有限公司沈阳物流中心落成。中国外运沈阳物流中心是中国外运立足辽宁，全面发展东北现代物流经济的战略布局中心。

6）全力打造东北亚区域物流中转中心

2006 年长春全力打造一个占地面积 23 平方千米的东北亚物流园区。园区将成为连接国内主要区域、与国内主要物流中心联网运作的国家级重点物流试验基地和代表性物流园区。

5.3 北部、东部、南部沿海地区

5.3.1 北部沿海地区

北部沿海地区包括北京、天津两大直辖市及河北、山东两省。全区陆域面积达 37.25 万平方千米，总人口 1.95 亿。

1. 概况

北部沿海地区地理区位十分优越：向南，它联系着东部、南部沿海地区和港澳台地区，以及东南亚各国；向东，它沟通韩国和日本；向北，通过东北地区连接着蒙古国和俄罗斯远东地区。它以京津两个直辖市为中心，青岛、烟台、秦皇岛等沿海开放城市为扇面，以石家庄、济南省会城市为区域支点，构成了中国北方最重要的政治、经济、文化、国际交往中心，在全国和区域经济中发挥着集聚、辐射、服务和带动作用，有力地促进了本地区特色经济区域的发展。这种独特的地缘优势，为本地区经济的发展、国内外多领域的经济合作，提供了有利的环境和条件，成为海内外客商新的投资热点地区。

北部沿海地区具有发展重工业和化学工业得天独厚的自然资源：煤炭储量占全国50%，石油与铁矿储量均占全国40%。本区还有较好的土地资源：农作物播种面积占全国20%。本区对自然资源有较强的开发能力：原盐产量占全国59%，煤炭产量占全国46%，石油产量占全国39%，发电量占全国29%，粮食产量占全国23%，棉花产量占全国25%，水产品产量占全国27%。

北部沿海地区具有旅游优势：以北京人文景观和滨海地区自然景观为主要特色，历来是集旅游、观光、考古、度假和购物为一体的国际著名旅游胜地。北京是国家首都，拥有3 000多年建城史、850多年建都史。天津自古就是“河海要冲，畿辅门户”，又是中国近代最早的通商口岸之一。河北兼有以吴桥杂技为代表的民间文化和避暑山庄为代表的皇家园林文化，以及坝上森林草原等自然风光。山东是圣人之乡，文圣孔子、武圣孙子、书圣王羲之、医圣扁鹊、工圣鲁班等享誉海内外，3 000多千米的海岸线上，青岛、烟台、威海、日照连成一片，成为中国独有、世界少见的海滨旅游城市群。

2. 经济

改革开放以来，中国经济已经出现了两个高速成长点，第一个经济快速成长点是珠三角地区，第二个成长点是东部沿海地区。而北部沿海地区将是今后10多年里中国经济持续快速成长的第三个区域支撑点，成为中国经济发展最活跃的地区之一。它已与东部、南部沿海一起成为中国经济发展的“黄金海岸”。党中央、国务院对北部沿海地区经济的发展非常重视，江泽民同志在十四大报告中指出，要加速广东、福建、海南、大连、天津、青岛和秦皇岛的开放。2014年，北部沿海地区实现国民生产总值125 905.5亿元，占全国的19.8%；2014年，北部沿海地区的三次产业比重为6.8∶44.5∶48.7，产业结构已由传统的“一、二、三”转变为“三、二、一”（见表5-3）。

表5-3 2014年北部沿海地区产业结构状况

区域	第一产业增加值/亿元	第二产业增加值/亿元	第三产业增加值/亿元	三次产业比重	国内生产总值/亿元	占全国比重/%
北京市	151.0	4 544.8	16 627.0	0.7∶21.3∶77.9	21 330.8	3.4
天津市	199.9	7 731.9	7 795.2	1.3∶49.2∶49.6	15 726.9	2.5
河北省	3 447.5	15 012.9	10 960.8	11.7∶51.0∶37.3	29 421.2	4.6
山东省	4 798.4	28 788.1	25 840.1	8.1∶48.4∶43.5	59 426.6	9.3
北部沿海地区合计	8 596.8	56 077.7	61 223.1	6.8∶44.5∶48.7	125 905.5	19.8

（资料来源：2014年中国统计年鉴相关数据计算得出）

目前，中国经济发展正在“北上”，即由南部沿海北上到东部沿海地区，再进一步北上到北部沿海地区。中国经济发展的“北上”，是北部沿海经济圈快速发展千载难逢的极好良机。因此，北部沿海地区不仅是中国经济发展的新热点地区，而且也是世界经济发展最活跃的地区。北部沿海经济圈经济总量约占全国的1/5，正在形成中国经济的第三个区域经济支柱，成为拉动中国北方地区经济发展的发动机。

3. 工业、技术

北部沿海地区长期受惠于计划经济，在历史上就打下了雄厚的工业基础，特别是重工业基础。随着产业结构调整，北部沿海地区已经形成了能源、化工、冶金、建材、机械、汽车、纺织、食品等八大支柱产业，同时以优势的教育、科技资源带动了高科技产业发展，新兴的电子信息、生物制药、新材料等高新技术等已成为这一地区的主导产业。目前，有全国最大的电子信息产业科研、贸易、生产基地之誉的北京中关村地区，已集中了软件开发及信息技术的各类优秀人才，摩托罗拉、惠普、松下、微软、富士通等均在北京设立了研发中心，蓄势待发；天津开发区已成长为北部沿海经济活跃度最高、发展速度最快的区域，IT制造业在全国处于领先地位，这里还是全国最大的电子通信设备、液晶显示器等生产基地，摩托罗拉、韩国三星等国际跨国公司进驻天津开发区早已形成相当生产规模，其自身及辐射作用仍在扩大；经过10多年的建设，河北省目前已形成海运产业、制药业、生态农业等特色经济发展区域，外商投资地区和领域不断拓宽；山东半岛也已成为全国重要的家电、电子生产基地。北部沿海经济区已经形成了富有特色的高技术产业带，为中国5年来高新技术产业工业产值年均增长20%作出了贡献。

北部沿海地区科技力量最强大，仅京津两大直辖市的科研院所、高等院校的科技人员就占全国的1/4。科技人才优势与资源优势必将对国际资本产生强大的吸引力。

4. 城市联合初现端倪

北部沿海地区内城市发展必须集聚区域优势，方可保持在世界城市体系中的地位。目前，北部沿海地区城市的联合起飞已初现端倪。

2010年，国家发改委历经5年调研和编制的《京津冀都市圈区域规划》已经上报国务院。《区域规划》按照“8+2”的模式制订。其中“2”包括北京和天津两个直辖市，而“8”则指河北省的石家庄、秦皇岛、唐山、廊坊、保定、沧州、张家口、承德8个地市。在《区域规划》中，北京以发展交通运输及邮电通信业、金融保险业、房地产业和批发零售及餐饮业为重点；天津则将在现有加工制造业优势与港口优势基础上，大力发展电子信息、汽车、生物技术与现代医药、装备制造、新能源及环保设备等先进制造业；河北8市定位在原材料重化工基地、现代化农业基地和重要的旅游休闲度假区域，也是京津高技术产业和先进制造业研发转化及加工配套基地，同时在第一产业中着重发展农业和牧业，成为京津的“米袋子”和“菜篮子”。

5. 对外开放状况

由于观念、体制和机制等多方面的制约，加上缺乏相应的配套措施，北部沿海地区开放和开发推进比较缓慢，经济外向型程度较低。

当前，加快北部沿海地区的开放和开发，正面临着良好的发展机遇和国际国内环境。从国际环境看，当前世界范围内出现了新一轮的产业结构调整和升级浪潮，国际产业转移不断加快，并出现了整个产业链转移和潜在转移日益加速的新态势。而北部沿海地区是当前我国少数几个能够全面承接这种整体产业链转移的地区之一。从国内环境看，近年来外商在华投资出现了由南向北转移的新趋势。2014年，东部沿海地区实际利用外商直接投资比上年增长16.7%，北部沿海地区增长11.7%，而珠三角地区则下降了29.6%。

从发展趋势和潜力看，北部沿海地区有条件建设成为我国继珠三角、东部沿海地区之后支撑国民经济持续快速发展的新的重要“增长极”。2014 年，北部沿海地区国内生产总值为 1 259 095.5 亿元，进出口总额 8 862.11 亿美元，占全国的 20.6%，外商实际投资额 369.69 亿美元，占全国的 15.6%。因此，加快北部沿海地区的开放和开发，既是新时期全面提高对外开放水平的重要内容，也是促进国民经济持续稳定快速发展的重要举措。

6. 交通运输

北部沿海地区海陆空交通发达便捷。该地区港口密布，构成了中国最为密集的港口群；该地区也是中国交通网络最为密集的区域之一，是我国海运、铁路、公路、航空、通信网络的枢纽地带，交通、通信联片成网，形成了以港口为中心、陆海空为一体的立体交通网络，成为沟通东北、西北和华北经济和进入国际市场的重要集散地。该地区是我国空中航线密集的地区，现有各类民用航空机场 30 余个。在北部沿海地区海岸线上，近 20 个大中城市遥相呼应，数千家大中型企业虎踞龙盘，包括天津、青岛、秦皇岛等中国重要港口在内的 60 多个大小港口星罗棋布，以京津两个直辖市为中心带动的两侧扇形区域，成为中国乃至世界上城市群、工业群、港口群最为密集的区域之一。

7. 北部沿海地区物流发展

1）北京物流

（1）北京市物流业发展现状。近几年来，北京市物流业在迅速发展，其总体情况是：

第一，北京市物流业市场需求比较旺盛，物流产业粗具规模。北京市每年物流业务总量约有 3.87 亿吨，全市涉及物流业务的企业超过 4 500 家，从业人员有 11 万多人，其中以物流为主业的企业大约有 1 000 家。

第二，北京市物流基础设施和存量资源比较丰富，空间布局逐步优化。北京公路铁路均属于国内一流水平，首都机场也是国内一流的航空设施。北京市物流仓储设施等存量资源也非常丰富，全市的仓库有 13 000 多个，仓容是 500 万立方米。北京市物流基础设施空间布局正在发生积极的变化。这几年经过空间格局的调整，四环以外的物流设施已占全市物流设施的 76%，在六环路附近，北京正在建设三个较大的物流基地，目前已经吸引了中外 70 多家物流企业登记注册，其中有 20 多家物流企业已经在园区里面开工建设，其中 5 家已正式开始营业。

第三，北京市物流业多元化格局已基本形成，服务水平和能力逐步提高。北京物流企业运营资金中个人、外商和港澳地区投资已经占到了 73.3%。国内物流企业开始发展，本地物流迅速崛起，医药、快递等一些新兴的物流企业也在迅速发展。

第四，代表行业的物流协会组织正在兴起，并且将很快开展服务。

第五，北京物流功能结构逐渐升级，专业化、社会化特征有所增强。由传统物流向现代物流方式转化的过程当中，代表现代物流增值服务的一些物流配送、流通加工的业务量正在逐步增长，配送量的年均增长速度达到 50%，在批发零售行业，流通加工费用占整个流程的比重已提高到 10%。代表社会化和专业化的第三方物流企业从无到有，从少到多地快速发展起来。

（2）北京物流发展存在的问题。同发达国家和国内发达城市相比，北京市物流产业面临三方面的突出问题：第一是专业化和配置效率不够高，资源利用程度还不是很好。北京市

80%的仓储资源是分散在工商企业内部的，北京市70%的物流量是自营物流，物流资源利用受到很大限制。第二是物流企业运营水平不高。仓储的库存时间平均是40～50天，这与发达国家水平相比还差一倍；资金周转次数每年只有3～4次，这也是明显低于国外的。第三是长距离、大批量运输呈明显弱势。工业企业平均运输距离在100千米以上的不足三成，批发企业平均运输距离在100千米以上的仅占两成。

（3）北京物流业的发展目标。北京市物流发展的目标是：构建服务国际、辐射东北和华北地区、兼顾国内外需求的物流体系；到2020年实现布局合理、结构优化、先进适用、高效低耗的现代物流体系，使北京市综合物流能力达到世界同类发达城市21世纪初的水平。

（4）北京物流业发展重点。北京物流业发展重点是：

① 发展专业物流，为北京生产生活需要服务。

② 通过重组发展社会化物流，鼓励企业外包。鼓励国内企业加快资产重组步伐，充分利用现有资源，使其能够和国外企业进行有效合作，快速发挥资源作用。

③ 发展国内区域物流和国际物流。北京是一个内陆城市，要发展区域物流和国际物流，首先加强和周边港口城市的合作。近几年北京同天津合作建立了大通关模式——北京朝阳口岸与天津港直通，已经取得非常有效的成果，现在清关的时间可以控制在2个小时之内。其次充分发挥航空物流优势。北京首都机场是国内最大的对外窗口，年吞吐量为67万吨，每年完成北京市70%左右的关税。目前，首都机场已扩建完成，为了充分发挥机场作用，同时以航空物流为中心，发展城市物流。在首都机场以北1千米的地方，建设了北京空港物流园区，现有航空保税物流中心进行申报。

④ 推进物流信息技术应用，加快物流运作流程。

2）天津物流

天津早在20世纪80年代开始就进行了物流基础设施建设和物流技术的引进工作，经过20多年的发展，天津市物流发展取得显著成就。

（1）天津市物流业发展现状，主要有：

① 物流产业增加值逐年增长，物流成本占GDP比重不断下降。“十二五”期间，天津市物流业增加值年均增速20%，高于这一时期全市经济增速和第三产业增速。2014年，天津市物流产业增加值占全市GDP的比重达到8.7%。社会物流总成本占全市GDP的比重由2009年的15.8%下降到2014年的14.6%，下降了1.2个百分点。2014年，天津市物流产业增加值率为50.6%，比上年高出0.3个百分点。

② 物流货运量增长迅速。2014年，天津市物流产业货物运输量达到5.0亿吨，比上年增长11.1%。货物运输的主要方式包括公路、铁路、水路、航空及管道等。其中，公路和水路运输合计占天津市全部货运量的80%。从货物周转量看，全年完成3 602.4亿吨千米。

③ 充分发挥区位优势，物流产业初具规模。天津地处环渤海的中心位置，是中国北方的重要交通枢纽，拥有吞吐量进入世界前十强的港口。随着经济的快速发展，很多跨国企业纷纷落户天津，为发展物流业创造了良好的客观环境。

④ 物流基础设施建设不断完善。近几年来，天津加快了港口、机场、铁路、航道、高速公路、仓库等重要交通基础设施的规划建设，并取得了快速进展。“十二五”期间，天津市基础设施建设投资年平均增长率为33.18%。

港口是天津发展物流业的重要依托。目前，天津港已建成各类泊位140余个，其中万吨级以上泊位55个。天津港与世界160多个国家和300多个港口建立了长期贸易关系，正在由运输中心向综合物流中心转变。

经过近几年的投资和建设，天津市铁路和公路交通设施也得到进一步完善。天津铁路枢纽内现有五条干线，铁路专用线长度120千米，有24个车站，14个货场，年发送货物2 000万吨，到达7 000万吨。“十五”期间已建成的蓟港铁路运输能力达1 200万吨，目前正在加快蓟港铁路复线、黄万铁路、京沪高速铁路天津段以及保霸线建设，形成通达“三北”和华东、华南地区的高速铁路网络。天津市公路网主要由国道、省道组成干线网，并辅以县乡公路和专用公路的干支结合的支持网络组成，形成天津市与北京、东北、西北、华北、华东、华中地区公路交通的对外通道。

⑤ 物流企业蓬勃发展并形成一批骨干企业。目前，天津市已经形成了一批主营业务突出，核心竞争力强的物流企业，培育了中远物流、振华公司、安达集团、宝运物流、德利得集团等具有国内先进水平和具有国际竞争力的现代物流骨干企业。通过招商引资，新加坡叶水福、德国大众、韩国三星等500多家具有先进管理经验与设备的著名外资企业已落户天津，其中跨国公司50多家。全球最大的包裹递送公司以及专业运输和物流服务供应商——美国UPS公司也将其亚洲物流中心设于天津。众多国有控股、外资和私营物流企业的纷纷涌现推进了天津市物流产业多种所有制市场主体的共同发展，为建立全市社会化、专业化、现代化的物流服务体系奠定了坚实的基础，提供了良好的开端。

（2）天津市物流业发展存在的问题与制约因素，主要包括：

① 第三方物流企业发展存在一定困难。目前天津市工商企业自办物流比重较高，存在“小、散、弱”现象。这就导致了一些现代化的物流设施得不到有效利用，第三方物流企业发展困难。企业内自办物流有其方便之处，但从全社会角度看这是不经济的，物流资源浪费现象严重，物流设施配套也不合理。

② 物流产业的发展过多依赖于传统交通运输仓储业，其他业务所占比重较低。目前，天津市物流产业活动仍以传统的货物运输、仓储业为主体，而物流包装、物流配送、物流管理等高利润低成本的现代化第三方物流比重还较低。从2014年天津市全社会物流成本占GDP的比重看，货物运输业占64.3%，仓储业占12.7%，其他占19%，物流产业的发展很大程度上依赖于交通运输仓储业的发展。2014年，天津市物流产业增加值占全市GDP的比重为8.7%，较前几年有所下降，主要原因就是受中远散货效益下降影响。由于交通运输仓储业特别是远洋货运是物流业的主体，因此目前仍起着左右全市物流业局面的作用。

③ 天津市空港聚集功能不强。天津机场航线航班少，尤其是缺少国际航线，对适航货物吸引力小，大部分产品需从北京机场转运，航空物流增长缓慢。以2014年各种货物运输方式实现增加值占全部货运增加值的比重为例，水上货运占53.9%，公路货运占17.3%，铁路货运占12.6%，管道、装卸搬运及其他货运占15.9%，而航空货运仅占0.3%。究其原因，一方面是由于空运成本较高，而另一个很重要的因素是天津市空港的聚集功能不强。

④ 物流管理体制存在一定障碍。一方面，行业或部门之间条块分割问题严重，妨碍了现有物流资源的科学合理配置和其自身具有的社会化优势的发挥，束缚了物流业的发展。另一方面，与物流企业发展相关的融资制度、土地使用制度、市场准入与退出制度等方面的政策与法规尚不完善，也制约了现代物流业的发展。

⑤ 物流成本偏高，物流企业经营模式有待改进，集约化程度有待提高。国际上通常把物流成本占GDP的比重作为衡量物流效率和效益的重要指标。发达国家及地区经过推行现代物流，这项指标已控制在10%左右。2001年，天津市物流成本占GDP的比重为19.3%，首次降到20%以下，2014年进一步下降到14.6%。天津市作为沿海开放的港口城市，现代物流业规模还比较小，其增加值占GDP的比重不足发达国家的1/3，而物流成本是发达国家的近两倍。从总体上来说，目前天津市大多数物流企业的经营模式还停留在比较粗放和初级的阶段，现代物流理念尚未形成，企业服务能力不强，集约化程度较低，质量和效益有待提高。

3）河北省物流

自1999年现代物流业在河北省起步以来，交通系统、商业储运系统、邮政系统、铁路系统、电子商务系统对物流发展表现出极大的热情。目前河北省有物流连锁公司112家，企业内部物流配送中心95个，已建成了内联11市，外通30省、市、自治区100余个大中城市的运输网络，平均每天处理货物182吨。

（1）河北省发展物流业的优势。河北省具有得天独厚的区位优势、经济优势。河北位居环渤海中心地带，环京津、环渤海区域内科技发达，资源丰富，物流量大，经济发展极具潜力。2014年，河北GDP总量达到29 421.2亿元，比上年增长6.5%。河北省具有487千米海岸线，秦皇岛港、唐山港、黄骅港，港口货物吞吐能力不仅为河北服务，还辐射到东北、华北、西北。京津冀是我国今后经济发展最具活力的区域之一，也是物流发展最具吸引力的地区之一。以天津港和唐山港曹妃甸港区为枢纽的物流基地，北京拟建和正在建的五环与六环间的物流园区和物流中心也临近河北，给河北物流融合到京津物流体系中创造了条件，对河北物流的带动作用不可低估。

河北运输基础设施良好，为物流发展奠定了基础。河北省现有一、二级公路通车里程17 246千米，公路网密度达到42.8千米/百平方千米，初步形成了以北京为中心，天津、石家庄为枢纽，辐射10个省辖市，连接秦皇岛、天津、唐山、曹妃甸、黄骅5个港和大同、阳泉2个煤炭基地的“五纵七横”的公路主骨架系统，物流服务能力较强。

河北是京畿之地，交通方便，商埠发达，商贸交易频繁，易形成物流市场。这些商贸企业一旦将产品物流环节从整个生产过程中分离出来，实行物流外包，那么物流潜在市场巨大，这些企业将成为推动河北物流发展的有生力量。

（2）河北省物流业发展规划。为构筑未来河北省经济发展的战略支撑和区域产业格局的主框架，河北省将现代物流业确定为十大主导产业之一。按照省政府统一部署，省发改委组织有关部门在深入调研的基础上，编制了规划初稿。“规划”提出，到2020年，河北将基本实现多种交通方式的有效衔接，实现“市市通高铁、县县通高速、市市有机场”。同时还将建设一批具有全国影响的物流枢纽、商业中心、商品集散地和会展中心，形成5个国家级物流枢纽、6个区域性物流节点、20个年交易额超百亿元的物流园区和20个年交易额超10亿元的大型商贸中心，建成10个有全国影响力的大宗商品交易平台、100个县域特色产业交易平台和1 000个单品交易平台。现代物流业的加快发展，必将起到降低社会物流成本、合理配置资源和优化经济结构的作用，推动河北省经济持续快速全面发展。

京津冀物流标准化联盟成立

4）山东省物流

近年来，山东省物流得到较快发展，对经济发展的作用逐步显现。

（1）山东省物流发展现状。

物流基础设施建设步伐加快。到2014年，全省铁路通车营业里程5 000千米，公路通车里程259 500千米，其中高速公路5 100千米，公路网密度179.82千米/百平方千米，公路等级明显提高，路况明显改善。货运量26.4亿吨，货运周转量8 253亿吨千米，占全国的4.4%。沿海主要港口货物吞吐量5.8亿吨，占全国的14.8%。邮电业务总量1 212.7亿元，占全国的5.6%，邮政所6 498处。

第三方物流得到发展。从事物流业务的企业有3 000多家，山东交运集团、山东中邮物流公司、山东佳怡物流公司等15家企业入选全国物流百强。此外还有丹麦马士基、日本伊藤忠、韩国韩进、新加坡胜狮、以色列以星轮船等国外知名物流企业入驻山东省。

优化企业物流管理取得成效。全省已有392家企业在不同层次、不同环节采用了现代物流管理方法，取得直接经济效益11.52亿元。产供销物流一体化管理、物资超市管理、准时制生产、物流外包等经验得到推广应用。

商贸物流配送快速发展。全省连锁企业物流配送额达到864亿元，三联家电集团、青岛利群集团、青岛维客集团、潍坊百货集团、威海糖酒集团、淄博新星集团等建起现代化、智能化、机械化物流配送中心，促进了连锁经营的发展。

物流科技与装备水平有较大提高。自动化立体仓库、电子标签分拣线、GPS配送车辆监控、专用叉车、集装箱车、物品托盘等先进物流装备和技术得到应用。通过实施企业资源管理、制造资源管理、管理信息系统，改变了传统物流管理模式。济南兰剑物流科技公司、三联电子信息公司等物流科技企业积极开展物流咨询、系统软件和装备业务，对物流科技进步起到了推动作用。

物流教育与培训取得成果。山东省高校已设立“物流工程”和“物流管理”本科专业，开始培养物流硕士、博士研究生。山东大学第一批物流工程本科生已经毕业。物流职业培训更加广泛，从业资格认证工作开始起步。

（2）山东省物流业存在的问题。当前，山东省物流发展中存在的问题主要是：对现代物流的认识有待进一步提高，物流管理体制需进一步理顺；物流企业存在小、散、弱、差的问题，服务方式和手段单一，技术装备水平不高，市场竞争力不强；工商企业自营物流业务比重过高，物流业务社会化率偏低；信息技术应用水平不高，物流设施的建设与现代物流发展需要还有距离，物流技术标准不统一，物流人才匮乏等制约着现代物流业的发展。

（3）山东省物流业的发展目标。山东省物流发展的总体目标：经过5年的发展，在全省基本建立起以鲁东、鲁中、鲁南三大物流区域为主体，青岛、烟台、日照三大港口为龙头，青岛前湾港等10大物流园区、淄博鸿运物流中心等20个物流中心、三联家电总公司物流配送中心等15个商贸配送中心为重点，山东中邮物流有限公司等20户物流企业为骨干，京沪铁路、京九铁路、胶济铁路、菏兖日铁路、济青高速、京福京沪高速山东段为主要通道的快捷准时、经济合理、陆海空相连的现代物流服务体系；大力发展国际物流系统、快速物流系统、城市物流配送系统三大物流系统；省200户重点工业集团率先实施现代物流管理，降低“两项资金”占用，使物流成本占GDP的比重由21%降低到18%左右；物流业增加值占GDP的比重有较大幅度的增加；第三方物流占全社会物流的比重达30%以上。

5.3.2 东部沿海地区

东部沿海地区包括上海、江苏和浙江一市两省，总面积约21万平方千米。

1. 概况

东部沿海地区是我国经济最发达、开放程度最高的地区之一。

东部沿海地区属亚热带湿润季风区，气候温和，土地肥沃，自古以来农业发达，有“鱼米之乡”“丝绸之府”的美誉；水产资源也非常丰富，著名的舟山渔场、嵊泗渔场、长江口渔场均在其附近海域，大陆海岸线近3 300千米，长江优良岸线600千米，由上海、宁波、舟山、南京、镇江等组成的港口群，与世界上160个国家和地区通航。现在，这里已经形成了一个以上海为中心的现代化综合运输网。通过长江水运大动脉，可以沟通面积180万平方千米，人口3.5亿，主要工农业产品产量占全国半数的整个长江流域，市场极为广阔。

东部沿海地区矿产资源除了江苏省外，另外两省市的不太丰富。

上海陆上能源矿产匮乏。在长江口海底发现有锆石、钛铁矿、石榴石、金红石等重要矿物。近海油气资源丰富，具有我国近海海域最大的油气盆地，油气资源储量约60亿吨，附近黄海经过调查和勘探，也发现油气资源估算储量2.9亿吨。

浙江非金属矿产比较丰富，在全国具有一定优势。目前浙江已发现各类非金属矿产60余种，其中已探明储量的有30余种。明矾、碲石储量最大，质量较好，在已探明储量的矿产中，石煤、吸凡石、叶蜡石、伊利石居全国第一位，萤磅第二位，硅藻土排名第三，较重要的矿产还有绍兴漓渚铁矿，青田、永嘉等县的钼矿，长兴、建德等地的煤矿以及石灰岩和多种稀有金属。碲石、硅灰石、珍珠岩、高岭土、花岗石、大理石、膨润土和水泥灰岩等在全国都占有一定的地位。

江苏省的优势矿产是有色金属、黏土类、建材和稀有金属、特种非金属。目前已发现矿产品种100多种，已探明储量的67种，其中建材、黏土等34种单矿储量列全国前十位。全省已发现的矿产地900多处，铅锌矿同时伴生银及部分金等有色金属及贵金属矿产，是本省较丰富的矿产资源。稀有金属锶储量居全国首位。熔剂石灰岩、白云岩、蛇形岩、萤石等冶金辅助原料等资源也较丰富。黏土类矿产有凹凸棒石黏土、膨润土、陶土、塑料黏土、瓷石等，品种齐全，量大质优，居全国首位。建材矿产中有水泥灰岩、石膏、大理石，还有浮石、凝灰岩、珍珠岩、蛭石、岩棉用玄武岩、硅质黏土等，玻璃用石英砂、石英岩等也储量丰富。此外，还有柘榴红宝石、蓝宝石、水晶等宝石类矿产及特种非金属矿产金刚石砂矿。

东部沿海地区的旅游资源非常丰富，虽然陆地面积仅占全国的2%，但每年接待国内外的游客占全国的1/3和1/4。

上海的名胜以人文景观为主，有革命遗址、名人故居、龙华塔、龙华寺、玉佛寺、豫园，还有嘉定孔庙、古漪园、秋霞圃、松江方塔、醉白池、青浦曲水园、淀山湖。自然景观有外滩，秀丽葱翠的佘山等。上海是中国较早的开放城市之一，在这里融入了东、西方各种建筑1 400多幢，其中黄浦江畔的外滩建筑群素有“万国建筑博物馆”之称，构成了上海独特的风景线。

浙江是中国著名的旅游胜地，旅游景点众多，类型丰富，有重要地貌景观800余处，水域景观200余处，生物景观100余处，人文景观100余处。全省现有西湖、两江一湖（富春江、新安江、千岛湖）、温州雁荡山等16处国家级风景名胜区，数量居中国第二位。此外还有省级风景名胜区42个，省级旅游度假区13个。省会杭州也是中国著名的风景旅游城市，以秀丽迷人的西湖自然风光闻名于世。

江苏省内自然景观与人文景观相映成趣，名胜古迹遍布全省各地。江苏的自然景观有苏州城，扬州的瘦西湖，南京的玄武湖、莫愁湖，徐州的云龙湖，溧阳的天目湖等都是著名的游览湖泊。江苏的名泉极多，镇江中泠泉，无锡惠山泉，苏州虎丘憨憨泉等。江苏的山有南京钟山、清凉山、栖霞山等，人文景观有连云港将军崖上的石刻岩画、孔望山上佛教摩崖石刻，徐州东南部狮子山西汉楚王陵，南京的中山陵、明孝陵、雨花台、千佛岩，淮安城周恩来故居、周恩来纪念馆，徐州淮海战役烈士陵园等。

2. 经济

东部沿海地区具有得天独厚的江海交汇、南北居中的区位条件，是中国最具活力与竞争力的经济区域之一。自改革开放以来，以东部沿海地区和长江沿岸的开发开放为重点，东部沿海地区的开发开放成为整个长江流域开发开放的“龙头”。1990年，中国政府决定加快开发和开放上海浦东的步伐，其目的是使上海尽快发展成为国际经济、金融和贸易中心，进而带动起东部沿海地区及长江沿岸地区的经济振兴。上海是中国的最大城市，也是远东大都市，又是中国的重要综合性工业基地和科研基地，在全国国民经济中居举足轻重的地位。江苏省和浙江省也是中国经济、科技、文化最发达的地区之一，它们不断扩大开放程度，加快外向型经济的发展，使宁波、南京、苏州、杭州等地也已成为外商投资的重点。近年来，以上海为龙头、江浙为两翼的东部沿海经济区，充分利用国际国内两种资源、两个市场，依靠改革和开放两轮驱动，使促进经济发展的基础细胞被激活，推动社会进步的生产力被释放。2014年，这一地区国内生产总值为86 313.3亿元，占全国的13.6%，进出口额13 850.0亿美元，占全国的32.2%（见表5-4），其经济总量领先于我国其他地区。

表5-4 2014年东部沿海地区经济状况

区域	第一产业增加值/亿元	第二产业增加值/亿元	第三产业增加值/亿元	三次产业比重	国内生产总值/亿元	进出口额/亿美元
上海市	126.3	8 167.7	15 275.7	0.5：34.7：64.8	23 567.7	4 664.0
江苏省	3 634.3	30 854.5	30 599.5	5.6：47.4：47.0	65 088.3	5 635.5
浙江省	1 777.2	19 175.1	19 220.8	4.4：47.7：47.8	40 173.0	3 550.4
东部沿海地区合计	5 537.8	58 197.3	65 096.0	4.3：45.2：50.5	128 829.0	13 849.9
占全国比重/%	8.7	26.2	30.2	全国 9.2：42.7：48.1	20.3	32.2

（资料来源：2014年中国统计年鉴相关数据计算得出）

1）对外开放情况

东部沿海地区外向型经济发展大体可分为两个阶段：

（1）1979—1990年为起步阶段。1984—1985年，国务院先后决定进一步开放连云港、南通、上海、温州等14个沿海港口城市，将东部沿海地区（沪、苏、浙）、广东和闽南三角洲（厦、漳、泉地区）开辟为沿海经济开放区，对上述地区在利用外资方面实行优惠政策，同时采取完善立法，扩大地方外商投资审批权限等一系列措施，有力启动了东部沿海地区的外向型经济发展。

（2）1991年以来为高速发展阶段。1990年中央决定开发和开放上海浦东新区，从而使东部沿海地区的外向型经济发展进入新阶段。1992年年初，邓小平同志视察南方的重要谈话发表以后，东部沿海地区与全国一样，对外开放出现了崭新的局面。当年，国务院决定进一步开放南京等六个沿江港口城市，使本区外向型经济进入快速发展阶段。20世纪90年代后期浦东开发开放进入形态开发和功能开发并举的新阶段，使东部沿海地区外向型经济提高到了新层次。2009年东部沿海地区进出额10 420.5亿美元，是2000年的14倍，是1992年的58倍；外商直接投资额457.6亿美元，是2000年的4倍，是1992年的106倍（见表5-5）。

表5-5 东部沿海地区对外开放状况

年份	1992年	2000年	2009年	2014年
进出口额/亿美元	178.3	725.7	10 420.5	43 015.3
外商直接投资额/亿美元	4.31	112.1	457.6	1 195.6

（资料来源：中国统计年鉴相关数据计算得出）

2）产业

由于国际产业向东部沿海地区的大规模转移特别是国际资本向东部沿海地区转移，以加工制造业为主。该地区产业一直以制造业为主导，且制造业的结构升级显著。自20世纪90年代初以来，东部沿海地区的制造业经历了显著的结构转变：现代制造业比重显著上升，传统制造业比重显著下降。

从经济发展的长期取向来看，目前东部沿海地区的产业结构处于由“二三一”向“三二一”转变的阶段（参见表5-4），产业结构在调整中逐步优化。从与全国对比情况来看，2014年全国三次产业结构比例为9.2：42.7：48.1，东部沿海地区的为4.3：45.2：50.5，第一产业比重低于全国4.9个百分点，第二产业比重高于全国2.5个百分点，第三产业比重高于全国2.4个百分点。数据显示，上海第三产业迅猛增长。2014年，上海第三产业增加值15 275.7亿元，占全市生产总值的比重为64.8%。上海三次产业比重由2009年的0.8：39.9：59.4变为2014年的0.8：34.7：64.8。第三产业比重大幅增加。浙江省三次产业结构从2009年的5.1：51.9：43.0调整为2014年的5.6：47.4：47.0，尽管第三产业比重有所上升，但是第二产业依然居首位。与之相符的是，浙江省在“十三五”规划中提出，“全力打造支撑未来发展的重要战略平台和现代产业体系”“培育支撑未来发展的万亿级产业”；江苏省在“十三五”规划中提出，“大力发展前景好、容量大、效益高的新产业、新技术、新业态、新模式，支持传统产业优化升级”。

在东部沿海地区规划中，提出未来将重点发展三次产业：形成以高新技术产业为主导、先进制造业为主体、现代服务业为支撑的产业发展新格局；充分利用现代技术，加快改造传统产业，使其进一步巩固、提升装备制造、纺织轻工、旅游业等长三角的传统优势支柱产业；利用长期积淀的教育、科技、人才、工业基础等优势，提高创新能力和设计制造水平，积极发展大型机械、整机装备、汽车、船舶和成套设备等产业，建成具有国际影响力的纺织产业中心、服务制造中心、轻工日用品生产基地和轻纺贸易中心；重点发展以金融保险、交通运输、现代物流、信息咨询、教育培训、中介服务等为主的生产性服务业，以及生物医药、新材料等具有先导作用的新兴产业。

3. 交通运输

东部沿海地区的交通与经济发达程度相适应，在祖国大陆是最便捷的，水陆空立体发展的地区。

上海是中国内地最大的综合交通枢纽和对外开放的国际港口城市，目前已形成由铁路、水路、公路、航空等多种运输方式组成的，具有相当规模的综合交通运输网络。上海有各种铁路专用线近百条。上海铁路将建立以直达快运为主线、内接港澳地区、北连俄欧、东通海外、西达中亚的国际集装箱多式联运网络。上海公路遍布城乡，与沪宜、沪杭、沪青、沪太、曹安、松枫等干线公路相连，可通邻近各省主要城市及市内各区、县、乡、镇。中心城区建成了“申”字形高架道路、路网总里程超过400千米的轨道交通线和“三横三纵”的地面骨干道路，快速、立体化的综合交通体系初步形成。上海目前拥有两个国际机场——虹桥国际机场和浦东国际机场。上海港是中国内地最大的港口，港区面积3 600多平方千米，拥有19条国际集装箱班轮航线，通达世界12大航区，与近200个国家和地区的500多个港口建立了业务联系。上海港的航线分为：① 远洋航线：可以分别抵达中国香港、中国台湾（经第三地）、韩国、日本、东南亚、澳大利亚、以色列、地中海、西北欧、南非、南美、美国东西岸等地；② 沿海航线：可抵达从北到南沿海主要港口；③ 长江航线：可直达长江中下游各港口；④ 内河航线：通过江南水网可抵达江、浙、皖等省各大小港口码头。

江苏省境内现有“两纵一横一点”四条铁路主干线，和数十条铁路专用线，可直达全国40多个大中城市。2014年年末，全省铁路营业里程2 700千米。铁路沿线各城市都拥有铁路货运站点，其中徐州西站和南京东站是两个路网型铁路编组站。以连云港为起点的新亚欧大陆桥向西可至荷兰鹿特丹，自1992年年底开通以来，江苏的铁路已经承担了95%的过境运输业务。江苏省的公路网络十分发达，2014年年末，全省公路通车里程15.75万千米，新增1 400千米。其中高速公路通车里程4 500千米，密度居全国第一，达到发达国家平均水平，目前江苏拥有南京、徐州、连云港三个国家级公路主枢纽城市，全省13个地级市之间都有高速公路相连。江苏省航道总里程为2.4万千米（不含长江干流418千米），占全国内河总里程的20.3%，港口总吞吐能力和万吨级泊位数均居全国首位。全省干线航道通航保证率始终保持在90%以上，优良闸次率保持在98%以上，拥有连云港、南京港、镇江港、张家港、南通港五大枢纽港。全省拥有南京禄口国际机场、徐州观音机场等九个民用或军民合用机场，开通省内外航线82条，已形成以南京为中心，以各个地区性大、中等城市为支点辐射全国的运输网络。鲁宁输油管道，由山东入江苏省徐州、经安徽到仪征长江北岸的码头。该原油运输管道在江苏省境内全长356千米，输油能力2 000万吨/年。

浙江铁路以省会杭州为枢纽，境内有杭州—上海、杭州—江西、杭州—宁波三条铁路复线和杭州—宣城、金华—温州两条铁路干线，总里程2 300千米。截至2004年，浙江省公路总里程达到116 400平方千米，公路网密度达到114.34千米/百平方千米。高速公路已通车里程达3 900千米。全省沿海港口34个，泊位876个，其中万吨级以上泊位58个，主要港口有宁波、舟山、温州、海门和乍浦港（已改名为嘉兴港），其中宁波、温州港为全国沿海主枢纽港。全省有内河航道1.04万千米，居全国第三位。其中干线航道10条，1 230千米。全省共有内河港口105个，年货物通过能力2.1亿吨。浙江现有杭州萧山、宁波、温州、台州、义乌、衢州、舟山七个机场。

在“十二五”期间，东部沿海地区已建五条城际轨道交通，总里程达815千米，形成以上海、南京和杭州为中心的“1～2小时快速交通圈”。按照规划，将建设的五条城际轨道是：南京—镇江—常州—无锡—苏州—上海城际轨道交通线，全长295千米；上海—嘉兴—杭州城际轨道交通线，全长160千米；杭州—绍兴—宁波城际轨道交通线，全长158千米；常州—江阴—常熟—苏州城际轨道交通线，全长124千米；苏州—嘉兴城际轨道交通线，全长78千米。此外，于2009年完成的沪杭之间的磁浮铁路的建设，也将使未来的东部沿海地区可能成为国际上的磁浮装备圈。

4. 东部沿海地区物流

1）上海物流

（1）发展现状。改革开放以来，上海的现代物流业始终保持着较快的增长。现代物流业已经成为上海现代服务业的支柱产业，对全市经济持续发展作出了重要贡献。

① 物流总量规模扩大。2014年各种运输方式完成货物运输总量89 980万吨，上海港口货物吞吐量达到6.87亿吨，港口集装箱吞吐量3 653.7万标准箱。上海浦东、上海虹桥两大国际机场全年共起降航班47.7万架次，航空货邮吞吐量位居国内首位。上海物流业总产出占全市GDP比重约15%，占服务业增加值比重约30%。

② 现代物流配送渐成体系。以采用信息技术、供应链管理理念为主要特征的现代物流管理方式已进入钢铁、汽车、医药、化工和连锁商业等行业。宝钢集团与中海集团签订《战略合作协议》，与一汽、日本住友签订《一体化管理合作协议》，稳固了宝钢战略供应商地位。百联集团、农工商超市等大型商业流通企业建立了支撑连锁经营核心业务发展的物流配送网络。商流、物流、信息流的集成融合，促进了支撑支柱产业和连锁商业的现代物流配送体系的形成。

③ 物流园区建设取得阶段性成果。“十五”期间建设四个物流园区，洋山深水港一期工程顺利建成，洋山保税港已经开港运营，临港国际物流园区吸引了普洛斯、卡特彼勒等国际知名物流企业和国内大型物流企业入驻。外高桥、空港和西北综合物流园区服务功能逐步完善。38个物流项目，15家中外知名物流企业入户外高桥保税物流园区；浦东空港物流园区的新一轮规划建设也已启动；西北综合物流园区引进国内外物流企业59个，集聚了全国60%的医药物流配送和全市75%以上的超市物流配送。

④ 多种所有制物流企业共同发展。“十五”期间，国际港务、交运集团、东方国际、锦海捷亚、百联现代等国有物流企业“改制转型”获得新发展；联邦快递、TNT、马士基、UPS等全球著名物流企业落户上海并提供现代化物流服务；北芳、虹鑫、远成、佳吉等一批民营物流企业注重供应链管理和物流信息化建设，形成独特服务模式，为外资合资制造企业、商贸企业提供物流外包服务；安吉天地等一批具有现代物流管理经验和技术，为先进制造业提供综合物流服务的中外合资物流企业发展较快。上海已经基本形成了不同所有制企业和提供各种专业化物流服务的企业共同发展的格局。

上海现代物流业发展已经取得阶段性成果，但与经济社会持续快速发展的需求相比，物流业发展还存在不足：一是物流供需结构性矛盾较为突出。低端物流服务竞争过度，供应链策划管理等高端物流服务供给不足，一方面相当数量的制造企业与商贸流通企业的物流需求未能释放，另一方面缺乏集成运用信息技术，提供专业化、社会化物流服务的骨干物流企业。二是物流基础设施的有效使用有待提高。多式联运式的无缝连接不够，陆路运输较为拥堵，铁路和内河运输运营效率有待提高，物流园区和工业区功能有待优化，提供专业化物流信息服务的公共平台以及物流标准化等也不适应物流业的发展。三是现代物流业人才仍显不足。物流从业人员大多来自运输、仓储企业，具有较高文化、现代物流理念和运作经验的中高端物流人才跟不上现代物流发展需求。

（2）上海物流业的发展措施。在上海物流业的发展过程当中，一直面临向全球开放的问题。2013 年上海物流业的增加值是 2 614 亿元，占全市 GDP 比重为 12. 1%，占全市第三产业比重 19. 5%，2013 年上海商品销售总额突破 6 万亿元，保持多年来的两位数增长。全社会零售总额突破 8 000 亿元，货物进出口贸易总额达到 4 400 多亿美元，全市商业的增加值为 3 847 亿元，占第三产业增加值的 28. 6%，电子商务交易额超过 1 万亿元，跨境电子商品有十万余种商品，累计实现销售额 1 200 亿元。在这样一个经济运行的状态下，港口货物吞吐量去年依然保持世界第一，社会物流总费用占 GDP 总量为 15%，上海的 A 级物流企业已经达到 132 家，其中 55% 以上是 4A 级物流企业。

“十三五”开局，中国自由贸易实验区建设一年来，上海物流业发展面临的形势：上海自由贸易实验区的建设，让上海重新思考培育国际高端的供应链服务，这给上海物流带来了机遇；国家提出“一带一路”的开放战略，依托黄金水道推动长江经济带发展，也为上海建立有效连接国内外一体化的多式联运带来了契机；同时，网络经济、平台经济、总部经济、大数据技术为上海构建产业、贸易、物流一体化的布局合理、便捷高效、绿色环保、安全有序的城市物流带来了机遇。

在这种形势下，首先，在思考如何面向全球经济一体化。未来，商品、要素、服务、技术、资金、人才都将在全球进行有效的组织和联动。第二，面对整个全国统一大市场的建设，思考区域的联动，重新以物流的标准化来推动整个区域物流组织的提效、降本。第三，围绕上海新一轮的城市发展目标，提出了打造全球城市发展目标，通过新的城市布局，解决城市发展当中的瓶颈。

2）江苏省物流

随着社会经济的快速发展，商贸流通的日益频繁，江苏物流相关行业也得到了迅速发展。

（1）江苏物流发展现状。

① 物流业发展迅速。改革开放以来，江苏省经济规模不断扩大、经济结构不断改善、外向型经济迅速发展，这些因素都构成了江苏省物流业发展的强大动力；而且，江苏省原材料供应和产品销售“两头在外”的结构特点，决定了其巨大的物流量，为物流业的发展提供了广阔的市场空间。2014 年江苏 GDP 为 65 088. 3 亿元。2014 年江苏完成货物运输量 19. 6 亿吨，完成货物周转量 10 417. 9 亿吨千米。

② 六大物流中心已具现代物流雏形。六大物流中心包括苏州新区物流中心、常熟招商城物流中心、吴江东方丝绸市场物流中心、无锡新区物流中心、南京江北化工园物流中心和徐州香山物流中心。

③ 物流企业形式多样化。近几年来，江苏省物流业迈出了提档升级的步伐：通过改造国有传统的运输长途企业、发展民营物流、引进外国的物流企业，不断导入新的经营理念和

运营模式，形成了不同形式和不同经营规模的专业化企业。

④ 不断完善的交通网络体系为江苏物流业的发展提供了强有力的基础设施保障。改革开放特别是“九五”时期以来，综合交通体系建设取得了突破性进展（详见本节“交通运输”部分），大交通促进人流、物流、信息流、资金流大范围快速流动，为江苏省物流业发展提供坚实的基础保障。

（2）江苏物流发展措施。江苏省政府为了扶持物流业的发展，在税收、投融资、通关等方面出台了相应的优惠措施。

① 按照新的税收政策，凡符合联运企业条件的企业，可使用联运业务专用发票。新办独立核算物流企业，只要符合所得税减免条件，自开业之日起即可享受免征或减征所得税的优惠政策。

② 在投融资方面，江苏省从国债贴息资金项目中积极推荐有发展潜力的现代物流企业项目，在省技改贴息项目中安排适当比例对现代物流项目进行倾斜，重点扶持物流园区、物流中心、物流信息平台等物流基础项目建设和现代物流企业的技术改造，以加快培育具有国际竞争力的大型物流企业集团。

③ 在通关方面，为了协助货物的快速通关，海关将推行“全天候、无假日”的预约通关制度，实现一次申报、一次检验、一次放行的快速通关模式；对国际物流业务量大的物流企业，申请设立海关监管点、堆场和监管仓库，政府主管部门应积极推荐，海关优先予以考虑；对不属于易腐易变、散货等货物，出口检验数相应降低为1%～3%；对属于“绿色通道”的企业在货物出口时可不检验，直通放行；对入境的经卫生检疫除害处理，符合动植物检验检疫要求的集装箱船，在办理进口手续的同时可办理出口手续，无特殊情况可不开箱检查。

（3）江苏省物流发展规划。《江苏省港口“十三五”发展规划》成为今后五年江苏全省港口发展的重要指引。根据规划，“十三五”期间，江苏将加快区域港口一体化发展，重点建设一区三港，推进物流型、绿色型、智慧型、平安型、法治型“五型港口”建设。

根据规划，“十三五”时期江苏将强化港口的综合交通枢纽作用，推进物流型、绿色型、智慧型、平安型、法治型“五型港口”建设，提升港口综合竞争力，更好地服务“一带一路”、长江经济带等国家战略实施、经济转型升级和综合交通运输体系建设。预计“十三五”期间，全省港口基础设施建设投资将完成约590亿元。到2020年，全省港口综合通过能力比“十二五”期末新增3亿吨，达22亿吨，其中集装箱为1 700万标准箱。

为实现上述目标，规划提出，“十三五”期间，江苏省要重点突出连云港港区域性国际枢纽港、南京长江区域性航运物流中心、太仓集装箱干线港和长江下游重要的江海联运港区等“一区三港”建设，同时加快沿江、沿海和内河重点港口建设，提升港口服务国家重大战略的能力；加快推进区域港口一体化发展，积极推进区域港口合作共赢发展；以提升港口公共基础设施保障能力为基础，提升港口码头等级和专业化水平为方向，加强整合、有序建设和强化监管相结合，提高设施集约、深水、专业化水平；以主要港口和核心港区为重点，加快集疏运体系建设，打造公铁水各种运输方式齐全、内外衔接高效的港口立体综合集疏运体系，大力发展江海河、公铁水多式联运；以提升港口物流服务功能、产业集聚功能和对外开放服务功能为抓手，着力提升港口对腹地经济、产业转型升级的综合服务功能，构建自由贸易和航运物流、产业相融合的货运枢纽；加强港口岸线资源整合，提升港口资源保护和高效利用水平，切实推进港口节能减排环境保护工作，全面推动绿色循环低碳港口建设；以提升依法治理水平为基础，以提升资源优化配置能力、行政执法能力、管理服务能力等三大能力为重点，全面提高港口行业治理能力和现代化水平。

3）浙江省物流

（1）浙江物流的发展具有以下五个鲜明的特点：

① 物流企业多样化，但服务水平和效率还不高。物流企业主要有传统的运输、仓储、货运代理、商贸、邮政等服务企业，以及一些专业配送企业和综合性的第三方物流服务企业。从总体上看，浙江物流服务水平和效率亟待提高。主要表现为物流企业规模小，服务方式和手段单一，技术装备水平不高。

宁波：港航物流服务与城市共荣

② 工商企业物流管理有所加强，但社会化和现代化步伐还不快。目前浙江一些企业物流优化管理工作已经启动。如浙江阳光集团、浙江震元、浙江传化、晋亿实业、吉利汽车等企业开始引入供应链管理理念：通过采用立体仓库、企业资源管理系统等先进技术和装备，整合优化企业内部物流管理；通过逐步取消自己保留的运输车队和部分仓储，将产品的运输、仓储、包装、配送等功能从生产环节中分离出来，交由专业物流公司承担。但从总体上看，这方面工作仅刚刚开始，大多数企业还没有予以足够的重视，总体物流效率还很低。

③ 信息技术逐步在物流领域得到运用，但应用程度还不高。杭钢、吉利等一批大型工业企业开始引入 ERP 管理系统，中外运浙江公司等一批物流服务企业开始运用 GPS 系统，晋亿、正泰电器、韩泰橡胶等企业采用自动立体仓库等先进物流技术设备，华商家友超市的配送中心全面采用计算机管理，实现收货验货、拣货理货和仓储保管盘点等业务操作，联华万家福配送中心引进物流配送信息系统管理软件后，大大提高了仓位的利用率。POS（销售时点信息系统）和条形码技术普及程度也较高，据省经贸委对 150 家流通企业的调查，使用 POS 和条形码技术的分别占 62% 和 59%。但从总体上看，除了 POS 和条形码技术外，其他各项信息技术在物流方面的应用程度还不高，应用先进的物流装备和信息管理系统的就更少。相当多的工商企业内部物流管理还是传统模式，很多物流服务企业还处于电话联系、手工操作、人工装卸等较低层次的运作阶段。

④ 物流设施初具规模，但离发展现代物流的要求还有不小差距。经过多年发展，全省基本形成了由铁路、公路、水路、航空和管道等组成的多系统、多层次、多经济成分共同发展的综合运输体系（具体见本节“交通运输”部分），并在仓储设施、货物包装与搬运等物流设施和装备方面取得了长足的发展，为现代物流发展提供了必要的物质基础。但是，按照现代物流发展要求，浙江物流设施整体水平还需要提高。比较突出的问题包括：能够有效连接不同运输方式的大型综合货运枢纽、服务于区域经济或城市内部的物流园区、物流配送中心等设施需要合理规划布局建设；相应的物流技术装备条件还应改善；设施盲目布局和低水平重复建设的问题还需要注意防止和纠正；公路路网等级结构技术水平还应进一步提高；铁路和内河等线网建设还需要进一步加快。

⑤ 各级政府开始重视现代物流发展，但规划引导和推进的力度亟待加大。国家已明确把浙江列为外商投资物流业试点省份。加快发展现代物流已成为省委、省政府的一项重大举措。2001 年，省政府建立了“我省现代物流发展联席会议制度”，该制度的意义在于：加强了对全省现代物流发展的规划引导和组织推动；省级有关部门从各自职能出发，积极研究推动全省现代物流发展；新闻媒体加强了对现代物流的宣传；全省各地已着手研究制订地区物

流发展规划和有关促进政策。但是，从总体上看，在推进过程中还存在认识不足、规划引导和推进工作力度不够、协调配合亟待加强等问题，需要在下一步工作中加以有效解决。

（2）浙江发展物流业的实施意见。浙江省为了加快发展现代物流业，加快培育新的经济增长点，推动产业结构调整，就加快现代物流业发展提出如下实施意见：

① 规范物流企业注册审批，整顿规范收费管理。

② 提供税收优惠，加强财政扶持。

③ 规范物流市场秩序。统一市场准入标准，打破地区封锁、行业垄断、市场分割，允许不同区域、不同所有制企业开展物流服务业务。规范物流企业的经营行为，形成公平竞争的市场机制。

④ 提高口岸通关速度。认真贯彻《浙江省进一步推进“大通关”建设实施意见》，凡符合通关提速条件的口岸，海运进出口货物通关提发货要在24小时内完成，空运在10小时内完成，特殊区域行业在8小时内完成。重点口岸逐步实行“5+2”、24小时工作制并在海关继续推行24小时预约通关制度。充分发挥内陆物流中心的作用，实行报检、报关、订舱、提箱、验货、仓储等一条龙服务。

⑤ 扩大现代物流业对外开放。鼓励国外物流企业根据我国法律、法规的有关规定到省内设立物流企业。鼓励利用国外的资金、设备、技术，参与省内物流项目的建设或经营。大力支持省内物流企业“走出去”拓展国际市场，提高浙江省现代物流业的国际化水平。

⑥ 积极鼓励现代物流企业发展。

⑦ 着力建设现代物流中心。围绕“四个物流枢纽”（杭州、宁波、温州、金华—义乌）以及产业基地和大型专业批发市场等，通过新建、改建、扩建、整合的方法，培育发展一批现代物流企业聚集的区域性、国际性物流中心。

⑧ 努力提高物流信息化水平，积极推广物流技术和设备标准。以建设“数字浙江”为契机，支持企业运用现代化信息技术。支持企业广泛应用电子数据交换（EDI）、条码（CODE）与射频识别（RFID）、电子订货系统（EOS）、供应链管理（SCM）、全球卫星定位系统（GPS）、地理信息系统（GIS）等先进物流技术。

⑨ 加快现代物流人才培养。

5.3.3 南部沿海地区

南部沿海地区包括福建、广东、海南三省，总面积约33万平方千米。这一地区临近港澳台地区，开放程度高。

1. 概况

南部沿海地区位于我国东南沿海，依山面海。全区分大陆与海岛两部分。近岸诸岛除拥有海南岛之外，自海南岛至东沙群岛一线以南，远至曾母暗沙，包括中沙、西沙和南沙群岛。

广东省位于中国大陆最南部，全省陆地面积17.8万平方千米，海岛面积1 600平方千米，海岸线3 368.1千米（不包括岛屿），海岸线之长位居全国前列，沿海港湾众多，岛屿星罗棋布。广东省地势北高南低，境内山地、平原、丘陵交错，河流主要有珠江、韩江、鉴江等。最长的珠江由西江、北江、东江汇流而成，长2 122千米，是中国第三大河流。南海沿岸的珠江三角洲、韩江三角洲土地肥沃，是著名的鱼米之乡。全省地处亚热带，大部分地区属亚热带季风气候，夏长冬暖，雨量充沛。

广东矿产资源丰富，已发现矿产116种、探明储量88种，其中有34种居全国前5位，泥炭、脉石英、高岭土、粗面岩、锗、碲等居首位。全省煤、铁矿石、硫铁矿保有储量分别为5.47亿吨、5.53亿吨和4.45亿吨。2004年全省新发现的矿种为17种，其中能源矿产3种，金属矿产9种，水气矿产5种。新查明资源储量的矿种共计13种。国土资源调查及地质勘察新发现大中型矿产地5处，有1处新增矿产查明资源储量。

广东省夏长冬暖，四季常青，全年均宜旅游。广东省已开发成旅游点的省级以上森林公园40个，自然保护区30个。广州、深圳、珠海、肇庆、中山、佛山、江门、汕头、惠州为"中国优秀旅游城市"。广州白云山和香江野生动物世界、深圳华侨城和观澜高尔夫球会、珠海圆明新园、中山孙中山故居、肇庆星湖、佛山西樵山、韶关丹霞山、清远清新温矿泉、阳江海陵岛大角湾11家景区（点）被评为全国首批最高级别的4A级旅游区。仁化县的丹霞山、南海区的西樵山、博罗县的罗浮山、肇庆市的鼎湖山为广东四大名山；西江上的羚羊峡（肇庆附近）、北江上的飞来峡（清远市）和被誉为"有桂林之山，西湖之水"的肇庆七星岩均为著名风景区。

福建省简称"闽"，陆域介于北纬23°30′至28°22′，东经115°50′至120°40′之间，东隔台湾海峡，与我国台湾省相望，东北与浙江省毗邻，西北横贯武夷山脉与江西省交界，西南与广东省相连。福建地处亚热带，气候温和，雨量充沛。福建是全国重点林区之一，全省森林面积1亿多亩，森林资源十分丰富，树木种类繁多，森林覆盖率达62.96%，居全国首位。福建海洋资源十分丰富，水产品总量居全国第三位，人均占有量居全国第一位。福建境内河流密布，水力资源丰富，水能理论蕴藏量1 046万千瓦，可装机容量705万千瓦，居华东之首。全省拥有29个水系，663条河流，内河长度达13 569千米，河网密度之大全国少见。

福建地质构造复杂，截至2005年年底，矿产资源中已探明储量的矿种有118种（含亚矿种），其中能源矿产有无烟煤、地热2种，金属矿产31种，非金属矿产82种，水气矿产1种。金、银、铅、锌、锰、高岭土、水泥石灰岩、花岗石材、明矾石、叶蜡石、硫等矿产储量也较大。石英砂储量、质量冠绝全国。

福建旅游资源丰富，依山傍海，风光绮丽，无山不奇，无水不秀，素有"东海仙境"之美誉。福建最大特点是"山海一体，闽台同根，民俗奇异，宗教多元"。全省拥有13个国家级重点风景名胜区、9个国家级自然保护区、19个国家级森林公园、6个国家级地质公园、4个国家级历史文化名城、45个全国重点文物保护单位、7个中国优秀旅游城市、2个国家旅游度假区、22个4A级旅游区、5个全国工农业旅游示范点、1个武夷山"世界文化与自然遗产"、1个客家土楼"世界文化遗产"，泰宁大金湖荣获"世界地质公园"称号。此外，泉州海上丝绸之路正在申报世界文化遗产。

海南省位于中国最南端，北以琼州海峡与广东省划界，西临北部湾与越南社会主义共和国相对，东濒南海与我国的台湾省相望，东南和南边在南海中与菲律宾、文莱和马来西亚为邻。海南省的行政区域包括海南岛和西沙群岛、中沙群岛、南沙群岛的岛礁及其海域。海南岛形似一个呈东北至西南向的椭圆形大雪梨，面积（不包括卫星岛）3.39万平方千米，是我国仅次于台湾岛的第二大岛。海南岛与广东省的雷州半岛相隔的琼州海峡宽约18海里，南沙群岛的曾母暗沙是我国最南端的领土。

海南岛四周低平，中间高耸，以五指山、鹦哥岭为隆起核心，向外围逐级下降。山地、丘陵、台地、平原构成环形层状地貌，梯级结构明显。海南是我国最具热带海洋气候特色的地方，全年暖热，雨量充沛，干湿季节明显，常年风较大，热带风暴和台风频繁，气候资源多样。

海南岛是我国最大的“热带宝地”，土地总面积约3.4万平方千米。海南岛的土地资源可分为七种类型：宜农地、宜胶地、宜热作地、宜林地、宜牧地、水面地和其他用地。

海南矿产资源丰富、种类较多，约有90种。全国标明有工业储量的148种矿产，海南有67种，其中43种列入全国矿产储量。石碌铁、钛、锆、石英、蓝宝石、化肥灰岩储量居全国之首，天然气、油页岩储量居全国前列，在国内占有重要位置的优势矿产主要有玻璃石英砂、天然气、钛铁砂、锆英石、蓝宝石、水晶、三水型铝土、油页岩、化肥灰岩、沸石10种。其中的石碌铁矿以质优、品位高闻名国内外，储量约占全国富铁矿储量的70%，平均品位51.5%，最高品位达68%，居全国第一，也是亚洲最大的富铁矿场；钛矿储量占全国的70%；锆英石储量占全国60%。此外，黄金、水泥灰岩、花岗岩石材、矿泉水等亦具有重要开发价值。

海南岛风景秀丽，四季宜人，是我国最迷人的热带风光旅游胜地。海南的旅游资源主要包括以下八个方面。

① 海岸带景观：海南岛的海岸线长达1 500多千米，海水清澈，沙白如絮，一年中多数时候可进行海浴、日光浴、沙浴和风浴。在东海岸线上，还有一种特殊的热带海涂森林景观——红树林和一种热带特有的海岸地貌景观——珊瑚礁，均具有较高的观赏价值。

② 山岳、热带原始森林：海南的山岳最具有特色的是密布热带原始森林，有乐东县尖峰岭、昌江县霸王岭、陵水县吊罗山和琼中县五指山四个热带原始森林区，其中以尖峰岭最为典型。

③ 珍禽异兽：海南已建立若干个野生动物自然保护区和驯养场，有昌江县霸王岭黑冠长臂猿保护区、东方市大田坡鹿保护区、万宁市大洲岛（金丝燕）保护区、陵水县南湾半岛猕猴保护区、屯昌县养鹿场等，旅游者可以进入保护区观赏。

④ 大河、瀑布、水库风光：南渡江、昌化江、万泉河等河流。

⑤ 火山、溶洞、温泉：历史上的火山喷发，在海南岛留下了许多死火山口。

⑥ 古迹名胜有：五公祠、苏公祠、琼台书院、丘浚（明代名臣）之墓、海瑞（明朝大清官）之墓、汉马伏波井，以及崖州古城、韦氏祠堂、文昌阁等。

⑦ 革命纪念地有：琼崖纵队司令部旧址、嘉积镇红色娘子军纪念塑像、金牛岭烈士陵园、白沙起义纪念馆等，还有宋庆龄故居及陈列馆等。

⑧ 民族风情：海南是我国唯一的黎族聚居区。黎族颇具特色的民族文化和风情，有独特的旅游观光价值。

⑨ 热带作物及田园风光：海南岛上种植大量的热带作物，极大地丰富了自然景观。

2. 经济

1）广东经济

经过30多年的改革开放，广东社会经济发展取得世人瞩目的成就。广东已由一个以农业经济为主、人民生活水平较低、经济发展缓慢的边陲省份，逐步发展成为经济实力比较雄厚、生产力水平较高、外向型经济比较发达的省份。

广东省经济发展成绩显著。2014年，全省生产总值67 809.9亿元，比2010年增长了

47.4%（见图5-1）。广东的国内生产总值、全社会固定资产投资、社会消费品零售总额、进出口总额、实际利用外资、发电量、邮电业务总量等多项经济指标均居全国首位，不少指标值已连续多年居全国首位。广东的产业结构发生了根本性变化，日趋合理，三次产业的比重由2009年的5.1∶49.3∶45.60调整为2014年的4.7∶46.3∶49.0。标志着广东经济正向现代化迈进。目前，广东省已培育出电子信息、电器机械和石油化工、纺织服装、食品饮料和建筑材料、医药、森工造纸和汽车九大支柱产业。这九大支柱产业的迅猛发展，对广东经济的支撑作用非常明显。

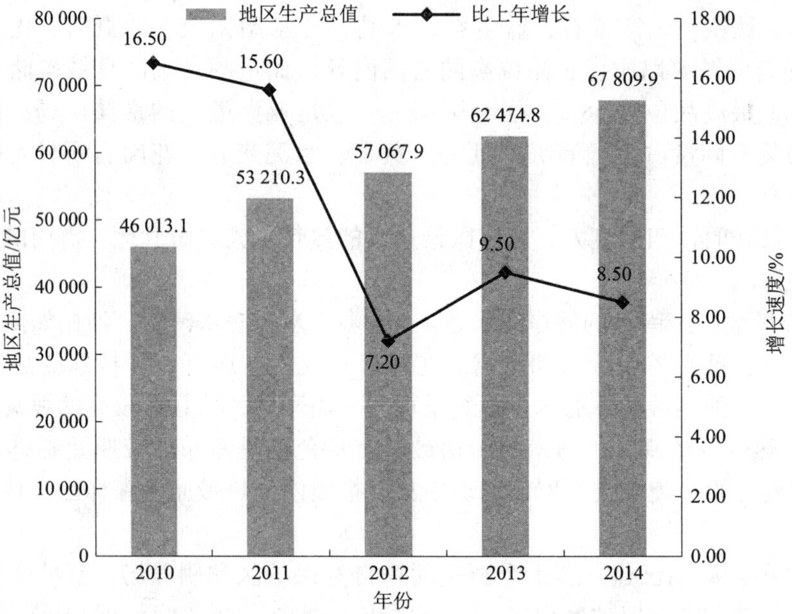

图5-1　2010—2014年广东省地区生产总值及其增长速度
（资料来源：国家统计局网站）

广东省对外经济贸易迅速发展。广东充分利用毗邻港澳地区、海外华侨众多等地缘、人缘优势，大力发展外向型经济。2014年，广东外贸进出口总额10 765.84亿美元，占全国进出口总额的25%。2014年，广东省外商投资总额达430.59亿美元，位居全国第一，外商投资产业结构继续优化。对外经济贸易已成为广东经济发展的一大支柱。

2）福建经济

由于自然和历史原因，福建经济在改革开放初期发展还很迟缓，成为沿海经济发展的"低谷区"。1982年社会总产值占全国不及2.1%，人均国民收入611元，为全国平均国民收入的94%，在沿海省市中，上述各项指标均居末位。但福建省具有自己的特色，它是全国林业基地之一，林业产值占全国5.3%，居全国第四位；它也是全国主要渔区，产值占全国8.7%，居全国第五位；福建还是全国主要糖料、茶叶生产基地，糖料产量居全国第三位，茶叶产量占全国的9.2%，是全国唯一的乌龙茶产区；烤烟质量居全国前列，是高档卷烟不可缺少的原料。

20世纪90年代中后期，福建经济发展进入重要的转折时期，工业迅速发展，许多工业产品产量在全国地位不断上升。1998年，福建省全年国内生产总值达3 330亿元，比上年增长 11.4%，人均首次突破 1 万元。

进入 21 世纪，福建省国民经济平稳较快增长，2014 年福建全省生产总值 24 055.8 亿元，比 2013 年增长 11.0%，全社会固定资产投资 18 177.9 亿元，外贸进出口总额 1 774.1 亿美元。产业结构继续调整：第一产业得到加强，第二产业保持较快增长，第三产业发展加快。三次产业比例由 2009 年的 9.9：48.6：41.5 调整为 2014 年的 8.4：52.0：39.6。全省农业生产仍保持良好的发展态势。电子信息、机械、化工工业三大主导产业拉动作用增强，成为福建工业经济快速增长的主力；纺织服装、鞋帽制造等传统优势产业快速发展；全省重点培育的 60 个临海战略型产业集群、传统优势与特色产业集群，对工业发展产生显著的带动作用；全省轻重工业增速差距不断缩小，重工业主导地位增强，表明福建已进入重工业快速增长阶段。

福建作为海峡西岸经济区的主体，及其在东南沿海的独特区位优势和促进祖国统一大业的前沿平台地位，日益成为全局中举足轻重的重要角色。福建抓住中央继续鼓励沿海地区率先发展、支持海峡西岸经济发展的重大历史机遇，加快建设福建省，推动经济社会又快又好发展，努力走在全国前列。

3）海南省经济

海南省自 1988 年办特区以来，经济的急剧变化及持续的发展，大致经历了四个阶段。第一阶段，从 1988—1994 年，是经济迅猛增长时期。第二阶段，从 1995—1997 年，是经济连续三年低速运行的困难时期。第三个阶段，从 1998—2002 年，是经济缓慢回升、稳定增长时期。这一期间处置积压房地产、化解金融风险，解决历史遗留问题，取得明显成效，全省 GDP 增长率从 1998 年的 8.3%缓慢地升到 2002 年的 9.3%。1998 年海南省在全国率先提出建设生态省，制订和实施了《生态省建设规划纲要》，提出了坚持在“不污染环境、不破坏资源、不搞低水平重复建设”的前提下发展工业，把工业发展和环境治理有效统一起来。2003 年又提出“大企业进入、大项目带动”战略，新兴工业、热带农业、滨海旅游业三足鼎立的格局已经基本形成，努力形成以海口为中心的琼北经济区、以三亚为中心的琼南热带旅游区、以东线为主轴的东部沿海经济带、以中部山区为中心的生态区和西部工业走廊协调发展的格局。海南重点培育和发展石油化学工业、汽车摩托车工业、医药制造业、纺织工业、食品饮料工业等。第四阶段，从 2003 年开始，海南省加快发展旅游业，大力推进国际旅游岛建设进程。在加强旅游宣传促销与区域合作力度的作用下，海南旅游业呈现不断加快发展趋势。经历四个阶段之后，全省经济增长从 2003 年开始，进入了新的增长平台，2003 年全省 GDP 增长 10.5%，这是自 1995 年以来首次实现两位数增长。2014 年 GDP 达到 3 005.7 亿元，比上年增长 8.5%，继续呈现两位数增长。以旅游为龙头的第三产业开始成为牵引经济快速增长的主要动力，全省三次产业比例由 2009 年的 28.1：26.9：45.0 调整为 2014 年的 23.1：25.0：51.9，海南省经济发展呈现其独特的发展模式。

3. 交通运输

东南沿海地区交通运输业已经逐渐形成了由区内、区际和海外交通组成的交通运输骨架，基本形成了水运、铁路、公路、航空相结合的综合运输网。

广东省基本形成以广州、深圳、珠海、汕头、湛江为主枢纽港，惠州、江门、东莞、佛山等港为重要港口及一般中小港口的分层次格局。广东省航空运输业发展迅速，现有民航航线 300 余条。

2014年广东省交通运输、仓储和邮政业实现增加值2 740.76亿元，比上年增长5.2%。主要港口完成货物吞吐量149 351万吨，比上年增长10.1%，其中外贸货物吞吐量49 603万吨，增长4.6%，港口集装箱吞吐量4 932.57万标准箱，增长4.0%。

福建省全省共有生产性泊位485个，其中万吨级以上泊位58个，年通过能力1.03亿吨，集装箱吞吐量能力420万标箱。现已开辟36条国际班轮航线，与世界70多个港口有货运往来。福州、厦门港与高雄港开通海上试点直航，福建沿海地区与金门、马祖开展直接往来。全省铁路里程1 565千米，公路通车里程56 202千米，省会福州至各地级市都通高速公路，已形成“4小时交通经济圈”。全省拥有福州长乐、厦门高崎、泉州晋江、武夷山、连城冠豸山五个机场和厦门航空公司，开辟有全国、东亚大中城市近百条国内、国际航线。

海南四周环海，海运是本省交通的重点。全省68个天然港湾，已开辟为港口的有24个，其中以海口、三亚、八所、洋浦四个港口为最大。海口和三亚两港口已开辟对外贸易航线69条，和世界24个国家和地区有航运业务往来。海南省的航空事业发展最快，北部的海口美兰国际机场已建成并通航，南边三亚凤凰国际机场已于1994年7月1日正式通航，与39个国内外大中城市通航。海南岛陆上交通以公路为主，公路总里程为19 476.6千米，已基本建成以环岛高速公路为骨干的“三纵四横”公路网。粤海铁路通道已于2003年正式开通。海口至广州的旅客列车已正式运行，并与全国铁路网并网。

4. 南部沿海地区物流

1）广东物流

广东省针对制造业比较发达、流通业发展相对滞后的状况，采取积极措施加快流通业发展，增强大流通对大生产的支撑作用。2001年，广东省出台了《关于大力发展现代流通业的意见》及其七个配套文件，确定把连锁经营、现代物流和中高级批发市场作为流通业改革与发展的三大重点。

（1）广东现代物流业的发展水平和特点，主要包括以下四点：

① 物流企业多样化。物流企业服务呈现多样化，产生了一些具有一定实力和知名度的本土物流企业，一批传统物流企业正在不断向现代物流企业转变。全省已建成综合物流企业上千家，已拥有像宝供、中海国际、招商局物流、腾俊、中外运广东公司、九川等有一定规模的综合物流企业。这些物流企业在服务功能、服务手段、服务水平上比传统物流企业有较大提高。同时，国外物流企业也已开始抢滩广东物流市场，不少国外企业认为广东物流也比其他产业更具潜力。如世界物流巨头——新加坡港务集团与广州港合作成立集装箱码头有限公司，使广州港的集装箱吞吐量增长两倍多；日本知名物流企业东京镔兼公司也在珠海设立公司，从事工业零部件的生产、加工、检验及相关技术咨询、商品展示、仓储及贸易；一些大型跨国速递公司也在考虑将其设于中国香港的亚洲运营中心迁至广东；许多外商企业也纷纷来粤设厂。

② 物流领域内的信息技术开发水平居全国领先地位。采用先进的物流信息管理系统是提高企业内部管理水平和物流服务水平行之有效的手段。深圳的招商迪辰系统有限公司研制的国内首个“物流及供应链管理综合服务系统”，是国内技术最先进、应用最成熟的物流服务系统。其他各种物流服务软件系统也在研制开发中，包括物流中心管理、货运、配送、仓储、商场超市管理、码头综合作业、集装箱拼拆箱、电话服务、电子商务数据交互系统。这

些软件系统还为国外大型企业提供服务。此外，相关的物流设备也开始采用信息化管理手段，如深圳海关采用了“联网监管”模式，将多家企业统一为一个管理对象，全封闭电子管理，远程监控，大大提高通关速度，为降低物流成本起了积极作用。

③ 企业和政府重视发展现代物流。2014 年 11 月，广东省人民政府办公厅印发《关于推进珠江三角洲地区物流一体化行动计划（2014—2020 年）的通知》（以下简称《通知》），《通知》中明确物流产业一体化目标：到 2017 年，物流供应链一体化程度明显提高，初步实现物流产业一体化。为实现这一目标将采取一系列措施：

a. 推广供应链管理。以广州、深圳市供应链管理龙头企业为引领，促进区域内物流企业延伸供应链，推动采购物流、生产物流、销售物流和逆向物流的一体化。

b. 加强企业协作。以物流企业联盟等形式，推动物流企业在资本、技术、服务等方面进行交流、合作，防止恶性竞争。

c. 强化产业联动。大力发展第三方物流，推动物流业与制造业、物流业与商贸业联动发展，大力开展现代物流技术应用示范和城市共同配送工作，培育一批产业联动发展示范企业。加快农业生产资料、农产品、大宗矿产品、重要工业品、生活必需品、药品等领域物流发展。推动快递业与电子商务、制造业协同发展。

④ 与香港特别行政区多方合作，共同采取措施促进两地物流发展。在中央政府、广东省政府、香港特区政府努力下，出台了加强通关服务、简化通关手续的新政策，对广东高技术企业给予优惠，大大提高了这些企业在粤港之间的通关速度。

（2）广东省物流运输保持增长。

2015 年，广东共完成货运量 376 020 万吨，比 2014 年增长 6.3%；完成货物周转量 15 130.69 亿吨公里，比 2014 年增长 0.7%；规模以上港口完成货物吞吐量 161 546 万吨，比 2014 年增长 3.1%。

货运量增长稳中向好，货物周转量持续下行。2015 年，广东四个季度货运量累计同比增速分别是 1.7%、5.7%、6.5% 和 6.3%，货物周转量四个季度的累计增速分别是 4.7%、1.1%、0.8% 和 0.7%。货物周转量持续下行的主要因素是水路货运低迷和铁路货运全年在负增长区间运行。

2015 年，广东水路完成货运量 78 093 万吨，同比增长 1.1%；完成货物周转量 11 190.91 亿吨公里，同比下降 1.9%，水路货物周转量占全部货物周转量的比重为 74.0%，拉低全部货物周转量增长 1.4 个百分点。

2015 年，广东铁路完成货运量 10 098 万吨，同比下降 9.4%；完成货物周转量 254.05 亿吨公里，下降 7.6%；铁路分别拉低全部货运量和货物周转量增长 0.3 个和 0.1 个百分点。

公路运输是全省货物运输增长唯一拉动力。全年公路完成货运量 279 983 万吨，货物周转量 3 454.99 亿吨公里，同比分别增长 8.9% 和 11.0%。公路货运量占全部货运量的比重为 74.5%，拉动全部货运量增长 6.5 个百分点；公路货物周转量占全部货物周转量的比重为 22.8%，拉动全部货物周转量增长 2.2 个百分点。分地区看，粤东、粤西、粤北地区公路货运增长较快，全年粤东、粤西和粤北地区公路货运量分别同比增长 9.9%、13.2% 和 11.0%，货物周转量分别增长 14.8%、16.7% 和 13.7%；珠三角地区公路货运增长相对较为缓慢，全年公路货运量和货物周转量分别同比增长 7.6% 和 8.0%，增幅低于全省平均水平。

（3）广东现代物流业发展存在的问题：物流专业化水平不高，服务方式和手段比较原始和单一；物流企业组织规模较小，缺乏必要的竞争实力；物流企业经营管理水平低，服务网络散，服务质量有待提高；信息技术应用未普及，信息技术应用水平较低；条块分割的管理模式影响和制约了物流产业发展。

（4）广东发展物流业的对策：广东省积极加快连锁经营、现代物流和中高级批发市场领域的发展，开展流通产业竞争力研究，着力培育流通龙头企业，特别是加大对流通龙头企业信息化改造的支持力度；加强城市商业网点规划，大力推进“万村千乡”市场工程建设，加快完善商品市场体系；着力建设统一开放、竞争有序的市场体系，努力为流通企业创造良好的发展环境。

2）福建物流

福建物流业发展于20世纪90年代，目前还处于快速发展阶段。但福建省发展物流业有着得天独厚的地理优势，大陆海岸线长度居全国首位。

2015年福建省物流运行情况如下：

（1）社会物流总额增速回落。2015年全省社会物流总额5.5万亿元，增长8%，增幅比上年回落2.2个百分点。

分结构看，由于工业物流需求结构进入持续调整阶段，工业品物流总额增速持续减缓，2015年工业品物流总额4.2万亿元，可比增长10.2%，增幅比上年回落2个百分点。

进省货物物流总额1万亿元，可比增长1.8%，增幅比上年回落2.9个百分点，增速回落的主要原因：一是进口下降，进口总额按可比价格计算，比上年下降9.9%；二是自外省进入的大宗物资运量均下滑，石油、钢铁、水泥、化肥、粮食、木材、铁矿石七类大宗物资内贸进省量比上年分别下降1.1%、14%、2.2%、13.5%、21.2%、34.1%和2.9%。

与民生相关的物流需求保持较快增长，2015年单位与居民物品物流总额增长13.4%。

（2）物流业增加值增速趋缓。2015年全省物流业增加值1 816亿元，可比增长8.3%，增速比上年回落1.9个百分点。其中，交通运输仓储邮政业增加值1 396亿元，增长8.7%；批发和零售业增加值420亿元，增长7.1%。物流业增加值占GDP的比重为7%，比上年提高0.2个百分点；占服务业增加值的比重为17.1%，比上年下降0.2个百分点。

（3）社会物流总收入稳步增长。2015年社会物流总收入3 806亿元，增长9.2%，增幅比上年回落2.9个百分点。其中交通运输仓储邮政业3 091亿元，增长9.3%；批发和零售业615亿元，增长8.8%。

（4）物流业固定资产投资保持较高增速。2015年物流业完成固定资产投资额3 050亿元，比上年增长27%，增幅比上年提升5.6个百分点，高于全社会固定资产投资额增速9.8个百分点，创2011年以来增速的最高点。其中，交通运输仓储邮政业完成投资额2 530亿元，比上年增长25.7%，增幅比上年提升6个百分点；批发和零售业完成投资额520亿元，比上年增长33.6%，增幅比上年提升1.9个百分点。

近日，福建省经信委、发改委、商务厅联合印发《福建省加快物流业发展实施方案（2016—2020年）》（以下简称《方案》），明确了福建省物流业2016—2020年五方面16项任务。

《方案》提出：到2020年，福建省物流基础设施进一步完善，综合运输通道和交通枢纽节点布局更加合理；多式联运、甩挂运输、共同配送等现代物流运作方式基本普及；适应民生改善需求的冷链物流体系和电子商务发展需要的电商物流体系基本健全；物流信息化水平显著提升，一体化运作、网络化经营能力显著提高，形成一批具有国际竞争力的大型综合物流企业集团和物流服务品牌；物流业增加值超过 3 000 亿元，占地区生产总值比重达 7.7%，成为支撑福建省国民经济发展的新兴主导产业，全面形成“一通道、二枢纽、三中心”物流空间格局，各级政府将在用地保障、公共服务、资金扶持、融资服务及相关基础服务等方面提供支撑。

3）海南物流

海南省独特的地理位置造就了海南特有的物流体系，长年依赖海运和公路，早已形成了特殊的物流链，海南省内规模较大的企业大多靠近海岸港口，以便于海运。2014 年，全省共完成货物运输量 23 632 万吨，其中：公路货物运输量完成 11 015 万吨，占全部运输量的 46.6%；水运货物运输量完成 11 763 万吨，占全部运输量的 49.8%。

海南省为了发展物流业，制定了发展规划，具体如下：

（1）建设东环铁路，构建立体交通体系。2006 年年底开工建设的东环铁路位于海南省东海岸，北起海口，南抵三亚，总长约 308 千米，将同西环铁路共同构筑环海南岛铁路，可通过粤海铁路与大陆铁路网衔接，远期可随着琼州海峡固定跨海通道的打通，并入全国铁路网络。随着 2010 年年底东环铁路的建成，海口至三亚“两小时活动圈”成为现实，并与航空、公路、港口等共同构筑起现代化立体交通体系，带动了港口运输业务由岛内向大陆延伸。

（2）与白云机场连接，降低企业物流成本。海口海关将泛珠三角其他八省（区）省会（首府）城市（广州、福州、南昌、长沙、南宁、成都、贵阳、昆明）及厦门与新白云机场连接，争取年内实施“多点报关、机场验放”模式，以顺应货物落地后直接运往厂房或从厂房直接送上飞机的便捷流动需要，有效降低企业的物流成本，达到扶持本省物流发展的需要。

（3）鼎力打造东南亚物流中心。海南处于连接太平洋与印度洋主航道中心线上，要抓住中国与东盟建立自由贸易区带来的良好商贸机遇，依托港航业，把海南建成东南亚重要的区域性物流中心。为了把海南建成东南亚重要的区域性物流中心，海南加快港航业发展。目前，海南全省沿海港口泊位达 143 个（生产性泊位 137 个，非生产性泊位 6 个），其中万吨级以上泊位 34 个；设计年吞吐能力散杂货 7 178 万吨、集装箱 101 万标准箱、旅客 900 万人次、汽车 213 万标辆。初步建成结构合理、功能完善、信息畅通的港航体系。

（4）实施“大企业进入、大项目带动”战略。海南省利用洋浦、八所港的优势，引进 800 万吨炼油、140 万吨天然气化肥、100 万吨浆纸等项目；吸引中远等国内外大公司进入海南港航业；在海口、三亚建成国际油轮停靠地；完善中心渔港功能，把海南建成我国渔船的南中国海停靠栖息地。利用海岸线和港区土地资源，融航运、仓储、加工为一体，形成运输与生产联动的产业群，以此带动海南物流发展。

5.4 黄河中游、长江中游地区

5.4.1 黄河中游地区

黄河中游地区包括陕西、山西、河南、内蒙古三省一区，总面积 171 万平方千米。这一地区自然资源尤其是煤炭和天然气资源丰富，地处内陆，战略地位重要。

1. 概况

1）陕西省

陕西省位于黄河中游，地处东经105°29′～111°15′和北纬31°42′～39°35′之间，东隔黄河与山西相望，西连甘肃、宁夏，北邻内蒙古，南连四川、重庆，东南与河南、湖北接壤。全省以秦岭为界南北河流分属长江水系和黄河水系，水能资源1 200万千瓦。从整个地形看，陕西南北长、东西窄，两头高中间低，南部称陕南山地，北部称陕北高原，陕南和陕北之间，属于渭河平原，号称“八百里秦川”。陕南属于亚热带气候，关中至陕北南部属于温带气候，气温和雨量由南向北递减，全省四季分明。目前陕西省已发现的矿产近90多种，矿产资源在全国占有重要地位的有煤炭、铜、汞、石棉、银、磷、铅等，其中煤炭储量居全国第三位，钼和汞储量占全国的第二位，铁矿和铜矿资源较贫乏，仅占全国的1%左右。全省有种子植物3 500余种，占全国10%，经济价值较高的有生漆、桐油、烤烟、苹果、木耳、核桃、红枣等。陕西还有相当数量的多种饲养和野生动物，其中奶山羊饲养头数居全国之首，珍稀动物有大熊猫、金丝猴、羚羊、苏门羚等，是我国最大的生物基因库之一。

陕西省旅游资源丰富，尤以文物古迹荟萃著称。陕西境内地上地下共有文物点35 750处，其中国家级重点保护单位89个，省级307个。全省共有各类博物馆、纪念馆103座，馆藏文物60多万件，其中国宝级文物121件（组），文物数量列全国之最。目前省内有世界遗产1处；国家级风景名胜区5处，自然保护区5处，森林公园15处，地质公园3处，历史文化名城6个；省级风景名胜区29处，自然保护区17处，森林公园39处，历史文化名城11个。

2）山西省

山西省地处黄河流域中部，位于北纬34°34′～40°44′，东经110°15′～114°32′，东邻河北，西界陕西，南接河南，北连内蒙古自治区，因地处太行山之西，故名山西。山西地形较为复杂，境内有山地、丘陵、高原、盆地等多种地貌类型，整个地貌是被黄土广泛覆盖的山地型高原，大部分在海拔1 000～2 000米之间。主要河流有黄河、海河两大水系，黄河流经全省19个县（市），流程965千米。目前，山西省年平均水资源总量为140. 8亿立方米，引黄入晋工程竣工后，将从根本上解决山西缺水问题。山西属于暖温带、温带大陆性气候，年平均气温在-4～14 ℃之间。山西省矿产资源极为丰富，已发现的地下矿种达120多种，其中探明储量的有53种，煤、铝矾土、珍珠岩、镓、沸石的储量居全国之首，其中尤以煤炭闻名全国。目前山西已探明煤炭储量达2 612亿吨，占全国总储量的1/3，故而有“煤乡”之称。

山西省内有旅游景区景点220余处，初步形成太原、大同、五台山、临汾、运城、上党、阳泉七大旅游区，全省有10个旅游景区被列入国家4A级景区，被列入国家级旅游线路的重要景区景点20余处，在全国堪称独一无二或具有垄断性资源的景区60余处。山西境内丰富的人文、旅游资源中，四大佛教圣地之一的五台山、五岳之一的北岳恒山、气势磅礴的黄河壶口瀑布、巧夺天工的悬空寺、应县木塔、运城关帝庙、太原晋祠、永乐宫壁画、黄河铁牛等古迹享誉海内外。保存完好的平遥古城和全国三大石窟之一的云冈石窟，被列为世界文化遗产名录；被誉为“明清时代北方民居建筑明珠”的晋中晋商大院，独具特色。

3）河南省

河南省位于黄河中下游，黄淮海平原西南部，大部分地区在黄河以南，故名“河南”。

河南简称“豫”，且有“中州”“中原”之称。河南与河北、山西、陕西、湖北、安徽、山东毗邻。黄河流经河南境内700多千米。河南省地势西高东低、北坦南凹，北、西、南三面有太行山、伏牛山、桐柏山、大别山四大山脉环绕，间有陷落盆地，中部和东部为辽阔的黄淮海冲积大平原，境内有黄河、淮河、卫河、汉水四大水系，其中淮河流域面积占53%。河南气候属北亚热带与暖温带过渡区气候，具有四季分明、雨热同期、复杂多样的特点，是全国冬小麦、棉花、芝麻、花生、大豆、烟叶、蚕丝和各种林果、畜产品的主要产区之一。河南小麦、烟叶、芝麻的面积、总产量均居全国首位，是我国重要的商品粮油生产基地之一。

河南地下矿产资源十分丰富，已发现矿产100余种，已探明储量的矿产有74种，其中名列全国前八位的就有27种之多。钼的储量之大，品位之高，在全国首屈一指。天然碱、蓝石棉储量大、品位高、质量好，也居全国之首。铝土矿、耐火黏土、珍珠岩等矿储量居全国第二；煤炭、金矿、化工灰岩、溶剂灰岩、稀土等矿产储量以及石油、天然气储量均居全国前列。河南煤炭储量丰富，煤质好、牌号全、分布广，是我国重要的煤炭生产基地。

众多的文物古迹和著名的黄河等自然风光构成了河南丰富的旅游资源。河南地下文物居全国第一位，地上文物居全国第二位，有7 000年前的裴李岗文化遗址、6 000年前的仰韶文化遗址、5 000年前的大河文化遗址。国家重点名胜风景区有嵩山、鸡公山、洛阳龙门等。

4）内蒙古自治区

内蒙古自治区疆域辽阔，北纬37°24′～北纬53°23′，南北跨距1 700多千米，东部与黑龙江、吉林、辽宁三省毗邻，南部、西南部与河北、山西、陕西、宁夏四省区接壤，西与甘肃相连，北与蒙古国为邻，东北与俄罗斯交界，国境线长达4 221千米。内蒙古土地总面积118.3万平方千米，占全国总面积的12.3%，仅次于新疆维吾尔自治区、西藏自治区，是中国第三大省区。全区基本上是一个高原型的地貌区，大部分地区海拔1 000米以上。内蒙古高原是中国四大高原中的第二大高原。除了高原以外，内蒙古还有山地、丘陵、平原、沙漠、河流、湖泊。内蒙古属温带季风气候，四季分明。

内蒙古境内各类植物2 351余种，野生动物众多，共有兽类117种，鸟类362种，其中列入国家和地区重点保护的动物有49种，珍贵、稀有动物10多种。内蒙古自治区现有水资源总蓄量545.95亿立方米，境内有大小河流近千条，大小湖泊千余个。此外，全区还有不少含有多种治疗功能矿物质的矿泉水和温泉。全区耕地面积711.5亿平方米，占全国的5.5%；草原面积8 666.7亿平方米，占全国的21.7%；森林面积2 078.93亿平方米，占全国的13.1%。

内蒙古矿产资源丰富，在世界已探明的140多种矿产资源中，内蒙古就有135种。探明储量居全国第一的有5种，居全国前十位的有67种。其中，稀土资源储量8 459万吨，占世界的80%，占全国的90%以上；已探明煤炭储量2 239亿吨，居全国第二位；黑色金属、有色金属、贵金属等金属矿产以及化工原料、工业辅料等非金属矿产种类繁多，储量丰富；石油、天然气储量十分可观，已探明13个大型油气田，预测石油资源总量为20亿～30亿吨，天然气总量为10 000亿立方米。矿产资源储量（不含石油、天然气）潜在价值达13万亿元，占全国的10%以上，居全国第三位。

内蒙古的主要旅游资源有古朴自然的草原风光，热情豪放的民族风情，森林、沙漠、文物古迹、河流湖泊、温泉等。经过多年的开发建设，内蒙古已形成以草原风光和民族风情为主题的系列旅游产品。呼和浩特是内蒙古的旅游中心城市，辐射周围的有格根塔拉草原、希拉穆仁草原、辉腾希勒草原、锡林郭勒草原、昭君墓、五当召、响沙湾、成吉思汗陵园等旅游景点，还有哈素海、乌梁素海、岱海等。

2. 经济

1）陕西省

陕西省在“一五”期间和20世纪60年代末开始的三线建设时期，是我国经济建设的重点地区。近年来，在西部大开发的战略指导下，陕西省国民经济得到了迅速发展，经济建设取得了巨大成就，已初步形成了一个门类比较齐全、相对完整的国民经济体系，已培育出电子、机械、医药、化工、能源、食品、旅游业七大支柱产业，有力地拉动了陕西省的经济增长。2014年陕西生产总值17 689.94亿元，比上年增长9.2%，三次产业比重为8.8∶54.1∶37.0。人均生产总值46 929元，比上年增长8.8%。对外贸易实现新的突破，2014年进出口总值273.6亿美元，比上年增长35.9%，创外贸进出口历史最高纪录。到2014年年底，外商投资企业数6 782户，投资总额447亿美元，注册资本241亿美元。

2）山西省

山西省是我国内地经济比较发达的省份，经济发展高于全国水平，已建成以煤炭、钢铁、机械、化工为主体的重工业基地。煤炭工业是山西省的最大优势，无论在生产规模、技术装备和经济效益等方面，都居全国领先地位。“十二五”期间，山西省经济发展紧紧围绕建设新型能源和工业基地的战略目标，深入推进经济结构调整，全省国民经济和社会发展取得了新成就，国民经济高速平稳运行，综合经济实力进一步增强（见图5-2）。

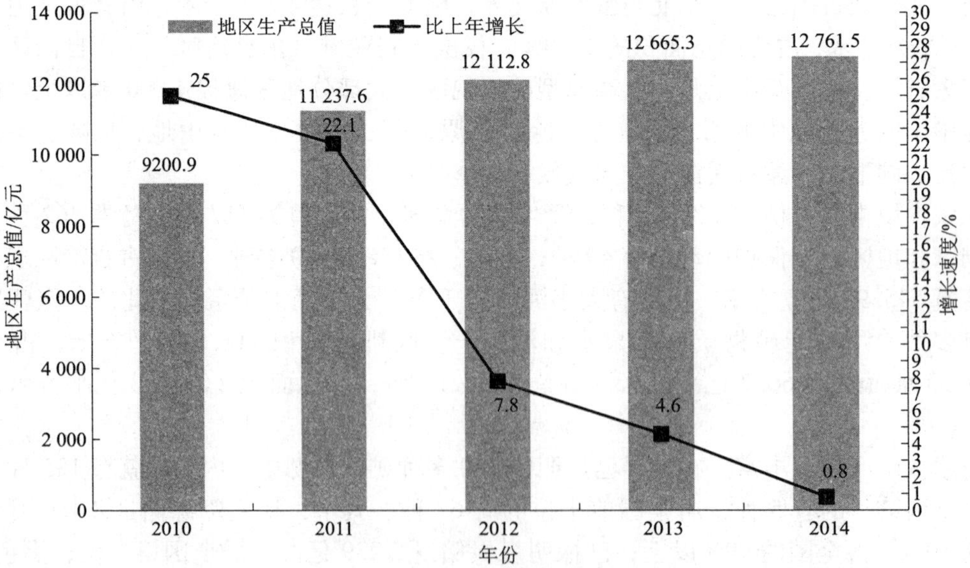

图5-2 2010—2014年山西省生产总值及其增长速度

（资料来源：国家统计局网站）

三次产业比例由2009年的6.5∶54.6∶38.9调整为2014年的6.2∶49.3∶44.5。对外贸易平稳增长。2014年全省累计完成海关进出口总额162.3亿美元。资源型产品出口趋缓，机电产品和高新技术产品出口高速增长。市场多元化取得新进展。2014年共新批外商投资

② 物流基础设施日益完善。四川省交通基础设施日益完善，有铁路、公路、航空和内河水运运输方式，已能满足物流发展的需要。各种交通运输装备和工具门类较齐全，更新周期缩短，仓储等物流基础设施逐步完善，容量扩大。

③ 传统物流业开始向现代物流业转变、第三方物流发展壮大。随着物流基础设施和装备的现代化、物流信息网络的建设以及集中配送等新的生产组织方式的广泛采用，四川省传统物流业正开始向现代物流业转变，并在加快物流速度、减少库存、降低成本、延伸服务等方面显示出良好的发展前景。据不完全统计，目前四川第三方物流企业已达100多家，其中成都蚂蚁物流、集装箱运业公司、烟草物流、邮电物流等发展较好。

④ 外商投资物流企业加速开拓四川市场。近年来，随着我国物流市场的进一步放开，国外物流企业入川步伐明显加快。据成都市不完全统计，目前已有丹麦马士基、新加坡APL、英国金鹰国际、荷兰渣华船务、美国总统轮船等十余家国外知名的大型物流企业在成都设立了办事处或合资公司。

⑤ 物流规划及物流园区发展开始起步。以成都为代表的商贸中心城市的物流规划、园区建设正有序进行，成都市已将成都物流基地、西南物流中心、双流航空物流园、青白江物流园区纳入成都市城市总体规划。绵阳、宜宾、泸州、攀枝花、广元等市已制订或正加紧制订物流发展规划，个别县级城市的物流规划也开始起步。

（2）四川省物流发展面临的挑战。从总体上看，四川省发展现代物流具备基础条件，但正处于传统仓储运输业向现代物流业过渡的起步阶段，还存在一些不容忽视的问题，面临一些严峻的挑战。

① 观念上的挑战：大部分工商企业缺乏现代物流理念和社会化大分工的观念，习惯于自办物流，影响物流市场的培育和发展；

② 体制上的挑战：物流管理体制不健全，存在“多头”管理的现象，物流资源未得到充分整合和利用；

③ 服务水平上的挑战：物流企业规模较小，缺乏专门人才，资金投入较少，设施简陋，装备差，第三方物流发展滞后；

④ 市场份额的挑战：我国加入WTO后，大型跨国物流企业将会迅速进入我国市场，目前四川省物流企业还处于劣势。据不完整的资料显示，国有商业流动资本年平均周转2.3次，而沃尔玛、麦德龙、家乐福等跨国连锁公司资本年平均周转都在20～30次，这种差距必将进一步加剧四川省物流市场的竞争。

（3）四川省物流发展目标。为了促进四川物流业良性、健康发展，该省明确了物流发展的目标。

① 编制和实施好物流业发展规划。以交通枢纽、中心城市、重要港口和大型商品集散地为依托，建设若干辐射全省、连接全国市场的物流中心，完善大宗商品物流设施。选择粮食、棉花、食糖、鲜活农产品、钢材、食品等一些品种和领域，优先推进现代物流的发展。

② 制订促进四川省现代物流业发展的政策措施。

③ 抓好物流基础设施的整合与建设。

④ 加快物流领域的对外开放。进一步改善全省投资环境。

⑤ 加强物流基础性工作。

4）重庆物流

（1）重庆物流业的现状。改革开放以前，重庆的物流业主要有两种，一种是专营生产资料的物资储运公司和外运公司，一种是商业系统的储运公司。改革开放以来，重庆市工农业生产快速发展，物流量大增，市场需求日益扩大，对过去传统的仓储运输业提出了挑战，现代物流业应运而生。但是，由于旧体制下流通结构不合理，整个社会的物流意识淡薄，没有物流业的发展规则，对物流业的发展指导和投入不够，企业对大物流的建设缺少实力和积极性，相关的科学技术比较落后，这些都严重地影响了重庆现代物流业的发展。

（2）重庆物流业优势。

① 重庆具备发展现代物流业的区位优势。重庆地处长江上游和中西部结合带，承东启西，是撬动“连接中国 11 个省市区，跨越东、中、西三大经济带”的支点。

② 发展现代物流业的交通运输基础设施较为完善。重庆是西部地区唯一同时具有铁路、公路、水路、航空和管道五种运输方式的特大城市。较为完善的交通运输基础设施，为重庆现代物流业的发展提供了必要支撑。

③ 重庆的仓储设施发展初具规模，成为发展现代物流业重要的物质基础。据重庆市物流与仓储协会统计，重庆市拥有 189 万多平方米的仓库、15 亿千克容量的粮库、125 万立方米的石油库、6 万吨容量的冷藏库、4. 7 万平方米的危险品仓库、货场 38 万平方米。这些仓储设施还在不同程度地增加，并且大都配备有相应的运输车队，组织形式均为储运公司，实行信息化管理，正规仓库基本达到现代物流企业的硬件要求。

④ 物流业发展需求大。重庆是我国重要的制造业中心，都市人口有密集化趋势，进出口规模和销售规模日益扩大（详见本节“经济”部分），迫切需求“巨大”物流渠道。

（3）重庆物流业发展的不利因素。尽管重庆市在发展物流业方面有着诸多优势和有利条件，但也存在一些不利因素制约重庆物流业的发展。

① 物流业发展中的部门、条块分割现象较为严重。

② 许多物流企业服务内容单一，不能适应现代物流业发展的需要。目前重庆市从事物流服务的企业，大多是国营储运公司，由于其库房、设备等几乎都是几十年前修建的，因而陈旧落后。许多企业规模小，不能适应现代物流发展的需要。统计显示，全市 189 万平方米的通用仓库，空置率在 10%以上，全市拥有 20 万辆机动车运力，空载率高达 40%。

③ 缺乏现代物流观念。

④ 缺乏整体规划。虽然重庆的现代物流业已开始起步，并制订了发展规划和发展重点，完成了万州物流配送中心、上桥物流中心的规划设计，并已进入实施阶段。但是现代物流业的建设是一个庞大的系统工程，一方面要从全重庆市的角度来考虑问题，另一方面还应站在全国、西部地区、西南地区、长江上游地区的角度来考虑问题，来制定重庆现代物流业的整体发展规划。

⑤ 物流专业人才的数量与市场需要之间严重脱节，不能满足未来重庆物流发展的需要。

（4）重庆物流业发展的措施。重庆市政府为发展物流业，2014 年发布了《贯彻落实国家物流业发展中长期规划（2014—2020 年）的实施意见》，内容包括：

① 加强物流通道建设。进一步增强“一干两支”航运能力，积极推进三峡大坝过闸扩能工作，加快实施长江涪陵至江津至宜宾段、嘉陵江、乌江航道整治工程；加强长江沿线港口建设，完善进港铁路和公路运输网络，形成果园港、新田港、龙头港、猫儿沱港等六大铁

公水联运港口体系；推进船舶标准化改造和甩挂运输，提升长江通航能力和效率。加快兰渝铁路、渝黔新线、渝怀二线、黔张常铁路等在建项目建设，积极推进郑—渝—昆、渝西等高速铁路和安张、沿江货运铁路前期工作；启动铁路枢纽东环线、市郊铁路建设，提高既有铁路利用率，推进铁路货运进园区，形成覆盖千亿级工业园区的铁路集疏运体系，构建内通外畅的货运铁路网络。加快高等级公路建设，着力提升普通国省干道公路等级，完善以港口、铁路站场、沿江物流园区和产业开发区为节点的网络状公路运输体系，实现高等级公路网对市域内重要物流节点的全覆盖。强化航空货运枢纽功能，拓展江北国际机场航空物流用地，加快临空经济区建设，构建航空大通关体系，完善机场地面交通运输网络，增开全货机航线，打造中西部航空物流高地。

② 加快完善物流网络。按照各功能区定位，依托物流交通大通道，优化整合市域物流布局。围绕国家级物流枢纽，构建以重点物流平台为支撑、以区域性物流节点为纽带、以城乡社区商业网点为末端的三级物流网络体系。

③ 创新物流组织模式。推进多式联运，加快推进公铁水联运基础设施建设，实现公铁水联运的“无缝衔接”。鼓励铁路、公路、水运、航空物流企业结成多式联运实体或合作联盟，推进大宗散货铁水联运、集装箱多式联运，货物运输“一票到底”。积极发展甩挂运输、带板运输、联合运输、公交化配送等多式联运配送模式。鼓励大型物流企业搭建多式联运信息平台，实现物流信息资源共享，建立联动机制。

④ 改善物流薄弱环节。大力发展冷链物流，继续加快白市驿涉农物流园区建设，建成综合性冷链物流集聚区，增强冷链物流功能。提速发展电商物流，充分发挥水、空、铁交通枢纽，一类口岸，保税（港）区“3个三合一”内陆开放平台优势，整合优势资源，构建电子商务物流服务平台和配送网络，加快发展快递服务。推进发展绿色物流。推动液化天然气（LNG）等清洁能源在运输、仓储等环节的广泛使用。

⑤ 培育壮大物流企业。培育物流龙头企业，鼓励物流企业通过参股控股、兼并重组、协作联盟等方式整合市场主体，组建一批大型现代物流集团和骨干物流企业，壮大企业规模，提升物流企业竞争力。整合组建专业物流企业，鼓励生产制造企业和商贸流通企业剥离外包物流业务，或与第三方物流企业组建专业物流公司，整合物流功能，大幅度提高物流业与产业的融合度。

⑥ 提升标准化和先进技术应用水平。加强物流标准化建设，加大物流企业分类评估、冷库等级与全程冷链服务等国家物流标准的推广力度。推进运输标准化建设，推进城市配送示范车队建设，推荐试点配送车辆车型，统一车辆标识，加强和规范其运行管理。

5）广西物流

（1）广西物流发展现状。

① 物流企业数量猛增，总体经营情况好转。2003年，广西就有120多家物流企业成立，而有意来广西投资物流业的还有70多家。据预测，广西物流企业今后每年将会以30%的速度递增。物流企业在生产经营各方面总的情况是：业务预订增多、业务量大幅提高、企业效益明显好转、企业货款拖欠情况进一步改善、企业劳动力需求增加、企业固定资产投资增长。

② 三大港口资源整合，形成西南物流群。广西的三大港口——北海、钦州、防城港，原来存在着无序开发和恶性竞争的弊病，不利于广西参与泛北部湾区域经济合作。为提高沿

海港口的竞争力、整合资源，2006年年末广西壮族自治区政府确定组建北部湾国际港务集团有限责任公司。公司成立后，将建立新的运行机制，使沿海三港的发展目标、功能、规划一体化。2007年新增13个泊位，增加吞吐能力1 000万吨。一旦资源得到有效整合，联合湛江，接受中国香港特区物流产业转移，所形成的物流群将独占西南物流鳌头。

③ 规模物流企业成立。2003年，广西第一家上规模的物流集团公司——玉柴物流集团公司在玉林成立。该集团拥有16家子公司、3 500多辆大型货车、三家大型货运站和卫星定位系统，在规模、资金等方面堪称"广西第一"。随后，贵港安顺物流公司、安徽叉车集团驻邕公司、杭州叉车有限公司驻邕宁沿海经济开发区销售公司等10多家大规模物流集团相继成立。中国香港东源大地公司投资千万美元与广西超大运输公司双方约定在南宁的沙井、玉洞建设物流中心。

④ 东盟国际物流园区建设初具规模。2004年，南宁东盟国际物流园规划评审会经过广西区、市、县三级专家及有关领导讨论及评审后，顺利通过会审。目前，该物流园已初具规模，建成一大批物流项目。东盟国际物流园位于邕宁沿海经济走廊开发区，规划面积18.8平方千米，它是服务国内和东盟10国及其他国家的区域性现代物流中心。目前已有防港物流、广西超大运输有限公司物流中心等六大物流项目入住园区，这六大物流项目累计计划投资超过20亿元。

⑤ 基础设施建设更加完善。在城市范围内，继续完善疏港和进市道路建设：防城港完成长22千米的进港大道一级公路的建设，钦州完成进港公路路面的拓宽工程，北海完成北海—铁山港一级公路进港路段。铁路建设方面，兴建合浦至河唇铁路，构建环北部湾铁路系统。航空交通方面，把北海机场建设成为一流机场，开通北海到东盟各国的航线。公路建设方面，兴建崇左至钦州、防城港至东兴高速公路，兴建防城港东湾跨海大桥。港口建设方面，加快钦州港10万吨级深水航道、北海石步岭港区5万～10万吨级航道、涠洲岛30万吨原油泊位及配套航道、防城港20万吨级码头及配套航道等扩建改造。届时，广西将形成四通八达、畅通快捷、各种运输方式相互协调的综合运输网。

（2）广西发展物流业的优势。

① 区位优势：广西地处祖国大陆东、中、西三个地带的交会点，是我国唯一与东盟既有陆地接壤又有海上通道的省区，也是沟通我国与东盟各国最便捷的国际大通道。目前，广西已经初步建成出海出边大通道，使广西的区位优势日益突出，客观上已成为双向沟通中国与东盟的重要桥梁和基地。

② 资源优势：广西资源优势明显，同时经过几年的发展，广西已经形成了门类齐全的工业体系，为物流的发展奠定了一定的基础。

③ 政策优势：目前，广西除同时享受全国各自治区共有的政策外，还享受着多数省区没有的沿海地区开放政策、西部大开发政策、少数民族自治区政策以及边境地区政策等，政策潜力和优势十分明显，为物流发展提供了重要保障。

④ 机遇优势：《中国与东盟全面经济合作框架协议》（简称10+1）和《泛珠三角区域合作框架协议》（简称9+2）的签订，是广西百年难遇的战略机遇，中越两国共同打造的"两廊一圈"，将成为推动"中国—东盟自由贸易区"建设的一个重要的战略性举措。它对华南、西南地区，特别是广西和云南的经济发展影响巨大。

（3）广西物流发展的前景。"十一五"时期广西加快沿海地区的发展步伐。北海、钦州、防城港依托所具备的有利条件，完全能够发展成为商品流、资金流、信息流与人流汇聚的重要区域。“中国—东盟自由贸易区”的建立，为北海、钦州、防城港发展成为区域性国际物流中心提供了新的发展机遇。

5.5.2 西北地区

西北地区包括甘肃、青海、宁夏、西藏、新疆两省三区，总面积410.5万平方千米，是面积最大的经济区，幅员辽阔，人口稀少。该地区东接黄河中游地区，东南方向与西南地区相连，南与缅甸、印度、不丹、尼泊尔等国毗邻，西与克什米尔、阿富汗、巴基斯坦、哈萨克斯坦、吉尔吉斯斯坦、塔吉克斯坦接壤，北与俄罗斯交界，东北与蒙古人民共和国相邻，总边界线长9 600多千米。

1. 概况

1）地形地貌

西北地区地形复杂、地貌多样，地势自南向北倾斜，基本涵盖了高原、山地、平川、河谷、沙漠、戈壁、盆地、河流、湖泊等各种类型。本区南部青藏高原平均海拔4 000米以上，有“世界屋脊”之称，喜马拉雅山的珠穆朗玛峰海拔8 844.43米，为世界最高峰，北部的艾丁湖海拔-155米，为我国海拔最低的湖泊。

2）生物资源

西北地区是我国生物资源比较丰富的地区。

甘肃和青海境内有野生动物700多种，经济动物400多种，鸟类441种，野生植物有5 000多种，大部分可开发利用，药用价值极高。新疆野生动植物达4 000余种，农作物地方品种及引入品种达10 000多个，果树资源丰富，其中优良品种约300余个，天然药物如：麻黄、罗布麻、甘草、贝母、雪莲等分布广泛，质量上乘，具有独特的品质和优良的特性。

西藏自治区内有高等植物6 400多种、藻类植物2 376种、真菌878种、木本植物1 700余种、药用植物1 000余种、油脂油料植物100余种、芳香油香料植物180余种、工业原料植物（含鞣质、树脂、树胶、纤维）300余种、可代食品、饲料的淀粉、野果植物300余种、绿化观赏花卉植物达2 000余种、可食用菌415种、药用菌238种，已知有抗癌作用的真菌，如丝膜菌、虫草等有168种，全区有各种常用中草药400多种，具有特殊用途的藏药300多种，比较著名的有天麻、虫草、贝母、三七、大黄、党参、秦艽、丹参、灵芝、鸡血藤等。西藏有脊椎动物798种，昆虫近4 000种，大中型野生动物数量居全国第一位。

3）矿产资源

甘肃目前已发现各类矿点近3 000处，有用矿产145种，探明储量的有94种，居全国第一位的有镍、钴、铂族、硒、铸型黏土和饰面蛇纹等11种。

青海发现矿产120余种，探明储量的有110种，许多矿产属于国内外急需的资源，其中钾、钠、镁、锂、溴、芒硝、石棉、化工灰岩和硅储量居全国首位。柴达木盆地中盐湖有33个，已探明盐储量600多亿吨。

宁夏矿产主要有煤炭、石膏、石油、天然气等。

西藏目前已发现100余种矿产资源，查明矿产资源储量的有36种，累计探明地质储量115.13亿吨，资源潜在价值约为500亿元，人均约为20万元，是全国人均1.72万元的11.6倍。矿产资源储量居全国前五位的有铬、工艺水晶、刚玉、高温地热、铜、火山灰、陶瓷土、菱镁矿、硼、自然硫、云母、砷12种。锂矿储量居世界前列，是我国锂矿资源的基地之一。

新疆发现的矿产有138种，其中9种储量居全国首位，32种居西北地区首位。石油、天然气、煤、金、铬、铜、镍、稀有金属、盐类矿产、建材非金属等蕴藏丰富。新疆石油资源量208.6亿吨，占全国陆上石油资源量的30%；天然气资源量为10.3万亿立方米，占全国陆上天然气资源量的34%。新疆油气勘探开发潜力巨大，远景十分可观。新疆煤炭预测资源量2.19万亿吨，占全国的40%。黄金、宝石、玉石等资源种类繁多，古今驰名。

4）旅游资源

西北地区因其悠久的历史、独特的地貌和神秘的宗教而形成了十分丰富的旅游资源。

甘肃境内的敦煌莫高窟、嘉峪关、天水麦积山石窟、茫茫的戈壁、黄土高原、广袤无垠的草原、洁白莹润的冰川、神秘沉重的丝路古道及独具魅力的甘南藏族风情、肃南裕固族民俗共同构成了一幅雄浑壮丽的画卷。

青海湖鸟岛、孟达自然保护区、阿尼玛卿大雪山、日月山和西北最大的人工水库龙羊峡、巴隆同际狩猎场、坎布拉森林公园和藏传佛教的湟中塔尔寺、伊斯兰教的东关大寺等旅游景点成为青海的经济增长点。

宁夏主要景区、景点有：西夏王陵、沙坡头、沙湖风景区、青铜峡108塔、贺兰山岩画、华夏西部影视城、古代城堡遗址、银川南关清真寺、纳家户清真寺、银川海宝塔和承天寺塔、六盘山风景区、高庙等。

西藏的珠穆朗玛峰、雅鲁藏布江大峡谷、令人神往的神山圣湖、涛声阵阵的原始森林、布达拉宫、风格独特的寺庙建筑、历史悠久的文化艺术、别具一格的民俗风情、珍贵的高原动植物，这些唯我独有的自然景观和人文景观构成了西藏与世界其他任何地方迥然不同的旅游资源。

新疆旅游资源丰富而独特，在68种中国旅游资源基本类型中新疆至少拥有56种，居全国之冠。著名的自然风景有天池、喀纳斯湖、博斯腾湖、赛里木湖、巴音布鲁克草原等；人文景观有古丝绸之路南、北、中三条干线上留下数以百计的古城池、古墓葬、千佛洞、古屯田遗址等，其中，交河古城、高昌古城、楼兰遗址、克孜尔千佛洞、香妃墓等蜚声中外。新疆各民族的文化艺术和绚丽多彩的风情习俗，也构成了浓郁民族特色的人文景观。

2. 经济

西北地区由于自然条件恶劣，地广人稀，市场狭小，所以经济发展相对落后，区内各省区之间存在着经济发展不平衡和明显的地区差异。西北地区产业结构与全国相比，第一产业受新疆优势农牧业和西藏畜牧业占重要经济地位的影响，比重较高；第二产业主要受西藏现代化工业过于薄弱的影响，比重较低；第三产业主要受区内旅游业发展拉动，比重较高（见表5-7）。

表 5-7 2014 年西北地区经济状况

区域	GDP/亿元	人均 GDP/元	三次产业结构比重	进出口额/亿美元	支柱产业
甘肃	6 836.8	26 433	13.2 : 42.8 : 44.0	86.4	以电力、有色金属、石油化工、机械制造为支柱，包括煤炭、电子、轻纺、食品的工业体系；同时，农业相应地得到发展
青海	2 303.3	39 671	9.4 : 53.6 : 37.0	17.2	农业、水电业、盐化工业、有色金属工业、石油天然气工业
宁夏	2 752.1	41 834	7.9 : 48.7 : 43.4	54.4	煤炭、电力、冶金、机械、纺织、造纸、食品等行业为主的工业体系
西藏	920.8	29 252	10.0 : 36.6 : 53.5	22.5	畜牧业、旅游业
新疆	9 273.5	40 648	16.6 : 42.6 : 40.8	234.8	棉花、粮食、甜菜、林果和畜牧等主导优势农业和石油天然气开采、石油化工、钢铁、煤炭、电力、纺织、建材、化工、医药、轻工、食品等工业
地区合计	22 086.5	34 232	11.4 : 44.9 : 43.7	415.3	
占全国比重/%	3.5	73.4	全国 9.2 : 42.7 : 48.1	1	

（资料来源：2014 年中国统计年鉴相关数据计算得出）

3. 交通运输

西北地区目前已初步形成以铁路为骨干，以公路为主要力量，航空、管道、水路运输为辅的交通运输网。

铁路主要担负区内外大宗物资的调运：陇海铁路、兰新铁路、青藏铁路是本区东西的大动脉，西北外运的农矿产品和区外运入的生产生活资料主要靠此干线；宝成铁路是连接西北与西南地区的重要铁路干线；由沿海进入西北的第二条通道——中宝电气化铁路，是连接中国东部与西部的一条干线铁路；包兰、兰青线主要是区内经济联系的动脉，担负区内物资交流。

公路在大西北地区作用较大。区内公路通车里程达到了 199 015 千米，形成了以国道、省道公路为骨架，县乡公路为脉络，连接区内外和周边国家的公路运输网。

航空运输已形成以各省省会为中心，达区内各市，辐射华北、东南、西南 60 多个大中城市，连接中亚、中东、俄罗斯等 15 个国家的空中交通网络，其中新疆是中国拥有民航站最多、航线最长的省区。

西藏建成了总长为1 080千米、世界上海拔最高的格尔木至拉萨输油管道。

青海省的第一个航运基础设施项目龙羊峡库区航运工程于1991年建设，现已交付使用，全省现可通航里程344.5千米，有船舶96艘，货运吞吐量2万吨/年。

4. 西北地区物流发展

1）甘肃物流

甘肃省属于经济欠发达地区，受地理条件的影响，甘肃省物流业发展缓慢。

（1）甘肃省发展物流的优势和劣势。甘肃提出的工业强省和实施的西部大开发，为其物流发展带来了无限商机，其优势主要体现在以下三个方面：第一，相对宽松的土地资源，可满足物流开发需要占用大量的土地。第二，基础建设投资逐年加大，为甘肃物流市场创造了较为良好的环境因素。第三，良好的宏观政策环境，为加速甘肃物流提供了良好的机遇。省经贸委已把发展甘肃物流和营销配送作为流通企业提高核心竞争力的重要措施来抓。

甘肃物流中的运输环节是依靠公路运输和铁路运输来实现的。但甘肃的地理环境致使道路基础建设成本高、周期长，以致多年来高等级的公路少，现有的公路坡度大，弯道多。这些不利因素使物流配送的安全性、时效性、经济性都受到影响，从而导致物流成本增加，制约了物流发展。另外，甘肃属于农业省份，城市化水平较低，经济环境对物流业的支持和发展也有较大的制约因素。人们的物流观念相对东部及沿海开放城市存在着较大差距，物流专业人才匮乏，对物流技术、物流设施、设备的应用相对滞后。上述因素导致甘肃物流业发展处在初级阶段。

（2）甘肃物流发展规划。目前，甘肃省已把物流业作为社会经济发展的一项重要战略，作为转变经济增长方式、优化经济结构的一项重大任务。甘肃将以兰州为中心，逐步打造国际物流的集散、分拨、配送体系，商贸结合的市场交易体系、工贸一体的进出口加工体系的商品交流中心及物流信息发布中心。兰州市提出力争用5～15年的时间，建设九大物流园区、两个物流配送中心、一个物流中转枢纽，“搭建三个平台，构筑三大体系”，并且将依托铁路集装箱中心站、铁路编组站、公路集装箱中转站的建设和青藏铁路的开通，形成兰州青藏物流园区。

2）青海物流

青海物流业与发达地区相比相当滞后。近年来，伴随着经济的快速增长，青海省物流基础设施条件逐步改善，现代物流业开始起步。2014年，全社会货运总量达1.5亿吨，货物运输周转量506.9亿吨千米，以城镇为依托的流通网络和市场体系基本形成。目前，以西宁和格尔木为集散中心，多种所有制成分、多层次的生产、生活资料市场遍布城乡，各类企业参与、多种运输方式配合的大宗工业、生活物资流通网络已初具规模，为现代物流网络体系建设奠定了基础。第三方物流企业正在发展，省内一批传统物流企业开始按照现代物流理念进行改造，向第三方物流企业转型。省外一些知名第三方物流企业进入青海省开发现代物流业务，带来了先进的物流理念，促进了青海省现代物流业的发展。

然而，受体制、政策、技术、管理、人才等因素制约，青海省物流社会化水平低，物流基础设施差，物流企业规模小，技术装备和管理水平不高，竞争力不强，现代物流业发展明显滞后。

为此，青海省规划预计将以西宁市、格尔木市、德令哈市为重点发展区，建设两个物流园区、四个物流中心、九个配送中心。其中，西宁朝阳物流园区将率先开始建设，已初步成为青藏高原最大的物流基地，从而带动全省物流业的大发展。随着2009年4月1日兰青铁路复线电气化正式开通运营，青海省也开始对物流运输实施公路和铁路分流。同时在省内推行公路铁路分流，保证货流畅通。在政策方面，青海省制订了鼓励物流运输企业参与“公铁分流”的税收、车辆费用等优惠政策。

3）宁夏物流

受地形及缓慢的经济发展的限制，宁夏的物流业发展呈落后状态。为发展物流业，宁夏采取了如下措施。

（1）创建大型物流园区。占地约23.33万平方米、总投资6 700万元的银古物流中心于2004年开工建设。银古物流中心建成后形成了两个物流信息平台，即：现代物流信息中心和GPS（全球卫星定位系统）货运监控中心，以及五个交通物流功能系统，即：与国际标准接轨的物流仓储系统，道路快速货运系统，专业配送系统，道路安全急救系统，包装、加工、装卸系统。银古物流中心建成后可以有效地提高公路运输的实载效率，逐步形成设备先进、设施完善、信息灵通、服务周到、管理科学、运输便捷的运输管理体系。

（2）发挥邮政网络资源，促进物流发展。2002年5月宁夏成立了邮政物流局。邮政物流局与自治区烟草公司、启元药业、海尔等企业签订货物配送合同，2002年当年就实现配送任务183万元。2003年以来，宁夏邮政物流局以其密集的邮政网络资源和“百年邮政”的信誉，吸引了国美、大中等电器连锁超市与之合作开展仓储、配送一体化业务。该局近期又与中法合资河南利果美生化有限公司签订协议，为其在宁邮购分销液肥。

（3）加速进出口物流基地建设。为改善宁夏进出口企业物流成本高、货物运输速度慢、进出口通关程序烦琐的状况，降低企业物流成本，加快货物通关速度，宁夏与天津口岸办经广泛讨论和认真考察，拟在石嘴山市惠农区建设物流基地。按照规划设计，该基地将于2007年建成并投入使用。该基地建成后，将成为天津港向内陆地区延伸的重要基地，成为宁夏到天津港铁路货运的新平台，对于提升西部特别是宁夏商贸业竞争力，加强内陆与沿海港口的多式联运，推进西部市场与全球货运网络接轨，促进宁夏物流业发展将发挥重要作用。

（4）成立物流商会。为促使宁夏物流企业走上“联合、自律、规范、发展”之路，2005年，宁夏50余家物流企业在银川成立了宁夏物流商会。这些企业加入商会后，将改变过去各自为战的状况，加强物流企业之间的交流合作，促进宁夏物流业整体协调发展。

4）西藏物流

长期以来，西藏物流发展受制于落后的交通运输。随着西藏经济发展、基础建设的加快，尤其是青藏铁路的开通和西藏区内公路的快速建设，西藏物流业发展将进一步加快步伐。自治区为发展物流业，采取了如下措施。

（1）在堆龙德庆县打造西藏最大物流中心。青藏铁路建成通车后，将在堆龙德庆县境内建设西藏最大的货运站，西藏的物流格局将因此发生极大改变。在新的物流格局中，堆龙德庆县将成为全区的物流中心。为此，堆龙德庆县将尽快建成以县城为轴心、以“三路”（拉贡公路、青藏公路、青藏铁路）为骨架、以乡镇为依托、辐射全区的物流网络。

（2）铁路、航空、公路、管道联动加速构建物流通道。西藏目前已初步形成了铁路、航空、公路、管道等形式的综合立体交通运输体系（详见本节“交通运输”部分）。西藏还将继续着力建设综合交通运输体系，重点整治改建青藏、川藏、中尼、滇藏、新藏等干线公路，基本建成沥青路面，确保与西南各省区市主要通道的道路畅通，完善青藏铁路配套工程，加快建设拉萨—日喀则铁路，加快阿里机场建设，大力发展区内支线航空运输。

（3）发挥邮政网络优势发展农牧区物流。为了针对西藏自治区政府确定的“重点开拓农牧区市场，将连锁经营、物流配送等新兴流通方式向农牧区延伸”的发展方针，西藏邮政提出要因地制宜大力发展农牧区物流。西藏邮政物流业务将以科技含量高、高附加值的各类种子、化肥、农药、农资用品和日常生活消费品为开发对象，以服务农业生产、生活资料的制造与销售部门为重点，发挥邮政原有品牌优势，带动农牧区配送网络的发展，积极稳妥地开拓分销市场，实行城乡连锁销售，形成商流、物流互动的局面。

（4）构建、规范物流信息市场。拉萨市当地工商局将对拉萨货物运输信息单位进行审核，规范货物运输信息市场。由于货物运输发展迅猛，为了构建西藏区内物流信息通道，加快全区物资交流步伐，全市将根据货物运输市场发展，不断增加货物运输信息单位的数量和扩大信息单位的业务范围。积极鼓励和扶持生产流通企业和物流企业建设物流信息系统，加快建设现代物流公共信息平台。

5）新疆物流

（1）新疆物流发展现状。

① 交通运输基础设施具备了一定规模，货运量快速增长。新疆维吾尔自治区的交通基础设施建设完备，已经形成铁路、公路、管道和航空立体运输网络，货运量快速发展。2014年年末铁路营业里程 5 462.8 千米，比 2013 年增长 17%；公路里程 17.55 万千米，增长 3.1%，其中，高速公路 4 300 千米，增长 59.3%。铁路完成货运量 7 410 万吨，比上年增长 1.7%；公路 64 758 万吨，增长 8.6%。

② 物流配送中心发展前景良好。“十五”期间，新疆以乌鲁木齐为中心，逐步建立乌鲁木齐北站生产资料加工配送园区和若干个工业消费品配送中心、农副产品和生鲜食品加工配送中心，在奎屯、阿克苏、库尔勒各建一个地区性综合物流配送中心，形成社会化、高效运转的物流配送网络。

③ 现代物流业正处于起步发展阶段。新疆现代物流业发展已开始起步，连锁经营领域不断拓展，成为发展速度最快的新型业态，已从最初的百货零售业和餐饮业，推广到农资、药品、家电、加油站、汽车、机电、五交化等领域。据不完全统计，初步形成了“农佳乐”“新特药”“麦趣尔”“亚中”“好家乡”“百富”等一批地方连锁经营品牌。其中“农佳乐”“麦趣尔”“百富”还走出了新疆。

④ 物流成本仍然较高。虽然新疆的总体物流成本有所下降。但是，运输、保管成本比重仍然较高，管理成本增长最快。由于物流作业的分散性及物流服务的各个环节的相互脱离，导致在物流生产的过程中产生了大量的人力、物流、管理成本，从而影响了新疆物流业的进一步发展。

（2）新疆发展规划物流园区。新疆一批拥有一定规模，设施先进，具备现代化管理的物流园区（中心）正在筹划和建设中。新疆围绕石油天然气、重化工、绿色食品加工、轻工纺织和高新技术五大产业基地建设，规划构建跨部门、跨行业、跨地域的一批现代物流园区（二级四园六中心）体系。以乌鲁木齐为中心，规划建设一级枢纽区的四大物流园区；以北疆、南疆、东疆三条物流通道为主干，各地、州、市中心城市为重心，规划建设二级枢纽区（物流中心）；以区域特色经济发展为依托，规划建设六大专业物流（配送）中心，形成新疆以国际物流为重点、区域物流为基础、城市配送物流为支撑的多层次综合性物流体系。

5.6 港澳台地区

5.6.1 香港地区

1. 香港地区概况

1）地理位置

香港地区位于珠江口东侧，背靠中国内地，面朝南海，为珠江内河与南海交通的咽喉，南中国的门户；又地处亚欧大陆东南部，是太平洋与印度洋之间的航道要冲，成为历来沟通日本、东南亚、大洋洲及西太平洋沿岸各国的重要商埠，也是中国内地对外经济贸易往来的门户。

香港地区是块典型的滨海丘陵地，陆地部分呈菱形，香港岛在菱形半岛南端。香港地区陆地面积 1 103 平方千米，由香港岛、九龙半岛、新界及 260 多个离岛组成。香港岛及九龙半岛是香港地区政治、经济、文化、交通中心区域。香港地区全港人口密度为 6 350 人/平方千米，为世界上人口最稠密的地区之一。

2）自然资源

香港地区地处亚热带地区，气候温暖湿润，同时带有温带气候性质。香港地区土地贫瘠，缺水多山，最重要的自然资源是以群山作屏障的天然良港。由于缺乏大河流和湖泊，加上地下水不多，香港的食用淡水 60% 以上依靠广东省供给。香港的矿藏有少量铁、铝、锌、钨、绿柱石、石墨等。

香港地区邻近大陆架，洋面广阔，岛屿众多，拥有得天独厚的渔业生产的地理环境，有超过 150 种具有商业价值的海鱼，主要是红衫鱼、九棍鱼、大眼鱼、黄花鱼和鱿鱼。香港土地资源有限，林地占总面积的 20.5%，草地和灌木地占 49.8%，荒地占 4.1%，沼泽和红树地占 0.1%，耕地占 6.7%，鱼塘占 2%，城郊区建设发展土地占 16.8%。香港农业主要经营少量的蔬菜、花卉、水果和水稻，饲养猪、牛、家禽及淡水鱼，农副产品近半数需内地供应。

2. 香港地区的经济

在香港地区经济发展的历史中，经历了两次经济转型。1950 年以前主要以转口贸易为主。从 20 世纪 50 年代起开始工业化，到 1970 年，工业出口占总出口的 81%，标志着香港地区已从单纯的转口港转变为工业化城市，实现了香港地区经济的第一次转型。20 世纪 70 年代初，香港地区推行经济多元化方针，金融、房地产、贸易、旅游业迅速发展，特别是从 20 世纪 80 年代开始，内地因素成为推动香港地区经济发展的最主要的外部因素，香港地区的制造业大部分转移到内地，各类服务业得到全面高速发展，实现了从制造业转向服务业的第二次经济转型。目前香港地区已成为世界第十一大贸易实体、第十二大银行中心、第六大外汇交易市场以及亚洲第二大股票市场，拥有全球最繁忙的货柜港，亦是主要的黄金交易中心。香港地区是世界上经济最开放的地区之一，商品、资金进出自由，连续多年被国际机构评为全球经济最自由及最具竞争力的经济体之一。

1）香港地区的产业

香港地区现代经济发展的基础是制造业，香港地区的制造业始于20世纪50年代，由于种种内外因素的影响，制造业有了长足的发展，同时也使香港地区经济结构发生了重要变化，从转口贸易型经济走向出口加工型。到20世纪60年代末，制造业产值已占本地生产总值的30%，就业人数则几乎占了一半，成为香港经济的第一大产业。香港地区制造业在20世纪80年代中期达到顶峰。在1987年之前，制造业一直在香港地区的生产总值中占最大比例。但此后制造业在生产总值中的比例呈下降趋势，而商业、金融等服务行业则迅速上升。香港地区制造业经历了诞生、成长、高峰，然后比重日益下降的过程，从第一大产业降为第六产业，而且还存在着科技水平不高的问题。截至2003年年底，以制造业为主的第二产业的产值占本地生产总值的比重已降到11.4%的水平，而以商业、金融等服务业为主的第三产业则达到了88.5%（见图5-3）。而且由图5-3可以看到从1983—2003年的21年间，以制造业为主的第二产业的产值占本地生产总值的比重下降了20.4%，其下降的速度让人震惊。

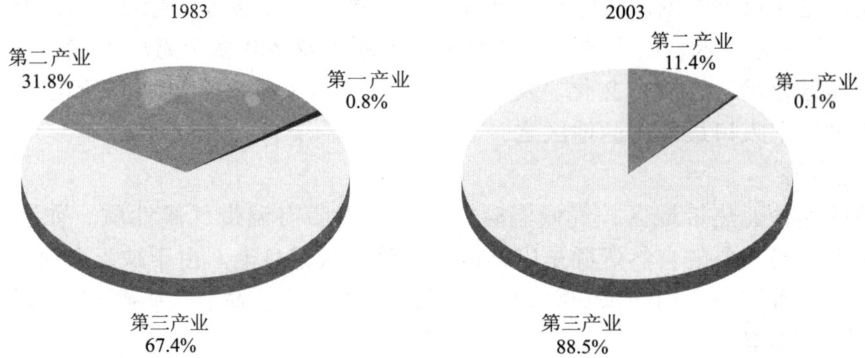

图5-3　香港地区三级产业结构状况

（资料来源：2004年香港年报）

处于经济转型期的香港地区制造业在本地劳动力成本和厂房地价不断上涨、国际贸易保护主义抬头及国际市场竞争日益激烈的内外双重压力下，自20世纪80年代起，将劳动密集型的生产工序纷纷迁移到内地或东南亚一些国家。据统计，目前已有80%的香港地区厂家将大部分劳动密集型产业转移到内地，从而导致香港地区制造业占本地生产总值的比重逐年下降，但是目前香港地区制造业仍然是香港地区经济的重要支柱，而且制造业出口成绩骄人。香港地区仍然是全球首要的纺织品、成衣、钟表、玩具和珠宝出口地之一，2004年产品出口总值1 260亿元。2004年香港地区产品出口总值的分项数字见图5-4。

香港地区有本地和外国银行以及存款机构224家，其中外资银行达107家，全球最大的50家银行中90%在香港地区从事经营活动或设有办事机构。目前，香港地区银行业的财务状况依然健全，资本充足率为15.8%，远高于国际8%的标准。

香港地区的外汇市场发展成熟，交易活跃，以成交额计算是全球第七大外汇市场。由于没有外汇管制，投资者在这里可以24小时与世界各地的外汇市场进行交易。

香港地区的保险公司数量列居亚洲第一位，在香港地区经营业务的获授权保险公司共有

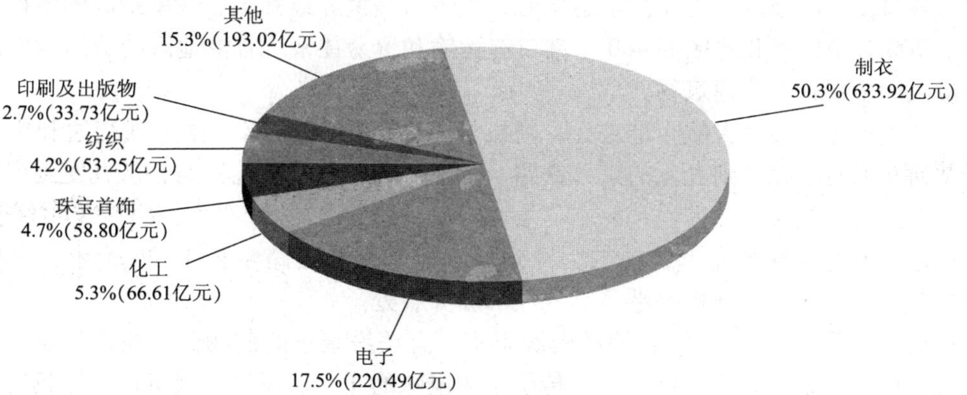

图 5-4 2004 年香港地区出口产品比重图
（资料来源：2004 年香港年报）

197 家，其毛保费收入约占香港本地生产总值的 6%。

香港地区债务市场近年来发展迅速，已成为亚洲区流通量最高的市场。2007 年的发债量超过 1 700 亿港元，不少海外机构包括世界银行，都纷纷选择在香港市场发行中长期债券。

香港地区一直是中国内地最大的投资者，累计投资额已超过 2 050 亿美元，约占内地吸收外资总额的 46%。

中央政府为支持特区金融业的发展和国际金融中心地位的巩固，采取了一系列有力措施。2003 年国家商务部与香港特别行政区政府共同签署《内地与香港关于建立更紧密经贸关系的安排》（CEPA）。CEPA 文本共 23 条，包括货物贸易、服务贸易和贸易便利化三方面，它给香港地区带来的机会是不言而喻的。

2）对外贸易

香港地区是举世闻名的贸易港口，是重要的国际贸易中心。对外贸易也是香港地区重要经济支柱之一。香港地区对外贸易包括进口、港制产品出口和转口贸易三大部分。进口产品原产地主要是中国内地以及日本等亚洲国家，其次为美国、韩国、新加坡、德国和英国。香港地区产品主要输往中国内地以及美国、英国、德国、日本、加拿大、澳大利亚、新加坡、荷兰、瑞士、法国。转口商品主要输往中国内地、澳门特区和台湾省，以及美国、新加坡、印尼、日本、韩国、菲律宾、沙特阿拉伯等国家和地区。

中国内地是香港地区的最大贸易伙伴，香港地区九成转口货物来自中国内地。2002 年，中国内地与香港地区的贸易占香港地区整体贸易总值的 42%。中国内地既是香港地区进口货物的最大供应地，也是香港地区转口的最大市场及香港地区产品出口的第二大市场，香港地区的转口货物有 90% 是来自中国内地或以中国内地为目的地。香港地区也是中国内地（特别是广东省）的主要服务中心，为中国内地提供港口和机场等支援性的基建设施以及银行、保险和其他商业服务。多年来，香港地区一直是中国内地主要转口港。

3）交通旅游

香港地区具有发达的立体式水、陆、空交通系统，公共交通十分发达。维多利亚海港与美国的旧金山、巴西的里约热内卢并称为世界上三个最优良的天然深水港。优越的地理位置和良好的港口使香港地区成为亚洲水运中心，其港口是世界最繁忙、效率最高的港口，同时与世界上200多个国家和地区的460个港口有运输和贸易往来。香港地区的葵涌货柜码头是世界上最大的多层式工业建筑物。

香港的机场是世界十大航空港之一，新机场距离市区40千米，由地铁交通和机场巴士相连。铁路交通有从北京到九龙的京九铁路，从上海到九龙的沪港铁路，从九龙到广州、肇庆的广九铁路三条线路。

香港地区拥有全球最完善快捷的公众运输系统，交通道路全长1 936千米，有地下铁路、轻便铁路、九广东铁连接香港岛、九龙和新界各处。

香港地区素称“东方明珠”，旅游资源丰富，有缤纷繁华的购物街、饮食热点、殖民时期至现代时期的建筑、大型主题公园，传统中国风味的庙宇、风景、展览馆、浴场等。在香港地区旅游，游客既可以观赏到美丽的自然风光，又可以获得商业文明带来的种种享受；既可以浸淫在摩登社会的物质享乐中，同样也可以重温旧时代朴实的生活方式。

4）房地产业

香港地区房地产业虽然几经起伏，但一直是香港地区经济的支柱之一，占GDP的比重在20%以上，是香港地区经济的“晴雨表”。

二战后至现在，香港地区房地产业呈现明显的周期性盛衰循环，每个周期经历的时间长短不同，周期最短的约六七年，最长的是第五个周期，历时19年。

香港地区人口1946年为60万，1949年增至186万，到1959年超过了300万，香港特区政府统计处最新发表的数字显示，到2010年年终，香港地区人口为709.76万人（临时数字），人口的急剧增加使住房需求激增。在利益驱动下，20世纪50年代，大量资本涌入香港，香港地区出现了房地产建设热潮。到了1958年，房地产市场开始供过于求，房价、地价下跌了70%。1959年开始，香港地区经济出现转机，加上来港的外国人、国际商业机构增多，对商业楼宇、住宅的需求增加，刺激房地产业迅速回升。由于银行对房地产业的过度贷款及其他因素，1965年春，香港地区爆发了银行信用危机，接着房地产价格暴跌，许多房地产公司倒闭，香港地区房地产业陷入了二战后第一次大危机之中，一直延续到1969年才有所好转。1969年香港地区房地产市场逐渐复苏，香港于1972年制订了一项“十年建屋计划”，令投资者信心迅速恢复。但1974年的石油危机导致香港地区股市暴跌，又带动房地产业全面调整，香港地区地价下跌40%，楼价下跌了30%～40%。1975年年底开始，房地产市场重又回升。1976年香港启动地铁修建计划，提升了城市土地价值；1978年，又推行“居者有其屋计划”（即廉租屋计划），解决了222.5万普通市民的住房问题。1977年香港地区人口超过450万人，1979年达到500万人。需求增加，令楼宇供不应求，新兴市镇（屯门、沙田、葵涌等）逐步形成，至1981年香港地区房地产市场达到高潮。但随后而来的世界性经济危机及中英香港地区问题谈判，令港人出现信心危机。1982年年底，香港地区楼价比1981年下跌60%，1983年房地产市场全面崩溃。直到1984年9月，《中英联合声明》签署后，市场才重新复苏。20世纪80年代香港地区房地产业在20世纪70年代的基础上得到了进一步发展。1990年，港岛区的房价比1981年上升了一倍以上。不过，1989年之后房地产价格的急升，给香港地区房地产市场的健康发展埋下了隐患。20世纪90年代初期，国际游资及本地炒家开始疯狂炒买香港地区房地产，楼价、地价飙升，严重脱离居民购买力。从1991年到1997年房价上升4倍左右，若从1985年房地产市场复苏算起，到1997年时房价已上升了9～10倍。1997年，香港地区房地产泡沫破灭，楼价一路下跌，至2003年，下跌了70%左右，给香港地区经济带来严重的负面影响。这一轮周期性上涨历时13年，下跌过程达6年，至2003年年底才慢慢有复苏的迹象。

3. 香港地区物流业

1）香港地区物流发展概况

香港地区物流业是香港地区四大经济支柱之一，占香港地区生产总值的5.4%。为6%的就业人口提供了19.84万个职位。在海运方面，与全球500多个港口和城市有着密切联系，约80家国际集装箱航运公司每星期提供400条航线，开往全球各地。在空运方面，66家国际航空公司每星期提供约3 800班定期航机由香港地区飞往全球130多个目的地，2002年货运量达220多万吨。最具吸引力的是，香港是一个自由港，凭着完善的国际网络、优越的物流基础配套、丰富的货运经验、先进的资讯科技等优势，提供高效、快捷和完善的服务，赢得了世界的称誉。

2）香港地区物流发展面对的挑战和机遇

（1）优势与机遇。

① 天然及自身发展的优势。在地理位置上，香港地区位于亚洲的心脏地带，同时也是中国内地——世界上最大的制造业基地和最多人口消费市场的主要国际门户，便捷快速的航空服务使得全球一半以上的人口居于以香港地区为中心的5小时飞行范围内。这些都构成香港地区发展的有利因素。多年来，香港地区一直是最大的国际航空货运中心和世界最繁忙的货柜港口，这都是建立在世界级的基础设施和一站式的服务能力基础上的。

② 与中国内地合作的机遇。根据CEPA承诺，中国内地向香港地区开放的物流服务的范围主要包括：允许香港地区服务提供者以独资形式在中国内地提供相关的货运分拨和物流服务，包括普通货物的运输、仓储、装卸、加工、包装、配送及相关信息处理服务和有关咨询服务，国内货运代理业务，利用计算机网络管理和运作物流业务等。CEPA实施之后，香港地区的物流企业可以早于其他世贸成员进入中国内地市场，开拓业务，尽享商机。到2006年4月30日，共有449个运输及物流业服务提供者向香港地区的工业贸易署申请“香港服务提供者证明书”，当中有442个获得批准，为香港地区与中国内地物流业合作提供机遇。香港地区企业对物流业、运输业的热情高居中国内地向香港地区开放的十八个行业之首。香港地区政府看到了香港地区与中国内地合作发展物流的机遇，首先与珠三角合作发展成为连接内地与世界市场的物流业枢纽，并增加香港地区作为供应链基地的优势，建设珠三角物流基地，再向华南乃至全国、全世界辐射；其次分别成立了“物流发展督导委员会”及“物流发展局”，为公营及私营机构提供议事机制，方便物流业者商讨及协调推进物流发展的事宜；再次，完善香港地区与中国内地的跨境基础设施建设，目前，平均每天有2.7万辆货车来往于香港地区与中国内地。2006年年底，连接香港地区与深圳蛇口的深港西部通道将正式启用，每日跨境汽车流量提升3倍，达8万辆次。在铁路方面，香港地区也与内地60个城市之间每天都有列车往返。随着计划中的一地两检等改善服务措施的落实，香港地区与内地之间的人流和物流会更流畅。

（2）威胁与挑战。物流业越来越成为世界的主要行业，随着各国物流业的发展，香港地区物流业的发展面临很多挑战与威胁。

① 来自中国内地的挑战。中国加入WTO后，香港地区作为中国内地进出口货物的中转

地位将进一步加强，但由于香港地区货运收费高，且港口场地规模有限，加上中国内地出入口限制的取消，上海、深圳等港口都会参与竞争；而且跨国物流企业纷纷进入中国内地市场，必然与香港地区物流企业形成一种竞争格局；香港地区的优势在于港口物流，但在工业企业物流及农产品物流方面则相对较弱；中国内地物流业近年急起直追，努力确立自己的地位，积极参与国内市场和国际市场的竞争，这对香港地区物流企业而言，是一个充满挑战的新形势。

② 香港地区物流业不仅要面对中国内地物流业迅速发展的冲击，同时又需面对新加坡的竞争。

从下面一组数字可以看到，香港地区货柜吞吐量的情况已经开始出现危机，原本稳居亚洲物流业第一的香港地区，与新加坡、上海及深圳的货柜码头处理货柜数量越来越拉近，不论哪一个地方都将是香港地区的竞争者及威胁者，其中尤以深圳对香港地区构成的威胁为最直接最严重。亚洲几个主要的港口 2010 年吞吐量的情况如下：新加坡为 2 841 万个标准箱；香港地区为 2 370 万个标准箱；上海为 2 905 万个标准箱；深圳为 2 251 万个标准箱；釜山为 1 418 万个标准箱。

为了保持香港地区物流业的优势，香港地区将采取措施，提高自身的竞争力，以面对周边的挑战。

3）香港地区物流发展对策

香港地区将出台政策，在基础设施、资讯科技、人力资源、市场推广和扶助中小企业方面不断努力，全力将香港地区打造成为世界性物流服务中心。

（1）在基础设施方面，香港国际机场采用最先进设备和双跑道设计，以应付日益繁重的运输量；在港口方面，9 号码头第一期于 2005 年年终投入服务，工程完工后，该码头将拥有四个深水及两个驳船泊位，容量将不少于 260 万个标准箱；陆路建设方面，香港地区正致力于加强连接机场及各港口到港内各区的公路建设。此外，特区政府还积极兴建后海湾通往深圳及蛇口的跨海大桥、连接青衣岛至长沙湾工业区的 9 号干线等。

（2）在促进信息联通方面，香港地区推出了数码贸易运输网络系统，提供中立、开放而且安全的电子平台，使供应链内的参与者之间的资讯流通更加快捷、可靠和便宜。

（3）在促进综合服务方面，香港地区推动兴建大屿山物流园项目，提高香港地区提供一站式物流服务的能力。物流园将为物流活动提供专用设施，促进服务融合。目前，该项目已于 2006 年上半年完成可行性研究。在改善跨境通道方面，香港地区与广东省政府就提高货车运输效率以及降低跨境陆运成本问题商讨了相关措施，包括放宽跨境货柜车的管理、经营牌照的要求以及改善内地海关的服务，目前双方的协商已取得了相当的进展。

（4）在港口竞争力方面，根据香港地区港口规划总纲 2020 研究建议，香港地区正在大屿山西北部水域进行生态研究，以评估在此兴建 10 号码头的可行性，同时更新香港地区港口货物量预测数据，制订出兴建 10 号货柜码头的最适当的时间。另外，香港地区政府还采取了多项措施简化进入香港地区港口的程序，以及提升中流理货能力。

在发展香港地区物流业、提升竞争力的过程中，香港地区政府的角色是致力于营造有利的营商环境、提供所需基建，使市场力量得以充分发挥。为使物流政策能够充分配合市场趋势和行业的实际需要，香港地区专门成立了物流发展局，其中 40 名成员中有 36 位是来自商界的非官方代表。

5.6.2 澳门地区

1. 澳门地区概况

1）地理位置

澳门地区位于中国东南沿海的珠江三角洲，地处东经113°35′北纬22°14′，与东北部偏东的香港地区相距约60千米。澳门地区由澳门半岛以及氹仔和路环两个离岛组成，总面积共29.2平方千米。澳门半岛与氹仔之间由两条分别长2.5千米及4.5千米的澳氹大桥连接；氹仔和路环之间也有一条约2.2千米的路氹连贯公路相连。经澳门半岛最北面的关闸可到达中国的珠海市和中山市；经位于路氹城的莲花大桥可到达珠海的横琴岛。

目前，澳门地区人口约54.9万人，其中大部分居民住在澳门半岛，两个离岛人口较少。澳门地区居民以华人为主，占总人口的95%，葡萄牙人及其他外国人只占5%左右。

2）澳门地区气候

澳门地区全年气候温和，平均气温约20℃（68℉），全年温差变化在16℃（50℉）～25℃（77℉）之间；湿度较高，75%～90%；全年降雨量约1 778毫米。十月至十二月为澳门的秋季，是旅游的理想季节，气候温和，湿度低。冬季（一月至三月）虽较寒冷，但阳光普照；踏入四月，温度逐渐上升；五月至九月，天气炎热，有时有台风。

3）旅游资源

澳门地区的名胜古迹多与宗教有关。普济禅院、妈祖阁、蓬峰庙被称为澳门地区三大古刹，丧权辱国的中美《望厦条约》就是于1844年在普济禅院内签订的。天主教的玫瑰堂、望德堂、大堂、板樟堂等亦很有名，著名的大三巴牌坊就是圣保罗教堂火灾后遗留下的前壁。在澳门地区的闹市中，设有不少幽静的公园供市民休憩，二龙喉公园、纪念孙中山市政公园、白鸽巢公园、石排湾郊野公园等都各有特色，而卢廉若公园更以其苏州园林的特点而吸引无数游客。松山灯塔、大炮台以及路环的竹湾、黑沙湾海滩也都是游客的好去处。

2. 澳门地区经济

20世纪60年代前，澳门地区经济十分弱小。自从20世纪70年代初开始，澳门地区依靠工资低、地价廉，享有欧美市场的纺织品配额的优势，吸引香港地区工业资本前来投资，逐渐形成以纺织、电子玩具、塑料花等为主的出口加工业，并进而同旅游娱乐业、建筑房地产业、金融保险业一起，逐步成为澳门地区的四大经济支柱。从20世纪70年代至20世纪80年代初的10多年中，澳门地区经济以年均超过两位数的速度递增，是亚洲地区发展较快的地区之一。

由于地理位置和历史的原因，澳门地区与香港地区的经济、文化联系一直都十分紧密，澳门地区依赖香港地区，香港地区也利用澳门地区。改革开放以来，澳门地区与内地的联系也越来越密切。由于回归，澳门地区经济将越来越看好。目前在澳中资公司200多家，多分布在金融、建筑、旅游和贸易等行业。

1）澳门地区工业

澳门地区历史上曾以铸造铜炮而著称，神像、火柴、爆竹是其三大传统工业，造船业曾名噪一时。近些年来，陆续建立了一批新兴工业。制衣业是澳门地区工业的第一大支柱，出口值位居首位；玩具业是澳门地区出口中占第二位的行业，主要为塑胶玩具、合金玩具和搪胶玩具三大类。澳门地区电子业才有20多年的历史，但很有发展潜力。彩瓷业近年来发展也较快，高档艺术彩瓷手工精美，质高款新。

20世纪70年代中后期，澳门地区工业曾出现“小阳春”的景象。20世纪80年代末，由于成本上升，周边地区全面开发等原因，澳门地区工业竞争力下降，出口加工业增长停滞，甚至呈现萎缩现象。为促进本地工业的发展，澳门地区政府制订了一系列优惠政策：在税收简单、税率较低的基础上规定，只要在澳门地区设立的企业能够推动本地工业化者，即可享受全部或部分豁免市区房屋税，全部豁免营业税，所得税头2年减半，物业转让税全免或减半等一系列税务优惠，有些工业项目，主要指高新技术与高附加值工业，还可申请最高期限达10年的减免税期。而且澳门地区是对外高度开放的自由港，生产设备及原料的进口以及产品的出口全部免关税；不实行外汇管制，外汇可以自由出入。此外，欧美许多国家还在配额及进口关税等方面给予澳门地区大量优惠。由于以上一系列优惠政策及良好的国际经济环境，使澳门地区工业进入国际市场渠道通畅，融资方便，具有内地不可企及的外向发展优势。

2）澳门地区金融业

金融业是澳门地区的四大经济支柱之一。银行业和保险业作为澳门地区金融体系的两大主体，即使过去数年以来经济放缓，但比其他行业仍能保持平稳的发展。目前，澳门地区银行共有22家，其中9家为本地银行，其余为外来资本银行设在澳门地区的分行。此外还有2家财务公司、1家邮政储蓄机构和7家货币找换店。

保险业方面，澳门地区共有21家保险公司，其中3家为澳门地区公司，其余则来自8个国家及香港地区。以业务类别区分，6家从事人寿保险业务，15家从事非人寿保险业务。

澳门地区金融业的市场结构相对单一，没有包括同业拆息的资金市场，也没有外汇市场、黄金市场、证券市场等资本市场。澳门地区仅有单一的信用市场，主要进行中、短期资金存、贷业务，整个金融业基本上是银行一统天下，企业和居民融资主要通过向银行信贷。同时，金融资产占本地生产总值的比率不高，人均存款额较低。另外，澳门地区金融业在信贷资产投向方向偏重于房地产业。1995年统计显示，澳门地区用于房地产开发和购置的贷款占总贷款的42.7%，而且期限大多较长；用于制造业的贷款只占9.7%。

澳门地区本地金融业不发达，金融业对外依赖程度高。从金融机构看，澳门地区银行主要为外资银行，占澳门地区银行总数的60%；从货币流通看，澳门地区流通中的货币主要为港币，占到澳门地区货币供应量的55%，而澳门地区币所占的比重不到31%。澳门地区金融业的发展在很大程度上依赖于香港地区，港币与澳门币同时流通，大宗交易一般以港币结算，港币在澳门地区占主导地位。在1986—1989年的澳门货币供应结构中，港币占54.3%，澳门币只占22.1%。1989年起，澳门币正式在中、葡两国挂牌兑换，1991年澳门币在香港汇丰银行的下属机构按牌价兑换港币。目前，港币货款占银行贷款比重的60%左右，澳门地区银行的黄金、外汇、股票、基金投资等业务大部分通过香港地区市场操作，银行境外资产也多集中在香港地区，澳门地区银行利率也随香港地区的升降而调整。1977年以前澳门币与葡萄牙货币埃斯库多挂钩，从1977年起，澳门币改与港币挂钩。澳门币与港币挂钩的政策，保证了澳门币的稳定，有利于澳门地区经济的发展，因此，在1997年的东南亚金融风险中，澳门币能够免受冲击。

澳门地区金融业监督银行及保险公司运作的机构为澳门货币暨汇兑监理署（AMCM），该机构设立于1989年，其前身为澳门发行机构。主要职能是负责统筹和监管货币金融事务。

由于澳门地区政府在金融体系监管方面一向采用不干预政策，为达到不直接插手对金融业监管的目的，现行的监管机构不纳入政府架构之内，而是一个行政、财政及资产自主的公共机构。澳门地区还有些行业协会，在协调澳门地区金融业中起有一定的作用。

3）澳门地区对外贸易

澳门地区是典型的出口导向型经济，对外贸易是澳门地区经济的生命线。对外贸易的兴衰，是澳门地区经济发展的"寒暑表"。

20世纪50年代由于美国对中国的禁运和封锁，使澳门地区对外贸易曾一度不景气。20世纪60年代开始，由于新型工业的兴起，社会经济不断发展，对外贸易出现转机。20世纪70年代以后，一方面由于澳门地区拥有美欧给予的入口特惠待遇和较多的纺织品配额，另一方面由于不少香港地区厂家转移至澳门地区发展，澳门地区经济进入高速增长期。20世纪90年代，澳门地区出口增长放缓，1991—1996年间，每年都有贸易逆差。自1997年起，由于零售市场持续疲软而出口市场需求旺盛，澳门地区对外贸易又出现盈余。

澳门地区进口商品是完全外向型的城市经济模式，无论是居民日常生活的消费资料，还是经济发展所需要的生产资料，几乎全部依靠进口。在进口商品结构方面，消费资料和生产资料的比例大约是1∶3。按商品的种类划分，进口最多的有10类，即纺织品、矿产品、机械及电器、动物及动物产品、工业食品及饮品、金属及金属制品、化学工业品、塑胶制品、造纸材料及纸、纸制品、交通运输工具等，其中以纺织品为最大宗，占全部进口的40%。澳门地区进口商品来自世界多个国家及地区，其中来自中国内地和香港特区以及日本的份额最大，约占澳门地区进口商品总值的70%～90%。

澳门地区出口商品以加工业产品为主，约占出口总值的95%以上。加工业中，又以纺织品及相关制品为主，占7成左右。澳门地区出口商品的市场分布于世界104个国家及地区。

澳门地区的转口贸易历史悠久，明代中叶以后一直是东西方转口贸易的中转地，起着中国对外贸易转口港的作用。但自香港地区崛起后，澳门地区转口港地位迅速为香港地区所取代。澳门地区的直接转口市场主要集中在亚洲及北美洲。随着中国经济开放和澳门地区厂家把生产工序向中国内地转移，20世纪80年代澳门地区的转口贸易迅速上升。20世纪90年代澳门地区直接转口数值亦不断增长，主要表现为中国内地经澳门地区进口的数值不断增加。

自1997年10月爆发东南亚金融风暴后，澳门地区进出口贸易受到很大的冲击。一方面，由于邻近不少国家和地区的货币贬值，在坚持联系汇率、港元不贬值的情况下（因为澳门货币与港元挂钩），澳门地区产品出口价格失去了竞争力，导致部分出口商品订单不足。另一方面，由于东南亚经济衰退，加上澳门地区治安情况有所恶化，导致来澳游客减少。与此同时，澳门地区居民前往货币贬值的国家旅游数量却大幅增加，因而令澳门地区本地经济需求减少，导致进口下降。

面对未来，澳门地区发展对外贸易既有一定困难，也有相当的机遇。澳门地区基本法规定，澳门特别行政区保持自由港地位，除法律另有规定外，不征收关税；澳门特别行政区将实行自由贸易政策，保障货物、无形资产和资本的流动自由；澳门特别行政区作为单独的关税地区，可以以"中国澳门"的名义参加有关国际组织和国际贸易协定，包括优惠贸易安排；澳门特别行政区取得的和以前取得仍继续有效的出口配额、关税优惠和其他类似安排，全由澳门特别行政区享有；澳门特别行政区根据当时的产地规则，可对产品签发产地来源证。

4）澳门地区的旅游业

长期以来，澳门地区凭借着优越的地理位置，秀丽的自然风光，舒适宜人的气候和独特的、中西结合的、华洋杂处的文化史迹和市井风情，种类齐全、内容丰富的博彩旅游，人员和货币出入自由、方便快捷的管理制度以及背靠美丽富饶的珠江三角洲等有利条件，吸引着众多的海内外游客前来游览、观光、娱乐。澳门地区也由此而名扬中外，使这个弹丸小岛在亚洲乃至世界旅游市场上都占有一席之地。

澳门地区旅游业从20世纪60年代开始全面兴起，经过40多年的发展，已成为澳门经济的重要支柱之一。

首先，博彩业是吸引大批游客到澳门地区的重要原因。澳门地区号称世界三大赌城之一，被称为“东方蒙特卡洛”，来澳的游客有八九成是为“博彩”而来，博彩旅游与观光旅游的比例为7∶3，可以说赌博带动了澳门地区的旅游业，使澳门地区成为一个多姿多彩的旅游胜地。其次，400多年中西方文化交汇的历史给澳门地区留下了众多的名胜古迹、丰富的旅游资源和独特的文化风情。另外，澳门地区是自由港，大多数进口物品可获免税，价格低廉，是游客的购物天堂；澳门地区众多的酒店也可满足不同游客的需要。港澳地区之间每天有水翼船和直升机往来，交通便利，发达的香港地区旅游业也为澳门地区招来大批游客。同时，澳门地区还具有独特的地理位置，它地处珠江三角洲南缘，距香港地区仅60千米，离东南亚各国及日本也都不太远。1995年正式启用的澳门国际机场改变了澳门地区过去以水路、陆路为主的交通状况，对外交往和联系的能力大大加强。已先后开通澳门地区至中国内地和中国台湾省，以及到韩国、新加坡、泰国、马来西亚、葡萄牙、瑞士等地的许多条航线，使世界各地的游客可以不再绕道香港地区而直接来澳，更促进了澳门地区旅游业的发展。而游客的增加，也使得澳门地区的餐饮业、娱乐业、交通和宾馆得到了相应的发展。

澳门地区的游客来源除了中国香港地区和中国台湾省以及韩国、马来西亚、新加坡、日本、葡萄牙之外，来自中国内地和欧美等地的游客也逐年呈上升趋势。1965年来澳旅客人次率先冲破100万大关，1972年及1979年分别达200万和300万人次，进入1980年即突破400万人次，1987年达500万人次，1991年达600万人次，1994年增至700万人次，1996年首次突破800万大关，2006年澳门地区入境旅客突破2 000万人次，自回归后7年间入境旅客增加一倍多。

近年来，澳门特别行政区政府加快调整产业结构，着重发展旅游业和服务业。为了进一步促进澳门地区旅游业的发展，澳门地区兴建了新的旅游景点和文化设施，像郊野公园、黑沙公园、竹湾公园、澳门博物馆、澳门文化中心、大型的海洋公园、会议展览中心的建造，阿婆井的重修、路环石排湾公园计划，还推出了澳门国际音乐节、澳门艺术节、国际烟花会演、龙舟赛、车赛等文化活动。同时在澳门地区举行各类大型的国际及地区性会议，以增加因参加会议来澳的旅客人数。为了吸引更多的游客，澳门地区还经常举办“澳门旅游”等宣传活动，介绍澳门地区的历史、文化和风土人情，使澳门地区的旅游业向多元化方向发展。

5）澳门地区博彩业

目前旅游博彩业为澳门地区第一大产业，约占生产总值的42%。

澳门向有“赌埠”之称，博彩业在澳门地区历史悠久，已有150多年历史。澳门地区起初也是禁赌的，但后来澳葡当局为解贸易急剧衰落、收入拮据之窘，实行公开招商设赌，向赌场征收“赌饷”，以开赌抽饷来增加收入。19世纪60年代中期，澳葡当局主要靠着赌饷和鸦片烟税，而使得每年的财政收入增加到20多万元，并有约4万元的结余上交葡萄牙国库。1847年，澳门地区政府颁布法令，宣告赌博业合法化，揭开了赌业合法化的序幕。

随着博彩业的蓬勃发展和博彩收入的不断增长，澳门地区政府的博彩税收逐年增加。1975年仅有690万元，1976年就达到2 000万元，1981年超过1亿元，1983年超过3亿元，1984年超过4亿元，1988年超过9亿元，1989年超过14亿元，1990年超过19亿元，1991年超过25亿元，1992年超过34亿元，1993年超过42亿元。

自2001年澳门地区政府结束了对博彩业的垄断，并允许外国经营者进入以来，澳门地区的博彩业疯狂发展。昔日毫不起眼的小城，逐渐在世界博彩业的版图中崭露头角。现在，澳门地区的赌台数量已从几年前的不足400张暴增到3 000多张，未来几年还将增加到5 000张。博彩业在澳门地区经济中的比重也从2002年的24%上升到2005年的50%左右。博彩业贡献的税收在几年之内更是实现了3倍的增长，2005年占了政府税收的78.8%。

有得必有失，由于澳门地区的土地资源和人力资源都非常有限，澳门地区博彩业的发展也产生了一些比较大的负面影响。首先，澳门地区青少年的价值观受到很大的冲击。由于博彩业对员工文化要求不高，但待遇却很好，澳门地区打工一族的平均工资为5 700元，而博彩业的平均工资却多出一倍，达1.12万元。这使很多年轻人不重视学习，中学没毕业就去赌场赚快钱。这对于澳门地区提高文化素质，增强整体竞争力有着巨大的影响，随着外资队伍的扩大，澳门人很可能会陷于被别人“统治”的状况。

其次，博彩业的一枝独秀，虽然给澳门地区带来了繁荣，也对其他行业造成了冲击，特别是与博彩业关系不大的行业受冲击最为严重。在澳门地区的八大产业中，博彩业一直占到38%以上，而其他七个行业，仅有占5.1%的制造业与博彩关系较小。在澳门地区本地27万人才资源中，目前有3.5万人从事与博彩相关的工作。由于博彩业吸引了大量的优秀人才、资源和设施，其他中小企业由于招不到人，经营异常艰难。

3. 澳门地区交通

澳门地区的交通运输，主要是指陆路交通与水上交通两大类，由于没有深水港，故水上交通仅限于沿海运输与内河运输。水路运输经港澳地区航线最为密切，客货运方便，尤以客运为主。每日有定期班船从澳门地区新口岸开出，航班次数很多，航程仅需1～1.5小时，故港澳地区居民往返或经港抵澳外国人人数众多。澳门地区对外陆路运输的唯一通道是澳门关闸—中山（石岐）—广州，再由广州接驳内地其他城镇。澳门国际机场位于氹仔，于1989年11月15日正式动工兴建，机场跑道长3 800米，机位16个，可升降各种大型飞机，有10多家航空公司的航线，来往于澳门地区与中国内地、菲律宾、泰国等地之间。澳门国际机场离澳门客运码头乘车需15分钟，到关闸需20分钟，到路氹边境需5分钟。另外，直升机也是往来港澳地区最便捷的交通工具。

4. 澳门地区物流业

1）澳门地区物流业发展概况

目前澳门地区物流管理仍属起步阶段，但澳门地区绝对有条件发展物流业，在陆路方面，除了历史最悠久的陆路边检与内地连接外，现在还有莲花大桥连接珠海横琴；在海路方面，有九澳货柜码头和内港货运码头。关于内地轻铁延伸到澳门地区的问题，澳门特区政府一直都有就跨境项目与内地政府交换意见，有关计划目前仍处研究阶段，并会在适当时候磋商。特区政府的策略是首先主力发展空运。在航空方面，特区政府与中国民航总局已达成了多项共识，澳门地区可以开辟更多内地的新航点，航点由 16 个增至 31 个。国内外多家航空公司在 2007 年陆续使用澳门国际机场，开通航线及提供包机服务，目的地包括青岛、杭州、黄山、曼谷、首尔等；澳门地区亦与捷克签订了航空协议，与印尼、法国、斯里兰卡亦草签了航空协议。

澳门国际机场自 1995 年开通以来，除了 1999 年因受到亚洲金融风暴的不景气影响，出现过下跌以外，其余每年处理的航空货物均有两位数增长。所处理的货物总量由 1996 年的 2.5 万多吨，大幅增至 2004 年的 7.6 万多吨，增长势头强劲。目前珠三角地区的货运有八成以上是经香港地区出口的，香港地区是区域内最重要的物流中心。澳门地区政府希望能分担珠江三角洲西部的物流。设于机场旁的物流中心已于 2001 年年底动工兴建，总面积 22 万平方米。特区政府同时着手修改法律，实行软硬设施同时进行，为物流业铺路。

目前，澳门地区机场大部分的货物是集中走台湾地区路线，澳门地区航空公司首条全货运航线 2005 年 10 月正式开通，每周飞 6 天，每天提供两班经澳门地区往返台北和深圳之间的航班。澳航第一阶段的全货运航线，将以对货运时间要求较高的快件运输为主要货源，而第二阶段货运服务正在筹备中。澳门地区货运航线开通后，两岸间的航空货物在运抵澳门地区后，不仅不必卸下机舱，且航机落地后 1 小时内就能立即起飞到目的地，中转时间最少比在香港地区中转节省 1 小时以上，具有竞争力。

澳门地区要发展现代物流，就要提升传统运输业，并利用澳门地区现有的基础设施，联合澳门地区的周边地区，汇合成一个全立体的运输网络，创造整体经济效益。莲花大桥、横琴口岸、国际机场为澳门地区物流发展打下基础，与欧盟和中国台湾省的贸易关系及自由港优势可以开辟特定市场，澳门地区物流发展将独辟蹊径。

2）澳门地区物流业发展前景

（1）海峡两岸物流合作前景广阔。为建立两岸物流发展的长期合作和协调机制，推动两岸物流交流与合作向更紧密、更广阔、更高层次发展，中国物流与采购联合会、香港地区物流协会、台湾地区物流协会、澳门地区物流货运联合商会已就两岸物流的合作与发展举办了五届大会，这足可见海峡两岸物流合作前景广阔。而且，2006 年 10 月连接珠澳跨境工业区澳门地区园区和珠海园区的口岸通道开通，实行 24 小时通关，使内地生产的产品原本 3 天现在当天即可进入澳门地区，这极大促进了澳门地区经济和物流的发展。

（2）构建区域性物流中心具备条件。澳门特区政府自回归以来，欲将构建成为区域性物流中心。首先，珠江三角洲经济的进一步腾飞，可为澳门地区的物流业提供充足的货物来源。其次是澳门地区拥有枢纽性的地理位置，京珠高速公路、粤西快速道路网、高栏港、茂名港、湛江港、澳门国际机场以及即将兴建的港珠澳大桥等都为澳门地区物流业的发展提供齐备的硬件基础设施。而且，澳门地区土地仓库及厂房的成本相对比香港地区便宜，预计将会吸引港商、台商和外商在澳门地区发展物流业。

5.6.3 台湾地区

1. 台湾地区概况

1）地理位置

台湾地区简称台，地处我国东南海域，北滨东海，与琉球群岛中的冲绳岛相隔600千米，西隔台湾海峡与福建省相望，南缘巴士海峡，与菲律宾相距350千米，东临广阔的太平洋，在区位上是太平洋西缘地区的南北与东西连接的枢纽，也是中国南北方之间的海上交通要道，是著名的远东海上走廊，并与庙岛群岛、舟山群岛、海南岛，构成一条海上“长城”，为中国东南沿海的天然屏障，素有“东南锁钥”“七省藩篱”之称，位置十分重要。

台湾地区包括台湾岛、澎湖列岛、钓鱼岛、赤尾屿、兰屿、绿岛和其他附属岛屿共88个，为中国的“多岛之省”。全省总面积为35 989.76平方千米，台湾岛是我国最大的岛屿。台湾地区多山，是世界上少有的热带“高山之岛”，全岛2/3以上的地区都是高山峻岭，最著名的是阿里山，为台湾地区秀丽俊美风光之象征。中央山脉绵亘南北，将全岛分成不对称的东西两部分，东部和中部为山地，西部为平原，二者之间为丘陵地带。全岛耕地面积占总面积的1/4。

台湾地区自古以来就是我国的神圣领土，在中国古代文献里，被称为“蓬莱”“贷舆”“员峤”“瀛洲”“岛夷”“夷洲”“琉球”等。从三国时代开始，台湾地区便逐渐被开拓、经营，到1885年（清光绪十一年）正式建立为省。

2）气候

台湾地区横跨北回归线，属热带和亚热带气候，长夏无冬，适宜于各种植物的生长。

3）自然资源与物产

台湾地区盛产木材，现有森林2 970万亩，森林覆盖面积达55%，树种繁多，有14 000多种，相当于整个欧洲大陆木本植物种类的2/3，是亚洲有名的天然植物园。主要木材有铁杉、台湾杉、红松、肖楠等，经济树种有樟、油桐、橡胶、漆树等，此外还有柠檬胺、肉豆蔻、金鸡纳霜等药材植物和芒香油料作物香茅草。台湾地区海产丰富，盛产鲷、鲔、鲨、鳗等鱼类，还出产石花菜、龙须菜、鹿角菜、珊瑚、珍珠等。台湾省已知矿产110多种，以煤最丰富，还有石油、天然气、金、银、铜、硫黄、盐等。此外，台湾省有129条河流，河多流急，水力资源丰富。

4）旅游资源

台湾地区四周沧海环绕，境内山川秀丽，到处是绿色的森林和田野，加上日照充足，四季如春，所以自古以来就有“美丽宝岛”的美誉，早在清代就有“八景十二胜”之说。作为著名的世界旅游胜地，台湾岛上的风光，可概括为“山高、林密、瀑多、岸奇”等几个特征。

台湾地区山峻崖直，河短水丰，瀑布极多，且各种形态，应有尽有，十分壮观。除了瀑布，岛上更是温泉磺溪密布，具有很高的疗养治病之功效，吸引着众多游客。关仔岭温泉还有“水火同源”的胜迹；而宜兰苏澳冷泉，更是世之稀有。西部平原海岸，宽广笔直，水清沙白，柳林成群；北部海岸被台风、海浪冲蚀的海蚀地貌，鬼斧神工、千奇百怪，构成一幅幅天然奇境，具有“海上龙宫”的雅号；澎湖列岛为祖国大陆与宝岛台湾的连接

“跳板”，是拓台先民足迹最先到达之处，马公天后宫、澎湖大桥、七美人冢等为其著名古迹。

2. 台湾地区的经济

1）工业

台湾地区早期工业主要是纺织和食品加工工业，到20世纪六七十年代，轻工加工工业比较发达，到20世纪80年代才发展了轻化工工业。目前，台湾地区制造业种类较多，在亚洲地区位居前列，工业产品包括汽车、飞机、轮船、石油化工产品、钢铁、机械、电器、计算机与电子消费品、纺织品与服装、体育用品、鞋、玩具、加工食品及手工艺品等，大部分用于出口。台湾地区的经济目标是在继续发展传统工业的基础上，大力发展通信、资讯、消费性电子、半导体、精密器械与自动化、航空、高级材料、专用化工品与制药、医疗保健、污染防治等十大新兴工业，以及光电、半导体、工业自动化、材料应用、高级感测、生物技术、资源开发、能源节约八大关键技术。

台湾地区工业分布比较集中，主要在西部平原，基本上以台北、高雄、台中为中心，形成了三个工业区：北部工业区以台北市为中心，包括桃园县、台北县和基隆市，集中了全地区工商业企业总数的1/3以上，资产总值占全地区的3/4以上，纺织、食品、电子机械等工业多在这一区，是全地区最大的轻工业基地；南部工业区以高雄市为中心，包括高雄县、台南市、台南县、屏东县，共有工商企业10万多家，占全地区总数的1/4以上，大型钢铁、造船、石化等重化工业多在这一区；中部工业区以台中市为中心，包括台中、彰化、南投等县，工商企业约占全地区总数的1/5，是全地区第三大工业基地。

2）农业

台湾地区传统上是农业地区，但最近几年农业的增长落后于工业的增长速度。台湾地区只有25%的土地适于耕种，但农业生产效率很高。台湾地区出口高质量的猪肉、蔬菜、糖、茶叶和大米。台湾地区渔业发达，出口多种海产品，如鳗鱼、金枪鱼、虾和深海鱼类。

3）对外贸易

第二次世界大战后，台湾有关方面采取一系列措施，刺激私人资本投入“进口替代”工业部门，至20世纪60年代初期台湾地区的“进口替代”工业已有了相当的发展。在此基础之上，台湾地区将整个经济发展重点逐步转向“出口加工”工业。为使这一工业部门加速发展，台湾地区建立了一些专门的出口加工区，并用各类经济刺激把国内及外国资本引向该部门。“出口加工”工业的发展使台湾地区的对外贸易及整个工业生产水平大大提高。

台湾地区对外贸易自1976年起一直维持顺差，1987年顺差达到187亿美元，创历史最高峰。随后，由于台湾地区市场的逐渐开放，进口增长速度加快，贸易顺差开始减少。20世纪90年代，除1991年与1996年外贸顺差超过130亿美元外，一般在90亿美元以下。1998年，由于受亚洲金融危机的影响，贸易顺差降至59亿美元，创历史新低。此后，由于岛内投资与消费的下降，进口减少，外贸顺差增加，2002年达到181亿美元，创20世纪80年代中期以来的新纪录。

台湾地区主要贸易伙伴为美洲、亚洲与欧洲：在美洲的主要贸易伙伴为美国；在亚洲的主要贸易伙伴为祖国大陆、中国香港地区以及日本等；在欧洲的主要贸易伙伴较为广泛，包括德国、法国、英国、荷兰与意大利等。其中，美国、日本、祖国大陆和香港地区是台湾地区最重要的贸易伙伴。

3. 台湾地区交通运输

台湾地区一直有着相对良好的交通运输基础。台湾地区铁路已形成环岛网，里程达1 300多千米，环岛公路里程3万余千米，海运航线四通八达，有至美国、日本、中南美、中东、欧洲等地的10多条航线，空中航线也直达世界各地，定期班机航线93条，岛内主航线也有10多条。台湾地区不仅形成陆上四通八达的铁路、公路网络与通向世界各地的海运、空运路线，而且交通工具日益现代化与高速化。

4. 台湾地区物流业

1）台湾地区物流业发展概况

台湾地区物流业一直是随着地区经济的增长而不断蓬勃发展，尤其是在20世纪80年代随着台湾地区经济的迅速崛起，台湾地区成为许多跨国公司的重要原材料、零配件供应地，物流配送需求大幅增长，在很大程度上推动了社会物流配送的发展，其现代物流业已经发展到了相当高的水准。总体而言，台湾地区物流业的发展经历了两个重要发展阶段。

第一个阶段是在20世纪六七十年代，当地政府大力推动“十大”建设，进行高速公路、机场与港口的建设，连接了台北、高雄两市的交通，使台湾地区一下子成为亚洲地区的重要枢纽，商贸活动开始频繁起来，许多企业也开始重视物流的重要性。第二个阶段是20世纪80年代台湾地区完成工业化之后，台湾当局经济部商业司紧接着推动流通自动化，将自动化扩展到资金流、信息流、商流与物流四大领域之中，至此物流正式成为台湾地区发展地区经济建设的重要一环。

2）台湾地区物流企业

台湾地区最早的物流企业，是在1975年由声宝和新力两家公司为配送旗下家电而共同投资成立的东源储运公司。时至今日，台湾地区物流企业百家争鸣，由传统多层次而复杂的配送通路，包括大批发商、大盘商、中盘商、小盘商、中间经销商等，转化成今日由供货商直接透过物流中心将商品运送到各零售卖场据点或是个别消费者手中的形式。

我国台湾地区物流企业依其发展特性的不同，可以分为四种：

① 由制造商向下整合发展的物流中心。由于制造商为降低商品流通成本、增加商品的竞争能力，便自行出资设立物流中心，这类由制造商发展的物流中心，包括统一集团的捷盟物流、泰山集团的彬泰物流、味全集团的康国物流、联强物流等。

② 由经销商或代理商向上整合所成立的物流中心，如德记洋行、农林集团的侨泰物流等，其供货商品广泛，包括食品、日用品、冷冻等，且供应对象不拘，包括全省便利商店、超级市场、零售商、量贩店等各种零售通路。

③ 由零售企业向上整合发展的物流中心，如顶好惠康超市的惠康物流、全台物流等，前者便是负责提供顶好惠康超市的各种食品及日用品。

④ 由货运业者发展的物流中心，如大荣货运、新竹货运、中连货运等。其主要客户囊括全地区便利商店、超级市场、零售商、量贩店等，提供其低温及常温商品。这种由货运业者发展的物流中心，相较于其他物流中心而言，先天就具备专业、熟练的物流技术、区域性配送能力，以及广布全地区的配送网络等优势。

物流企业除了因其发展特性不同而有所区别之外，有些物流中心因其提供特别的机能而与一般功能型物流中心有所区别，例如转运型物流中心、中继站或转运站，生鲜处理型物流中心，区域型物流中心，贩卖商成立的物流中心等。

思考题

1. 中国内地分为哪八个经济区？
2. 我国各经济区物流发展的优势、劣势各是什么？

第 6 章

国际物流分区地理

本章重点

本章首先介绍了国际物流的基本概念及发展情况，其次重点介绍各大洲主要国家的物流地理概况。

6.1 国际物流概述

6.1.1 国际物流基本概念

1. 国际物流概念

国际物流（International Logistics，IL）是组织材料、在制品、半成品和制成品在国与国之间进行流动和转移的活动。

对国际物流的理解分为广义和狭义两个方面。广义国际物流是指各种形式的物资在国与国之间的流入和流出，包括进出口商品、暂时进出口商品、转运物资、过境物资、捐赠物资、援助物资、加工装配所需物料、部件以及退货等在国与国之间的流动。狭义的国际物流是指与一国进出口贸易相关的物流活动。

国际物流按流动方向可分为进口物流与出口物流，按物货特性可分为国际商品物流、国际展品物流、国际军火物流、国际邮政物流和国际逆向物流。

2. 国际物流的特点

国际物流的总目标是为国际贸易和跨国经营服务，使各国物流系统相互“接轨”，即选择最佳的方式和路径，以最低的费用和最小的风险，保质、适时地将货物从某国的供方运到另一国的需方，使国际物流系统整体效益最大。与国内物流系统相比，国际物流系统具有国际性、复杂性和风险性等特点。

国际性是指国际物流系统涉及多个国家，系统的地理范围大。这一特点又称为国际物流系统的地理特征。国际物流跨越不同地区和国家，跨越海洋和大陆，运输距离长，运输方式多样，这就需要合理选择运输路线和运输方式，尽量缩短运输距离，缩短货物在途时间，加速货物的周转并降低物流成本。

在国际间的经济活动中，生产、流通、消费三个环节之间存在着密切的联系，由于各国社会制度、自然环境、经营管理方法、生产习惯不同，一些因素变动较大，因而在国际间组织好货物从生产到消费的流动，是一项复杂的工作。国际物流的复杂性主要包括国际物流通信系统设置的复杂性、法规环境的差异性和商业现状的差异性等。

国际物流的风险性主要包括政治风险、经济风险和自然风险。政治风险主要指由于所经过国家的政局动荡，如罢工、战争等原因造成货物可能受到损害或灭失；经济风险又可分为汇率风险和利率风险，主要指从事国际物流必然要发生的资金流动，因而产生汇率风险和利率风险；自然风险则指在物流过程中，可能因自然因素，如海风、暴雨等引起的风险。

3. 国际物流系统

国际物流系统是由商品的包装、储存、运输、检验、流通、加工和各环节前后的整理、再包装以及国际配送等子系统组成。运输和储存子系统是物流系统的主要组成部分。国际物流通过商品的储存和运输，实现其自身的时间和空间效益，满足国际贸易活动和跨国公司经营的要求。

1）运输子系统

运输的作用是将商品使用价值进行空间移动，物流系统依靠运输作业克服商品生产地点和需要地点的空间距离，创造了商品的空间效益。国际货物运输是国际物流系统的核心。商品通过国际货物运输作业由卖方转移给买方。国际货物运输具有路线长、环节多、涉及面广、手续繁杂、风险性大、时间性强等特点。运输费用在国际贸易商品价格中占有很大比重。国际运输主要包括运输方式的选择、运输单据的处理以及投保等有关方面。

2）仓储子系统

商品储存、保管使商品在其流通过程中处于一种或长或短的相对停滞状态，这种停滞是完全必要的。因为商品流通是一个由分散到集中，再由集中到分散的源源不断的流通过程。国际贸易和跨国经营中的商品从生产厂或供应部门被集中运送到装运港口，有时必须临时存放一段时间，再装运出口，是一个集和散的过程。它主要是在各国的保税区和保税仓库中进行的，主要涉及各国保税制度和保税仓库的建设等方面。从物流角度看，应尽量减少储存时间、储存数量，加速货物和资金周转，实现国际物流的高效率运转。

3）商品检验子系统

由于国际贸易和跨国经营具有投资大、风险高、周期长等特点，使得商品检验成为国际物流系统中重要的子系统。通过商品检验，确定交货品质、数量和包装条件是否符合合同规定。如果发现问题，可分清责任，向有关方面索赔。在买卖合同中，一般都订有商品检验条款，其主要内容有检验时间与地点、检验机构与检验证明、检验标准与检验方法等。

4）商品包装子系统

杜邦定律（美国杜邦化学公司提出）认为：63%的消费者是根据商品的包装装潢进行购买的，国际市场和消费者是通过商品来认识企业的，而商品的商标和包装就是企业的面孔，它反映了一个国家的综合科技文化水平。

5）国际物流信息子系统

信息系统主要功能是采集、处理和传递国际物流和商流的信息情报。没有功能完善的信息系统，国际贸易和跨国经营将寸步难行。国际物流信息的主要内容包括进出口单证的作业过程、支付方式信息、客户资料信息、市场行情信息和供求信息等。

6.1.2 国际物流的空间背景结构

1. 国家及类型划分

现今世界上共有220多个政区单位，其中独立国家190多个，其余是一些尚未独立的地区。

1）国家类型

按照不同的标准有不同的划分方式。

（1）按国家规模（领土面积或人口数量）将国家分为大国、中国、小国等级别。

（2）按地理位置分为岛国或海洋国家（领土全部由岛屿组成，如印度尼西亚、日本、英国等）、内陆国（领土四周皆为陆地，如蒙古、瑞士、匈牙利等）、大陆国（位于各大陆沿海地区，如中国、美国、俄罗斯等）。

（3）按领土结构分为单节国家（由一块紧凑完整的领土组成，如波兰、瑞士、阿富汗等）、复节国家（由两块或两块以上在空间上相互分离的领土组成，如美国、意大利、马来西亚等）。

（4）根据国体（国家的阶级性质）分为社会主义国家和资本主义国家。

（5）根据政体（国家政权的组织形式）分为共和制国家（如法国、美国等）、君主制国家（如英国、比利时、日本等）。

（6）根据世界政治形势分为第一世界（如美国、原苏联）、第二世界（如日本、加拿大等）、第三世界（如亚非拉发展中国家等）。

（7）根据政权集中状况分为中央集权制国家（如中国、法国等）、联邦制国家（如美国、加拿大等）。

（8）按经济发展水平来划分。全世界的国家从经济发展水平来说可以分为两大类：发达国家和发展中国家。发达国家也称工业化国家。当前公认的发达国家有20多个，经济合作与发展组织（OECD）的大部分成员国都是发达国家。

2）超级大国、发达国家和发展中国家

习惯上，根据上述第八种分法，又可将世界上的国家按其在世界政治经济中所处的地位和作用，分成三种类型。具体介绍如下：

（1）超级大国。美国是当今世界上唯一的超级大国，它的国土面积937万平方千米，人口3.087亿，其资源潜力、经济和军事实力都非常雄厚，科学技术水平高超，国民生产总值居世界第一位。苏联曾与美国并称超级大国，1991年12月25日，苏联解体。波罗的海沿岸三国（爱沙尼亚、拉脱维亚、立陶宛）和格鲁吉亚以外的其他11国建立了一个国家间组织——独立国家联合体，简称独联体，格鲁吉亚后来也加入了独联体（2009年8月退出），因此，独联体目前包括11个国家。独联体中最大的国家——俄罗斯联邦，继承了苏联在联合国安理会的位置，以苏联“继承者”的身份出现在世界的舞台上。俄罗斯联邦国土面积1 707.55万平方千米，人口1.48亿，工业高度发达，是一个资源潜力、经济和军事实力雄厚的国家。但由于总体经济实力下降，华约解体，两极格局打破，俄罗斯要继承苏联成为超级大国，几乎是不可能的。

（2）发达国家。发达国家包括欧洲绝大部分国家、日本、以色列、澳大利亚、新西兰、加拿大、南非、波罗的海沿岸三国、独联体中的部分国家。发达国家面积约占世界的33%，人口约占世界的20%。

经济相当发达或经济比较发达是以上国家的共同特点。他们与超级大国美国的关系密切，但也有矛盾和斗争。同时，他们又严重依赖发展中国家的原料、燃料，即商品市场，并将发展中国家作为其投资场所。日本和德国是战后迅速崛起的经济大国。特别是两德统一后，德国的综合国力大大增强，其在欧洲，乃至世界的政治经济影响也在不断地扩大；英国是老牌的帝国主义国家，二战后失去大部分殖民地，但其科技领域在世界上仍居先进地位，依然是世界主要的资本主义工业国；澳大利亚、新西兰、加拿大、南非资源丰富，发展潜力很大。

目前，美、欧、日之间的协同利益仍大于对抗利益，世界政治经济总的格局正在形成一超多强，美、欧、日三足鼎立之势，而非一家独霸局面，他们的主要力量将用于构筑各自的经济圈。

（3）发展中国家。发展中国家分布在亚、非、拉美及大洋洲等广大中低纬度地区，面积占世界的60%，人口占世界的75%左右。发展中国家资源丰富，地理位置重要，历史上长期沦为帝国主义的殖民地、半殖民地，二战后纷纷取得独立。发展中国家的情况比较复杂，发展起点高低不一，内外条件颇为不同，呈现出一种极不平衡的状态。

2. 国家间的经贸关联

国家间的关联是多方面的，当前最主要的国际关联是世界性的经济、贸易关联。主要的关联方向包括东西关联、南北关联和南南关联。

1）东西关联

东西关联是指以发达国家为主的经济贸易关联，它由过去两大阵营演变而来，今天形成一种多级关联，也可以说是美国、西欧、东欧、中国、日本的五级关联。中国是发展中国家，但近年经济迅速发展，综合国力明显增强，已成为国际关联中一支正在崛起的十分重要的力量。上述国家（或国家集团）的大部分地区都位于北半球中纬度地带，呈东西方向关联。由于他们在当今世界政治、经济、军事、贸易事务中的地位和作用，东西关联强度超过南北关联和南南关联，是今日世界最主要的关联方向。

目前，亚太地区在世界经济舞台上的位置越来越重要，亚太地区经济实力已超过西欧，接近北美，同时美国经济贸易、人口也正在向西部和西南部转移，一个以太平洋沿岸成为新的世界经济中心为标志的“太平洋时代”的到来，是东西关联中令世人瞩目的新动向。

2）南北关联

南北关联是指发达国家（包括超级大国）和发展中国家之间的相互依存和影响，由于发达国家多位于北半球中高纬度，而发展中国家位于北半球中低纬度及以南的地方，从而呈南北方向关联。

南北关联突出表现在世界经济和贸易往来方面。早在资本原始积累时期，西欧殖民者就从海外殖民地大肆掠夺粮食、原料、燃料，抢夺市场，形成了帝国主义宗主国对广大殖民地、半殖民地进行压迫、剥削、掠夺的关联关系。二战后，发展中国家与发达国家的经贸关系发生了重大的变化，彼此之间发展了国与国之间的正常经贸往来。面对发展中国家的联合斗争，为缓和矛盾，发达国家还在经济技术合作及贸易条件等方面给发展中国家以某些优惠待遇。

目前，南北之间的经贸关联表现出如下特点：① 在资金、设备、技术和市场等方面南方对北方的依赖性大，在原料、燃料、资金、市场等方面北方对南方的依赖性大；② 南北国家间劳动密集型与资本技术密集型的国际分工不断发展；③ 国际资本流动主要在发达国家间进行；④ 20世纪90年代以来，发展中国家在国际贸易中的地位上升，特别是新兴市场成为发达国家刻意争夺的市场；⑤ 人才北流。

二次世界大战以来，在新的历史条件下，南北方国家间的经济关系与过去相比，确实发生了很大变化。一些新兴国家（地区）脱颖而出，迅速步入了中等发达国家或发达国家的行列。但从总体上讲，时至今日，发展中国家并未完全改变其受控制、受剥削、受损害的地位，南北方国家间关系依然是一种不合理、不平等、不公正的关系。在相互贸易及其他形式的交往中，发达国家利用其强大的经济实力及技术、设备、资金等方面的优势，操纵和控制着其他类型经济的发展，广大发展中国家依然在风雨沧桑中跋涉。

3）南南关联

南南关联是指南方发展中国家彼此之间的相互依存和相互影响。这种关联关系主要包括南南贸易、南南合作与争取建立国际经济新秩序、区域经济一体化等几个方面。

20世纪80年代以前，南南贸易中区域间贸易增长迅速，而区域内贸易增长缓慢。20世纪80年代末期以来，随着市场规模的不断扩大，南方发展中国家彼此之间在贸易、金融、技术、能源、农业、工业等领域开展了越来越广泛的合作，区域内贸易、区域间贸易在各国的对外贸易总额中所占比重也逐步提高。目前，南南贸易占发展中国家贸易的比重尚不到1/3，但发展中国家地广人多，资源丰富，市场大，有着互通有无的巨大潜力。

在当前形势下，南南合作非常重要，加强南南合作对加速发展和提高发展中国家的应变能力以迎接全球化和自由化的挑战是非常重要的，在平等、团结、互利、互补和发展的原则基础上加强南南合作有利于发展中国家的集体自力更生，并推动他们的经济融入世界经济。

6.1.3 国际物流的发展演变

1. 国际物流的发展阶段

国际物流活动随着国际贸易和跨国经营的发展而发展。国际物流活动的发展经历了以下三个阶段。

第一阶段：20世纪50年代至80年代初。这一阶段物流设施和物流技术得到了极大的发展，建立了配送中心，广泛运用电子计算机进行管理，出现了立体无人仓库，一些国家建立了本国的物流标准化体系等。物流系统的改善促进了国际贸易的发展，物流活动已经超出了一国范围，但物流国际化的趋势还没有得到人们的重视。

第二阶段：20世纪80年代初至90年代初。随着经济技术的发展和国际经济往来的日益扩大，物流国际化趋势开始成为世界性的共同问题。美国密歇根州立大学教授波索克斯认为，进入20世纪80年代，美国经济已经失去了兴旺发展的势头，陷入长期倒退的危机之中。因此，必须强调改善国际性物流管理，降低产品成本，并且要改善服务，扩大销售，在激烈的国际竞争中获胜。与此同时，日本正处于成熟的经济发展期，以贸易立国，要实现与其对外贸易相适应的物流国际化，并采取了建立物流信息网络、加强物流全面质量管理等一系列措施，提高物流国际化的效率。这一阶段物流国际化的趋势局限在美、日和欧洲一些发达国家。

第三阶段：20世纪90年代初至今。这一阶段国际物流的概念和重要性已为各国政府和外贸部门所普遍接受。贸易伙伴遍布全球，必然要求物流国际化，即物流设施国际化、物流技术国际化、物流服务国际化、货物运输国际化、包装国际化和流通加工国际化等。世界各国广泛开展国际物流方面的理论和实践的大胆探索。人们已经形成共识：只有广泛开展国际物流合作，才能促进世界经济繁荣，物流无国界。

2. 国际物流的发展趋势

进入21世纪，国际物流业又有了新的发展趋势。

1）专业物流与共同配送形成规模

国外专业物流企业是伴随制造商经营取向的变革应运而生的。由于制造厂商为迎合消费者日益精致化、个性化的产品需求，而采取多样、少量的生产方式，因而高频度、小批量的配送需求也随之产生。目前，在美国、日本和欧洲等经济发达国家，专业物流服务已形成规模。共同配送则是经过长期发展和探索优化出来的一种追求合理化配送的配送形式，也是美国、日本等一些发达国家采用较为广泛、影响面较大的一种先进的物流方式，它对提高物流效率、降低物流成本具有重要意义。

中欧班列（义乌-俄罗斯）首发启程

2）装备技术与管理水平高速发展

目前，发达国家已形成以信息技术为核心，以运输技术、配送技术、装卸搬运技术、自动化仓储技术、库存控制技术、包装技术等专业技术为支撑的现代化物流装备技术格局。其发展趋势表现为信息化、自动化、智能化和集成化。其中，高新技术在物流运输业的应用与发展方面表现尤为突出。

3）电子商务物流与快递业务发展强劲

电子商务的迅速发展，促使电子商务物流的兴起。企业通过互联网加强了企业内部、企业与供应商、企业与消费者、企业与政府部门的联系沟通、相互协调、相互合作。消费者不仅可以直接在网上获取有关产品或服务的信息、实现网上购物，而且可以在线跟踪发出货物的走向。电子商务物流还带动了快递业务的强劲发展。可以说，电子商务物流已成为21世纪国外物流发展的大趋势。

4）保护环境与绿色物流将成为亮点

物流虽然促进了经济的发展，但是物流发展的同时也会给城市环境带来负面影响。为此，21世纪对物流提出了新的要求，绿色物流应运而生。绿色物流主要包含两个方面：

一是对物流系统污染进行控制，即在物流系统和物流活动的规划与决策中尽量采用对环境污染小的方案，如采用排污量小的货车车型、近距离配送、夜间运货等。

二是建立工业和生活废料处理的物流系统。发达国家政府还在污染发生源、交通量、交通流三个方面制定相关政策，形成倡导绿色物流的对策系统。

6.2 亚洲经济区

6.2.1 概述

亚洲是“亚细亚洲”的简称。“亚细亚洲”一词来源于古代西亚等地古人的闪米特语。亚细亚的意思是指东方日出的地方。亚洲是世界文明古国中国、印度、巴比伦的所在地，又是佛教、伊斯兰教和基督教的发祥地，对世界文化的发展有着重大的影响。亚洲见图6-1。

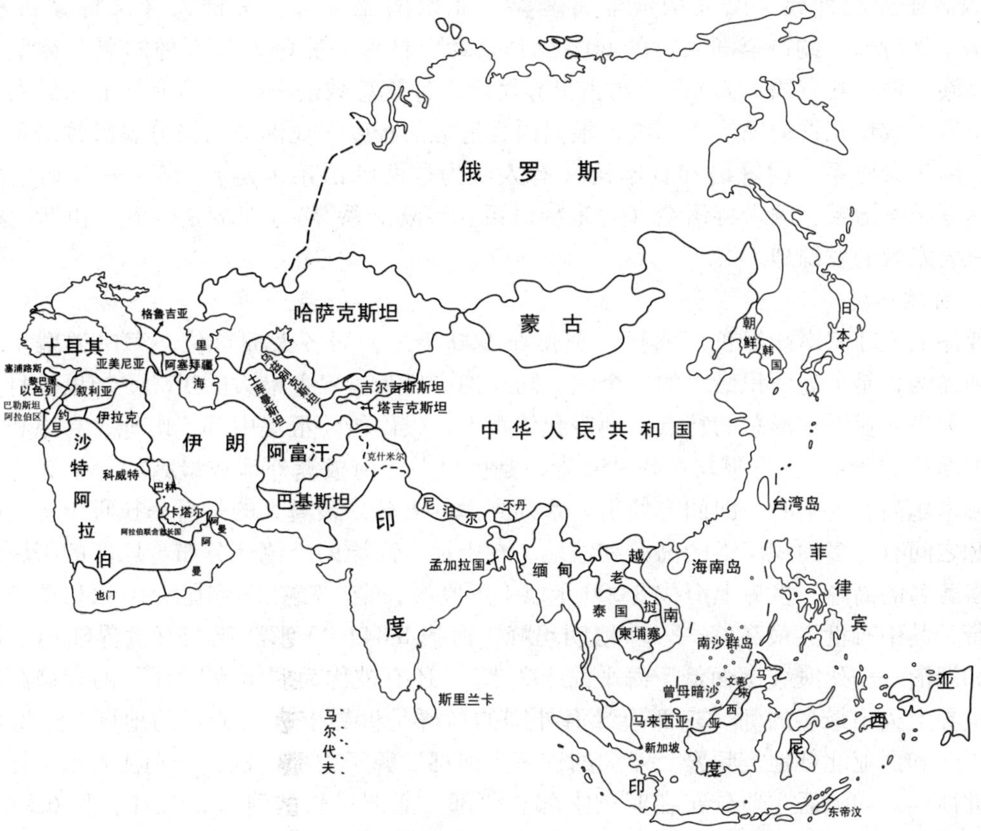

图 6-1 亚洲

1. 地理位置

亚洲位于东半球的东北部，东濒太平洋，南临印度洋，北滨北冰洋，西达大西洋的属海地中海和黑海。大陆东至杰日尼奥夫角（西经 169°40′，北纬 66°5′），南至皮艾角（东经 103°30′，北纬 1°17′），西至巴巴角（东经 26°3′，北纬 39°27′），北至切柳斯金角（东经 104°18′，北纬 77°43′）。亚洲在各洲中所跨纬度最广，具有从赤道带到北极带几乎所有的气候带和自然带，东西时差达 11 小时。西北部以乌拉尔山脉、乌拉尔河、里海、大高加索山脉、博斯普鲁斯海峡、达达尼尔海峡同欧洲分界；西南隔苏伊士运河、红海与非洲相邻；东南隔海与大洋洲相望；东北隔宽仅 86 千米的白令海峡与北美洲相对。亚洲面积4 400万平方千米（包括岛屿），约占世界陆地总面积的 29.4%，是世界上最大的一个洲。亚洲大陆与欧洲大陆毗连，形成全球最大的陆块——亚欧大陆，总面积约 5 071 万平方千米，其中亚洲大陆约占 4/5。

2. 居民

亚洲人口约 40.5 亿，约占世界总人口的 60.4%。人口 1 亿以上的国家有中国、印度、印度尼西亚、日本、孟加拉国和巴基斯坦。城市人口约占全洲人口的 18%。人口分布以中国东部、日本太平洋沿岸、爪哇岛、恒河流域、印度半岛南部等地最密集，每平方千米达 300 人以上。新加坡平均每平方千米可达 4 400 多人，是亚洲人口密度最大的国家。人口密度最小的国家是蒙古，平均每平方千米仅 1 人多；沙特阿拉伯、阿曼等国家平均每平方千米

5～7人。亚洲的种族、民族构成非常复杂，尤以南亚为甚。黄种人（又称蒙古利亚人种）为主体种族，约占全洲人口的60%。其余为白种人、棕色人及人种的混合类型。全洲大小民族、种族共有约1 000个，约占世界民族、种族总数的一半。其中有十几亿人口的汉族，也有人数仅几百的民族或部族。根据语言近似的程度，亚洲的居民分属汉藏语系、南亚语系、阿尔泰语系、朝鲜语和日本语（有人认为这两种语系未定）、马来—波利尼西亚语系、达罗毗荼语系、闪米特语系（含米特语系、印欧语系等）。亚洲是佛教、伊斯兰教和基督教三大宗教的发源地。

3. 自然环境

亚洲的大陆海岸线绵长而曲折，全长69 900千米，居各大洲首位。海岸类型复杂，多半岛和岛屿，是半岛面积最大的一个洲。阿拉伯半岛为世界上最大的半岛。加里曼丹岛为世界第三大岛。亚洲地形总的特点是地表起伏很大，崇山峻岭汇集中部，山地、高原和丘陵约占全洲面积的3/4。全洲平均海拔950米，是世界上除南极洲外地势最高的一个洲。全洲大致以帕米尔高原为中心，向四方伸出一系列高大的山脉，最高大的是喜马拉雅山脉。在各高大山脉之间有许多面积广大的高原和盆地。在山地、高原的外侧还分布着广阔的平原。亚洲有许多著名的高峰，世界上海拔8 000米以上的高峰，全分布在喀喇昆仑山脉和喜马拉雅山脉地带，其中有世界最高峰——珠穆朗玛峰，海拔8 844.43米。亚洲有世界陆地上最低的洼地和湖泊——死海（湖面低于海平面392米），还有被称为“世界屋脊”的青藏高原。亚洲是世界上火山最多的洲。东部边缘海外围的岛群是世界上火山最多的地区。东部沿海岛屿、中亚和西亚北部地震频繁。亚洲的许多大河都发源于中部山地，分别注入太平洋、印度洋和北冰洋。内流区主要分布在亚洲中部和西部。亚洲最长的河流是长江，长6 397千米；其次是黄河，长5 464千米；第三是湄公河，长4 880千米。最长的内流河是锡尔河，其次是阿姆河和塔里木河。贝加尔湖是亚洲最大的淡水湖和世界最深的湖泊。

亚洲地跨寒、温、热三带，其气候的基本特征是大陆性气候强烈，季风性气候典型，气候类型复杂。北部沿海地区属寒带苔原气候。西伯利亚大部分地区属温带针叶林气候。东部靠太平洋的中纬度地区属季风气候，向南过渡到亚热带森林气候。东南亚和南亚属热带草原气候，赤道附近多属热带雨林气候。中亚和西亚大部分地区属沙漠和草原气候。西亚地中海沿岸属亚热带地中海式气候，西伯利亚东部的上扬斯克和奥伊米亚康极端最低气温曾达-71 ℃，是北半球气温最低的地方。

4. 自然资源

亚洲矿产资源丰富，种类繁多，富集区多，主要矿藏有煤、铁、石油、锡、钨、锑、铜、铅、锌、锰、菱镁矿、金、石墨、铬等。石油、锡、菱镁矿、铁等的储量均居各洲首位，锡矿储量约占世界锡矿总储量60%以上。亚洲的森林面积约占世界森林总面积的13%。可利用的水力资源也极为丰富。亚洲沿海渔场面积约占世界沿海渔场总面积的40%，著名的渔场主要分布在中国东部沿海，有中国的舟山群岛、台湾岛和西沙群岛渔场，以及鄂霍次克海、北海道、九州等渔场。

5. 经济概况

在古代，亚洲人民就创造了灿烂的文化，有发达的农业和手工业，有许多科学发明创造，对世界经济的发展作出了伟大的贡献。16世纪以后，西方殖民主义和帝国主义相继入侵，许多国家和地区先后沦为殖民地和半殖民地，经济遭到了严重摧残，民族经济发展缓慢，致使许多国家和地区长期处于贫困落后的状态。目前，亚洲除日本和以色列外，大多数国家为发展中国家。农业在亚洲各国中占重要地位。稻谷、天然橡胶、金鸡纳霜、马尼拉麻、柚木、胡椒、黄麻、椰干、茶叶等的产量均占世界总产量80%以上，原油、鱼、大豆、棉花产量均占世界总产量的30%～40%，锡精矿产量约占世界总产量的60%，钨精矿、花生、芝麻、烟草、油菜籽的产量均占世界总产量的45%，木棉、蚕丝、椰枣等的产量和牲畜总头数也居于世界前列。绝大多数国家工业基础薄弱，采矿业和农产品加工业较先进，重工业正在发展。中国东半部、日本、韩国、爪哇岛、斯里兰卡西部、印度中部、土耳其西部交通发达。东南沿海海上运输发达。广大内陆地区和沙漠地区以畜牧业为主。

6. 地理区域

在地理上习惯分为东亚、东南亚、南亚、西亚、中亚和北亚。

（1）东亚：指亚洲东部，包括中国、朝鲜、韩国、蒙古和日本，面积约1 170万平方千米。人口14亿多，地势西高东低，分四个阶梯。中国西南部有称为“世界屋脊”的青藏高原，平均海拔在4 000米以上。东南半部为季风区，属温带阔叶林气候和亚热带森林气候；西北部属大陆性温带草原、沙漠气候；西南部属山地高原气候。5～10月东部沿海受台风影响。矿物资源以煤、铁、石油、铜、锑、钨、钼、金、菱镁矿、石墨等最为丰富。东亚是稻、薯蓣、糜子、荞麦、大豆、苎麻、茶、油桐、漆树、柑橘、桂圆、荔枝、人参等栽培植物的原产地。所产稻谷占世界稻谷总产量40%以上，茶叶占世界总产量25%以上，大豆占20%。棉花、花生、玉米、甘蔗、芝麻、油菜籽、蚕丝等的产量在世界上占重要地位。

（2）东南亚：指亚洲东南部地区，包括越南、老挝、柬埔寨、缅甸、泰国、马来西亚、新加坡、印度尼西亚、菲律宾、文莱、东帝汶等国家和地区，面积约448万平方千米。人口5.8亿多，地理上包括中南半岛和马来群岛两大部分，是世界上火山最多的地区之一。群岛区和半岛的南部属热带雨林气候，半岛北部山地属亚热带森林气候。矿物中，锡、石油、天然气、煤、镍、铝土矿、钨、铬、金等尤为重要。东南亚是柠檬、黄麻、丁香、豆蔻、胡椒、香蕉、槟榔、木菠萝、马尼拉麻等热带栽培植物的原产地，盛产稻米、橡胶、香料、柚木、木棉、金鸡纳霜及热带水果。

（3）南亚：指亚洲南部地区，包括斯里兰卡、马尔代夫、巴基斯坦、印度、孟加拉国、尼泊尔、不丹，面积约437万平方千米，人口10亿以上。本区北部为喜马拉雅山脉南麓的山地，南部印度半岛为德干高原，北部山地与德干高原之间为印度河—恒河平原。北部和中部平原基本上属亚热带森林气候，德干高原及斯里兰卡北部属热带草原气候，印度半岛的西南端、斯里兰卡南部和马尔代夫属热带雨林气候，印度河平原属亚热带草原、沙漠气候。矿物资源以铁、锰、煤最为丰富。南亚是芒果、蓖麻、茄子、香蕉、甘蔗，以及莲藕等栽培植物的原产地。所产黄麻、茶叶约占世界总产量1/2。稻米、花生、芝麻、油菜籽、甘蔗、棉花、橡胶、小麦和椰干等的产量在世界上也占重要地位。

（4）西亚：也叫西南亚，指亚洲西部，包括阿富汗、伊朗、土耳其、塞浦路斯、叙利亚、黎巴嫩、巴勒斯坦、约旦、伊拉克、科威特、沙特阿拉伯、也门、阿曼、阿拉伯联合酋长国、卡塔尔和巴林，面积700多万平方千米，人口2亿多。高原广布，北部多山脉。北部山地高原与南部阿拉伯半岛之间为幼发拉底河和底格里斯河所冲积而成的美索不达米亚平原。气候干燥。南部沙漠面积广大。本区地中海、黑海沿岸地区和西部山地属地中海式气候，东部和内陆高原属亚热带草原、沙漠气候，阿拉伯半岛的大部分地区属热带沙漠气候。

石油的储量和产量在世界上占重要的地位。西亚是胡萝卜、甜瓜、洋葱、菠菜、苜蓿、椰枣等栽培植物和阿拉伯骆驼、阿拉伯马、安哥拉山羊、安卡拉兔等著名畜种的原产地。

（5）中亚：指中亚细亚地区。狭义上讲只包括土库曼斯坦、乌兹别克斯坦、吉尔吉斯斯坦、塔吉克斯坦和哈萨克斯坦。本区东南部为山地，地震频繁，属山地气候；其余地区为平原和丘陵，沙漠广布，气候干旱，属温带和亚热带沙漠、草原气候。矿物以天然气、石油、煤、铜、铅、锌、汞、硫黄和芒硝较为重要。中亚是豌豆、蚕豆、苹果等栽培植物以及卡拉库尔绵羊的原产地，出产棉花、烟草、稻米、蚕丝、羊毛、葡萄、苹果等。

（6）北亚：指俄罗斯亚洲部分的西伯利亚地区。西部为西西伯利亚平原，中部为中西伯利亚高原和山地，东部为远东山地。北极圈以北属寒带苔原气候，其余地区属温带针叶林气候。河流结冰期6个月以上。矿物以石油、煤、铜、金、金刚石较重要。出产麦类、马铃薯、亚麻和木材等。

6.2.2 亚洲主要国家

1. 日本（Japan）

1）概况

（1）自然地理：位于太平洋西岸，是一个由东北向西南延伸的弧形岛国。西隔东海、黄海、朝鲜海峡、日本海与中国、朝鲜、韩国、俄罗斯相望。陆地面积377 880平方千米，包括北海道、本州、四国、九州四个大岛和其他6 800多个小岛屿。领海面积约310 000平方千米。与俄罗斯存在“北方四岛”（俄方名为“南千岛群岛”）领土争端，与韩国存在竹岛（韩方名为“独岛”）领土争端。山地和丘陵占总面积的71%。全国有160多座火山，其中50多座是活火山，为世界上有名的地震区。富士山是日本的最高峰，海拔3 776米。温泉遍布全国各地。境内河流流程短，最长的信浓川长约367千米。最大的湖泊是琵琶湖，面积672.8平方千米。由于地处海洋的包围之中，属温带海洋性季风气候，终年温和湿润，冬无严寒，夏无酷暑。夏秋两季多台风，6月多梅雨。平均气温1月北部-6 ℃，南部16 ℃；7月北部17 ℃，南部28 ℃。年降水量700～3 500毫米，最高达4 000毫米以上。

（2）人口：约1.27亿人（截至2010年3月末）。主要民族为大和族，北海道地区约有2.4万阿伊努族人。通用日语，北海道地区有少量人会阿伊努语。主要宗教为神道教和佛教，信仰人口分别占宗教人口的49.6%和44.8%。

2）经济

日本是世界第三经济大国。目前GDP约占世界总量的10%，占亚洲的31%。截至2009年年底，外汇储备达1.049万亿美元，为世界第二；拥有约1.5万亿美元海外资产，是世界最大债权国；2009年贸易总额为11 333亿美元，居世界第四。民间资本充裕，个人金融资产高达11.5万亿美元。2005年对外直接投资达455亿美元。拥有世界一流的制造业，在微电子、半导体、节能、环保等许多高科技领域处于世界领先地位。小泉纯一郎担任首相期间，改变财政主导的刺激景气对策，推行全面彻底的经济结构改革，以解决不良债权为突破口，控制财政赤字规模，鼓励竞争，优化产业结构，实现以民间需求为主的经济复苏。上述政策现已逐渐显现成效，日本经济于2002年开始复苏，走出10年低迷。主要表现为：居民消费指数持续上升；制造业收益改善，设备投资日趋扩大；股市大幅回升；失业率稳步下降；银行不良债权问题基本解决，金融系统渐趋稳定。主要经济数据如下：

国内生产总值（2015年）：4.32万亿美元。

人均国内生产总值（2015年）：3.48万美元。

国内生产总值增长率（2015年）：0.4%。

货币名称：日元（Yen）。

对外贸易额（2013年）：约1.56万亿美元。

外汇储备（截至2015年2月月底）：12 511亿美元。

政府债务总额（2013年）：1 163万亿日元。

汇率：1美元≈121日元（2015年3月）。完全失业率：3.6%（2015年1月）。

（1）资源。资源贫乏，90%以上依赖进口，其中石油完全依靠进口。日本政府积极开发核能等新能源，截至2011年2月，拥有54个核电机组，总发电装机容量为4 946.7万千瓦，位居世界第三位。2011年3月福岛核电站核泄漏事故发生后，福岛第一核电站的4座核反应堆宣布废炉。还有50座核反应堆可以投入运转，总发电装机容量为4 614.8万千瓦。一年多来，又有一些核反应堆因进入定期检修期而停止运转，而一部分已经完成定期检查的核反应堆因遭到当地居民和政府反对，未能重新恢复运转。2012年5月，北海道泊核电站3号机组因定期检修停止发电，至此日本所有核电站全部停运。2015年6月，日本政府宣布将重启关西电力公司大饭核电站3号和4号机组，并于2015年7月正式实施，从而终结日本短暂的“零核电”状态。

日本森林面积约为2 508万公顷（2012年），占国土总面积的近2/3，森林覆盖率约67%，是世界上森林覆盖率最高的国家之一。木材自给率仅为20%左右，是世界上进口木材最多的国家。日本山地与河流较多，水力资源丰富，蕴藏量约为每年1 353亿千瓦时。日本的专属经济区面积约相当于国土的10倍，渔业资源丰富。

（2）工业。日本的工业主要集中在太平洋沿岸的东京湾、骏河湾、伊势湾、大阪湾和濑户内海，这一狭长地带成为著名的太平洋带状工业区。这一地带占日本全国面积的20%，集中了全国60%以上的人口和9个百万人口以上的大城市，拥有全国工业产值的71.9%，钢铁工业产值的79.3%。这种布局的特点与日本地理条件、自然资源情况以及对外贸易在经济中的地位有关。太平洋沿岸工业带使日本节省了能源、矿产的运输费用，收到了明显的经济效益。

20世纪60年代中期以后，日本原有工业带已经发展到饱和状态，供水、用地紧张，提出了工业再配置问题。新工业革命的浪潮也引起日本工业地理分布的变迁，在节省能源、资源的新工业时代，工业化落后地区却由于劳动力丰富、低价便宜、自然环境好，对于新工业建设具有更大的吸引力，因此日本工业布局出现了分散化的倾向。九州岛已成为日本新兴的电子工业基地，被称为“硅岛”。但是目前京滨、阪神、名古屋、濑户内海、北九州仍然是日本最重要的工业区。

（3）农业。日本是个传统的水稻生产国，传统的养蚕业、渔业也比较发达。近年来，日本以果、菜、花成为农业主体，与水稻、畜牧业构成农业三大支柱。

由于自然、历史、人口条件及经济特征的差异，日本农业与欧美国家相比有自己的特点：一是经营规模小，以个体经济为基础，进行现代化商品生产，如日本水田户平均经营耕地0.8公顷，而美国是日本的150倍；二是集约化程度高，单位面积的投工量与产值均高于欧美各国；三是以水利化、化肥化为先导，逐步实现机械化；四是在农地中以耕地为主，且水田多于旱田，其比值为55∶45。人均耕地不足0.04公顷，每平方公里耕地的人口密度居世界前列，是个人多地少的国家；五是农户中以副业农户为主，劳动力高龄化显著。

（4）对外贸易。外贸在日本的国民经济中占重要地位，与日本有贸易关系的国家（地区）数约200个。据日本财务省统计，2013年日本进出口总额为15 585亿美元，其中出口7 193亿美元，进口8 392亿美元，贸易逆差1 198亿美元。

日本主要进口商品有：原油、天然气、煤炭等一次能源，服装，半导体等电子零部件，医药品，金属及铁矿石原材料等；日本主要出口商品有：汽车、钢铁、半导体等电子零部件、塑料、科学光学仪器、一般机械、化学制品等。2013年，日本的主要贸易对象为中国内地、美国、韩国、澳大利亚、中国台湾等国家和地区。

3）物流发展概况

在日本，“物流”是20世纪50年代后期从美国引进的流通经济新概念。但是到了20世纪70年代，日本已经成为世界上物流业最发达的国家之一。发达的“物流”，是日本迅速崛起的重要因素。日本物流的发展可以分为四个阶段，各阶段分别代表了不同的管理观念与手段的发展。

第一阶段，物流概念的导入和形成期（1956—1964年）。20世纪五六十年代，日本的企业界和政府为了提高产业劳动率，组织了各种专业考察团到国外考察学习，公开发表了详细的考察报告，全面推动了日本生产经营管理的发展。具体来看，自1956年日本流通技术考察团考察美国开始引入物流观念后，1958年6月又组织了流通技术国内考察团对日本国内的物流状况进行了调查，这大大推动了日本物流的研究。在1961年到1963年上半年，日本将物流活动和管理称为PD，即Physical Distribution的减缩形式。到1963年下半年，“物的流通”一词开始登场，日通综合研究所1964年6月期《输送展望》杂志中刊登了日通综合研究所所长金谷漳的“物的流通的新动向”演讲稿，正式运用“物的流通”概念来取代原来直接从英语中引用过来的PD。在物流概念导入日本的过程中，物流已被认为是一种综合行为，即“各种活动的综合体”，也就是说既理解为商品从生产到消费的流通过程，又被认为是流通过程各种活动中物理商品的获取活动。因此，“物的流通”一词包含了“运输、配送”“装卸”“保管”“在库管理”“包装”“流通加工”和“信息传速”等各种活动。

第二阶段，物流近代化时期（1965—1975年）。日本政府开始在全国范围内开展高速道路网、港湾设施、流通聚集地等各种物流基础设施建设。与此同时，各厂商也开始高度重视物流，并积极投资物流体系的建设。首先是随着物流概念的传播和形成，各企业都建立了相应的专业部门，积极推进物流基础设施建设。这种基础设施建设的目的在于构筑与大量生产、销售相适应的大量物流设施，主要是随营业规模的扩大增设物流中心，或确保大量输送手段等充实物流硬件的举措。另一方面，如果说前一时期日本的物流可以用“人工装卸”来形容物流低级化的话，那么进入近代化的大量生产、大量销售时代，为了解决仓库不足、出入库时间长、货车运输欠缺、大量生产的产品无法顺利流向市场等问题，开始广泛推广货台、铲车等装卸机械化，导入自动仓库，灵活运用货台和集装箱，开展单位货物装卸系统，等等。同时，物流中心、中央物流中心等各种物流管理系统也不断增加。此外，这一时期的日本也在积极推行物流联网系统，开发VSP、配车系统等物流软件。

第三阶段，物流合理化时期（1974—1983年）。首先，这一阶段担当物流合理化作用的物流专业部门开始登上了企业管理的舞台，从而真正从系统整体的观点来降低物流成本。此外，这一时期物流子公司的建立也开始兴起。在实践上，这一时期对应于理论发展，开始大范围地设立合理化工程小组，实行物流活动中的质量管理。在推进物流合理化的过程中，日本全国范围内的物流联网也在蓬勃发展。在物流管理政策上，1977 年日本运输省流通对策部公布了《物流成本算定统一基准》，这一政策对于推进企业物流管理有着深远的影响。由于企业和政府的共同努力，这一时期的日本物流管理得到了飞跃性的发展，也使日本迅速成为物流管理的先进国。

第四阶段，物流纵深发展时期（1985 年迄今）。进入 20 世纪 80 年代中期，物流合理化的观念面临着进一步变革的要求，在日本有把这一时期称为“物流不景气”的说法，即由于经营战略的要求使物流成本上升，出现赤字。因此，如何克服物流成本上升，提高物流效率是 20 世纪 90 年代日本物流面临的一个最大问题。1997 年 4 月 4 日，日本政府制定了一个具有重要影响力的《综合物流施策大纲》，从这个大纲中可以看出，今后日本物流进一步发展、强化的方向是：① 信息化的推进。② 物流技术的开发。③ 物流人才的培育。④ 新物流服务的开展。⑤ 国际化的对应。⑥ 包装机械化，在库管理数码化的推进。⑦ 整体系统化的加强。⑧ 社会资本的充实。⑨ 规格化、标准化的前进。⑩ 共同化、协作化的推进。

4）日本物流的特点

（1）重视现代物流业的发展、实行统筹规划。日本是一个国土面积较少的国家，国内资源和市场有限，商品进出口量大，各级政府对商品物流发展都很重视，在大中城市、港口、主要公路枢纽都对物流设施用地进行了规划，形成了大大小小比较集中的物流中心，集中了多个物流企业，如日本横滨港货物中心就集中了 42 家物流配送企业。这样便于对物流中心的发展进行统一规划、合理布局，有利于物流配送业的发展。

（2）注意物流设施的投资建设，物流配送基础设施良好。日本的物流配送行业很发达，物流配送设施现代化水平较高。如日本横滨港货物中心，其仓储面积约为 32 万平方米，具有商品储存保管、分拣、包装、流通加工、商品展示洽谈、销售、配送等多种功能，并有保税区、办公区、信息系统、食堂等配套服务系统。其优良的物流设施、完善的功能为物流配送的发展提供了良好的条件。在日本的物流配送企业物流作业中，铲车、叉车、货物升降机、传送带等机械的应用程度较高，计算机管理系统应用比较普遍，许多物流企业已经开始应用自动分拣系统，大大提高了工作效率和准确性。物流配送科技的应用与发展，为物流配送上水平上台阶提供了重要手段和途径。

（3）物流配送的社会化、组织化、网络化程度比较高。物流配送社会化程度比较高的一方面表现在：生产企业、商业流通企业不是“大而全”“小而全”地都建设自有仓库等流通设施，而是一般都将物流业务交给专业物流企业去做，以达到减少非生产性投资、降低成本的目的。如日本菱食公司的配送中心面向 1.2 万个连锁店、中小型超市、便利店配送食品，这些连锁店、超市的食品自己都不设配送中心，而全部交由菱食公司的配送中心实行社会化配送。日本的大型物流企业比较注重物流网络的发展，在日本物流配送行业排名第五的日立物流株式会社在国内设有 124 个网点，在海外 15 个国家设有 62 个网点，在中国的上海和香港都设有合资公司或办事处。由于拥有比较完善的物流配送网络，在发展和承担业务、满足客户需要、降低物流成本等方面就具有较大优势。

（4）注意研究应用物流配送实用技术和方法，以降低物流成本，提高物流质量。日本的物流配送企业十分注重不断提高物流服务质量，降低物流成本，增强在市场上的竞争力，因此相当注意研究、探索物流配送的新技术、新方法，并注意引进、学习美国等国家的物流新技术和先进方法。如引进美国的物流管理软件等。

（5）重视商品流通中的增值加工服务，做好物流配送过程中的加工、分装、拼装业务。日本的流通企业比较注重商品流通中间对商品的加工增值服务，按照消费者和客户的需要，对商品进行分拣、包装、拼装，使生产企业或进口的商品更能适合本国客户和消费者的要求。这些流通领域的中间加工作业一般都是在物流配送过程中、在物流企业的仓库中进行的。

（6）注重提高劳动效率。日本物流配送企业都比较注重降低人工成本，提高劳动效率。如菱光仓库株式会社，只有90人，但每月收发并进行装箱、掏箱、检验、包装等物流作业的20英尺①集装箱达200个。其特点是人员少，劳动效率高。

2. 大韩民国（Republic of Korea，简称韩国）

1）概况

（1）自然地理：位于亚洲大陆东北朝鲜半岛的南半部。北部以军事分界线与朝鲜民主主义人民共和国相邻。其余三面被黄海、朝鲜海峡和日本海所环抱。面积10.3万平方千米，海岸线全长约17 000千米（包括岛屿海岸线）。韩国多丘陵和平原，约70%是山区，地势比半岛北部低。丘陵大多位于南部和西部。西部和南部大陆坡平缓，东部大陆坡很陡，沿西海岸河流沿岸有辽阔的平原。韩国属温带季风气候。六月到九月的降雨量为全年的70%。年均降水量约为1 500毫米，降水量由南向北逐步减少。冬季平均气温为0 ℃以下。夏季八月份最热，气温为25 ℃。三四月份和夏初时易受台风侵袭。

（2）人口与宗教：约5 000万（韩国行政自治部统计，截至2015年7月15日），全国为单一民族，通用韩国语。宗教以佛教、基督教为主。

2）经济

20世纪60年代，韩国经济开始起步。20世纪70年代以来，持续高速增长，人均国民生产总值从1962年的87美元增至1996年的10 548美元，创造了“汉江奇迹”。1996年加入经济合作与发展组织（OECD），同年成为世界贸易组织（WTO）创始国之一。1997年，亚洲金融危机后，韩国经济进入中速增长期。产业以制造业和服务业为主，造船、汽车、电子、钢铁、纺织等产业产量均进入世界前10名。大企业集团在韩国经济中占有十分重要的地位，目前主要大企业集团有三星、现代汽车、SK、LG和KT（韩国电信）等。

国内生产总值（2015年）：1.559万亿美元。

人均国民收入（2015年）：2.72万美元。

经济增长率（2015年）：2.6%。

货币名称：韩元。

汇率：实行浮动汇率制，1美元=1 166.3韩元（2016年12月3日）。

（1）资源。矿产资源较少，其中有经济价值的50多种。有开采利用价值的矿物有铁、无烟煤、铅、锌、钨等，但储量不大。由于自然资源匮乏，主要工业原料均依赖进口。

（2）工业。工矿业产值约占GDP的30%，半导体销售额居世界第1位，粗钢产量居世

---

① 1英尺=0.304 8米。

界第6位。

（3）农业。现有耕地面积175.9公顷，主要分布在西部和南部平原、丘陵地区。农业人口约占总人口的6.8%。农业产值（含渔业和林业）约占GDP的2.6%。

（4）旅游业。韩国风景优美，有许多文化和历史遗产，旅游业较发达。韩国的主要旅游服务设施：全国有40多家饭店达到国际标准，其中部分已加入国际饭店预订系列。首尔的新罗饭店、乐天饭店、洲际饭店、朝鲜饭店、凯悦饭店、广场饭店、华克山庄饭店等被列入超豪华类别。韩国的主要旅游点：景福宫、德寿宫、昌庆宫、昌德宫、民俗博物馆、江华岛、板门店、庆州、济州岛、雪岳山等。

（5）交通运输。陆、海、空交通运输均较发达。全国已建成铁路网和高速公路网。

铁路：总长7 889千米，其中干线5 636千米。2004年3月，首尔—釜山高速铁路开通，全长412千米，最高时速300千米。地铁：总长548千米，其中首尔327.9千米，在世界主要城市中位居前列。

公路：总长约10.2万千米，其中高速公路3 447千米。登记的小轿车有1 733万辆。

水运：以海运为主，主要港口有：釜山、浦项、仁川、群山、木浦、济州、丽水等。

空运：同81个国家签有航空协定，开通国际航线339条（其中外国航空公司航线156条），可飞往30多个国家和地区、90多个城市。现有8个国际机场：仁川、金浦、济州、金海、清州、大邱、襄阳、光州。另有国内航线机场20个。

（6）财政金融。2011—2013年来韩国财政收支情况见表6-1。

表6-1　2011—2013年韩国财政收支情况

单位：万亿韩元

年份	2011	2012	2013
收入	270.5	311.5	314.4
支出	258.9	293.0	300.2
差额	11.6	8.5	14.2

（资料来源：韩国税务总局网站）

截至2014年3月，韩国外汇储备为3 543亿美元。

（7）对外贸易。2013年外贸总额10 752亿美元，贸易收支顺差442亿美元。其中，出口5 597亿美元，增加2.1%；进口5 155亿美元，减少0.8%。和世界上180多个国家和地区有经贸关系，其中中国、美国、日本是韩国三大主要贸易伙伴国。2011—2013年韩国进出口额见表6-2。

表6-2　2011—2013年韩国进出口额

单位：亿美元

年份	2011	2012	2013
进口额	5 244	5 195.8	5 155
出口额	5 552	5 480.8	5 597
进出口差额	308	285	442

3. 新加坡共和国（The Republic of Singapore，简称新加坡）

1）概况

（1）自然地理：位于东南亚，是马来半岛最南端的一个热带城市岛国。面积为714.3平方千米（新加坡年鉴2013），北隔柔佛海峡与马来西亚为邻，有长堤与马来西亚的新山相通，南隔新加坡海峡与印度尼西亚相望。地处太平洋与印度洋航运要道——马六甲海峡的出入口，由新加坡岛及附近63个小岛组成，其中新加坡岛占全国面积的91.6%。属热带海洋性气候，常年高温多雨，年平均气温24 ℃～27 ℃。

（2）人口：约有540万人口，其中华人占76.7%；马来人占13.9%；印度人占7.9%，其他种族占1.5%。马来语、英语、华语和泰米尔语为官方语言，国语为马来语，英语为行政用语。主要宗教为佛教、道教、伊斯兰教、基督教和印度教。

2）经济

新加坡的经济属外贸驱动型经济，以电子、石油化工、金融、航运、服务业为主，高度依赖美、日、欧和周边市场，外贸总额是GDP的四倍。经济长期高速增长，1960—1984年间GDP年均增长9%。1997年受到亚洲金融危机冲击，但并不严重。2001年受全球经济放缓影响，经济出现2%的负增长，陷入独立之后最严重衰退。为刺激经济发展，政府提出“打造新的新加坡”，努力向知识经济转型，并成立经济重组委员会，全面检讨经济发展政策，积极与世界主要经济体商签自由贸易协定。

2008年受国际金融危机影响，金融、贸易、制造、旅游等多个产业遭到冲击，海峡时报指数创5年内新低，GDP增长率为1.1%。2009年跌至-2.1%。新政府采取积极应对措施，加强金融市场监管，努力维护金融市场稳定，提升投资者信心并降低通胀率，并推出新一轮刺激经济政策。2010年GDP增长率为14.5%。2011年，受欧债危机负面影响，经济增长放缓。2012年GDP增长率仅为1.3%。2013年经济起底回升，具体经济数据如下：

国内生产总值（2014年）：2 880亿美元。

人均国内生产总值（2014年）：5.1万美元。

国内生产总值增长率（2014年）：2.9%。

货币：新加坡元（Singapore Dollar）。

对美元汇率（2013年平均）：1美元≈1.251 3新加坡元。

通货膨胀率（2014年）：1%。

失业率（2014年）：2%。

（1）资源。新加坡自然资源匮乏。

（2）工业。新加坡工业主要包括制造业和建筑业。2014年产值为900亿新加坡元，占国内生产总值的25%。制造业产品主要包括电子、化学与化工、生物医药、精密机械、交通设备、石油产品、炼油等产品。新加坡是世界第三大炼油中心。

（3）农业。新加坡用于农业生产的土地占国土总面积1%左右，产值占国内生产总值不到0.1%，主要由园艺种植、家禽饲养、水产养殖和蔬菜种植等构成。绝大部分粮食、蔬菜从马来西亚、中国、印度尼西亚和澳大利亚进口。

（4）服务业。新加坡服务业包括零售与批发贸易、饭店旅游、交通与电信、金融服务、商业服务等，是经济增长的龙头。2014年产值为2 534.4亿新加坡元，占国内生产总值的70.4%。

（5）旅游业。旅游业是新加坡外汇主要来源之一。游客主要来自东盟国家、中国、澳大利亚、印度和日本。2014 年新加坡接待外国游客 1 508. 6 万人次（不含陆地入境的马来西亚公民），酒店入住率 85. 5%。新加坡的主要景点有：圣淘沙岛、植物园、夜间动物园等。

（6）交通运输。新加坡交通发达，设施便利，是世界重要的转口港及联系亚洲、欧洲、非洲和大洋洲的航空中心。

铁路：新加坡铁路以地铁为主，设 65 站，全长 109. 4 千米。另建有轻轨铁路，全长 28. 8 千米，设 31 站，与地铁相连。

公路：新加坡公路总长约 3 297 千米，其中高速公路 153 千米，一级公路 613 千米。

水运：新加坡为世界最繁忙的港口和亚洲主要转口枢纽之一，是世界最大燃油供应港口。有 200 多条航线连接世界 600 多个港口。2012 年港口处理货运总量 5. 38 亿吨，集装箱总吞吐量 3 000 万箱。

空运：新加坡主要有新加坡航空公司及其子公司胜安航空公司。新加坡樟宜机场连续多年被评为世界最佳机场，目前已开通至 60 个国家 188 个城市的航线，各国 81 家航空公司平均每周提供约 4 400 班次的定期飞行服务。2012 年航班起降 15. 5 万架次，客运量 4 650 万人次，货运量 181. 6 万吨。

（7）财政金融。2008 年受国际金融危机影响，新加坡金融、贸易、制造、旅游等多个产业遭到冲击，海峡时报指数创 5 年内新低，经济增长为 1. 1%。新政府采取积极应对措施，加强金融市场监管，努力维护金融市场稳定，提升投资者信心并降低通胀率，并推出新一轮刺激经济政策。

2009—2014 年新加坡财政收支情况如下见表 6-3。

表 6-3　2009—2014 年新加坡财政收支情况

单位：亿新加坡元

年份	2009	2010 年	2011	2012	2013	2014
收入	514. 5	445. 8	510	542. 8	570. 5	600
支出	558. 1	327. 5	468	348. 1	523. 3	548
差额	-43. 6	118. 3	42	194. 7	47. 2	52

截至 2014 年 12 月，新加坡外汇储备为 2 568. 6 亿美元，无外债。

（8）对外贸易。新加坡是个以贸易立国的国家，贸易产业产值占国内生产总值的一半以上，对外贸易在经济中占有非常重要的地位，为国民经济重要支柱。2009—2014 年新加坡对外贸易情况见表 6-4。

表 6-4　2009—2014 年新加坡进出口额

单位：亿新加坡元

年份	2009	2010	2011	2012	2013	2014
总额	7 474. 4	9 020. 6	9 744	9 848. 8	9 802	9 827
进口额	3 911. 2	4 788. 4	5 147. 4	5 103. 3	5 134	5 189
出口额	3 562. 9	4 232. 2	4 596. 6	4 755. 5	4 668	4 638
进出口差额	348. 3	556. 2	550. 8	347	466	551

新加坡主要出口商品为：成品油（占24%）、电子元器件（占22%）、化工品（占10%）和工业机械（占2%）等；新加坡主要进口商品为：成品油（占22%）、电子元器件（占17%）、原油（占10%）、化工品（塑料除外）（占6%）和发电设备（占3%）等。新加坡进口电子真空管、原油、加工石油产品、办公及数据处理机零件等，主要贸易伙伴为：中国、马来西亚、欧盟、美国、印度尼西亚。

3）物流业发展概况

新加坡位于马六甲海峡的顶端，背靠马来西亚，南临印度尼西亚，因马六甲海峡具有连接印度洋和太平洋的特殊地理位置，而新加坡较好地利用了其良好的地理条件，积极发展现代物流业，在亚洲国家中占得先机，物流规模特别是国际贸易物流位居亚洲前列，物流管理技术在亚洲具有优势，成为亚洲乃至国际性的区域物流中心。

（1）物流产业具有支柱地位。

新加坡的物流业产值占其国内生产总值（GDP）的8%，有大约11.5万人受雇于物流行业，为全国总劳动人口的6%。其中，2001年，新加坡第三方专业化物流（3PL）服务业完成产值占国内生产总值（GDP）的3%以上。

新加坡的物流业较为发达，较突出地反映在专业物流企业发展环境较好，规模较大，3PL成为在新加坡较具影响力的企业，从而奠定了其在新加坡经济中的支柱地位。据一项调查显示，新加坡工业及商业企业运用物流组织管理技术和运用专业化的3PL服务非常普遍，约60%的新加坡企业使用3PL服务，其中有83%已经是3年以上的3PL服务客户。超过90%的使用者认为，3PL的服务能帮助他们降低成本，并对3PL提供的物流服务十分满意，这是新加坡3PL服务产业化发展的重要基础。

此外，世界知名物流企业如敦豪、联邦快递、辛克等都在新加坡设立了区域总部。再加上与互联网结合，新加坡物流业更以电子物流的全新经营模式，发展出一套独具特色的网络供应链管理系统（ISCM），吸引跨国企业利用新加坡物流业的优势，构建亚太地区的外包供应网，让跨国企业专注于产品研发及市场营销，提高国际竞争力，从而更加巩固了新加坡物流业的支柱地位。

（2）物流效率高，技术先进。

新加坡物流业的发展，得益于较高的物流运作效率。新加坡港务集团是世界上效率最高的集装箱码头经营管理机构之一，在该机构的合理、高效运作下，新加坡全国集装箱年吞吐量超过1 700万TEU（标准箱），多年来一直位居全球前两位（与中国香港在规模上相当）。新加坡的3PL服务业广泛采用高效率的仓库设施和合理使用仓库储存空间，并运用信息技术，积极发展即时网上存货搜寻、货物跟踪及管理系统，为港口间、港口与内陆物流企业间、物流企业与服务对象间进行信息共享和及时传递物流信息创造了条件。此外，新加坡还建设了一批具有世界一流水准的配送中心，使其成为高效物流服务的基础。

新加坡在物流信息技术上的优势，还表现在其技术和人才的输出上，我国的深圳、广州、上海、大连、青岛、苏州等重要港口和工业、商业城市，在物流企业经营、人才引进上均有新加坡企业的参与。其中，广州港、大连港已吸收新加坡资本和技术参与来建设和经营，深圳的新科安达等已成为我国较为知名的3PL服务企业。

（3）政府积极支持物流业的发展。

新加坡政府干预经济的发展在世界上既具有知名度，也是较为成功的。新加坡物流业的快速发展得益于政府的大力支持。政府支持物流行业发展的政策，主要包括地税优惠、研究发展的资助和提供各项教育与在职培训计划。如新加坡国立大学与以工业和制造工程著名的美国佐治亚州科技学院携手合作，设立了“物流学院”，该学院的发展基金来自不同的公营团体和私营企业的拨款。

由于得到政府的大力支持，新加坡的物流行业投资规模较大，且有强大的推动力和持续性。1996 年，新加坡物流行业的固定资产就达到了 11 亿新加坡元，比上一年增长了 70%。而去年，仅私营物流服务供应商投资就达到了 4 亿新加坡元。

新加坡物流业的发展，还在于其在政策上对物流业进驻新加坡投资没有限制，其良好的物流服务环境还吸引了大批国际著名企业在新加坡设置企业及物流运作基地，如汽车业巨头戴姆勒—克莱斯勒公司最近宣布投资 8 000 万美元，由卡特彼勒物流公司负责，在新加坡建立其除北美和西欧之外最大的区域物流中心，负责向亚太及日本约 20 个国家和地区的市场供应零部件，以加强回应客户需求，减少运输时间，并提供更好的服务。此外，在机械制造业方面，知名的轴承制造商 SKF 也与新加坡 Accord 物流公司签订了 15 年、总额达 4 000 万美元的物流服务合约，由 Accord 物流公司为其新建物流中心，向其提供物流配送服务。

（4）大力发展电子化物流。

现代物流业与传统物流业的重要区别在于信息技术的广泛应用，包括计算机技术、网络技术、条码及扫描技术、GPS 技术等。新加坡作为一个开放的自由贸易城市，具有发达而完善的交通信息和电信通信网络，以此为基础，新加坡物流业近年来发展迅速。

借助新加坡 CWT 物流公司建立的 ISCM，DuPontCorian 公司及其经销商能方便地进行在线物流管理与库存控制作业，并在其 B2B 门户平台上传输即时物流信息，整合仓储、运输管理以及电子计划与配置系统，成为一个在线、可读取且易操作的信息平台。ISCM 的构建，使 DuPontCorian 的经营成本降低了 15%。

此外，新加坡政府还计划将新加坡的化学工业以电子商务为重点，发展产业供应链管理体系，让面临利润趋薄且激烈竞争的化学工业，凭借物流外包，得以降低成本和实现高效经营。美国通用旗下的 GEPlas-tics 公司选择新加坡作为在亚太地区的电子商务中心，成立了一个电子商务专责小组，新加坡国家贸易发展局配合推动产业推广，引进整合型的物流系统，连接化学工业上下游的厂商，并对化学工业人员提供在线培训，构建以网络为基础的生产、销售、物流运作体系。随着企业信息化的不断演进，新加坡物流业充分展现出它在产业供应链管理体系中担当的重要角色，促进了物流业的不断发展。

（5）积极发挥物流协会的作用。

在物流业发达国家，行业协会在物流业发展中的作用较大。在现代物流技术的发展中，传统的物流行业协会并未抱残守缺，而是纷纷调整结构和功能，适应发展需要。在新加坡，航空货运业协会曾在其物流业的发展中扮演了重要角色，但为了适应现代物流业的发展，现已正式改名为新加坡物流协会（SLA），反映出货运业发展的大趋势。

新加坡航空货运业协会成立于 1973 年，改名为新加坡物流协会（SLA）以后，其宗旨也随即发生了改变，目的是要将新加坡建成世界级的枢纽港，为客户提供物流解决方案的专业知识和管理经验。目前，该协会有会员公司 212 家，协会将制订一套物流行业标准，积极组织职业培训，担当政府联系企业的桥梁。

朝鲜国家概况

6.3 欧洲经济区

6.3.1 概述

欧洲全称为“欧罗巴洲”。古代的闪米特人将西方日落处叫作“欧罗巴”。以后在传播过程中略有发展，他们逐步把居住地的东部地区叫作“亚细亚”，西部地区叫作“欧罗巴”。欧、亚两洲紧紧连在一起，两洲是根据两地不同的自然条件来划分的。两洲以乌拉尔山脉、乌拉尔河、里海、高加索山脉、黑海、博斯普鲁斯海峡和达达尼尔海峡作为其分界线。欧洲是资本主义经济发展最早的一个洲。19 世纪中叶，欧洲不少国家已进入资本主义高度发达的帝国主义阶段。帝国主义之间的矛盾和斗争一直表现得很剧烈，两次世界大战都是在欧洲发生的。欧洲见图 6-2。

图 6-2　欧洲

1. 地理位置

欧洲位于东半球的西北部，北临北冰洋，西濒大西洋，南滨大西洋的属海地中海和黑海。大陆东至极地乌拉尔山脉（东经 66°10′，北纬 67°46′），南至马罗基角（西经 5°36′，北纬 36°），西至罗卡角（西经 9°31′，北纬 38°47′），北至诺尔辰角（东经 27°42′，北纬 71°08′）。东部以乌拉尔山脉、乌拉尔河、里海、高加索山脉、博斯普鲁斯海峡、马尔马拉海、达达尼尔海峡同亚洲分界；南隔地中海与非洲相望；西北隔格陵兰海、丹麦海峡与北美洲相对。面积 1 016 万平方千米（包括岛屿），约占世界陆地总面积的 6.8%，仅大于大洋洲，是世界第六大洲。

2. 居民

欧洲是世界上人口数量第三、人口密度第二的一个洲。城市人口约占全洲人口的 64%，在各洲中次于大洋洲和北美洲，居第三位。欧洲的人口分布以西部最密，莱茵河中游谷地、巴黎盆地、比利时东部和泰晤士河下游每平方千米均在 200 人以上，欧洲绝大部分居民是白种人（欧罗巴人种）。居民分属下列语系：印欧语系，属此语系的居民占全洲总人口的 95%，包括斯拉夫、日耳曼、拉丁、阿尔巴尼亚、希腊、凯尔特语族的民族；乌拉尔语系，包括芬兰、乌戈尔、萨莫耶语族的民族。居民多信奉天主教、基督教新教和东正教等。位于意大利首都罗马市西北角的城中之国梵蒂冈，是世界天主教中心。

3. 自然环境

欧洲大陆是亚欧大陆伸入大西洋中的一个大半岛，其面积占亚欧大陆的 1/5。大陆海岸线长 37 900 千米，是世界上海岸线最曲折复杂的一个洲，切割最为厉害。多半岛、岛屿、港湾和深入大陆的内海。欧洲地形总的特点是冰川地形分布较广，高山峻岭汇集南部。海拔 200 米以上的高原、丘陵和山地约占全洲面积的 40%，海拔 200 米以下的平原约占全洲面积的 60%。全洲平均海拔 300 米，是平均海拔最低的一个洲。阿尔卑斯山脉横亘南部，是欧洲最高大的山脉，平均海拔在 3 000 米左右，山势雄伟，许多高峰终年白雪皑皑，山谷冰川发育，主峰勃朗峰海拔 4 807 米。阿尔卑斯山脉的主干向东伸展为喀尔巴阡山脉，向东南延伸为韦莱比特山、迪纳拉山脉，向南延伸为亚平宁山脉，向西南延伸为比利牛斯山脉。东部欧、亚两洲交界处有乌拉尔山脉。东南部高加索山脉的主峰厄尔布鲁士山，海拔 5 642 米，为欧洲最高峰。欧洲北部有斯堪的纳维亚山脉。平原和丘陵主要分布在欧洲东部和中部，主要有东欧平原（又称俄罗斯平原，面积约占全洲的一半）、波德平原（也叫中欧平原）和西欧平原。里海北部沿岸低地在海平面以下 28 米，为全洲最低点。南欧和北欧的冰岛多火山，地震频繁。在世界各洲中，欧洲的河流，分布很均匀，河网稠密，水量较充足，多短小而水量充沛的河流。河流大多发源于欧洲中部，分别流入大西洋、北冰洋、里海、黑海和地中海。欧洲最长的河流是伏尔加河，长 3 690 千米。多瑙河为第二大河，长 2 850 千米。欧洲是一个多小湖群的大陆，湖泊多为冰川作用形成，如芬兰素有“千湖之国”的称号，全境大小湖泊有 6 万个以上，内陆水域面积占全国总面积 9% 以上。阿尔卑斯山麓地带分布着许多较大的冰碛湖和构造湖，山地河流多流经湖泊，湖泊地区如日内瓦湖区成为著名的游览地。

欧洲大部分地区地处北温带，气候温和湿润。西部大西洋沿岸夏季凉爽，冬季温和，多雨雾，是典型的海洋性温带阔叶林气候。东部因远离海洋，属大陆性温带阔叶林气候。东欧平原北部属温带针叶林气候。北冰洋沿岸地区冬季严寒，夏季凉爽而短促，属寒带苔原气候。南部地中海沿岸地区冬暖多雨，夏热干燥，属亚热带地中海式气候。

4. 自然资源

欧洲的矿物资源中，煤、石油、铁比较丰富。煤主要分布在乌克兰的顿巴斯、波兰的西里西亚、德国的鲁尔和萨尔、法国的北部和洛林地区、英国的英格兰中部等地，这些地方均有世界著名的大煤田。石油主要分布在喀尔巴阡山脉山麓地区、北海及其沿岸地区。其他比较重要的还有天然气、钾盐、铜、铬、褐煤、铅、锌、汞和硫黄等。阿尔巴尼亚的天然沥青世界著名。欧洲的森林面积约占全洲总面积的39%（包括俄罗斯全部），占世界总面积的23%。西部沿海为世界著名渔场，主要有挪威海、北海、巴伦支海、波罗的海、比斯开湾等渔场。

5. 经济

欧洲是资本主义经济发展最早的一个洲，工业生产水平和农业机械化程度均较高。生产总值在世界各洲中居首位，其中工业生产总值占的比重很大。大多数国家粮食自给不足。西欧工业发展程度较高的国家主要为德国、法国、英国、意大利，其次为西班牙、比利时、荷兰和瑞士等。德国、法国和英国的工业生产在世界工业生产中均居前列。

6. 地理区域

在地理上习惯分为南欧、西欧、中欧、北欧和东欧五个地区。

（1）南欧：指阿尔卑斯山脉以南的巴尔干半岛、亚平宁半岛、伊比利亚半岛和附近岛屿，南面和东面临大西洋的属海地中海和黑海，西濒大西洋。南欧包括斯洛文尼亚、克罗地亚、塞尔维亚、波斯尼亚和黑塞哥维那、马其顿、罗马尼亚、保加利亚、阿尔巴尼亚、希腊、土耳其的一部分、意大利、梵蒂冈、圣马力诺、马耳他、西班牙、安道尔和葡萄牙，面积166万多平方千米。南欧三大半岛多山，平原面积甚小。地处大西洋-地中海-印度洋沿岸火山带，多火山，地震频繁。大部分地区属亚热带地中海式气候。河流短小，大多注入地中海。主要矿物有石油、天然沥青、煤、铬、汞、铅、锌、铜等。南欧是油橄榄、葡萄、茴香、欧洲栓皮栎等栽培植物原产地。农作物以小麦、玉米、烟草为主。盛产柑橘、葡萄、油橄榄、柠檬和栓皮等。牧羊业较发达，西班牙是世界著名的细毛美利奴羊的原产地。

（2）西欧：狭义上指欧洲西部濒临大西洋的地区和附近岛屿，包括英国、爱尔兰、荷兰、比利时、卢森堡、法国和摩纳哥，面积93万多平方千米。通常也把欧洲资本主义国家叫西欧。狭义上的西欧地形主要为平原和高原，山地面积较小。地处西风带内，绝大部分地区属海洋性温带阔叶林气候，雨量丰沛、稳定，多雾。河流多注入大西洋。主要矿物有煤、铁、石油、天然气、钾盐等。农作物以小麦、大麦、燕麦、马铃薯、甜菜为主。盛产葡萄和苹果。渔业和养畜业均较发达。比利时和法国所产阿尔登马，英国所产巴克夏猪、约克夏猪、大白猪、爱尔夏牛、纯血种马，荷兰所产荷兰牛等优良畜种世界闻名。

（3）中欧：指波罗的海以南，阿尔卑斯山脉以北的欧洲中部地区。中欧所包括的国家有德国、波兰、捷克、斯洛伐克、匈牙利、奥地利、瑞士、列支敦士登，面积101万多平方千米。南部为高大的阿尔卑斯山脉及其支脉喀尔巴阡山脉等，山地中多散落盆地；北部为平原，受第四纪冰川作用，多冰川地形和湖泊。地处海洋性温带阔叶林气候向大陆性温带阔叶林气候过渡的地带。除欧洲第二大河多瑙河向东流经南部山区注入黑海外，大部分河流向北流入波罗的海和北海。主要矿物有褐煤、硬煤、钾盐、铅、锌、铜、铀、菱镁矿、铝土矿和硫黄等。农作物以小麦、大麦、黑麦、马铃薯和甜菜为主，还产温带水果。养畜业较发达，瑞士的西门达尔牛、萨能山羊、吐根堡山羊等优良畜种世界闻名。

（4）北欧：指日德兰半岛、斯堪的纳维亚半岛一带。北欧包括冰岛、法罗群岛（丹）、丹麦、挪威、瑞典和芬兰，面积132万多平方千米。境内多高原、丘陵、湖泊，第四纪冰川期全为冰川覆盖，故多冰川地形和峡湾海岸。斯堪的纳维亚半岛面积约80万平方千米，挪威海岸陡峭曲折，多岛屿和峡湾。斯堪的纳维亚山脉纵贯半岛，长约1 500千米，宽约400～600千米，西坡陡峭，东坡平缓，为一古老的台状山地，个别地区有冰川覆盖，挪威境内格利特峰海拔2 470米，为半岛的最高点。冰岛上多火山和温泉。北欧绝大部分地区属温带针叶林气候，仅大西洋沿岸地区因受北大西洋暖流影响，气候较温和，属温带阔叶林气候。北欧森林广布，河短流急，水力资源丰富，主要矿物有铁、铅、锌、铜等；农作物以小麦、黑麦、燕麦、马铃薯、甜菜为主；养畜业较发达；渔产丰富，西面沿海是世界三大渔场之一，捕鱼量约占世界捕鱼总量的9%。

（5）东欧：指欧洲东部地区，在地理上指爱沙尼亚、拉脱维亚、立陶宛、白俄罗斯、乌克兰、摩尔多瓦和俄罗斯欧洲部分，地形以平均海拔170米的东欧平原为主体。东部边缘有乌拉尔山脉，平原上多丘陵和冰川地形，北部湖泊众多，东南部草原和沙漠面积较广。北部沿海地区属寒带苔原气候，往南过渡到温带草原气候，东南部属温带沙漠气候。欧洲第一大河伏尔加河向东南注入里海。主要矿物有石油、煤、铁、锰、磷酸盐等。盛产小麦、马铃薯、甜菜、向日葵。养畜业较发达，苏维埃重挽马、奥尔洛夫快步马、顿河马均为马的优良品种。

6.3.2 欧洲主要国家

1. 德意志联邦共和国（The Federal Republic of Germany，简称德国）

1）概况

（1）自然地理：德国位于欧洲中部，东邻波兰、捷克，南接奥地利、瑞士，西界荷兰、比利时、卢森堡、法国，北与丹麦相连并临北海和波罗的海，是欧洲邻国第二多的国家。面积为357 020.22平方千米（1999年12月）。地势北低南高，可分为四个地形区：北德平原，平均海拔不到100米；中德山地，由东西走向的高地块构成；西南部莱茵断裂谷地区，两旁是山地，谷壁陡峭；南部是巴伐利亚高原和阿尔卑斯山区，其间拜恩阿尔卑斯山脉的主峰楚格峰海拔2 963米，为全国最高峰。德国主要河流有莱茵河（流经境内865千米）、易北河、威悉河、奥得河、多瑙河，较大湖泊有博登湖、基姆湖、阿默湖、米里茨湖。西北部海洋性气候较明显，往东南部逐渐向大陆性气候过渡。平均气温7月为14～19 ℃，1月为-5～1 ℃。年降水量500～1 000毫米，山地则更多。1995年1月1日起，根据1982年国际海洋法协定，德国在北海和波罗的海的领海由3海里增至12海里（约22千米），其面积各增加4 100平方千米和1 700平方千米。

（2）人口：8 203万（2009年年底），主要是德意志人，有少数丹麦人和索布族人。有718.6万外籍人，占人口总数的8.8%。通用德语。居民中33%的人信奉基督教，32%的人信奉罗马天主教（2007年年底）。

2）经济

德国是高度发达的工业国。经济总量位居欧洲首位，世界第四。2014年外贸总额为20 510亿欧元，其中出口额为11 340亿欧元，增长3.7%，进口额为9 170亿欧元，增长2%，顺差2 170亿欧元。国内资产投资4 653亿欧元，私人可支配收入17 222亿欧元，私人消费支出16 047亿欧元，公共支出12 800.2亿欧元。国民总收入29 722亿欧元。截至2014年9月月底，国家负债总额20 442亿欧元，占国内生产总值70.4%。2013年德国公共财政总收入11 948亿欧元，总支出12 042亿欧元，国家财政预算总赤字94亿欧元，占国内生产总值约0.33%。2014年德国经济主要数据如下：

国内生产总值：29 038亿欧元。

人均国内生产总值：35 885欧元。

国内生产总值增长率：1.6%。

货币名称：欧元（Euro）。

年平均汇率：1欧元=1.328美元。

通货膨胀率：0.9%。

失业率：6.9%。

（资料来源：德国联邦统计局网站）

（1）资源。德国是自然资源较为贫乏的国家，除硬煤、褐煤和盐的储量丰富之外，在原料供应和能源方面很大程度上依赖进口，约2/3的初级能源需进口。天然气储量约3 820亿立方米，能满足国内需求量约1/4。硬煤探明储量约2 300亿吨，褐煤约800亿吨；其他矿藏的探明储量为：钾盐约130亿吨，铁矿石16亿吨，石油5 000万吨。东南部有少量铀矿。森林覆盖面积1 076.6万公顷，占全国面积约30%。水域面积86万公顷，占全国面积2.4%。

（2）工业。2013年，工业企业（不含建筑业）总产值6 254.8亿欧元，占国内生产总值的22.8%。2013年工业就业人数（不含建筑业）785.5万，占国内总就业人数（4 184万）的18.8%。工业结构及特点：

① 侧重重工业。汽车和机械制造、化工、电气等部门是支柱产业，其他制造行业如食品、纺织与服装、钢铁加工、采矿、精密仪器、光学以及航空航天业也很发达。

② 高度外向。主要工业部门的产品一半以上销往国外。

③ 中小企业是中流砥柱。约2/3的工业企业雇员不到100名。众多中小企业专业化程度强，技术水平高，灵活性强。

④ 垄断程度高。占工业企业总数2.5%的1 000人以上的大企业占工业就业人数40%和营业额的一半以上。

（3）农牧业。德国农业发达，机械化程度很高。2014年共有农业用地1 670万公顷，约占德国国土面积的一半，其中农田面积1 187.6万公顷。2013年拥有农业企业28.5万家，以中小企业和家庭企业为主，平均占有土地58.6公顷，其中生态农业企业18 000家。2013年农林渔业就业人口63.7万，占国内总就业人数的1.5%。2013年农林渔业产值190.6亿欧元，约占国内生产总值0.7%。2012—2014年德国主要农牧渔业产品产量见表6-5。

表6-5　2012—2014年德国农牧渔业产品产量

单位：万吨

年份	2012	2013	2014
谷物	3 988.19	4 311.73	—
小麦	2 240.93	2 486.37	—

续表

年份	2012	2013	2014
水果	108.21	93.60	—
葡萄酒（亿升）	9.01	8.41	—
蔬菜	361	321.39	—
鸡蛋（百万个）	10 589	10 989	—
猪存栏数（万头）	—	2 813.33	2 808.59
牛存栏数（万头）	—	1 268.60	1 270.20
水产品（万吨）	2.66	2.55	—

（资料来源：德国联邦统计局网站）

（4）服务业。德国的服务业包括商业、交通运输、电信、银行、保险、房屋出租、旅游、教育、文化、医疗卫生等部门。2013 年，服务业就业人数为 3 086.9 万，占总就业人口的 73.8%。2011—2013 年德国服务业产值见表 6-6。

表 6-6　2011—2013 年德国服务业产值

单位：亿欧元

年份	2011	2012	2013
服务业总产值	15 996	16 385	16 936
商业、饭店业、交通	3 391	3 475	3 552
信息通信业	947	960	962
金融保险业	1 015	944	997
房地产业	2 832	2 893	2 992
企业服务	2 539	2 645	2 801
公共服务、教育、卫生	4 219	4 381	4 506
其他服务行业	1 053	1 087	1 126

（资料来源：德国联邦统计局网站）

（5）旅游业。德国旅游业发达。每年有大量国内外游客在德国旅游，2013 年旅游过夜人次共有 4.12 亿，其中国内游客入住约 3.4 亿人次，外国游客约 0.72 亿人次。截至 2013 年 7 月，德国拥有各种旅馆 54 473 家，床位 356.4 万张。著名景点有科隆大教堂、柏林国会大厦、波恩文化艺术展览馆、罗滕堡、慕尼黑德意志博物馆、海德堡古城堡、巴伐利亚新天鹅堡和德累斯顿画廊等。慕尼黑德意志博物馆见图 6-3。

（6）交通运输。德国交通运输十分发达，公路、水路和航空运输全面发展，特别是公路密度为世界之冠。2013 年，德国货运总量 39.3 亿吨，其中公路运输总量 29.4 亿吨，铁路 3.74 亿吨，内河 2.27 亿吨，海运 2.94 亿吨，管道 8 730 万吨，航空 430 万吨。

图 6-3　慕尼黑德意志博物馆

2013 年，客运总量 119 亿人次，其中轨道交通 63. 6 亿人次，公路 53. 5 亿人次，航空 1. 81 亿人次。

铁路：截至 2010 年年底，铁路总长 3. 79 万千米；截至 2010 年，有机车 20 743 辆，客运车厢 9 253 节，货运车皮 119 040 节。

公路：2013 年，德国等级以上公路 23 万千米，其中高速公路 12 900 千米。截至 2014 年年初，全国注册机动车共 5 297 万辆，其中小轿车 4 385 万辆、卡车 262. 9 万辆。

水运：2012 年，德国拥有远洋货运商船 448 艘，远洋客运商船 86 艘。2013 年，全国海港吞吐量为 2. 98 亿吨，其中汉堡港 1. 39 亿吨。内河航道总长 7 731 千米，内陆货运商船 2 274 艘，客运商船 993 艘，内河货运总量 2. 27 亿吨。

民航：民航运输业发达。截至 2012 年共有各类民航企业 336 家，共有各类航空器 21 546 架，其中飞机 1 351 架。民航总客运量 1. 81 亿人次，货运量 430 万吨。法兰克福机场是世界主要航空港之一，2013 年该机场进出港旅客和货物吞吐量分别为 5 804 万人次和 213 万吨。

管道：2013 年，德国输油管道总长约 2 400 千米，输送原油 8 733 万吨。

（7）财政金融。2013 年德国公共财政总收入 11 948 亿欧元，总支出 12 042 亿欧元，国家财政预算总赤字 94 亿欧元，占国内生产总值约 0. 33%。截至 2014 年 9 月月底，国家负债总额 20 442 亿欧元，占国内生产总值 70. 4%。2011—2013 年德国联邦政府财政状况见表 6-7。

表 6-7　2011—2013 年德国联邦政府财政状况

单位：亿欧元

年份	2011	2012	2013
收入	11 520	11 634	11 948
支出	11 640	11 744	12 042
差额	−120	−105	−94

（资料来源：德国联邦统计局网站）

截至 2013 年年底，德国联邦银行黄金储备约 3 387 吨，价值 949 亿欧元。对国际货币基金组织的债权为208亿欧元，外汇储备为281亿欧元。

德国主要银行包括：① 德意志联邦银行，1948年成立，是德国的中央银行，决定国家货币政策、负责货币发行并管理外汇黄金储备，截至2013年年底总资产规模为8 010亿欧元。② 德意志银行，1870年成立，是德国最大的商业银行。1998年11月，该行收购美国信孚银行后，资产总额超过瑞士联合银行，一度成为全球最大的商业银行。截至2013年年底，该行拥有员工98 254名，资产总额为16 114亿欧元。③ 德国商业银行，1870年成立。在2008年9月收购了1872年成立的德累斯顿银行后，成为德国第二大商业银行后。同年12月，该行被德国政府部分国有化。截至2013年年底，该行拥有员工52 944名，资产总额为5 496.6亿欧元。④ 巴伐利亚抵押联合银行（又称德国裕宝联合银行），1997年7月，巴伐利亚联合银行和巴伐利亚抵押和汇兑银行合并后总资产达7 430亿马克。2005年，被意大利联合信贷银行兼并。截至2013年年底，该行拥有员工19 092名，资产总额为2 900亿欧元。

（8）对外贸易。德国是世界贸易大国，同世界上230多个国家和地区保持贸易关系，全国近1/3的就业人员从事的工作与出口有关。曾于1986—1990年，2003—2008年保持世界第一出口大国的地位。2014年外贸总额为20 510亿欧元，其中出口额为11 340亿欧元，增长3.7%，进口额为9 170亿欧元，增长2%，顺差2 170亿欧元。2011—2014年德国外贸情况见表6-8。

表6-8 2011—2014年德国外贸情况

单位：亿欧元

年份	2011	2012	2013	2014
出口额	10 612	10 957	10 938	11 340
进口额	9 025	9 059	8 962	9 170
差额	1 587	1 898	1 976	2 170

（资料来源：德国联邦统计局网站）

德国出口业素以质量高、服务周到、交货准时而享誉世界。德国主要出口产品有汽车、机械产品、化工产品、通信技术、供配电设备和医学及化工设备；德国主要进口产品有化学品、汽车、石油、天然气、机械、通信技术和钢铁产品。德国主要贸易对象是西方工业国，其中进出口一半以上来自或销往欧盟国家。2014年德国对主要贸易伙伴国进出口情况见表6-9。

表6-9 2014年德国对主要贸易伙伴国进出口情况

单位：亿欧元

国家	出口额	进口额	差额
法国	1 020.67	675.52	345.14
荷兰	731.45	881.37	-149.92
中国	745.04	793.49	-48.45
美国	960.77	485.60	474.77
英国	840.67	422.95	417.72

续表

国家	出口额	进口额	差额
意大利	544.81	484.87	59.94
奥地利	562.34	364.32	198.02
波兰	475.44	397.61	77.83
瑞士	462.70	393.29	69.41
比利时	422.21	398.63	23.58

（资料来源：德国联邦统计局网站）

（9）对外投资。截至2012年年底，德国对外直接投资累计11 621亿欧元，绝大多数投往欧美国家，主要投资目的地国是荷兰（累计2 176.9亿欧元）、美国（累计1 680.5亿欧元）、英国（累计1 110.5亿欧元）、比利时（累计529.2亿欧元）以及中国（累计421.7亿欧元）。

3）物流业发展概况

众所周知，德国的汽车、电气和电子、机械制造、化工等行业具有相当的规模，其实德国的汽车物流、电器物流、化工物流等也是做得相当出色。物流在德国推行已有20多年，几乎渗透到各行各业，无处不存，无时不在。德国的物流产业特征表现为在高度的规范化、有序化的前提下高度的社会化、规模化、网络化、信息化、集装单元化、托盘化、机械化、专业化、多功能化与绿色化等。

（1）产业社会化。德国的物流产业社会化驱动力来自于企业非核心竞争业务的外包，如Kieserling物流公司通过从汽车业、化工业、啤酒业等获得外包的运输、仓储配送等物流业务，和上述行业的相关企业建立长期的合同物流关系，为数不多的合同即可获得稳定饱满的业务，如Kieserling的五个配送中心及若干运输车辆，为Beck's啤酒厂提供运输仓储配送等业务，年运输量不低于100万吨，仓储配送业务也相当可观。这种外包效应相得益彰，物流供需双方致力于各自的核心竞争业务，形成供应链上的合作伙伴关系，其供应链具有相当的竞争力，实现双赢。

（2）产业网络化与规模化。德国政府在物流基础设施的网络化方面做了大量的工作，如加强公路、铁路、港口的基础建设，所有的运输基础设施均由政府投资建设，政府的资金一方面通过税收转为投入，另一方面通过土地的置换来获得。德国的高速公路网与欧洲的高速公路连通，水运资源整治合理，利用充分，如莱茵河河运量胜过10多条高速公路或10多条铁路。天然河流通过人工运河形成网络，通达各个城市港口，又与国际大港相连；铁路网密集，通达欧洲各大城市。各港站、枢纽与水陆空干支线形成了优越的交通运输环境，能做到宜水则水，宜路则路，多式联运，这正是物流发展的先决条件。同时德国政府注重物流的发展规划、建设和协调工作，在全国规划了70个物流中心及货运中心。目前已有40个投入运营，20个在建，10个悬而未决。合理的规划，使物流中心形成网络，各州政府和地方政府围绕着规划中的物流中心，积极做好选址、征地工作，并负责物流中心地面以下的基础设施建设以及连通物流中心的道路、铁路的建设，同时，通过政策调整、引导企业从事专业物流业务，为物流企业提供一个良好的经营环境，同时也创造了可观的经济与社会效益，如不莱梅物流园区投入产出比为1∶6，就业岗位约5 000人，引导城市货运由无序变有序，缓解了城市交通，减少了排放与污染。

德国企业讲究信誉，与客户能形成长期合作关系，形成良好的业务横向网络；到各地开分支机构，或与同行联手，形成纵向网络。如德国邮政的网络家喻户晓，而其先后花巨资购并了做快递、包裹、运输等业余的同行物流企业——Euro Express，Danzas与DHL。德国邮政网络的急剧扩张也使得其规模急剧扩张，形成垄断效应。

德国的物流信息网络化表现为供应链上的上下游之间的信息共享。如Beck's啤酒厂的信息网络将客户、啤酒厂物流部、生产部、物流服务商Kieserling等连接起来，客户的需求信息通过信息网络到达物流部，物流部给生产部、物流服务商下达生产调度和运输调度，计算机代替了人脑，有条不紊，效率高，差错少。

物流产业化、规模化离不开企业的兼并，这是企业迅速做大做强，降低风险的有效途径。物流业合并的驱动力源于外包企业寻求优秀的物流提供商、不断变化的新技术以及资本雄厚的物流服务商的出现。如奔驰、宝马等汽车制造商寻找的整车、零配件物流服务商要求有：提供包括卡车运输、空运、海运、多式联运，仓储等方面服务的各种技能；具有全球范围内跨越所有与客户供应链相关的区域的能力；具有强大的处理大量数据的技术系统，并将数据应用于分析报告中，推荐实施等。这些要求推动了第三方物流的发展，促进了第三方物流的壮大。不断变化的新技术如：Internet/Intranet、Barcode、DBMS等有效地改变了信息的采集、传输、储存与处理技术，使得供应链上的客户信息能更快更准地传给供应商与制造商，以市场为导向、以最低库存生产和销售产品。资本雄厚的物流提供商的出现则是世界现象，如：Kuehne&Nagel以4亿美元收购了USCO；UPS以5亿美元收购了Fritz；Deutsche Post以12亿美元收购了AEI；Deutsche Post以12亿美元收购了Danzas；TPG以6. 5亿美元收购了CTI；API以2. 1亿美元收购了GATX。

（3）产业的标准化。物流的又一个定义是按照客户的需求提供物品的时间与场所转移。由于物品的物理和化学的多样性、零散性、不规则性等，只有建立在化零为整、集装单元化、依靠托盘化和各种物流机械基础之上的转移才是效率化、省力化、低货损的转移。在德国，物品无论是进入工厂、商店、建筑工地还是仓库、码头、配送中心等都是通过集装单元化、托盘化、各种装卸搬运、输送机械、专用车辆等实现的。托盘已如同钱币般进入流通，可见其用量之多；装卸搬运过程中使用叉车数目多，如：Beck's啤酒厂用于厂区内的叉车数量竟高达135台。根据货物选择专用车辆，如厢式车辆、罐式车辆、挂车、半挂车，尤其以集装箱运输车为多。

（4）物流产业的专业化与多功能化。德国的物流业市场已经成熟，反映为第一、二、三、四方物流业已各自在市场中定好位。第一方物流是需求方，第二方物流是供应方，第三方物流为客户提供所有的或一部分供应链物流服务，以获取一定的利润。第三方物流公司提供的服务范围很广：它可以简单到只是帮助客户安排一批货物的运输，也可以复杂到设计、实施和运作一个公司的整个分销和物流系统。理论上，以上三方是具有一体化利益目标的战略同盟，是长期性的伙伴合作关系。第四方物流供应商是一个供应链的集成商，它对公司内部和具有互补性的服务供应商所拥有的不同资源、能力和技术进行整合和管理，并提供一整套供应链解决方案。德国的第一方物流对象——政府、工商企业与大众消费者参与社会分工合作做得比较好，很大程度上将物流业务社会化；第二方物流一般为专业化物流公司，如运输业、仓储业等，德国著名民营物流企业 Hellmann 现有员工 7 000 人，产值 22 亿欧元，主营运输；第三方物流多为多功能物流方，但其子公司多做专业物流，例如，不来梅物流集团公司（BLG）是一个典型的第三方物流企业，集运输、仓储、装卸搬运、代理、转运、配送等于一体，它斥巨资为著名的咖啡公司 Tchibo 构建了高达 40 米的全自动化的立体仓库，这也是欧洲最大的立体仓库，其用意是充当 Tchibo 公司完全的第三方物流服务方；而其子公司汽车物流公司专做汽车物流的转运，在不来梅海港拥有大片的场地与滚装码头设施，年转运量达 120 万辆，几乎囊括了德国汽车整车物流转运的 90% 业务。德国的物流研究咨询机构发达，充当了第四方物流，为政府、企业做决策、规划和物流解决方案。如德国著名的运输与物流研究所（ISL）规划的不来梅物流园区和纽伦堡城市配送中心多年来运作很好，在国际、国内都产生了很大影响。

（5）产业的绿色化。绿色物流，顾名思义，是融入了环境可持续发展理念的物流活动。通过改革运输、储存、包装、装卸、流通加工、管理等物流环节，达到降低环境污染、减少资源消耗的目的。德国的物流绿色化表现在宏观与微观物流中的文明规划、设计、生产、使用与绿色消费。如：注重资源利用，莱茵河内河运输航道经济效应和生态效益是有口皆碑的；注重到达消费者手中的绿色运输、仓储、包装等的同时也注重从消费者手中的逆向物流；垃圾分类回收、饮料瓶回收、旧电器、轮胎、汽车等的回收；大量采用厢式车辆，从而保证在运输途中不出现撒落，污染公共设施；物流园区内的洗车污水处理后循环使用，不排入江河，园区内绿色面积不少于 20%，不出现裸土等。注重绿色物流为德国带来了蓝天白云和青山绿水。

（6）传统产业转型物流业。德国的物流产业化还包括了传统产业向物流业的转变，如鲁尔工业区是传统工业区，1998 年在政府的指令下，其内的 Duisburg-Rheinhausen 钢铁集团公司被迫停产关闭，一夜之间 6 000 名职工失业，成为震惊世界的失业案。在政府的帮助下，在这个钢铁厂的土地上组建了以物流为大产业宗旨的 Duisport Logport，这是一个物流园区，占地 200 万平方米。钢厂原有的交通区位与设施都很不错，改建后得到了利用。目前 70%～80% 的土地已被物流客户所使用，水路、公路、铁路直达客户的仓库，实实在在做到门到门的服务。物流业的活力带来了经济效益也带来了就业机会。

另外，德国的物流产业化进程还体现了有效的行业法规和约束机制，如：排放标准、工作休息标准、垃圾分类准则；购买饮料、啤酒包括瓶装费，瓶子退回时方可退钱；企业、从业人员必须遵纪守法，否则上黑名单等。

2. 大不列颠及北爱尔兰联合王国（The United Kingdom of Great Britain and Northern Ireland，简称英国）

1）概况

（1）自然地理：24.36 万平方千米（包括内陆水域），英格兰地区 13.04 万平方千米，苏格兰 7.88 万平方千米，威尔士 2.08 万平方千米，北爱尔兰 1.36 万平方千米。位于欧洲西部的岛国由大不列颠岛（包括英格兰、苏格兰、威尔士）、爱尔兰岛东北部和一些小岛组成。隔北海、多佛尔海峡、英吉利海峡与欧洲大陆相望。它的陆界与爱尔兰共和国接壤。海岸线总长 11 450 千米。全境分为四部分：英格兰东南部平原、中西部山区、苏格兰山区、北爱尔兰高原和山区。主要河流有塞文河（354 千米）和泰晤士河（346 千米）。北爱尔兰的内伊湖（396 平方千米）面积居全国之首。属海洋性温带阔叶林气候，终年温和湿润。通常最高气温不超过 32 ℃，最低气温不低于-10 ℃，平均气温 1 月 4 ℃～7 ℃，7 月 13 ℃～17 ℃。多雨雾，秋冬尤甚。年平均降水量约 1 000 毫米。北部和西部山区的年降水量超过 2 000 毫米，中部和东部则少于800 毫米。每年二月至三月最为干燥，十月至来年一月最为湿润。

（2）人口：约 6 200 万（2008 年），其中英格兰人口达 5 146 万，苏格兰达 517 万，威尔士为 300 万，北爱尔兰达 177 万。官方和通用语均为英语。威尔士北部还使用威尔士语，苏格兰西北高地及北爱尔兰部分地区仍使用盖尔语。居民多信奉基督教新教，主要分英格兰教会（亦称英国国教圣公会，其成员约占英国成人的 60%）和苏格兰教会（亦称长老会，有成年教徒 66 万）。另有天主教会、佛教、印度教、犹太教及伊斯兰教等较大的宗教社团。

2）经济

英国是世界上第六大经济体。私有企业是英国经济的主体，占国内生产总值的 60% 以上，服务业占国内生产总值的 3/4，制造业只占 1/10 左右。受国际金融危机影响，英国金融业遭受重创，GDP 收缩 7.2%，为 20 世纪 30 年代大萧条以来最大衰退。2011 年起英国经济开始实现增长，2014 年第二季度恢复至金融危机前水平。2014 年 GDP 增长 2.6%。

2014 年英国经济基本情况如下：

国内生产总值：2.8 万亿美元。

人均国内生产总值：39 500 美元。

国内生产总值增长率：2.6%。

货币名称：英镑（Pound Sterling）；1 英镑=100 便士。

汇率：1 英镑=1.59 美元；1 英镑=1.24 欧元（2012 年平均汇率）。

通货膨胀率：0.5%（2014 年 12 月）。

失业率：5.7%（2014 年第四季度）。

（1）资源。英国是欧盟中能源资源最丰富的国家，主要有煤、石油、天然气、核能和水力等。能源产业在英国经济中占有重要地位。英国现有 10 座核电站，其发电量在 2010 年占英国发电总量的 16%，根据现有计划，英国到 2025 年 40% 的电力供应将来自核能，至 2030 年新建 1 600 万千瓦核电机组。采煤业完全私有化，近年来生产呈下降趋势。受到设备维护、关闭和英国大陆架缩小等因素影响，2012 年英国能源生产同比下降 10.3%。其中发电量降至 263.2 太千瓦时，降幅 1%；石油产量同比下降 14.5%，汽油产品下降 8.5%。2011 年，英国森林覆盖面积 308 万公顷，占本土面积 12.6%。能源进口创历史最高，总出口降至 1989 年以来最低水平，对外依存度升至 43%。近年来，英国政府强调要提高能源利用效率，发展核能和可再生能源，减少对传统矿物燃料的依赖，建设“低碳经济”，并为此进行了一系列立法保障和政策引导，鼓励高效节能技术开发，培养企业和家庭节能意识。2013 年英国可再生能源发电比重同比上升 3.6% 达到 14.9%，创历史新高，核电比重上升 0.5%~19.8%，低碳电力总比重从 2012 年的 31% 上升至 35%。

（2）工业。英国主要工业有：采矿、冶金、化工、机械、电子、电子仪器、汽车、航空、食品、饮料、烟草、轻纺、造纸、印刷、出版、建筑等。生物制药、航空和国防是英国工业研发的重点，也是英国最具创新力和竞争力的行业。目前，英国工业产值约占国内生产总值的23%。同许多发达国家一样，随着服务业的不断发展，英国制造业自20世纪80年代开始萎缩，80年代和90年代初两次经济衰退加剧了这一态势。英国制造业中纺织业最不景气，但电子和光学设备、人造纤维和化工产品，特别是制药行业仍保持雄厚实力。

（3）农牧渔业。英国农牧渔业主要包括畜牧、粮食、园艺、渔业，可满足国内食品需求总量的近2/3。目前，农业在英国内生产总值中所占比重不到1%，从业人数约45万，不到总就业人数的2%，低于欧盟国家5%的平均水平，低于其他主要工业国家。农用土地占国土面积的77%，其中多数为草场和牧场，仅1/4用于耕种。农业人口人均拥有70公顷土地，是欧盟平均水平的4倍。英国是欧盟国家中最大捕鱼国之一，捕鱼量占欧盟的20%，满足国内2/3的需求量。

（4）服务业。英国服务业包括金融保险、零售、旅游和商业服务等，是英国经济的支柱产业，产值约占国内生产总值的3/4。2013年英国服务贸易总额1 705.8亿英镑，约合2 570.47亿美元，其中出口1 171.93亿英镑，进口533.87亿英镑。伦敦是世界著名金融中心，拥有现代化金融服务体系，从事跨国银行借贷、国际债券发行、基金投资等业务，同时也是世界最大外汇交易市场、最大黄金现货交易市场、最大衍生品交易市场、全球第三大保险市场、重要船贷市场和非贵重金属交易中心，并拥有数量最多的外国银行分支机构或办事处。伦敦金融城从业者近40万人，共有550多家跨国银行、170多家国际证券公司在伦敦设立了分支机构或办事处。

（5）旅游业。英国旅游业收入居世界第五位，仅次于美国、西班牙、法国和意大利，是英国最重要的经济部门之一，从业人员约270万，占就业人口的9.1%。2013年来英国旅游游客达3 281万人次，同比增长5.6%。旅游业收入达210亿英镑，约合316.5亿美元，较2012年增长了24亿英镑，增长率高达12.7%。美国游客居海外游客之首，其他依次为法国、德国、爱尔兰、西班牙、荷兰、意大利和波兰。伦敦是外国游客必到之处，且旅馆众多，但旅馆房间多为豪华型，经济型房间较为紧缺；而餐馆在数量和风味上都有很大增加，可满足不同口味的需求。英国主要旅游地区有：伦敦、爱丁堡、卡迪夫、布赖顿、格林尼治、斯特拉福、牛津和剑桥等，主要观光景点有：歌剧院、博物馆、美术馆、古建筑物、主题公园和商店等。

（6）交通运输。英国交通基础设施较齐全。陆路、铁路、水路、航空运输均较发达，从业人员约140万。伦敦有十分发达的地铁网。1994年英法海底隧道贯通，将英国与欧洲大陆的铁路系统连接起来。卡梅伦政府执政后，推出建设高铁计划，英政府拟投资320亿英镑修建连接伦敦和伯明翰至北英格兰高铁网络，预计2017年动工，2026年完工。近年来的交通运输情况如下：

铁路：英国铁路总长达1.66万千米，电气化率为33%，日均发送旅客300万人次，2013—2014年，货物周转总量227亿吨千米，同比增长5%。全国铁路和伦敦地铁分别承担了铁路系统运输量的49%和44%，其余由轻轨承担。

公路：英国公路总长达39.54万千米，其中3 540千米为高速公路，承担着19.8%的交通量；3.08万千米为A级公路，承担44.3%的交通量。2012—2013年，共投入64亿英镑用于公路建设。截至2013年年底，英国注册的机动车辆总数为3 500万辆，新增机动车272万辆，同比增长10%。

水运：英国内河航道约有3 200千米，其中620千米用于货运。泰晤士河是最繁忙的内陆水运河，其次为福斯河。海运承担了95%的对外贸易运输。英国大小港口众多，其中100个为重要商业港口，有52个港口年吞吐量在100万吨以上。吞吐量超过1 000万吨的港口有：格里姆斯比—因明翰、伦敦、蒂斯-哈特浦尔、福斯、米尔福德—黑文、南安普顿、利物浦、萨仑沃、菲利克斯托、多佛等。通过发展航运金融和海事服务，英国保持了全球航运定价中心和管理中心地位。伦敦是国际海事组织、国际海运联合会等国际航运机构总部所在地。2013年，英国港口吞吐货物量为5.03亿吨。其中进口2.72亿吨、出口1.36亿吨、国内0.96亿吨。

空运：英国所有的航空公司和大多数机场均为私营企业。目前共有50多家航空公司，在役飞机967架，2013年载客量为2.28亿人次，同比增长3.5%，为2008年以来的最高值。英国航空公司（British Airways）是世界最大航空公司之一，拥有300多架飞机，其航线覆盖90多个国家和地区约220座城市。英国共有462家机场，其中35个机场年客流量在10万人次以上。英国最大机场是伦敦希思罗机场，也是世界最大最繁忙的机场之一，客流量6 590万人次；盖特威克机场是英国第二大机场，客流量3 300万人次。

（7）财政金融。英国于每年4月1日开始新的财政年度。英国政府财政预算支出包括公共支出（中央政府和地方政府开支）、支付债务利息和财务调整。财政预算收入含直接税、间接税和国民保险税收入三项。截至2012年3月月底，英国政府外汇储备968亿美元。根据2014/15财年预算案，英国政府本财年总收入6 480亿英镑，总支出7 320亿英镑，赤字840亿英镑，占GDP比重为5.5%。

（8）对外贸易。英国基础设施完善，政府配套服务措施到位，鼓励自由贸易，重视引进新技术、新产品和新的管理方法，以增加出口，提高就业。英国与世界80多个国家和地区有贸易关系，主要贸易对象是欧盟、美国和日本。

2014年1月—6月，英国货物贸易进出口额为5 957.5亿美元，同比下降1.3%。其中，出口额为2 579.4亿美元，同比下降8.4%；进口额为3 378.1亿美元，同比增长4.8%；贸易逆差798.7亿美元，同比增长96.2%。英国主要进口产品有：食品、燃料、原材料、服装、鞋业、电子机械设备、汽车等；主要出口产品有：石油及相关产品、化工产品（包括医药制品）、烟草、饮料、机械设备等。近年来，英国前五位最大出口市场为：美国、德国、荷兰、法国、爱尔兰，前五位最大进口来源地为：德国、中国、荷兰、美国、法国。

（9）对外投资。英国一直是国际资本的重要输出大国，这一特点随着英国1979年取消外汇管制和北海油田的发现更加突出。20世纪80年代上半期英国对外投资额可与美国、日本媲美，但随着90年代初期的经济衰退，英国对外投资也随之大幅下降，之后又开始大幅攀升。2003年，英国贸易局更名为“贸易和投资署”，下设英国贸易伙伴局和投资局。2011年英国对外直接投资682亿英镑。近年，英国对外直接投资大幅下降，2012年降至274亿英镑，2013年仅为172亿英镑。

3. 法兰西共和国（The Republic of France，简称法国）

1）概况

（1）自然地理：面积为630 000平方千米。位于欧洲西部，与比利时、卢森堡、瑞士、德国、意大利、西班牙、安道尔、摩纳哥接壤，西北隔拉芒什海峡与英国相望，濒临北海、英吉利海峡、大西洋和地中海四大海域。地势东南高西北低。平原占总面积的2/3。主要山脉有阿尔卑斯山脉、比利牛斯山脉、汝拉山脉等。法意边境的勃朗峰海拔4 810米，为欧洲西部最高峰。河流主要有卢瓦尔河（1 010 千米）、罗讷河（812 千米）、塞纳河（776 千米）。地中海上的科西嘉岛是法国最大岛屿。边境线总长度为5 695千米，其中海岸线为2 700 千米，陆地线为 2 800 千米，内河线为 195 千米。西部属海洋性温带阔叶林气候，南部属亚热带地中海式气候，中部和东部属大陆性气候。平均降水量从西北往东南由 600 毫米递增至 1 000 毫米以上。

（2）人口：全国人口为 6 630 万（2015 年 1 月），包括 400 万外国侨民，其中 200 万人来自欧盟各国，移民人口达到 490 万，占全国总人口的 8.8%。通用法语。居民中 90% 的人信奉天主教，另有约 400 万穆斯林及少数新教、犹太教、佛教、东正教徒。

2）经济

法国是最发达的工业国家之一，八国集团和二十国集团成员，在核电、航空、航天和铁路方面居世界领先地位，2013 年经济增长 0.4%。

国内生产总值（2013 年）：21 137 亿欧元。

人均国内生产总值（2013 年）：32 177 欧元。

货币名称：欧元（EVRO）。

本土失业率：9.9%。

通货膨胀率：0.9%。

（1）资源。铁矿蕴藏量约 10 亿吨，但品位低、开采成本高，煤储量几近枯竭，所有铁矿、煤矿均已关闭，所需矿石完全依赖进口。有色金属储量很少，几乎全部依赖进口。能源主要依靠核能，约 76% 的电力靠核能提供。此外，水力和地热资源的开发利用也比较充分。森林面积约 1 615.4 万公顷，覆盖率 29.4%。

（2）工业。法国工业产值约占国内生产总值的 11.2%，主要工业部门有汽车制造、造船、机械、纺织、化学、电子、日常消费品、食品加工和建筑业等，钢铁、汽车和建筑业为三大工业支柱。核能、石油化工、海洋开发、航空和宇航等新兴工业部门近年来发展较快。核电设备能力、石油和石油加工技术仅次于美国，居世界第二位；航空和宇航工业仅次于美国和俄罗斯，居世界第三位。钢铁、纺织业居世界第六位。

（3）农牧业。法国是欧盟最大的农业生产国，也是世界主要农产品和农业食品出口国。2013 年农业产值 739 亿欧元，约占国内生产总值的 3.5%。农业人口约 84.5 万。法国本土农业用地 2 884 万公顷，约占本土面积的 54%。

法国农业的传统地区结构为：中北部地区是谷物、油料、蔬菜、甜菜的主产区，西部和山区为饲料作物主产区，地中海沿岸和西南部地区为多年生作物（葡萄、水果）的主产区。法国已基本实现农业机械化，农业生产率很高。农业食品加工业是法国对外贸易的支柱产业之一。

2013 年法国主要农产品产量如下：粮食 6 730 万吨，其中小麦 3 870 万吨、玉米 1 500 万吨、油料作物 610 万吨。酿造葡萄酒 42.3 亿升。2013 年畜牧业存栏数：牛 1 910 万头、猪 1 340 万头、羊 850 万头。

（4）服务业。服务业在法国民经济和社会生活中占有举足轻重的地位，自 20 世纪 70 年代以来发展较快，连锁经营相当发达，已扩展至零售、运输、房地产、旅馆、娱乐业等多种行业。服务业用工现约 1 959.5 万人，占总就业人口的 75.4%。法国大型零售超市众多，拥有家乐福（Carrefour）、欧尚（Auchan）等世界著名品牌。

（5）旅游业。法国是世界第一大旅游接待国，旅游收入占 GDP 总量的 7.4%。每年接待外国游客超过 8 000 万人，居世界首位。旅游从业人员约 110 万人，旅行社 6 396 家。全国有 18 060 家旅馆和 23 235 家各类小旅店、野外宿营地、青年之家等，有餐馆和咖啡馆 195 016 家。埃菲尔铁塔见图 6-4。

（6）交通运输。法国交通运输发达，水、陆、空运输均极为便利。

铁路：在法国本土，国家铁路网通往除科西嘉岛以外的各个地方，铁路总长 30 900 千米，其中电气化铁路 15 400 千米，高速铁路 2 000 千米。高速火车技术居世界领先地位，目前保持每小时 574.8 千米的火车速度世界纪录。2013 年铁路旅客周转量为 1 026 亿人千米，货物周转量为 320 亿吨千米。

公路：法国公路网是世界最密集、欧盟国家中最长的，总长度超过 100 万千米，其中高速公路 11 400 千米。2013 年公路旅客周转量为 9 888 亿人千米，其中使用私家车的旅客周转量为 8 194 亿人千米，公共汽车为 523 亿人千米。公路货物周转量为 2 886 亿吨千米。

水运：法国内河航道总长 8 500 千米，其中可通行 1 500 吨级以上船舶的航道约 1 900 千米。巴黎是主要内河港口。2013 年货物周转量为 80 亿吨千米。法国主要海港有马赛港、勒阿弗尔和法国敦刻尔克港。2013 年法国本土海港总吞吐量 3.4 亿吨。

图 6-4 埃菲尔铁塔

空运：2013 年法国航空旅客周转量近 1.4 亿人次。法国的 153 个为民用机场通达 134 个国家和地区的 529 个城市。主要航空公司为法航，主要机场有巴黎戴高乐机场和奥利机场、尼斯机场等。

（7）财政金融。法国政府财政收入主要来源于税收，税率高于美国、日本等国家。法国的主要税种有增值税、所得税、公司税、社会福利税等。2013 年，法国公共财政赤字为 876 亿欧元，占国内生产总值的 4.3%；公共债务达 19 397 亿欧元，占国内生产总值的 91.8%。

截至 2015 年 1 月月底，法国外汇储备总额为 1 639 亿美元。

法国有金融机构 1 500 多家，农业信贷银行、法国巴黎银行、兴业银行、里昂信贷等八大银行资产占全国银行总资产的一半以上。

（8）对外贸易。法国是世界第五大出口国和第六大进口国。2014 年法国进出口总额 9 284 亿欧元，贸易逆差 538 亿欧元。近年来，法国政府把促进出口作为带动经济增长的重要手段，在保持和扩大原有国际市场的同时，积极开发拉丁美洲、亚太地区的新市场。

法国进口商品主要有能源和工业原料等，出口商品主要有机械、汽车、化工产品、钢铁、农产品、食品、服装、化妆品和军火等。法国对外贸易的 70% 在欧洲国家内部进行。美国是法国在欧盟之外的最大贸易伙伴。

（9）对外投资。2013 年法国新增对外直接投资 180 亿欧元，对外投资存量达 1.2 万亿欧元，位列世界第五。法国对外投资主要集中在欧盟成员国，对美国和石油输出国组织成员国、非洲、拉丁美洲的投资也较高，并以工业、能源、服务部门为多。大多数投资采用企业兼并或购买公司股份的形式。

3）物流业发展概况

法国的物流运输以公路运输为主，货物运输中公路运输占78%，铁路运输占14%，航运、管道所占份额分别为4%和2%左右。

法国高速公路营运里程约1 200千米，法国76%的货物运输是利用本国的公路网完成的。法国的公路网络是欧洲最密集的，公路每千米单位车辆密度是40辆，低于欧洲国家44辆的平均水平，具有良好的通行状况。法国公路建设与管理由四个层次组成：国家负责高速公路和国道的建设与管理；巴黎大区在2005年8月1日之前由国家负责，8月1日之后由大区负责管理；省市政府负责省市公路的建设与管理；乡镇政府负责乡镇内道路的建设与管理。

法国铁路现有营业线路3. 18万千米，客运量、货运量分别为8亿人次和1. 3亿吨左右，客运周转量、货运周转量分别为600多亿人千米和530亿吨千米左右，铁路货物运输具有重要地位。法国铁路全部是国家资本，实行集中的管理体制，法国铁路公司（SNCF）是唯一的铁路经营者。法国铁路货运的一个重要特点是开展公铁联运，提供全程物流服务，整合铁路和公路两种运输方式的优势，经济、便捷地直接把货物送达客户指定地点。目前，法国铁路承运的货物有24. 9%实现了公铁联运。

法国有8 500千米的河流网络，与欧洲其他国家的内陆河相连，每年运载3亿吨的货物；法国拥有27个空港，其中7个是国际机场，每年可以运载120万吨的货物。

良好的基础交通运输条件，使法国物流业在河运、海运、陆运、空运、铁路运输、管道运输等各种手段上都得到了较好的运用与发展，物流结构合理，比例协调。法国物流业已发展成为国家经济中举足轻重的产业。据了解，法国目前有5 400多家物流企业，物流市场规模大约为1 200多亿欧元，约占GDP的9%。法国物流业的发展，是与国家经济的发展、政府的推动以及物流企业不断改善业务流程、提高运作效率等的努力分不开的，也是信息技术发展作用的结果。

法国物流业特点如下：

（1）政府在提供基础支持的同时注重社会效益。

法国非常重视与居民生活息息相关的农产品物流中心的建设。以汉吉斯国际批发市场为例，该市场是一个以法国为中心，并把周边西欧诸国纳入运销活动范围的农产品物流中心，整个市场占地280万平方米，建筑面积达50万平方米，是目前世界上面积最大的批发市场。目前有驻场企业1 400多家，工作人员1. 3万人，每天有2. 5万客户进场交易；年交易农产品数量达18亿吨，年交易金额达80亿欧元，流通范围涵盖了德国、西班牙、意大利、荷兰等国。据了解，法国有15个类似性质的农产品物流基地，对农产品物流的集散发挥了重要的作用，对于满足城市居民的日常生活需要发挥了基础性作用。汉吉斯国际批发市场物流的有效性非常突出，最新的信息技术发挥着重要作用。汉吉斯国际批发市场运用新的信息系统和信息技术，如15家驻场肉类公司组建了一个统一结算的交易中心，诸多信息技术如电子信息、自动识别系统、商品条形码技术等在肉类交易中得到了充分应用，不仅使生产者、批发商、销售商之间信息沟通顺畅，也充分地满足了消费者需求，降低了交易成本。汉吉斯国际批发市场形成了系统、配套的物流平台，仓储平台与运货卡车等高，非常便利的机械装卸，铁路车站可与长途客车对接，每天有20多趟货运列车、3 000辆大卡车和26 000辆小卡车进出，并与海运、空运形成便捷的对接。目前，从南非、南美生产的农产品经过汉吉斯国际批发市场的流通渠道两三天内就可以出现在巴黎居民的餐桌上。

法国政府在规划和制定物流政策时主要致力于创造有效的市场环境及必要的基础环境。为此，法国政府十分重视对公路、铁路、港口等物流基础设施的规划、建设。与此同时，法国政府在物流决策过程中更多地考虑社会效益，包括对交通、环境的影响，对周边居民生活的影响，带动的就业数量等，制定相关的法律和安全方面的有关标准等。为了减少物流运输带来的大气和噪声污染，政府鼓励物流运输企业采用海运和铁路运输，并大力发展轻轨运输。

（2）物流信息化起点高、发展快。

法国物流信息化的发展速度很快，建设起点高、步子快、效果好。近几年来，法国物流年均增长速度在5%左右，而物流信息化发展速度年均达到10%。无论是仓储、运输还是配送，都表现出较高的信息技术水平。其中尤以汽车制造业与部分专业物流企业物流信息化应用程度较高。

法国物流信息化的目标模式是以提高效率为核心，而不仅是追求单纯的效益。例如，雷诺汽车公司汽车配件和技术服务系统的各个物流单元都是围绕着如何缩短供货时间、提高供货效率来设计解决方案，从而整合成一个高效率的物流系统。他们把提高效率视为企业提升核心竞争力的关键环节。在雷诺卡车的汽车配件物流系统中由于运用了信息化手段，引入供应链管理，与上下游的企业信息共享，目标一致，共同协调，将信息管理的范围扩大到供应商和客户，并将信息化的实施与先进的管理理念、流程的优化、客户的服务结合起来考虑。该系统通过分别对外部物流（上游的厂商供货）与内部物流（内部的零配件供应）进行流程分析与优化重组，合理制定上游供货厂商送货和工厂内部配送的频率、时间、数量，设定库存，改善包装，统一采购，统一供货，使每个产品形成一个标准流程，采用集中配送。这一供应链管理模式提高了对市场的反应速度，大大缩短了对客户服务的时间，优化了流程，提高了效率、效益与客户满意度，增强了企业的竞争力。

（3）重视仓储和标准化等物流基础建设。

Norbert Dentressangle是法国大型运输与物流企业集团，也是雷诺卡车的重要客户。集团共有12 200名员工，主要业务是货物运输与物流服务，2004年营业额达到13亿欧元，其中物流业务占38%。Norbert Dentressangle在法国有144万平方米的仓储能力，有49个仓储中心。依靠其强大的仓储能力，Norbert Dentressangle在物流业务遍及整个欧洲并开发出越来越多来自亚洲的业务。

Norbert Dentressangle在物流基地的货架、商品上普及使用了条形码，包装箱统一使用一个标准，货物的包装实现标准化、通用化、集装化、大型化；货物的分拣、装卸、搬运过程实现机械化、自动化，实现信息录入自动化。高度自动化的高层立体仓库，使配送效率大为提高，有效减少了流通环节和流通时间，降低了流通成本。还有一个运输液体化学危险品物流基地，统一使用雷诺公司生产的标准化专业罐装车辆，整个基地管理非常有效率，所有流程都按照标准化操作，执行欧洲的环保和安全标准。标准化为物流的高效运转与上下游各个环节的衔接打下了良好的基础。雷诺卡车的经销商在客户信息资料、卡车销售与维修、零配件供应等方面都采用标准化管理，其技术档案保存10年以上。

（4）大力发展绿色物流。

绿色物流包括两方面：一是对物流系统的污染进行控制，即在物流的规划与决策中尽量采用对环境污染小的方案，采用排污量小的货车车型，近距离配送，夜间运货（减少交通阻塞，节省燃料和减小排放）等；绿色物流的另一方面就是建立工业和生活废料处理的物流系统。

法国在发展物流过程中十分重视发展绿色物流。法国政府控制物流系统的对策是在污染发生源、交通量、交通流等三个方面制定相关政策。法国政府能够从交通、环保的角度考虑，注意到不同运输工具相互间的替代作用，提倡尽可能用海运替代陆路运输，以减轻道路交通压力、噪音、空气污染等。

法国非常重视工业和生活废弃物的回收处理。据了解，从2002年开始，法国规定无论是废旧报纸、电池，还是报废的汽车、轮胎、计算机、冰箱、电视机，所有家庭和工业垃圾都必须经过再循环使用处理，所有公共垃圾场只接受经过再循环处理并已没有任何使用价值的垃圾。

6.4 美洲经济区

俄罗斯国家概况

美洲是南美洲和北美洲的合称，也是“亚美利加洲”的简称，又称新大陆。从1492年开始，意大利航海家哥伦布三次西航。他到达了现在美洲的巴哈马群岛，自以为到了印度，就把自己发现的岛屿称为西印度群岛，并把那里的土著居民叫印第安人，意即印度人。美洲见图6-5。

6.4.1 北美洲概述

1. 地理位置

位于西半球的北部，东滨大西洋，西临太平洋，北濒北冰洋，南以巴拿马运河为界，同南美洲分开。大陆东至圣查尔斯角（西经55°40′，北纬52°13′），南至马里亚托角（西经81°5′，北纬7°12′），西至威尔士亲王角（西经168°5′，北纬65°37′），北至穆奇森角（西经94°26′，北纬71°59′）。全洲面积为2 422.8万平方千米，约占世界陆地总面积的16.2%。

2. 居民

全洲人口分布很不平衡，绝大部分人口分布在东南部地区。这里居住着美国4/5、加拿大2/3的人口，其中以美国的纽约附近和美国与加拿大之间的伊利湖周围人口密度最大。西印度群岛中的波多黎各、马提尼克岛等处，也是人口密度大的地区。面积广大的北部地区和美国西部内陆地区人口稀少，有的地方甚至无人居住。居民主要为英、法等欧洲国家移民的后裔。其次是黑人、印第安人、混血种人，还有少数的格陵兰人、波多黎各人、犹太人、日本人和华侨。主要信奉基督教和天主教。通用英语和西班牙语。

3. 自然环境

北美洲大陆北宽南窄，略呈倒置梯形。西部的北段和北部、东部海岸比较曲折，多岛屿和海湾。岛屿多分布在北部和南部，总面积大约为400万平方千米，为岛屿面积最大的洲。格陵兰岛面积217.56万平方千米，是世界第一大岛。北美洲大陆部分地形可分为三个明显不同的南北纵列带：① 东部山地和高原。圣劳伦斯河谷以北为拉布拉多高原，以南是阿巴拉契亚山脉。地势南高北低，北部一般海拔300～600米，南部海拔一般在1 000～1 500米之间。主峰米切尔山海拔2 037米。阿巴拉契亚山脉东侧沿大西洋有一条狭窄的海岸平原，西侧逐渐下降，与中部平原相接。② 中部平原，位于拉布拉多高原、阿巴拉契亚山脉与落基山脉之间，北起哈得孙湾，南至墨西哥湾，纵贯大陆中部，平原北半部是多湖泊和急流的地区，南半部属密西西比河平原，平原西部为世界著名的大草原。③ 西部山地和高原，属科迪勒拉山系的北段，从阿拉斯加一直伸展到墨西哥以南。主要包括三条平行山地：东带为海拔2 000～3 000米以上的落基山脉，南北延伸5 000千米，是北美洲气候上的重要分界线；西带南起美国的海岸山岭，向北入海，形成加拿大西部沿海岛屿，海拔一般为1 000～1 500米；中带包括北部的阿拉斯加山脉、加拿大的海岸山脉、美国的内华达山脉和喀斯喀特岭等。阿拉斯加的麦金利山海拔6 193米，为北美洲最高峰。东带和中带之间为高原和盆地。盆地底部海拔1 300～1 800米。盆地南部的死谷低于海平面85米，为西半球陆地的最低点。北美洲的大河，除圣劳伦斯河外，均发源于落基山脉。落基山脉以东的河流分别流入大西洋和北冰洋，以西的河流注入太平洋。按河流长度依次为密西西比河、马更些河、育空河、圣劳伦斯河、格兰德河、纳尔逊河等。北美洲是多湖的大陆，淡水湖面积之广居各洲的首位，中部高平原区的五大湖，是世界最大的淡水湖群，有“北美地中海”之称，其中以苏必利尔湖面积最大，其次为休伦湖、密歇根湖、伊利湖、安大略湖。

图6-5　美洲

北美洲地跨热带、温带、寒带，气候复杂多样，北部在北极圈内，为冰雪世界，南部加勒比海受赤道暖流之益，但有热带飓风侵袭。大陆中部广大地区位于北温带，由于西部山地阻挡，来自太平洋的湿润西风不能深入内地，所以大部分地区的降水来自东南方的大西洋，空气湿润，降水量从东南向西北逐渐减少，东南部大部分地区年平均降水量在1 000毫米以上，平原的西北部和落基山脉以西在500毫米以下，太平洋沿岸迎西风的地区降水量剧增，有的地方年平均降水量约在2 000毫米以上。加拿大的北部和阿拉斯加北部边缘属寒带苔原气候，加拿大和阿拉斯加南部地区多属温带针叶林气候。美国的落基山脉以东地区属温带阔叶林气候和亚热带森林气候。西部内陆高原多属温带草原气候。太平洋沿岸的南部属亚热带地中海式气候。西印度群岛、中美洲东部沿海地区属热带雨林气候。

4. 自然资源

北美洲矿物资源丰富，主要有石油、天然气、煤、硫黄、铁、铜、镍、铀、铅、锌等。森林资源主要分布在西部山地，盛产黄杉、红杉、巨杉、铁杉等，南部出产红木等优质木材。加勒比海、纽芬兰附近海域是世界著名渔场。

5. 经济

北美洲是世界工业发达的地区之一。农业生产的专门化、商品化和机械化程度很高。采矿业规模较大，主要开采煤、原油、天然气、铁、铜、铅、锌、硫黄等，而锡、锰、钴、铝、金刚石、钽、铌等重要战略原料几乎全部或大部分靠进口。北美洲中部平原是世界著名的农业区之一，农作物以玉米、小麦、稻谷、棉花、大豆、烟草为主，大豆、玉米、小麦产量在世界农业中占重要地位。中美和西印度群岛诸国主要产甘蔗、香蕉、咖啡、可可等热带作物。

6. 地理区域

分为东部地区、中部地区、西部地区、阿拉斯加、加拿大北极群岛、格陵兰岛、墨西哥、中美洲和西印度群岛九区。

（1）东部地区：东濒大西洋，海岸曲折，多港湾，北美洲大部分港口集中在这一地区，圣劳伦斯河谷以北为拉布拉多高原，海拔300～600米，多冰川湖，有湖泊高原之称；以南为阿巴拉契亚山脉，一般海拔1 000～1 500米，山脉西侧为阿巴拉契亚高原，山脉与大西洋间有狭窄的山麓高原和沿海平原。众多短小湍急的河流经山麓硬、软岩层的交接处，形成瀑布，因而从纽约向西南至哥伦布一线有“瀑布线”之称。本区是北美洲工业和农业发展最早的地区，也是重要的工商业和金融中心。

（2）中部地区：位于拉布拉多高原——阿巴拉契亚山脉与落基山脉之间，北起丘吉尔河上游，南达墨西哥湾，长约3 000千米，宽约2 000千米。该地区是北美洲小麦、玉米、大豆、棉花最集中的产区及肉用畜牧业最发达的地区。

（3）西部地区：由高大的山脉和高原组成，属美洲科迪勒拉山系的北段，落基山脉是本区地形的骨架。多火山、温泉，地震频繁。内地气候干旱，以畜牧业为主，太平洋沿岸地区种植亚热带果品的园艺业十分发达，本区采矿业占重要地位，制造工业以飞机、造船等较为重要。

（4）阿拉斯加：位于北美洲西北部。大陆部分，山脉分列南北，中部为育空高原，太平洋沿岸地区多火山，地震频繁。矿物主要有石油、金、锡、铜、煤等。经济以采矿业、渔业和皮毛业为主。阿留申群岛是阿拉斯加西南的一群火山岛，地震频繁，有皮毛兽的驯养和渔业。

（5）加拿大北极群岛：是北美大陆以北，格陵兰岛以西众多岛屿的总称，面积约130多万平方千米。人口稀少，主要居民是因纽特人。各岛之间有许多海峡，其中巴芬岛与拉布拉多半岛之间的哈得孙海峡，是哈得孙湾通往大西洋的海上交通要道。各岛坚岩裸露，多为海拔500～1 000米的山地，长期受冰川作用，多冰川地形和冰川作用形成的湖泊。沿海平原狭窄，海岸曲折多峡湾。气候严寒，年平均降水量不足300毫米。居民以捕鱼和捕海兽为生。

（6）墨西哥：位于北美洲的南部，是剑麻、银胶菊等栽培植物的原产地。

（7）中美洲：是中亚美利加洲的简称，指墨西哥以南、哥伦比亚以北的美洲大陆中部地区。东临加勒比海，西濒太平洋，是连接南、北美洲的桥梁，包括危地马拉、洪都拉斯、伯利兹、萨尔瓦多、尼加拉瓜、哥斯达黎加和巴拿马，面积约52万平方千米，人口约2 984万。全区以高原和山地为主。山地紧靠太平洋海岸，属美洲科迪勒拉山系的中段，最高处海拔达4 000米以上，多火山，有活火山40余座，地震频繁。中美洲是甘薯的原产地。

（8）西印度群岛：位于大西洋及其属海加勒比海、墨西哥湾之间。15世纪末，哥伦布到此，误认为这里是印度附近的岛屿，又因位于印度以西的西半球，便称为西印度群岛，沿用至今，包括巴哈马国、古巴、牙买加、海地、多米尼加共和国、安提瓜和巴布达、多米尼克国、圣卢西亚、圣文森特和格林纳丁斯、巴巴多斯、格林纳达、特立尼达和多巴哥、圣基茨和尼维斯等，此外还包括美国、英国、法国和荷兰的十多个属地。面积约24 万平方千米。这些群岛分为三大组：① 巴哈马群岛，由14个较大的岛屿、700个小岛和暗礁以及2 400个环礁组成。岛上主要居住黑种人。各岛海拔最高不到60米，属热带雨林气候。② 大安的列斯群岛，包括古巴、海地、牙买加、波多黎各诸岛及其附属岛屿。一半以上为山地。海地岛和波多黎各岛地震频繁。各岛北部属热带雨林气候，南部属热带草原气候。③ 小安的列斯群岛，包括背风群岛、向风群岛和委内瑞拉北面海上许多岛屿。多为火山岛，地震频繁。属热带雨林气候。

（9）格陵兰岛（丹）：位于北美洲东北部，介于北冰洋与大西洋之间。面积217.56万平方千米，是世界第一大岛。常被称为格陵兰次大陆。人口80%是格陵兰人。全岛约4/5的地区处于北极圈内，面积84%为冰雪所覆盖。中部偏东最高海拔3 300米，边缘地区海拔1 000～2 000米。气候严寒。矿物有冰晶石、铁、锌、铅、锆、褐煤等。近年在南部发现钼、铀、钍等矿物。著名的动物有麝牛、驯鹿、北极熊等，居民以渔业为主，南部地区有少量牧羊业、鱼类加工，采矿业尤以南端冰晶石的开采最重要。首府戈特霍布。

6.4.2 南美洲概述

1. 地理位置

南美洲是南亚美利加洲的简称，位于西半球的南部。东临大西洋，西濒太平洋，北滨加勒比海，南隔德雷克海峡与南极洲相望，一般以巴拿马运河为界，同北美洲分开。大陆东至布兰库角（西经34°46′，南纬7°9′），南至弗罗厄德角（西经71°18′，南纬53°54′），西至帕里尼亚斯角（西经81°20′，南纬4°41′），北至加伊纳斯角（西经71°40′，北纬12°28′）。面积约1 785万平方千米（包括附近岛屿），约占世界陆地总面积的12%。

在政治地理上，也有把南美洲及其以内的墨西哥、中美洲和加勒比海地区（西印度群岛），亦即美国以南的美洲地区称为拉丁美洲。拉丁美洲的面积为2 050多万平方千米（包括附近岛屿），占世界陆地总面积的13.8%。

2. 居民

人口分布不平衡，西北部和东部沿海一带人口较稠密，广大的亚马孙平原每平方千米不到一人，是世界人口密度最小的地区之一。居民中白人最多，约占1/2，其次是印欧混血人和印第安人，黑人最少。绝大部分居民信奉天主教，少数信奉基督教。印第安人用印第安语，巴西的官方语言为葡萄牙语，法属圭亚那的官方语言为法语，圭亚那的官方语言为英语，苏里南官方语言为荷兰语，其他国家均以西班牙语为国语。

3. 自然环境

南美洲大陆地形分为三个南北向纵列带：西部为狭长的安第斯山，东部为波状起伏的高原，中部为广阔平坦的平原低地。安第斯山脉属科迪勒拉山系的南半段，为一毓高峻的褶皱山，南北延伸，紧逼太平洋海岸，沿海平原甚窄。安第斯山脉由几条平行山岭组成，以绵亘于秘鲁、智利、玻利维亚境内的一段山体宽度最大，东西宽约 400 千米。安第斯山全长约 9 000千米，是世界上最长的山脉，也是世界最高大的山系之一，大部分海拔 3 000 米以上，不少高峰海拔 6 000 米以上，其中阿根廷境内的阿空加瓜山海拔为 6 960 米，是南美洲最高峰。安第斯山一带是太平洋东岸火山地震带的一部分，中段的尤耶亚科火山海拔 6 723 米，是世界上最高的活火山。南美洲东部有宽广的巴西高原、圭亚那高原，其中巴西高原，面积 500 多万平方千米，为世界上面积最大的高原。南美洲西部山地与东部高原之间的平原地带，自北而南有奥里诺人平原、亚马孙平原和拉普拉塔平原。其中亚马孙平原，面积约 560 万平方千米，是世界上面积最大的冲积平原，地形坦荡，海拔多在 200 米以下。南美洲的水系以入迪勒拉山系的安第斯山为分水岭，东西分属于大西洋水系和太平洋水系。由于山系偏居大陆西部，故太平洋水系源短流急，且多独流入海。大西洋水系的河流大都源远流长，支流众多，水量丰富。其中亚马孙河，以乌卡亚利河为源，全长为 6 480 千米，流域面积 705 万平方千米，河口年平均流量每秒 12 万立方米，是世界上流域面积最广、流量最大的河流，也是仅次于尼罗河的世界第二长河。其支流超过 1 000 千米的有 20 多条。内流区域主要分布于南美洲西部的普纳（荒漠高原）和阿根廷的西北部。南美洲除最南部外，终年不冻。巴塔哥尼亚高原河流的水源主要靠雪水供给，以 10～12 月径流量最大；智利南部河流的水源主要靠冰川融水供给，以夏季径流量最大；智利中部河流的水源主要靠雨水供给，以冬季径流量最大；智利北部和秘鲁南部沿海河流的水源主要靠地下水供给，以 1～3 月径流量较大；其余地区河流的水源几乎全靠雨水供给，以暖季径流量最大。几乎所有大河在雨季时汛期长达3～6 个月。南美洲湖泊较少，但多瀑布。安赫尔瀑布落差达979 米，为世界落差最大的瀑布。南美洲中部安斯山区的普纳（荒漠高原）地区多构造湖，如的的喀喀湖、波波湖等；南部巴塔哥尼亚高原区多冰川湖；内流区多内陆盐沼。南美西北端的马拉开波湖为南美洲最大的湖泊。

南美洲介于北纬 13°和南纬 57°之间，赤道横贯北部，大部分地区属热带雨林和热带草原气候。北部亚马孙平原一带，由于纬度低，受海风影响，各月平均气温都在 26 ℃左右，属热带雨林气候。亚马孙平原南北两侧的巴西高原和圭亚那高原，夏季高温多雨，冬季除沿海地区外气候干燥，属热带草原气候。智利中部沿海地区属亚热带地中海气候。南美洲是一个以湿润著称的大陆，暖季多雨，且沙漠面积较其他各洲小。由于来自大西洋东北信风、东南信风、热带飓风以及西南部位于西风带内等原因，故南美北部、西南部沿海以及向风坡降雨较多。奥里诺科河流域、亚马孙河干流以南和安第斯山脉中段以东的广大地区，属暖季降水区，其中巴西高原东北一角，年平均降水量仅 500 毫米左右，其他地区则为1 000～3 000 毫米；哥伦比亚西北部、厄瓜多尔、秘鲁北部、亚马孙平原西北部和圭亚那高原属全年多雨的热带降水区，年平均降水量为 2 000～3 000 毫米；巴拉那高原、潘帕斯草原属各月降水比较均匀、但以夏季稍多的亚热带降水区，年平均降水量 500～2 000 毫米；智利南部沿海地区属各月降水比较均匀、但以冬季稍多的温带降水区，年平均降水量 2 000～5 000 毫米，为世界上降水量最多的地区之一；巴塔哥尼亚高原属温带秋季降水区，由于山脉阻挡西面的湿润和受巴塔哥尼亚强风的影响，年平均降水量不到 250 毫米；智利中部沿海地区属地中海式冬季降水区，年平均降水量 500～1 000 毫米；智利北部和秘鲁南部沿海地区，由于地处背风坡和秘鲁寒流的影响，年平均降水量不到 50 毫米。

4. 自然资源

南美洲矿物资源丰富，现代工业中所需的 20 多种最重要的矿物原料绝大部分都有。石油、铁、各种铁合金元素、有色金属、贵重金属，以及硝石、工业用的天然水晶、片云母等均有分布。其中尤以委内瑞拉的石油和天然气，巴西高原的铁、锰、天然水晶，圭亚那高原东北部苏里南的铝土矿，安第斯山区的铜、硝石等最具重要意义。铋、锑、银、铍、硫黄、锡、汞、铂、锂、铀、钒、锆、钍、金刚石等矿物储量也很丰富。此外还有丰富的森林资源，森林面积约占全洲面积 51%。亚马孙平原和赤道附近的安第斯山低坡地带有世界最广阔的热带雨林，盛产各种珍贵的热带林木，如红木、檀香木、铁树、木棉树、巴西木、香膏木、花梨木等。南美洲沿海水产资源极为丰富，其中智利北部沿海以及巴西东南沿海盛产金枪鱼，秘鲁沿海盛产各种鱼类。智利沿海盛产沙丁鱼、鳕鱼和鲸。巴西、阿根廷沿海盛产鲈、鲻、鲽、鲭、鳕等鱼类。秘鲁沿海、巴西沿海为南美洲的两大渔场。

5. 经济概况

南美洲各国经济发展水平和经济实力相差悬殊。巴西和阿根廷为经济最为发达的国家，加上委内瑞拉、哥伦比亚、智利和秘鲁，六国国内生产总值占全洲的 90% 以上。各国现代化经济都高度集中在少数大城市或沿海地区，山区和边远地区经济落后。

采矿业是南美洲的传统工业部门。金、银、铜、锡等贵重金属和有色金属开采历史悠久。不少矿物开采量在世界上占有重要地位。智利的铜和硝石、玻利维亚的锡和锑、巴西的铁和锰、委内瑞拉的原油产量，大多居世界前列或占重要地位。制造业是南美洲经济中发展最快的部门，钢铁、汽车、化工、橡胶、电器、金属制品、机械设备等部门已具相当实力。巴西的钢产量和汽车生产量已进入世界产量大国的行列。轻工业是南美洲多数国家制造业的主体，以肉类加工、制糖、饮料、皮革、纺织、服装、制鞋较为发达。

南美洲土地辽阔，水热条件优裕，农业生产的潜力很大。盛产甘蔗、香蕉、咖啡、可可、橡胶、金鸡纳霜、剑麻、木薯等热带、亚热带农林特产，产量均居世界前列。其中，巴西的咖啡、香蕉和木薯产量均居世界第一位，可可产量居世界第三位，剑麻的产量也占重要地位。秘鲁的捕鱼量、鱼粉、鱼油产量，阿根廷的肉类产量均居世界前列。

6.4.3 美洲主要国家

1. 美利坚合众国（The United States of America，简称美国）

1）概况

（1）自然地理：位于北美洲中部，领土还包括北美洲西北部的阿拉斯加和太平洋中部的夏威夷群岛。北与加拿大接壤，南靠墨西哥和墨西哥湾，西临太平洋，东濒大西洋。面积 9 629 091 平方千米，本土东西长约 4 500 千米，南北宽约 2 700 千米，海岸线长 22 680 千米。大部分地区属于大陆性气候，南部属亚热带气候。中北部平原温差很大，芝加哥 1 月平均气温-3 ℃，7 月 24 ℃；墨西哥湾沿岸 1 月平均气温 11 ℃，7 月 28 ℃。

（2）人口：3.087亿（2010年美国人口普查数据）。白人占75%，拉美裔占12.5%，黑人占12.3%，亚裔占3.6%，华人约243万，占0.9%，多已入美国籍（2000年美国人口普查数据）。通用英语。56%的居民信奉基督教新教，28%信奉天主教，2%信奉犹太教，信奉其他宗教的占4%，不属于任何教派的占10%。

2）经济

美国有高度发达的现代市场经济，其国内生产总值和对外贸易额均居世界首位。2007年美国爆发次贷危机，并于2008年迅速升级演变成大萧条以来最严重的国际金融危机。奥巴马政府实施大规模刺激经济计划，美国经济金融形势逐步好转。

2013年美国主要经济数据：

国内生产总值（GDP）：165 675亿美元（按当年价格计算）。

人均国内生产总值：51 248美元（按当年价格计算）。

实际国内生产总值增长率：1.9%。

通货膨胀率：1.5%。

失业率（全年平均）：7.4%。

（1）资源。自然资源丰富，矿产资源总探明储量居世界首位。煤、石油、天然气、铁矿石、钾盐、磷酸盐、硫磺等矿物储量均居世界前列。其他矿物有铜、铅、钼、铀、铝矾土、金、汞、镍、碳酸钾、银、钨、锌、铝、铋等。战略矿物资源钛、锰、钴、铬等主要靠进口。美国已探明原油储量334亿桶，居世界第12位。目前，美国已探明天然气储量7.716万亿立方米，居世界第七位；已探明煤储量4 910亿吨，居世界第一。森林面积约293.3万平方千米，覆盖率达33%。

（2）工业。2013年，美国工业生产增长率约为3.5%，约占当年美国国内生产总值的19%。工业就业人数约占全部就业人口的20.1%。制造业在工业中占有主导地位，产值约占美国国内生产总值的11%，是美国经济的重要基础支柱。但近年来，美国产业转型加快，制造业所占比重呈下降趋势，劳动密集型产业进一步被淘汰或转移到国外。与此同时，信息、生物等高科技产业发展迅速，利用高科技改造传统产业也取得新进展。美国主要工业产品有汽车、航空设备、计算机、电子和通信设备、钢铁、石油产品、化肥、水泥、塑料及新闻纸、机械等。

（3）农业。美国农业高度发达，机械化程度高。美国是世界上人均粮食占有量最大的国家，也是世界最大的粮食出口国，粮食出口量约占世界粮食出口贸易量的1/3，其中玉米和大豆出口量占50%以上。2013年农业产值约占国内生产总值的1.7%。农、林、渔等部门就业人数约占总就业人口的0.7%。美国共有农场约220万个，耕地面积372.3万平方千米。2013年美国粮食产量约占世界总产量的20%。2013财年农产品出口总额创纪录地达到1 409亿美元，约解决100万美国人就业。

（4）服务业。2013年服务业创造的产值约占国内生产总值的79.7%。据估计，各项服务行业就业人数约1.2亿，占总就业人口的79%，其中管理、专业、技术类领域就业人数占总就业人数的37.3%，销售等领域就业人数占24.2%，其他服务行业占17.6%。美国最大的四家零售商为：沃尔玛、西尔斯·雷巴克、塔尔盖特、联邦百货。美国最大的三家人寿保险公司为：大都会人寿保险、宝德信金融集团、纽约人寿保险。

（5）旅游业。目前，旅游业已成为美国最大服务出口行业。据美国商务部数据显示，

2013 年，美国旅游业接待外国游客 7 000 万人次，同比增长 5%；旅游业带来的直接产出为 8 141 亿美元，累计总产值约 1.5 万亿美元，吸纳了 760 万就业人口。外国游客主要来自加拿大、墨西哥、英国、法国、巴西、日本、中国等国，参观的主要城市依次为：纽约、洛杉矶、旧金山、迈阿密、奥兰多等；主要州依次为：纽约、加利福尼亚、佛罗里达、内华达、夏威夷等。

（6）交通运输。美国拥有完整而便捷的交通运输网络，运输工具和手段多种多样。2013 年，美国交通运输产值为 3 242 亿美元，约占美国经济总量的 2.1%，吸纳了约 3% 的就业人员。

（7）财政金融。2011、2012、2013 财年美联邦财政赤字分别高达 1.3 万亿美元、1.1 万亿美元和 6 800 亿美元。2014 年 8 月，美国债总额达 17.7 万亿美元，约占 GDP 的 108%。2011 年以来，民主党、共和党财政政策之争愈演愈烈。2013 年 3 月，美国被迫启动自动减支机制，未来 10 年将削减 1.2 万亿美元联邦政府开支。10 月，因国会未能通过新财年预算，造成联邦政府关门 16 天、国债处于违约边缘。10 月 16 日，美国会参众两院分别通过了解决财政危机的法案，并经美总统奥巴马签署成为法律，美财政危机得到缓解。

2008 年 11 月以来，美联储实施四轮量化宽松政策，同时进行“扭曲操作”，主要内容包括大规模购买美长期国债和抵押贷款支持债券，维持 0%～0.25% 的超低利率政策。截至 2014 年 8 月，美联储资产负债表突破 4.4 万亿美元。2013 年 6 月起，美联储释放出将逐步退出量宽的信号。2013 年 12 月开始，美联储开始实施渐进式的量化宽松退出机制，分别于 2013 年 12 月 18 日、2014 年 1 月 29 日、2014 年 3 月 19 日、2014 年 4 月 30 日、2014 年 6 月 18 日、2014 年 7 月 30 日六次宣布小幅缩减量宽规模，现已将每月购债规模缩减至 250 亿美元。

目前，美国主要商业银行有：

① 摩根大通（J. P. Morgan Chase）：2000 年 12 月由 J. P. 摩根公司和大通—曼哈顿公司合并而成，总部设在纽约。

② 美国银行（Bank of America Corp）：原中文名“美国美洲银行”，创建于 1968 年 10 月，总部设在旧金山。

③ 富国银行（Wells Fargo）：创立于 1852 年，总部设在旧金山，是美国唯一一家获得 AAA 评级的银行。

④ 花旗集团（Citigroup）：1955 年纽约花旗银行与纽约第一银行合并，改名为纽约第一花旗银行，1962 年改为第一花旗银行，1967 年改为花旗公司。总部设在纽约。1998 年与旅行者集团合并组建花旗集团，成为世界上最大的金融服务公司。

（8）对外贸易。美国是世界上第二大进口国（地区）和第三大出口国（地区）。奥巴马政府高度重视出口，将扩大出口作为带动美国经济复苏的重要举措之一。2010 年 3 月，奥巴马签署行政法令《国家出口倡议》，加大对美国出口企业的支持力度。

美国主要出口商品为：化工产品、机械、汽车、飞机、电子信息设备、武器、食品、药品、饮料等。主要进口商品是：食品、服装、电子器材、机械、钢材、纺织品、石油、天然橡胶以及锡、铬等金属。

2013 年美国前五大货物贸易伙伴为加拿大、中国、墨西哥、日本和德国。美国前五大货物出口市场为加拿大、墨西哥、中国、日本和英国。美国前五大货物进口市场为中国、加拿大、墨西哥、日本和德国。

2013 年，美国商品和服务贸易总额为 5.02 万亿美元，较 2012 年增长 1.7%；其中出口额 2.27 万亿美元，同比增加 2.8%；进口额 2.74 万亿美元，同比下降 0.1%；逆差 4 715 亿美元，同比下降 11.8%。

按中方统计，2013 年中美货物贸易额达 5 210 亿美元，同比增长 7.5%。其中中国对美国出口 3 684 亿美元，同比增长 4.7%；中国自美国进口 1 526 亿美元，同比增长 14.8%。中方顺差 2 158 亿美元，同比下降 1.4%。中美互为第二大贸易伙伴。美国是中国第一大出口市场、第六大进口来源地。

2011—2013 年美国对外贸易情况见表 6-10。

表 6-10　2011—2013 年美国对外贸易情况

单位：亿美元

年份	2011	2012	2013
商品和服务进口总额	26 650	27 340	27 439
商品和服务出口总额	21 050	21 945	22 724
逆差	5 600	5 395	4 715

（9）对外投资和外国资本。据统计，2013 年，美国对外直接投资总额约 3 383 亿美元，吸收外国直接投资约 1 875.28 亿美元。

3）物流产业发展概况

（1）美国交通运输管理体制。美国联邦运输部是全国交通运输行政管理机关，统筹各种运输方式的管理，下设高速公路管理局、车辆安全管理局、高速公路安全局、公共交通局、铁路运输管理局、航空运输管理局、海洋运输局、水路运输公司（非营利组织）、研究与特殊项目局和统计局。联邦运输部在各州设有代表处，保证监督运输部政策的贯彻实施。

从 20 世纪 80 年代开始，美国政府逐步放宽对公路、铁路、航空、航海等运输市场的管制，取消了运输公司在市场准入、经营路线、联合承运、合同运输、运输费率、运输代理等多方面的审批与限制，提出建设一个世界上最安全、方便和经济有效的物流运输系统。通过制订一系列政策法规，为确立美国物流在世界上的领先地位提供了适宜的政策环境。

美国政府对运输市场放松管制，并不是撒手不管，而是将重点从经济职能管理转向生产安全管理。自 1996 年以来，大型死亡事故减少 41%，等于挽救了 14 000 条性命。

（2）美国高速公路的建设与管理。目前，全美国公路总里程约 646 万千米，其中高速公路近 9 万千米，约占世界高速公路总里程的 1/3，连接了所有 5 万人以上的城镇。任何一个地区，甚至是相当偏僻的山区，都可以方便地利用高速公路实现出行目的。美国的高速公路网络在 20 世纪后半期完成后，其高速公路总里程并没有太大的变化。但只要有需求，他们就会对原有高速公路加宽改造或新建。

美国的高速公路建设，有一套评估论证、规划立项、投融资以及维护管理的机制。高速公路建设资金投入的比例为州政府 19.6%，地方县市 77.4%，联邦政府 3%，平时维护费用主要由州政府负责。

美国高速公路 91.2% 是个人车辆使用，美国家庭用在车辆和交通方面的费用，约占其总收入的18%～19%。美国的高速公路几乎看不到收费站，个别收费的桥涵，使用电子扫描系统，并不影响车辆正常行驶。公路养建资金的来源主要有三个方面：一是燃油税，这是美国公路养建资金的主要来源，一加仑约18.4美分；二是由民间资本投资兴建的独立桥梁、道路和隧道，这些项目一般通过收取通行费直接回收投资；三是针对货运卡车公司按照其完成的周转量收取的高速公路使用费。

（3）美国第三方物流发展。近20年来，美国的第三方物流发展很快。市场规模由1996年的308亿美元上升到2002年的650亿美元，但仍只占物流服务支出6 900亿美元的9.3%，增长潜力巨大。根据最近的抽样调查，在过去两年里，第三方物流企业的客户物流成本平均下降了11.8%，物流资产下降了24.6%，订货周期从7.1天下降到3.9天，库存总量下降了8.2%。这些数据表明美国第三方物流的作用已从单纯的降低客户物流成本转变为多方面提升客户价值。美国的第三方物流已从提供运输、仓储等功能性服务向提供咨询、信息和管理服务延伸，致力于为客户提供一体化解决方案，与客户结成双赢的战略合作伙伴关系。

在综合物流服务发展的同时，一些功能性物流服务提供商也在市场细分中培育自身的核心竞争力，逐步形成了综合的第三方物流服务商、专业的运输、仓储服务商和区域性配送服务商分工合作的产业形态。客户可以选择功能性物流服务商，也可以通过第三方物流服务商来整合功能性服务商、提供一体化物流解决方案。这样，专业性和综合性物流服务提供商，在竞争中发挥各自的优势，可以满足各种用户的不同需求。

（4）美国物流费用最近几年呈现下降的趋势。美国物流费用在2000年曾经创造了历史最高点，总交易量为10 030亿美元，占GDP的比例超过了10%。之后，连续出现下降趋势，2001年物流费用为9 570亿美元，2002年再次下降为9 100亿美元，仅占GDP的8.7%，这是20世纪90年代以来首次降低到GDP的9%以下。

物流费用的下降，一方面说明美国经济不景气，物流需求出现下降，另一方面也说明企业为了提高竞争力，竭力降低物流成本，使得全社会的物流费用出现下降。所以，单从美国全社会的物流费用这个数据，无法断定物流产业发展是好是坏。

（5）卡车运输一枝独秀。在2002年美国物流费用的9 100亿美元中，运输成本占了5 710亿美元，是最大的一个组成部分。在各种运输工具中，卡车运输可谓一枝独秀，2002年卡车运输总额达到4 620亿美元，而火车运输为370亿美元，航空运输仅有270亿美元。卡车运输如此受到企业重用，不仅在于它直接便捷，而且在于卡车运输的相对成本最低，比如，包裹运输价是卡车运输的7倍，而航空运输的要价则是卡车运输价的10.4倍。尽管如此，卡车运输的收入在2002年下降了100亿美元。

困扰美国卡车运输收益增长的核心问题有两个，第一个问题是卡车的空驶率，目前美国的空驶率为15%～20%，尽管比欧洲空驶率为25%～40%要低，但是却致命地制约了卡车运输收益的提高。第二个问题是驾驶员等待装车的时间。如今，美国驾驶员每周等待装车的时间为33.5小时。仅从这些数据来看，卡车运输挖潜的可能仍然存在。

2. 加拿大（Canada）

1）概况

（1）自然地理：面积为998.4万平方千米，居世界第二位。位于北美洲北部（除阿拉斯加半岛和格陵兰岛外，整个北半部均为加拿大领土）。东临大西洋，西濒太平洋，南界美国本土，北靠北冰洋。西北与美国的阿拉斯加州接壤，东北隔巴芬湾与格陵兰岛相望。海岸线长24万多千米。东部为丘陵地带，南部与美国接壤的大湖和圣劳伦斯地区，地势平坦，多盆地。西部为科迪勒拉山区，是加拿大最高的地区，许多山峰在海拔4 000米以上。北部为北极群岛，多系丘陵低山。中部为平原区。最高山洛根峰，位于西部的落基山脉，海拔为5 951米。加拿大是世界上湖泊最多的国家之一。受西风影响，加拿大大部分地区属大陆性温带针叶林气候。东部气温稍低，南部气候适中，西部气候温和湿润，北部为寒带苔原气候。北极群岛，终年严寒。加拿大境内多枫树，每到秋天，满山遍野的枫叶或呈橘黄，或显嫣红，宛如一堆堆燃烧的篝火，因此加拿大有“枫叶之国”的美誉。加拿大国旗上的枫叶代表了加拿大人对枫叶的钟爱。

（2）人口：3 531万（2013年）。其中，英裔居民占42%，法裔居民占26%，其他欧裔居民占15%，土著居民（印第安人、米提人和因纽特人）约占3%，其余为亚洲、拉美、非洲裔等。现有华人约145万人。英语和法语同为官方语言。居民中信奉天主教的占45%，信奉基督教新教的占36%。

2）经济

加拿大是西方七大工业国家之一。制造业和高科技产业较发达，资源工业、初级制造业和农业亦是国民经济的重要支柱。近年来，加拿大经济增长较为强劲，增速在发达工业国中名列前茅。加拿大以贸易立国，对外资、外贸依赖很大，经济上受美国影响较深。

国内生产总值（2013年）：18 250.96亿美元。

人均国内生产总值（2013年）：52 200美元。

国内生产总值增长率（2013年）：2.0%。

货币名称：加拿大元。1加元=100分。

汇率（2016年8月31日）：1美元=1.299 1加元。

失业率（2013年）：7.1%。

（1）资源。加拿大地域辽阔，森林和矿产资源丰富。矿产有60余种，主要有（世界排名）：钾（44亿吨，第一）、铀（43.9万吨，第二）、钨（26万吨，第二）、镉（55万吨，第三）、镍（490万吨，第四）、铅（200万吨，第五）等。原油储量仅次于委内瑞拉和沙特居世界第三，其中97%以油砂形式存在。已探明的油砂原油储量为1 732亿桶，占全球探明油砂储量的81%。森林面积4亿多公顷（居世界第三，仅次于俄罗斯和巴西），产材林面积286万平方公里，分别占全国领土面积的44%和29%；木材总蓄积量约为190亿立方米。加拿大领土面积中有89万平方公里为淡水覆盖，可持续性淡水资源占世界的7%。

（2）工业。2013年加拿大制造业总产值1 679.54亿加元，占国内生产总值的8.9%，从业人员172万，占全国就业人口的9.6%。建筑业总产值1 134.15亿加元，占国内生产总值的6.0%，从业人员129.8万，占全国就业人口的7.2%。2009—2013年加拿大主要工业产品产量见表6-11。

表6-11 2009—2013年加拿大主要工业产品产量

单位：万吨

年份	2009	2010	2011	2012	2013
汽车/万辆	146.8	158.4	162.1	248	230
原油/亿立方米	1.48	1.58	1.71	1.83	1.93

续表

年份	2009	2010	2011	2012	2013
天然气/亿立方米	1 706. 08	1 702. 51	1 727. 39	1 445. 40	1 548. 3
铁矿砂/万吨	3 170. 4	3 605. 8	3 357. 3	3 942. 70	4 277
煤/万吨	6 293. 4	6 789. 6	6 673. 6	6 694. 2	6 833. 1
镍/万吨	13. 2	15. 3	21. 2	19. 70	21. 47
金/万公斤	9. 60	9. 10	9. 82	10. 40	12. 14
铜/万吨	48. 1	50. 8	55. 1	56. 30	61. 35
铀/万吨	1. 01	0. 99	0. 87	0. 97	0. 75

（资料来源：加拿大统计局、加拿大国土资源部、加拿大国家能源局网站等）

（3）农业。2013 年加拿大农、林、渔业总产值 279. 3 亿加元，占国内生产总值的 1. 76%。加拿大主要种植小麦、大麦、亚麻、燕麦、油菜籽、玉米、饲料用草等作物。可耕地面积约占国土面积 16%，其中已耕地面积约 6 800 万公顷，占国土面积 7. 4%。2013 年，加拿大农业人口 65 万，占全国就业人口的 1. 84%。加拿大渔业发达，75%的渔产品出口，是世界上最大的渔产品出口国。2009—2013 年加拿大主要动物产品产值见表 6-12。

表 6-12　2009—2013 年加拿大主要动物产品产值

单位：亿加元

年份	2009	2010	2011	2012	2013
牛肉	65. 31	61. 57	64. 88	65. 19	68. 04
猪肉	31. 87	33. 46	38. 66	38. 56	40. 79
家禽肉	23. 81	22. 90	26. 13	23. 72	24. 47
奶制品	53. 06	54. 95	58. 15	59. 18	59. 16

（资料来源：加拿大统计局网站）

（4）服务业。2013 年加拿大产值为 11 125 亿加元，约占当年国内生产总值的 69. 9%，从业人员 1 384. 77 万，占当年全国总劳动力的 78%。

（5）旅游业。2013 年加拿大旅游收入 164 亿加元，接待外国游客 166 万人次。主要旅游城市有温哥华、渥太华、多伦多、蒙特利尔、魁北克市等。

（6）交通运输。加拿大交通运输发达，水、陆、空运输均十分便利，人均交通线占有量居世界前列。2013 年加拿大运输业总产值 659. 56 亿加元，约占当年国内生产总值 4. 1%，共提供 86. 32 万个工作岗位，占全国工作岗位的 4. 8%。具体情况如下：

铁路：总长 72 245 千米，货运量约 2. 777 97 亿吨。

公路：目前加拿大高速公路和普通公路总长 140. 89 万千米。横贯加拿大的高速公路长 7 725 千米，于 1971 年全线通车，从太平洋东岸的维多利亚直到大西洋西岸纽芬兰的圣约翰斯，是全世界最长的国家级高速公路。全国注册车辆总数约 2 600 万辆。

水运：圣劳伦斯运河深水航道全长 3 769 千米，是世界最长的运河，船舶通航可从大西洋抵达五大湖水系。加拿大共有25个大的深水港和650个小港口，年吞吐量总计4.7亿吨。加拿大最大的港口是温哥华港，年吞吐量达7 630万吨。

空运：加拿大约有商业飞机4 500架，主要机场68个，包括多伦多、温哥华、卡尔加里和蒙特利尔等国际机场。年客运量约1.185亿人千米，货运量约107.6万吨。

管道运输：输送石油、天然气与水的管道总长19.6万千米，是世界第二长的管道系统。

（7）财政金融。受国际金融危机冲击，2009—2010财年，加拿大联邦财政预算出现高额赤字，连续11年保持盈余的状况就此结束。2011年6月，加拿大政府在预算案中将减少赤字作为重要任务之一，计划大幅削减政府开支，争取在2014—2015财年实现赤字“归零”。2014年2月，加拿大财长弗莱厄蒂向议会提交《加拿大2014年经济行动计划》新财年预算案，重申2015财年实现联邦预算平衡目标，强调政府将继续致力于促进就业和经济增长，奠定国家长期繁荣的基础。2010—2014年加拿大财政预算情况见表6-13。

表6-13 2010—2014年加拿大财政预算情况

单位：亿加元

年份	2010—2011	2011—2012	2012—2013	2013—2014
收入	2 371	2 480	2 550	2 639
支出	2 705	2 729	2 529	2 529
盈余	-334	-249	-211	-297

截至2014年8月，加拿大外汇储备为625.48亿美元，其中黄金储备1.22亿美元。2013财年，加拿大联邦债务总额约6 024.4亿加元。加拿大主要银行有：

① 加拿大皇家银行（Royal Bank of Canada）：成立于1869年，加拿大最大的民营银行。2012年资产总值达8 251亿加元。

② 加拿大帝国商业银行（Canadian Imperial Bank of Commerce）：由加拿大商业银行（1867年成立）与加拿大帝国银行（1875年成立）于1961年合并而成。2013年总资产为3 984亿加元。

③ 蒙特利尔银行（Bank of Montreal）：成立于1817年。2013年总资产为5 870亿加元。

（8）对外贸易。加拿大经济对外贸依赖严重，2013年对外商品贸易额为9 475.31亿加元，出口额与进口额分别增长3.8%与3%。

加拿大主要出口汽车及零配件、其他工业制品、林产品、金属、能源产品等；主要进口机械设备、汽车及零配件、工业材料、食品等。加拿大主要贸易对象是美国、中国、日本、欧盟。2013年对美国出口额占加拿大出口总额的75.8%，对中国出口额占加拿大出口总额的4.4%；自美国进口额占加拿大进口总额的52.1%，自中国进口额占加拿大进口总额的11.1%。

3. 墨西哥合众国（The United Mexican States，简称墨西哥）

1）概况

（1）自然地理：面积196.43万平方千米，是拉丁美洲第三大国。位于北美洲南部，拉丁美洲西北端。北邻美国，南接危地马拉和伯利兹，东濒墨西哥湾和加勒比海，西临太平洋和加利福尼亚湾。海岸线长11 222千米。其中太平洋海岸7 828千米，墨西哥湾、加勒比海岸3 294千米。有300万平方千米经济专属区和35.8万平方千米大陆架。著名的特万特佩克地峡将北美洲和中美洲连成一片。全国面积5/6左右为高原和山地。墨西哥高原居中，两侧为东西马德雷山，以南是新火山山脉和南马德雷山脉，东南为地势平坦的尤卡坦半岛，沿海多狭长平原。全国最高峰奥里萨巴火山，海拔5 610米。墨西哥的主要河流有北布拉沃河、巴尔萨斯河和亚基河，湖泊多分布在中部高原的山间盆地中，最大的是查帕拉湖，面积1 038平方千米。墨西哥气候复杂多样。沿海和东南部平原属热带气候，年平均气温为25～27.7 ℃；墨西哥高原终年气候温和，山间盆地为24 ℃，地势较高地区17 ℃左右；西北内陆为大陆性气候。大部分地区全年分旱、雨两季，雨季集中了全年75%的降水量。年平均降水量西北部不足250毫米，内地为750～1 000毫米，墨西哥湾沿岸中部与太平洋沿岸南部为1 000～2 000毫米。因墨西哥境内多为高原地形，冬无严寒，夏无酷暑，四季万木常青，故享有“高原明珠”的美称。

（2）人口。1.12亿（2010年7月），印欧混血种人和印第安人分别占总人口的90%和10%。官方语言为西班牙语，居民中92.6%信奉天主教，3.3%信奉基督教新教。

2）经济

墨西哥是经济大国，北美自由贸易区成员，世界最开放的经济体之一，同45个国家签署了自贸协定。工业门类齐全，石化、电力、矿业、冶金和制造业较发达。2014年国内生产总值增长2.1%，通胀率4.08%，失业率4.83%。

墨西哥主要出口原油、工业制成品、石油产品、服装、农产品等，主要出口对象为美国、加拿大、欧盟、中美洲、中国等；主要进口食品、医药制品、通信器材等，主要进口来源国为美国、中国、德国、日本、韩国等。2014年进出口总额7 975.13亿美元，其中出口3 975.35亿美元，进口3 999.77亿美元，同比分别增长4.77%、4.6%和4.9%。

墨西哥贫富分化严重。据墨西哥社会发展评估委员会发布的2010—2012年度报告，墨西哥贫困人口占总人口的45.5%，其中极端贫困人口占比达9.8%。2013年全国人口出生率19.0‰，死亡率5.7‰。

4. 巴西联邦共和国（The Federative Republic of Brazil，简称巴西）

1）概况

（1）自然地理：国土面积851.49万平方千米（资料来源《巴西四月年鉴》），是拉丁美洲面积最大的国家。位于南美洲东南部。北邻法属圭亚那、苏里南、圭亚那、委内瑞拉和哥伦比亚，西邻秘鲁、玻利维亚、南接巴拉圭、阿根廷和乌拉圭，东濒大西洋。海岸线长7 400多千米，领海宽12海里（1海里=1 852米），领海外专属经济区188海里。国土80%位于热带地区，最南端属亚热带气候。北部亚马孙平原属赤道气候，年平均气温27～29 ℃。中部高原属热带草原气候，分旱、雨季。南部地区平均气温16～19 ℃。

（2）人口：2.028亿（2010年8月），占世界人口的2.8%，居南美洲首位。其中白种人占54.03%，黑白混血种人占39.94%，黑种人占5.39%，黄种人占0.46%，印第安人约占0.16%。葡萄牙语为官方语言。71%的居民信奉天主教。

2）经济

巴西的经济实力居南美洲首位，世界第七位。农牧业发达，是多种农产品主要生产国和出口国。巴西工业基础雄厚，门类齐全，石化、矿业、钢铁、汽车工业等较发达，民用支线飞机制造业和生物燃料产业在世界上居于领先水平。服务业产值占国内生产总值近七成，金融业较发达。

1967—1974年，巴西经济年均增长率高达10.1%，被誉为“巴西奇迹”。20世纪80年代，受高通胀和债务困扰，经济出现衰退。从20世纪90年代开始，巴西政府推行外向型经济模式，经济重拾增势。受1998年亚洲金融风暴波及，1999年发生严重金融动荡，巴西经济增速再次放缓。卢拉政府执政以后，采取稳健务实的经济政策，控制通胀和财政赤字，鼓励生产性投资和工农业发展，加强金融监管，巴西经济逐步走上稳定发展道路。2010年年底卢拉卸任时，巴西成为世界第七大经济体。

近年来，为应对国际金融危机，巴西政府采取一系列财政金融政策，维护宏观经济稳定，但经济增速逐步放缓。2011—2013年，国内生产总值分别增长2.7%、1.0%和2.3%。当前，巴西面临较大财政、通胀和出口压力，经济增速进一步放缓。2014年前三季度，经济同比增长0.2%。预计全年增速近乎于零。巴西主要经济数据如下：

国内生产总值：4.84万亿雷亚尔（约合2.24万亿美元，2013年）。

人均国内生产总值：24 065雷亚尔（约合1.1万美元，2013年）。

经济增长率：2.3%（2013年）。

货币名称：雷亚尔（Real）：1雷亚尔=100分。

汇率：1美元≈2.98雷亚尔。

通货膨胀率：6.4%（2014年）。

失业率：4.8%（2014年）。

（1）资源。巴西矿产、土地、森林和水力资源十分丰富。铌、锰、钛、铝矾土、铅、锡、铁、铀等29种矿物储量位居世界前列。铌矿储量已探明455.9万吨，产量占世界总产量的90%以上。已经探明铁矿储量333亿吨，占世界9.8%，居世界第五位，产量居世界第二位。石油探明储量153亿桶，居世界第15位，南美地区第二位（仅次于委内瑞拉）。2007年以来，在沿海陆续发现多个特大盐下油气田，预期储量500亿至1 500亿桶，有望进入世界十大储油国之列。森林覆盖率达62%，木材储量658亿立方米，占世界1/5。水力资源丰富，拥有世界18%的淡水，人均淡水拥有量2.9万立方米，水力蕴藏量达1.43亿千瓦/年。

（2）工业。巴西工业实力和工艺均居拉丁美洲首位。20世纪70年代即建成比较完整的工业体系，工业基础较雄厚。2013年工业产值9 952亿雷亚尔，同比增长1.2%，占国内生产总值20.6%。巴西主要工业部门有：钢铁、汽车、造船、石油、水泥、化工、冶金、电力、建筑、纺织、制鞋、造纸、食品等。民用支线飞机制造业和生物燃料产业在世界居于领先水平。20世纪90年代中期以来，药品、食品、塑料、电器、通信设备及交通器材等行业发展较快；制鞋、服装、皮革、纺织和机械工业等萎缩。2009—2013年巴西的主要工业产品产量见表6-14。

表6-14　2009—2013年巴西主要工业产品产量

单位：万吨

年份	2009	2010	2011	2012	2013
铝	150.0	153.6	144.0	143.6	130.4
粗钢	2 560.0	3 280.0	3 520.0	3 470.0	3 417.8
纸浆	1 346.0	1 405.0	1 399.7	1 380.0	1 499.0
汽车（万辆）	318.2	363.8	440.6	334.2	370.0

（资料来源：巴西网站）

（3）农牧业。巴西可耕地面积约1.525亿公顷，已耕地7 670万公顷，牧场1.723亿公顷，咖啡、蔗糖、柑橘、菜豆产量居世界首位，是全球第二大转基因作物种植国、第二大大豆生产和出口国、第四大玉米生产国，玉米出口位居世界前五，同时也是世界上最大的牛肉和鸡肉出口国。2013年粮食总产量1.88亿吨。牛存栏数近2亿头。除小麦等少数作物外，主要农产品均能自给并大量出口。2009—2013年巴西主要农产品的产量见表6-15。

表6-15 2009—2013年巴西主要农产品产量

单位：万吨

年份	2009	2010	2011	2012	2013
稻谷	1 153.2	1 262.8	1 370	—	1 176
大豆	6 516	6 855	7 175	8 150	8 168
小麦	214.2	502.6	579	438	571.2
玉米	5 743	5 272.3	5 620	—	—
杂豆	315.8	364.6	352.6	—	—
棉花	157.8	121.5	—	131	170

（资料来源：中国驻巴西使馆经商处、巴西农业供给公司、巴西农牧业协会、巴西国家地理统计局）

（4）服务业。服务业对巴西经济发展举足轻重，它不仅是产值最高的产业，也是创造就业机会最多的行业。巴西服务业主要部门包括不动产、租赁、旅游业、金融、保险、信息、广告、咨询和技术服务等。2013年，巴西服务业产值22 789亿雷亚尔，同比增长8.5%，占国内生产总值57.4%。

（5）旅游业。2013年巴西接待外国游客逾600万人次，同比增长5%，创汇66亿美元，其中我国游客首站赴巴西5.3万人次，巴西游客来中国9.6万人次，同比分别增长9.9%和-3.7%。全国主要旅游城市和景点：里约热内卢、圣保罗、萨尔瓦多、巴西利亚、伊瓜苏大瀑布、马瑙斯、黑金城、巴拉那石林和大沼泽地等。

（6）交通运输。巴西交通基础设施总量不足。近年来，巴西政府通过加大投资力度、完善机制体制、改善投资环境等一系列举措，大力推动交通基础设施建设。

铁路：铁路运力居拉丁美洲首位，目前铁路网总长度约为30 374千米，主要分布在巴西南部、东南部和东北部，其中35%以上建于60年前。除零星旅游线路外，大多为运输铁矿石、农产品等的货运线路。

公路：总长175万千米，承担全国逾2/3的货物运输量，但仅有21.9万千米柏油路，1万千米高速公路。

水运：全国共有港口37座，年吞吐量7亿吨，桑托斯港为巴西最大港口，吞吐量占全国1/3。位于亚马孙河中游的马瑙斯港为最大内河港口，可停泊万吨级货轮。

空运：全国共有2 498个飞机起降点，居世界第二，其中国际机场34个，与世界主要地区有定期航班。2012年航空旅客运量为1.1亿人次。圣保罗国际机场是全国航空枢纽，年运送乘客3 500万人次。

（7）财政金融。2013年巴西初级财政盈余750亿雷亚尔，占国内生产总值的1.5%。公共债务余额2.12万亿雷亚尔，相当于国内生产总值的43.8%，外汇储备3 741亿美元

（2014年），外债余额3 476亿美元（2014年）。

巴西银行：成立于1808年，是巴西最大的国家银行，在21个国家设有代表处。2004年10月在上海开设代事处，2014年升格为分行。

巴西国家经济社会发展银行：成立于1952年，主要职责是为巴西大型基础设施和工程提供资金帮助。

（8）对外贸易。近年来，巴西政府积极采取措施鼓励出口，实现贸易多样化，对外贸易额增长迅速。2009—2014年巴西外贸情况见表6-16。

表6-16 2009—2014年巴西外贸情况

单位：亿美元

年份	2009	2010	2011	2012	2013	2014
进口	1 276.47	1 816	2 262.5	2 231.42	2 396	2 290
出口	1 529.95	2 019	2 560.4	2 425.8	2 422	2 251
顺差	253.48	203	297.9	194.38	26	-39

（资料来源：巴西发展、工业和外贸部）

巴西主要进口机械设备、电子设备、药品、石油、汽车及零配件、小麦等；出口汽车及零部件、飞机、钢材、大豆、药品、矿产品（主要是铁矿砂）等。2013年巴西与各主要贸易伙伴进出口情况见表6-17。

表6-17 2013年巴西与各主要贸易伙伴进出口情况

单位：亿美元

国家	进口额	出口额	总额
中国	540.9	361.9	902.8
美国	362.79	248.56	611.35
阿根廷	164.63	196.16	360.79
德国	151.8	65.5	217.3

（资料来源：巴西发展、工业和外贸部）

6.5 大洋洲经济区

6.5.1 概述

古巴国家概况

1. 地理位置

大洋洲的范围有狭义和广义两种说法，狭义仅指太平洋三大岛群，即波利尼西亚、密克罗尼西亚和美拉尼西亚三大岛群。广义的除三大岛群外，还包括澳大利亚、新西兰和新几内亚岛，共约1万多个岛屿。现在一般指广义。大洋洲陆地总面积约897万平方千米，约占世界陆地总面积的6%，是世界上面积最小的一个洲。大洋洲又称为澳洲，澳洲是澳大利亚洲的简称，“澳大利亚”一词来源于西班牙文，意思是“南方的陆地”。人们在南半球发现这块大陆时，以为这是一块一直通到南极洲的陆地，便取名“澳大利亚”。后来才知道，澳大利亚和南极洲之间还隔着辽阔的海洋。大洋洲见图6-6。

图6-6 大洋洲

2. 居民

居民约占世界总人口的0.5%，是世界上除南极洲外人口最少的一个洲。城市人口占总人口的70%左右，是各洲中城市人口比重最大的一个洲。70%以上的居民是欧洲移民的后裔；当地居民约占总人口的20%，主要是美拉尼西亚人、密克罗尼西亚人、巴布亚人、波利尼西亚人；印度人约占总人口的1%；此外还有混血种人、华裔、华侨以及日本人等。绝大部分居民信奉基督教，少数信奉天主教，印度人多信奉印度教。绝大部分居民通用英语。太平洋三大岛群上的当地居民，分别用美拉尼西亚语、密克罗尼西亚语和波利尼西亚语。

3. 自然环境

大陆海岸线长约19 000千米。岛屿面积约为133万平方千米，其中新几内亚岛为最大，是世界第二大岛。地形分为大陆和岛屿两部分：澳大利亚大陆西部为高原，海拔200～500米，也有一些海拔1 000～1 200米的横断山脉，大部分为沙漠和半沙漠；大陆中部为平原，海拔在200米以下，北艾尔湖湖面在海平面以下16米，为大洋洲的最低点；大陆东部为山地，一般海拔800～1 000米，东坡较陡，西坡缓斜。新几内亚岛、新西兰的北岛和南岛是大陆岛，岛上多高山，平原狭小，山脉多在海拔2 000米以上。新几内亚岛最高点查亚峰，海拔5 029米，是大洋洲的最高点。澳大利亚东部和北部沿海岛屿是太平洋西岸火山带的组成部分。大洋洲有活火山60多座（不包括海底火山）。夏威夷岛上有几座独特而世界闻名的火山，其中冒纳罗亚火山海拔4 170米，最近一次爆发在1950年，是大洋洲中最高的活火山。多火山的这一地带也是世界上地震频繁和多强烈地震的地带。外流区域约占大洋洲总面积的48%。墨累河是外流区域中最长和流域面积最大的河流。内流区域（包括无流区）约占大洋洲总面积的52%，均分布在澳大利亚中部及西部地区，主要的内流河都注入北艾尔湖。大洋洲的瀑布和湖泊均较少，最大的湖泊北艾尔湖，面积约8 200平方千米；最深的湖泊是新西兰南岛西南端的豪罗科湖，深达462米。

大洋洲大部分处在南、北回归线之间，绝大部分地区属热带和亚热带，除澳大利亚的内陆地区属大陆性气候外，其余地区属海洋性气候。澳大利亚昆士兰州的克朗克里极端最高气温达53 ℃，为大洋洲最热的地点。澳大利亚中部和西部沙漠地区气候干旱，年平均降水量不足250毫米，是大洋洲降水最少的地区。夏威夷的考爱岛东北部年平均降水量高达12 000毫米，是世界上降水量最多的地区之一。新几内亚岛北部及美拉尼西亚、密克罗尼西亚、波利尼西亚三大岛群属全年多雨的热带降水区，迎风坡平均降水量多在2 000毫米以上，美拉尼西亚北部、新几内亚岛北部及马绍尔群岛南部年平均降水量可达3 000～5 000毫米，背风坡仅1 000毫米左右；澳大利亚北部和新几内亚岛东南沿海属暖季降水区，年平均降水量750～2 000毫米，暖季降水量约占全年降水量的50%～80%；澳大利亚东南部及新西兰属各月降水较均匀，但以冬季稍多的温带降水区，年平均降水量大多在500～1 000毫米；澳大利亚南部和西南沿海属地中海式冬季降水区，冬季降水量约占全年降水量的40%～60%。澳大利亚东部和新西兰1月至4月受台风影响，波利尼西亚的中部和密克罗尼西亚的加罗林群岛附近是台风的源地，在澳大利亚东南部，冬季受极地吹来的“南寒风”的影响，气温降低至10 ℃以下。

4. 自然资源

除澳大利亚外，主要矿物是镍、铝土矿、金、铬、磷酸盐、铁、银、铅、锌、煤、石油、天然气、铀、钛等，镍储量约4 600万吨，居各洲首位。各岛上的鸟粪也很丰富。大洋洲的森林面积约7 600亿平方米，占其总面积的9%。占世界森林面积的2%。

5. 经济

经济以农矿业为主，盛产供出口的椰子、甘蔗、菠萝、天然橡胶等，主要粮食作物有小麦、薯类、玉米、稻子等，大多数国家和地区的粮食生产不能自给。畜牧业发达，以养羊为主。绵羊头数占世界绵羊总头数的20%左右，羊毛产量占世界羊毛总产量的40%左右。工业以采矿、农畜产品加工为主。重工业较发达的有澳大利亚和新西兰，新喀里多尼亚镍产量居世界第二位，斐济的金和瑙鲁的磷酸盐开采较发达。

6. 地理区域

分为澳大利亚、新西兰、新几内亚、美拉尼西亚、密克罗尼西亚和波利尼西亚。

（1）澳大利亚：以动植物的珍异闻名，是蓝桉、大叶桉、柠檬桉、檀香、南洋杉、木麻黄、蜡菊等栽培植物的原产地。

（2）新西兰：是新西兰麻及考力代绵羊的原产地。

（3）新几内亚：面积81万多平方千米，其中新几内亚（亦称伊里安岛或巴布亚岛）的面积为78.5万平方千米。居民多美拉尼西亚人和巴布亚人，东部居民讲美拉尼西亚语和皮钦语，西部居民通用马来语，约一半居民信奉基督教。毛克山脉和马勒山脉横贯全岛，海拔达4 000米以上。南部的里古—弗莱平原为该岛最大的平原，沿海多沼泽和红树林。东南部沿海地区属热带草原气候，海拔1 000米以上地区属山地气候，其余地区属热带雨林气候。高山地区终年积雪。北半部年平均降水量在3 000毫米以上，南部1 000～2 000毫米。1月至4月受热带飓风影响。矿物以金、石油较重要。主要产椰子、可可、咖啡、天然橡胶等。

（4）美拉尼西亚：意为“黑人群岛”，位于西太平洋，赤道同南回归线之间。陆地总面积约155 000平方千米。居民主要是美拉尼西亚人。当地居民通用美拉尼西亚语，英语为官方语言。主要有俾斯麦群岛、所罗门群岛、圣克鲁斯群岛、新赫布里底群岛、新喀里多尼亚岛、斐济群岛。

（5）密克罗尼西亚：意为“小岛群岛”。位于中太平洋，绝大部分位于赤道以北。陆地总面积2 584平方千米。居民主要是密克罗尼西亚人。主要有马里亚纳群岛、加罗林群岛、马绍尔群岛、瑙鲁岛、吉尔伯特群岛等。群岛分裂为两弧，中隔马里亚纳海沟。群岛以珊瑚礁为主，有许多大环礁和礁湖，也有火山岛。属热带雨林气候，高温多雨。加罗林群岛附近是台风源地之一。主产香蕉、甘蔗、椰子和磷酸盐等。① 瑙鲁共和国位于太平洋中西部。面积21平方千米，居民多瑙鲁人。瑙鲁为珊瑚岛，属热带雨林气候。瑙鲁行政管理中心为亚伦。② 基里巴斯共和国位于瑙鲁东部，面积811平方千米，产椰干、磷酸盐、水果、鱼翅等。首都塔拉瓦。1980年6月25日同我国建交。③ 密克罗尼西亚联邦由600多个岛屿组成，面积705平方千米，首都帕利基尔，1989年9月11日同我国建交。④ 马绍尔群岛共和国面积181平方千米，首都马朱罗，1990年11月16日与我国建交。⑤ 帕劳共和国面积458平方千米，首都梅莱凯奥克。

（6）波利尼西亚：意为“多岛群岛”，位于太平洋中部，陆地总面积约26 500平方千米。居民主要是波利尼西亚人，主要有夏威夷群岛、中途岛、威克岛、图瓦卢群岛、汤加群岛、社会群岛、土布艾群岛、土阿莫土群岛、马克萨斯群岛、纽埃岛、萨摩亚群岛、托克劳群岛、库克群岛、莱恩群岛、菲尼克斯群岛、约翰斯顿岛、瓦利斯群岛、富图纳群岛、皮特凯恩群岛等，由火山岛和珊瑚礁组成。赤道附近各岛属热带草原气候，其他各岛属热带雨林气候。波利尼西亚中部是台风源地之一。矿物有磷酸盐、镍、铬等。沿海产珍珠。盛产并出口椰干，还产可可、甘蔗、天然橡胶等。① 汤加王国位于波利尼西亚的西南部。由约170个岛屿组成，面积747平方千米。1970年6月4日宣布独立。经济以农业为主，主产并出口椰干和香蕉。首都努库阿洛法。② 法属波利尼西亚，位于太平洋中南部，主要包括社会群岛、土布艾群岛、土阿莫土群岛、马克萨斯群岛、甘比尔群岛、马罗蒂里群岛（巴斯群岛）和拉帕岛等。陆地面积约4 167平方千米，首府帕皮提。③ 纽埃（新），位于南太平洋中部。陆地面积258平方千米，首府阿洛菲。④ 萨摩亚群岛，位于斐济东北，为南太平洋海、空交通的枢纽，主要由乌波卢岛、萨瓦伊岛及图图伊拉岛等13个岛屿和珊瑚礁组成，陆地总面积3 133平方千米。群岛分东、西两部分，西萨摩亚已经独立，东萨摩亚仍为美国占领。东萨摩亚陆地面积199平方千米，主产并出口椰干、香蕉、水果、鱼罐头，首府帕果帕果。⑤ 托克劳群岛（新），又称尤宁群岛，位于萨摩亚群岛以北。陆地面积12平方千米，人口1 600。主产椰子、可可、香蕉。⑥ 图瓦卢，位于萨摩亚群岛西北。陆地总面积为26平方千米，主要为波利尼西亚人，1978年10月1日独立。居民多从事椰子种植和捕鱼，首都富纳富提。⑦ 库克群岛（新），位于萨摩亚群岛东面，分南、北两部分，陆地总面积240平方千米。盛产并出口柑橘、椰干、番茄及珍珠贝，还产香蕉、咖啡、木薯、菠萝等，首府阿瓦鲁阿。⑧ 瓦利斯群岛和富图纳群岛（法），位于斐济和萨摩亚群岛间，陆地总面积274

平方千米，产椰子、薯类、芋头、香蕉。首府马塔乌图。⑨ 皮特凯恩群岛（英），位于土阿莫土群岛东南面，面积 5.47 平方千米，主产水果、鱼类，首府亚当斯敦。

6.5.2 大洋洲主要国家

1. 澳大利亚联邦（The Commonwealth of Australia）

1）概况

（1）自然地理：位于南太平洋和印度洋之间，由澳大利亚大陆和塔斯马尼亚岛等岛屿和海外领土组成。它东濒太平洋的珊瑚海和塔斯曼海，西、北、南三面临印度洋及其边缘海，海岸线长约 3.67 万千米。面积 769.2 万平方千米，占大洋洲的绝大部分，虽四面环水，沙漠和半沙漠却占全国面积的 35%。全国分为东部山地、中部平原和西部高原三个地区。全国最高峰科西阿斯科山海拔 2 228 米，最长河流墨累河长 2 575 千米。中部的北艾尔湖是澳大利亚的最低点，湖面低于海平面 16 米。在东部沿海有全世界最大的珊瑚礁——大堡礁。北部属热带，大部分属温带。年平均气温北部 27 ℃，南部 14 ℃，内陆地区干旱少雨，年降水量不足 200 毫米，东部山区 500～1 200 毫米。

（2）人口：2 355 万（2014 年 8 月）。其中 70% 是英国及爱尔兰后裔；18% 为欧洲其他国家人后裔，6% 为亚裔，华人、华侨约 56 万人（2003 年 10 月）；土著居民占 2.3%，约 46 万人。通用英语。居民中有 70% 信奉基督教（其中 28% 信奉天主教，21% 信奉英国国教，21% 信奉基督教及其他教派），5% 信奉佛教、伊斯兰教、印度教和犹太教。非宗教人口占 26%。

2）经济

澳大利亚是一个后起的工业化国家，农牧业发达，自然资源丰富，盛产羊、牛、小麦和蔗糖，同时也是世界重要的矿产品生产和出口国。农牧业、采矿业为澳大利亚传统产业。近年来，制造业和高科技产业发展迅速，服务业已成为国民经济主导产业。20 世纪 70 年代以来，进行了一系列经济改革，大力发展对外贸易，经济保持较快增长。2008 年之前的 17 年，澳大利亚经济年均增长率为 3.5%，在经合组织国家中名列前茅。受国际金融危机影响，2009 年经济增幅有所放缓。但由于澳大利亚金融体系稳健，监管严格，宏观经济政策调整空间大，在这次危机中表现好于其他西方国家。21 世纪以来，矿业处于 160 年最繁荣时期，但对其他行业造成挤压，经济“双速增长”问题突出。近年来，矿业繁荣明显降温，公共财政压力上升，经济增长有所放缓。

2013 年澳大利亚主要经济数据如下：

国内生产总值：约 1.5 万亿美元。

经济增长率：2.5%。

人均国内生产总值：约 6.5 万美元。

货币：澳元（1 澳元≈0.93 美元，2014 年 8 月）。

失业率：6.4%（2014 年 7 月）。

通货膨胀率：4.5%（2014 年 8 月）。

进出口总额：6 712 亿澳元，其中进口 3 380 亿澳元，出口 3 332 亿澳元。

外汇储备：627 亿澳元（2014 年 7 月）。

（1）资源。澳大利亚矿产资源丰富，至少有 70 余种。其中铅、镍、银、铀、锌、钽的探明经济储量居世界首位。澳大利亚是世界上最大的铝矾土、氧化铝、钻石、钽生产国，黄金、铁矿石、煤、锂、锰矿石、镍、银、铀、锌的产量也居世界前列。澳大利亚还是世界最大的烟煤、铝矾土、钻石、锌精矿出口国，第二大氧化铝、铁矿石、铀矿出口国，第三大铝和黄金出口国。澳大利亚已探明的有经济开采价值的矿产蕴藏量包括：铝矾土约53亿吨，铁矿砂146亿吨，黑煤403亿吨，褐煤300亿吨，铅2 290万吨，镍2 260万吨，银4.14万吨，钽40 835吨，锌4 100万吨，黄金5 570吨；原油储量2 270亿升，天然气储量2.2万亿立方米；森林覆盖率21%，天然森林面积约1.63亿公顷（2/3为桉树）。澳大利亚渔业资源丰富，捕鱼区面积比国土面积多16%，是世界上第三大捕鱼区，有3 000多种海水和淡水鱼以及3 000多种甲壳及软体类水产品，其中已进行商业捕捞的约600种。澳大利亚最主要的水产品有对虾、龙虾、鲍鱼、金枪鱼、扇贝、牡蛎等。

（2）工业。澳大利亚以制造业、建筑业和矿业为主。2011—2012年度，澳大利亚制造业产值为1 058亿澳元，占GDP的8.5%，建筑业和矿业产值分别为1 049亿澳元和987亿澳元，分别占GDP的8.4%和7.9%。

（3）农牧业。澳大利亚农牧业发达，农牧业产品的生产和出口在国民经济中占有重要地位，是世界上最大的羊毛和牛肉出口国。受多年旱灾影响，近年来澳大利亚农牧业产量和产值持续下降。2012—2013年度，澳大利亚农牧业产值为480亿澳元。农业用地4.37亿公顷，主要农作物有小麦、大麦、羊毛、蔗糖、棉花、油料作物、牛羊肉和乳制品等。

（4）服务业。服务业是澳大利亚经济最重要和发展最快的部门。经过30年的经济结构调整，服务业已成为澳大利亚国民经济支柱产业。2011—2012年度，服务业产值达9 066亿美元，占GDP的72.6%，就业人数超过988万。

（5）旅游业。2011—2012年度，澳大利亚旅游业产值为410.18亿澳元，占国内生产总值2.8%。近年来，海外游客人数总体呈上升趋势，但国内游客仍是旅游业的主导。2011—2012年度，国内游客消费支出810亿澳元，海外游客消费支出255亿澳元。澳大利亚旅游资源丰富，著名的旅游城市和景点有悉尼、墨尔本、布里斯班、阿德莱德、珀斯、黄金海岸、达尔文、大堡礁、艾尔斯岩（乌鲁鲁）等。

（6）交通运输。澳大利亚国际海、空运输业发达。悉尼是南太平洋主要交通运输枢纽。澳大利亚交通运输情况如下：

铁路：自20世纪90年代以来，澳大利亚铁路行业进行了公司化和私有化改革。全国铁路总长约4.4万千米。2009—2010年远途铁路乘客约1 500万人次，城市轨道交通乘客约6.03亿人次，与上年基本持平。2006—2007年铁路运送货物6.65亿吨，同比增长3.8%。

公路：全国公路总长90多万千米。2012年，注册机动车辆1 670万辆，其中客车1 271万辆，轻型货车261万辆，公共汽车9万辆。

水运：港口97个，墨尔本为全国第一大港。2011—2012年度，拥有国际海运船只约80艘，国际水运货运量8.99亿吨，有30 541艘次海运船只抵港。

空运：截至2013年6月，注册飞机15 060架，各类机场和跑道约2 000个，常旅客机场约250个，其中12个国际机场。2012年，国际飞行15.78万架次，客运2 962万人次，同比增长5%，货运量87万吨，同比增长3.8%；国内飞行63.12万架次，客运5 655万人次，同比增长4.1%。澳航空业务主要由“快达”（Qantas）、“维珍澳洲”（Virgin Australia）和“捷星”（Jetstar）航空公司主导。客流量排名前十的机场为：悉尼、墨尔本、布里斯班、珀斯、阿德莱德、黄金海岸、凯恩斯、堪培拉、霍巴特和达尔文。

（7）财政金融。澳大利亚财政年度为每年7月1日至次年6月30日。2014—2015年度，澳大利亚政府预算赤字298亿澳元，经济增长率2.5%，失业率6.25%，通货膨胀率2.25%。截至2013年5月，澳大利亚总储备资产额516.63亿澳元，其中黄金储备约合36.38亿澳元，外汇储备408.51亿澳元，特别提款权45.42亿澳元，在IMF中储备25.59亿澳元。截至2012年6月，澳大利亚净外债总额7 560亿澳元，约占GDP的51.5%。

澳大利亚金融业成熟完善，监管严格，拥有全球第五大金融体系和资本市场。2010年澳大利亚金融业实际产业附加值约1 350亿澳元，占国内生产总值的11%，银行总资产2.7万亿澳元。截至2010年9月，共有56家商业银行在澳大利亚运营，其中国内银行12家，外资银行子行9家，外资银行分行35家。澳大利亚储备银行（RBA）为中央银行。国民银行、联邦银行、西太银行、澳新银行为澳大利亚最主要的四大银行，总资产占全部银行资产的50%以上。截至2010年6月，全国共有28 764台自动取款机（ATM）提供银行服务。金融监管框架由澳大利亚审慎金融监管局（APRA）、澳大利亚证券和投资委员会（ASIC）、澳大利亚储备银行三大独立机构组成。

澳大利亚股票市场发达，约54%的成年人持有股票。股票市场由澳大利亚股票交易所（ASX）运作，三种传统主要股票指数包括综合普通股指数（All Ordinaries）、综合工业股指数（All Industrials）和综合资源股指数（All Resources）。自2000年4月起，澳大利亚股票交易所和标准普尔公司联合推出全新股票指数，以更好地反映投资市场的新变化。新股指主要包括S&P/ASX100、S&P/ASX200和S&P/ASX300三种，其中S&P/ASX200代表本地市场88.2%的资金，被认为可能成为衡量澳大利亚股票市场运行状况的最重要指标。

（8）对外贸易。澳大利亚对国际贸易依赖较大。2014年1月至5月，澳大利亚货物进出口额为1 973.7亿美元，比上年同期（下同）下降1.5%。其中，出口1 038.5亿美元，下降0.3%；进口935.2亿美元，下降2.7%。贸易顺差103.2亿美元，增长28.2%。澳大利亚与130多个国家和地区有贸易关系。目前，澳大利亚主要贸易伙伴依次为中国、日本、美国、韩国、新加坡、英国、新西兰、泰国、马来西亚、印度等。2009—2013年澳大利亚商品和服务贸易进出口情况如表6-18所示。

表6-18 2009—2013年澳大利亚商品和服务贸易进出口情况

单位：亿澳元

年份	2009—2010	2010—2011	2011—2012	2012—2013
出口额	2 995	2 975	3 133	2 492
进口额	2 906	2 766	2 949	3 234
逆顺差	89	209	184	742

2012—2013年度，澳大利亚出口主要包括铁矿石、煤、教育旅行服务、黄金、个人旅游、原油、天然气、小麦、铝矾土、铜矿、牛肉、铜、羊毛制品等；进口主要包括个人旅行服务、原油、摩托车、精炼油、航空器材、药物、通信器材、计算机、公交车、货车、黄金等。

2. 新西兰（New Zealand）

1）概况

（1）自然地理：位于太平洋南部，介于南极洲和赤道之间。西隔塔斯曼海与澳大利亚相望，北邻汤加、斐济。新西兰由北岛、南岛、斯图尔特岛及其附近一些小岛组成，面积27万多平方千米，专属经济区120万平方千米。海岸线长约6 900千米。新西兰素以“绿色”著称。虽然境内多山，山地和丘陵占其总面积75%以上，但这里属温带海洋性气候，四季温差不大，植物生长十分茂盛，天然牧场或农场占国土面积的1/2。广袤的森林和牧场使新西兰成为名副其实的绿色王国。新西兰水力资源丰富，全国80%的电力为水力发电。森林面积约占全国土地面积的29%，生态环境非常好。北岛多火山和温泉，南岛多冰河与湖泊。北岛第一峰鲁阿佩胡火山高2 797米，火山北部有新西兰最大的湖泊陶波湖，面积616平方千米。南岛位于南纬40°～47°，岛上有全国第一峰——库克峰。南阿尔卑斯山中的弗朗茨·约瑟夫和富克斯冰川，是世界上海拔最低的冰川。山外有一系列冰川湖，其中蒂阿瑙湖面积342平方千米，是新西兰第二大湖。萨瑟兰瀑布，落差580米，居世界前列。岛的西南端有峡湾国家公园，奇峰突兀。

（2）人口：454万，其中，欧洲移民后裔占78.8%，毛利人占14.5%，亚裔占6.7%。75%的人口居住在北岛。奥克兰地区的人口占全国总人口30.7%。首都惠灵顿地区的人口约占全国总人口的11%。奥克兰市是全国人口最多的城市；南岛克赖斯特彻奇市是全国第三大城市。官方语言为英语和毛利语。通用英语，毛利人讲毛利语。70%居民信奉基督新教和天主教。

2）经济

新西兰是经济发达国家，以农牧业为主，农牧产品出口约占出口总量的50%。羊肉和奶制品出口量居世界第一位，羊毛出口量居世界第三位。新西兰主要经济数据如下：

国内生产总值（2014年3月年度）：2 266亿新西兰元。

人均国内生产总值（2014年3月年度）：约5.47万新西兰元。

经济增长率（2014年3月年度）：3.8%。

通货膨胀率（2014年第二季度）：0.3%。

失业率（2014年第二季度）：5.6%。

货币：新西兰元。

汇率（2014年8月）：1新西兰元约合0.84美元。

（数据来源：新西兰统计局、新西兰财政部）

（1）资源。矿藏主要有煤、金、铁矿、天然气，还有银、锰、钨、磷酸盐、石油等，但储量不大。石油储量3 000万吨，天然气储量1 700亿立方米。煤主要出口到日本、智利、印度和中国。

（2）工业。新西兰工业以农林牧产品加工为主，主要生产奶制品、毛毯、食品、皮革、烟草、造纸和木材加工等轻工业，产品主要供出口。近年来，陆续建立了一些重工业，如炼钢、炼油、炼铝和农用飞机制造等企业。

（3）农业。新西兰农业高度机械化，主要农作物有小麦、大麦、燕麦、水果等。粮食不能自给，需从澳大利亚进口。2013年，新西兰乳制品出口额为134亿新西兰元，肉产品出口额为52.8亿新西兰元。

（4）林业。新西兰森林面积810万公顷，其中自然林630万公顷，人造林180万公顷，主要出口产品有原木、木桨、纸及木板等，主要出口市场为澳大利亚、日本、中国、韩国、美国、印度尼西亚等。2013年，林业出口总额为38.59亿新西兰元。

（5）畜牧业。新西兰畜牧业发达，畜牧业生产占地1 352万公顷，为国土面积的一半。乳制品与肉类是最重要的出口产品。粗羊毛出口量居世界第一位，占世界总产量的25%。

（6）渔业。新西兰渔产丰富，拥有世界第四大专属经济区。200海里专属经济区内捕鱼潜力每年约50万吨，每年商业性捕捞和养殖鱼、贝类60万～65万吨，其中超过半数供出口。2013年，新西兰渔业产品出口总额为13.28亿新西兰元。

（7）旅游业。2014—2015年度，入境游客总人数为277.6万人次，主要来源地为：澳大利亚123.6万人次，中国大陆23.9万人次，美国20.9万人次，英国19.4万人次，德国7.6万人次。

（8）交通运输。交通运输发达，通信联络畅通。进出口货物主要靠海运，但空运在对外贸易中的重要性日增。2002年12月实施《新西兰交通战略》，作为政府在交通方面的决策指南。

（9）财政金融。2013—2014财年，新西兰财政赤字为24亿新西兰元，预计将于2014—2015财年实现4亿新西兰元财政盈余。

截至2014年6月，新西兰外汇储备为210.8亿新西兰元。新西兰的主要银行有：

① 新西兰储备银行（Reserve Bank of New Zealand）：中央银行。1934年成立时为私人银行，1936年起成为国家银行。其主要职能是：制定和执行货币政策；管理货币发行；维持合理有效的财经体制；向国库部长提供政策咨询并执行外汇政策；每半年发布一次《新西兰经济展望》和《新西兰金融政策声明》。

② 澳新银行财团（新西兰）有限公司（Australia and New Zealand Banking Group (NZ) LTD）：成立于1840年，是新西兰历史最悠久、规模最大的私营商业银行，母公司澳新银行财团位列世界最大的100家银行。2003年10月以54亿新西兰元从英国劳埃德银行收购新西兰国民银行，成为新西兰第一大银行。

③ 新西兰银行（Bank of New Zealand）：成立于1861年。1989年7月以前为国营，此后政府出售37.5%股份。1992年成为澳大利亚国家银行集团的子银行，有80万客户，400个国内分支机构。

（10）对外贸易。新西兰严重依赖外贸，发展对外贸易是对外政策的重点之一。近年来，新西兰逐步把贸易重点转向亚太地区。

6.6 非洲经济区

6.6.1 概述

非洲是“阿非利加洲”的简称。希腊文“阿非利加”是阳光灼热的意思。赤道横贯非洲的中部，非洲3/4的土地受到太阳的垂直照射，年平均气温在20 ℃以上的热带占全洲的95%，其中有一半以上地区终年炎热。非洲见图6-7。

1. 位置

位于东半球的西南部，地跨赤道南北，西北部的部分地区伸入西经。东濒印度洋，西临大西洋，北隔地中海和直布罗陀海峡与欧洲相望，东北隅以狭长的红海与苏伊士运河紧邻亚洲。

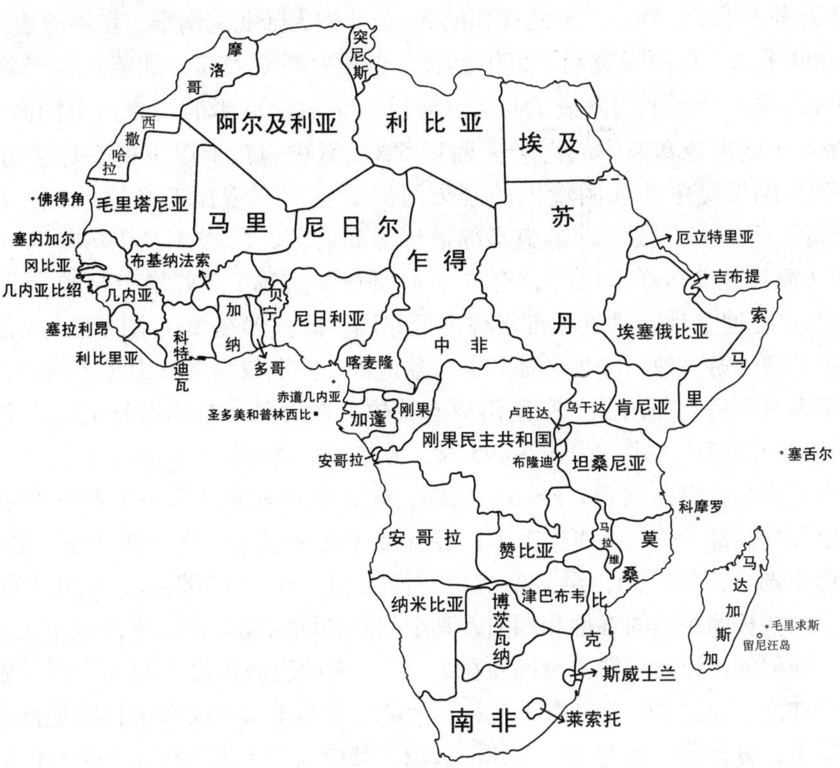

图 6-7 非洲

2. 范围

大陆东至哈丰角（东经 51°24′、北纬 10°27′），南至厄加勒斯角（东经 20°02′、南纬 34°51′），西至佛得角（西经 17°33′、北纬 14°45′），北至吉兰角（本赛卡角）（东经 9°50′、北纬 37°21′）。

3. 面积

约 3 020 万平方千米（包括附近岛屿）。约占世界陆地总面积的 20. 2%，仅次于亚洲，为世界第二大洲 。

4. 居民及宗教

9 亿多人口，占世界人口总数的 14. 5%，仅次于亚洲，居世界第二位。非洲人口的出生率、死亡率和增长率均居世界各洲的首位。人口分布极不平衡，尼罗河沿岸及三角洲地区，每平方千米约 1 000 人。撒哈拉、纳米布、卡拉哈迪等沙漠和一些干旱草原、半沙漠地带每平方千米不到 1 人。还有大片的无人区。人种：非洲是世界上民族成分最复杂的地区。非洲大多数民族属于黑种人，其余属白种人和黄种人。非洲居民多信奉原始宗教和伊斯兰教，少数人信奉天主教和基督教。

5. 语言

非洲语言约有 800 种。一般分为四个语系。

6. 自然地理

大陆海岸线全长约 30 500 千米。海岸比较平直，缺少海湾与半岛。非洲是世界各洲中岛屿数量最少的一个洲。除马达加斯加岛（世界第四大岛）外，其余多为小岛。岛屿总面积约62万平方千米，约占全洲总面积的3%。非洲大陆北宽南窄，呈不等边三角形状。南北最长约8 000千米，东西最宽约7 500千米。非洲为高原大陆，地势比较平坦，明显的山脉仅限于南北两端。全洲平均海拔750米。海拔500～1 000米的高原占全洲面积60%以上。海拔2 000米以上的山地和高原约占全洲面积5%。海拔200米以下的平原多分布在沿海地带。地势大致以刚果民主共和国境内的刚果河河口至埃塞俄比亚高原北部边缘一线为界，东南半部较高，西北半部较低。东南半部被称为高非洲，海拔多在1 000米以上，有埃塞俄比亚高原（海拔在2 000米以上，有“非洲屋脊”之称）、东非高原和南非高原，在南非高原上有卡拉哈迪盆地。西北半部被称为低非洲，海拔多在500米以下，大部分为低高原和盆地，有尼罗河上游盆地、刚果盆地和乍得盆地等。非洲较高大的山脉多矗立在高原的沿海地带，西北沿海有阿特拉斯山脉；东南沿海有德拉肯斯山脉；东部有肯尼亚山和乞力马扎罗山。乞力马扎罗山是座活火山，海拔5 895米，为非洲最高峰。非洲东部有世界上最大的裂谷带，裂谷带东支南起希雷河河口，经马拉维湖，向北纵贯东非高原中部和埃塞俄比亚高原中部，经红海至死海北部，长约6 400千米；裂谷带西支南起马拉维湖西北端，经坦噶尼喀湖、基伍湖、爱德华湖、艾伯特湖，至艾伯特尼罗河河谷，长约1 700 km，宽几十千米到300千米，形成一系列狭长而深陷的谷地和湖泊，其中阿萨勒湖的湖面在海平面以下156米，为非洲陆地最低点。非洲的沙漠面积约占全洲面积的1/3，为沙漠面积最大的一个洲。撒哈拉沙漠是世界上最大的沙漠，面积777万平方千米；西南部还有纳米布沙漠和卡拉哈迪沙漠。东非大裂谷带内及其附近，分布着一系列死火山和活火山，其中高大火山海拔达5 000米以上。非洲中、西部亦有不少高大火山。东非大裂谷带也是非洲地震最频繁、最强烈的地区。非洲的外流区域约占全洲面积的68.2%。大西洋外流水系多为源远流长的大河，有尼罗河、刚果河、尼日尔河、塞内加尔河、沃尔特河、奥兰治河等。尼罗河全长6 671千米，是世界最长的河流。刚果河的流域面积和流量仅次于亚马孙河，位居世界第二位。印度洋外流水系包括赞比西河、林波波河、朱巴河及非洲东海岸的短小河流、马达加斯加岛上的河流等。非洲的内流水系及无流区面积为958万平方千米，约占全洲总面积的31.8%。其中河系健全的仅有乍得湖流域。奥卡万戈河流域和撒哈拉沙漠十分干旱，多间歇河，沙漠中多干谷。内流区还包括面积不大的东非大裂谷带湖区，河流从四周高地注入湖泊，湖区雨量充沛，河网稠密，不同于其他干旱内流区。非洲湖泊集中分布于东非高原，少量散布在内陆盆地。高原湖泊多为断层湖，狭长水深，呈串珠状排列于东非大裂谷带，其中维多利亚湖是非洲最大湖泊和世界第二大淡水湖；坦噶尼喀湖是世界第二深湖。位于埃塞俄比亚高原上的塔纳湖是非洲最高的湖泊，海拔1 830米。乍得湖为内陆盆地的最大湖泊，面积时常变动。非洲有“热带大陆”之称，其气候特点是高温、少雨、干燥，气候带分布呈南北对称状。赤道横贯中央，气候一般从赤道随纬度增加而降低。全洲年平均气温在20 ℃以上的地带约占全洲面积95%，其中一半以上的地区终年炎热，有将近一半的地区有着炎热的暖季和温暖的凉季。埃塞俄比亚东北部的达洛尔年平均气温为34.5 ℃，是世界年平均气温最高的地方之一。利比亚首都的黎波里以南的阿齐济耶，1922年9月13日气温高达57.8 ℃，为非洲极端最高气温。乞力马扎罗山位于赤道附近，因海拔高，山顶终年积雪。非洲降水量从赤道向南北两侧减少，降水分布极不平衡，有的地区终年几乎无雨，有的地方年降水多达10 000毫米以上。全洲1/3的地区年平均降水量不足200毫米。东南部、几内亚湾沿岸及山地的向风坡降水较多。

7. 自然资源

非洲已探明的矿物资源种类多，储量大。石油、天然气蕴藏丰富；铁、锰、铬、钴、镍、钒、铜、铅、锌、锡、磷酸盐等储量很大；黄金、金刚石久负盛名；铀矿脉的相继被发现，引起世人瞩目。许多矿物的储量位居世界的前列。非洲的植物至少有40 000种以上。森林面积占非洲总面积的21%。盛产红木、黑檀木、花梨木、柯巴树、乌木、樟树、栲树、胡桃木、黄漆木、栓皮栎等经济林木。草原辽阔，面积占非洲总面积的27%，居各洲首位。可开发的水力资源丰富。沿海盛产沙丁鱼、金枪鱼、鲐鱼、鲸等。

8. 经济

非洲是世界上经济发展水平最低的洲，大多数国家经济落后。采矿业和轻工业是非洲工业的主要部门。黄金、金刚石、铁、锰、磷灰石、铝土矿、铜、铀、锡、石油等产量都在世界上占有重要地位。轻工业以农畜产品加工、纺织为主。木材工业有一定的基础，制材厂较多。重工业有冶金、机械、金属加工、化学和水泥、大理石采制、金刚石琢磨、橡胶制品等部门。农业在非洲国家国民经济中占有重要的地位，是大多数国家的经济支柱。非洲的粮食作物种类繁多，有麦、稻、玉米、小米、高粱、马铃薯等，还有特产木薯、大蕉、椰枣、薯芋、食用芭蕉等。非洲的经济作物，特别是热带经济作物在世界上占有重要地位，棉花、剑麻、花生、油棕、腰果、芝麻、咖啡、可可、甘蔗、烟叶、天然橡胶、丁香等的产量都很高。乳香、没药、卡里特果、柯拉、阿尔法草是非洲特有的作物。畜牧业发展较快，牲畜头数多，但畜产品商品率低，经营粗放落后。渔业资源丰富，但渔业生产仍停留在手工操作阶段，近年来淡水渔业发展较快。非洲是世界交通运输业比较落后的一个洲，还没有形成完整的交通运输体系。大多数交通线路从沿海港口伸向内地，彼此互相孤立。交通运输以公路为主，另有铁路、海运等方式。南非共和国、马格里布等地区是非洲交通运输比较发达的地区。撒哈拉、卡拉哈迪等地区则是没有现代交通运输线路的空白区。目前非洲有公路190多万千米，铁路约9.4万千米。内河通航里程约52 000千米。海运业占重要地位。航空业发展较快。

9. 国家

非洲目前有53个国家。此外，还包括英属印度洋领域、法属南部领地以及西撒哈拉、留尼汪、圣赫勒拿、加那利群岛、亚速尔群岛、马德拉群岛等地区。在地理上，习惯将非洲分为北非、东非、西非、中非和南非五个地区。非洲北部通常包括埃及、苏丹、利比亚、突尼斯、阿尔及利亚、摩洛哥。非洲东部通常包括埃塞俄比亚、厄立特里亚、索马里、吉布提、肯尼亚、坦桑尼亚、乌干达、卢旺达、布隆迪和塞舌尔。非洲西部通常包括毛里塔尼亚、塞内加尔、冈比亚、马里、布基纳法索、几内亚、几内亚比绍、佛得角、塞拉利昂、利比里亚、科特迪瓦、加纳、多哥、贝宁、尼日尔、尼日利亚。非洲中部通常包括乍得、中非、喀麦隆、赤道几内亚、加蓬、刚果、刚果民主共和国、圣多美和普林西比。非洲南部通常包括赞比亚、安哥拉、津巴布韦、马拉维、莫桑比克、博茨瓦纳、纳米比亚、南非、斯威士兰、莱索托、马达加斯加、科摩罗、毛里求斯。

6.6.2 非洲主要国家

1. 阿拉伯埃及共和国（The Arab Republic of Egypt，简称埃及）

1）概况

（1）自然地理：面积100.145万平方千米。地跨亚、非两洲，西与利比亚为邻，南与苏丹交界，东临红海并与巴勒斯坦、以色列接壤，北临地中海。埃及大部分领土位于非洲东北部，只有苏伊士运河以东的西奈半岛位于亚洲西南部。埃及有约2 900千米的海岸线，但却是典型的沙漠之国，全境96%为沙漠。世界最长的河流尼罗河从南到北贯穿埃及1 350千米，被称为埃及的“生命之河”。尼罗河两岸形成的狭长河谷和入海处形成的三角洲，是埃及最富饶的地区。虽然这片地区仅占国土面积的4%，但却聚居着全国99%的人口。苏伊士运河扼欧、亚、非三洲交通要冲，沟通红海和地中海，连接大西洋和印度洋，具有重要的战略意义和经济意义。主要湖泊有大苦湖和提姆萨赫湖，以及阿斯旺高坝形成的非洲第二大的人工湖——纳赛尔水库（约5 200平方千米）。全境干燥少雨。尼罗河三角洲和北部沿海地区属地中海型气候，1月平均气温12 ℃，7月26 ℃；年平均降水量50～200毫米。其余大部分地区属热带沙漠气候，炎热干燥，沙漠地区气温可达40 ℃，年平均降水量不足30毫米。每年4月至5月间常有“五旬风”，夹带沙石，使农作物受害。

（2）人口：8 670万（2014年7月），其中绝大多数生活在河谷和三角洲。主要是阿拉伯人。伊斯兰教为国教，信徒主要是逊尼派，占总人口的84%。科普特基督徒和其他信徒约占16%。官方语言为阿拉伯语，通用英语和法语。

2）经济

埃及属开放型市场经济，拥有相对完整的工业、农业和服务业体系。服务业约占国内生产总值50%。工业以纺织、食品加工等轻工业为主。农村人口占总人口55%，农业产值占国内生产总值14%。石油天然气、旅游、侨汇和苏伊士运河是四大外汇收入来源。

2011年年初以来的埃及动荡局势对国民经济造成严重冲击。埃及政府采取措施恢复生产，增收节支，吸引外资，改善民生，多方寻求国际支持与援助，以渡过经济困难，但收效有限。2013年7月临时政府上台后，经济面临较大困难，在海湾地区阿拉伯国家的大量财政支持下，经济情况较前有所好转。2014年6月新政府成立后，大力发展经济，改善民生。埃及主要经济数据如下：

国内生产总值（2013—2014财年）：2 900亿美元。

人均国内生产总值（2013—2014财年）：3 152美元。

经济增长率（2013—2014财年）：2%。

通货膨胀率（2013—2014财年）：12%。

失业率（截至2015年2月）：12.9%。

外汇储备（截至2015年2月）：153亿美元。

外债（截至2014年7月）：453亿美元。

货币名称：埃及镑。

汇率：1美元≈7.61埃及镑（2015年2月）。

（资料来源：英国经济季评、埃及信息与支持决策中心）

（1）资源。埃及主要资源是石油、天然气、磷酸盐、铁等。已探明的储量为：石油44.5亿桶（2013年1月），天然气2.186万亿立方米（2012年1月），磷酸盐约70亿吨，铁矿6 000万吨。此外还有锰、煤、金、锌、铬、银、钼、铜和滑石等。平均原油日产量达71.15万桶，天然气日产量达1.68亿立方米，国内消耗的天然气数量占天然气总产量的70%，其余30%供出口。埃及电力供应以火电为主，占86.9%。全国电网覆盖率达99.3%，世界排名第28位。阿斯旺水坝是世界七大水坝之一，全年发电量超过100亿千瓦时。2008

年，埃及斥资16亿埃及镑改进阿斯旺大坝发电机组，并斥资150亿埃及镑改进全国电网。2007年埃及正式启动核电站计划，2010年宣布将于2025年前建立4个核电站。

（2）工业。埃及工业以纺织和食品加工等轻工业为主。工业产值约占国内生产总值的16%，工业产品出口约占商品出口总额的60%，工业从业人员274万人，占全国劳动力总数的14%。埃及工业企业过去一直以国营为主体，自20世纪90年代初开始，埃及开始积极推行私有化改革，出售企业上百家。

（3）农业。埃及是传统农业国，农村人口占全国总人口的55%，农业从业人员约550万人，占全国劳动力总数的31%。埃及政府重视扩大耕地面积，鼓励青年务农。全国可耕地面积为310万公顷，约占国土总面积的3.7%。近年来，随着埃及经济的发展，农业产值占国内生产总值比重有所下降。埃及的主要农作物有小麦、大麦、棉花、水稻、马铃薯、蚕豆、苜蓿、玉米、甘蔗、水果、蔬菜等，主要出口棉花、大米、马铃薯、柑橘等。经过近几年的改革，农业生产实现了稳定增长，是经济开放首当其冲和见效最快的部门。但随着人口增长，埃及仍需进口粮食，是世界上最大的粮食进口国之一。

（4）旅游业。埃及历史悠久，名胜古迹很多，具有发展旅游业的良好条件。埃及政府非常重视发展旅游业。埃及主要旅游景点有金字塔、狮身人面像、卢克索神庙、阿斯旺高坝、沙姆沙伊赫等。2011年以来的动荡局势对旅游业影响较大，赴埃旅游人数、饭店房间价格、旅游投资均明显下降。2012年，埃及接待游客1 050万人次，收入约100亿美元。2013年6月月底，埃及局势再次动荡后，多国政府颁布赴埃旅行警告。2014年，埃及旅游收入为75亿美元，同比增长27%，赴埃及游客数量为1 000万人次。

（5）交通运输。埃及交通运输便利，近几年海、陆、空运输能力增长较快。

铁路：由28条线路组成，总长10 008千米，共有796个客运站，日客运量200万人次。开罗目前共有两条地铁线路，总长64千米，共耗资120亿埃及镑。地铁三号线分两段修建，第一段全长4.3千米，第二段全长7.12千米，总成本约64亿埃及镑。

公路：总长约49 000千米。

水运：有7条国际海运航线；内河航线总长约3 500千米。现有亚历山大、塞得港、杜米亚特、苏伊士等62个港口，年吞吐总量为800万集装箱，海港贸易量为1.01亿吨。苏伊士运河是沟通亚、非、欧的主要国际航道。近年来，运河进行了大规模扩建，使过运河船只载重量达24万吨，可容纳第四代集装箱船通过。2012年运河收入51.3亿美元。

空运：有民航飞机55架。全国共有机场30个，其中国际机场11个，开罗机场是重要国际航空站。2008年，埃及航空公司正式加入星空联盟。

（6）电信信息。近年来，埃及大力发展电信和信息产业。2001年，埃及电信业实现了17%的增长速度，在国内生产总值中所占比重由1997年的1.5%上升到3%。2003年，埃及电信业的总投资额达到38.8亿埃及镑。全国共有1 080万条电话线路，其中国际电话线路12 000条，安装电话的家庭达830万户，手机用户500万，因特网用户210万。

（7）财政金融。财政来源除税收外，主要靠旅游、石油、侨汇和苏伊士运河四项收入。

（8）对外贸易。埃及同120多个国家和地区建有贸易关系，主要贸易伙伴是美国、法国、德国、意大利、英国、日本、沙特、阿联酋等。由于出口商品少，外贸连年逆差。为扩大对外出口，减少贸易逆差，埃及政府采取了以下措施：① 发展民族工业，争取生产更多的进口替代商品；② 限制进口，特别是消费性制成品的进口；③ 争取扩大出口，特别是原油、原棉以外的非传统性商品的出口。

埃及主要进口商品是机械设备、谷物、电器设备、矿物燃料、塑料及其制品、钢铁及其制品、木及木制品、车辆、动物饲料等；主要出口产品是矿物燃料（原油及其制品）、棉花、陶瓷、纺织服装、铝及其制品、钢铁、谷物和蔬菜。埃及出口商品主要销往阿拉伯国家。

2. 南非共和国（The Republic of South Africa，简称南非）

1）概况

（1）自然地理：位于非洲大陆最南端，东、西、南三面濒临印度洋和大西洋，北与纳米比亚、博茨瓦纳、津巴布韦、莫桑比克和斯威士兰接壤。地处两大洋间的航运要冲，其西南端的好望角航线历来是世界上最繁忙的海上通道之一，有“西方海上生命线”之称。国土面积约122万平方千米。全境大部分为海拔600米以上高原。德拉肯斯山脉绵亘东南，卡斯金峰高达3 660米，为全国最高点；西北部为沙漠，是卡拉哈迪盆地的一部分；北部、中部和西南部为高原；沿海是狭窄平原。奥兰治河和林波波河为两大主要河流。大部分地区属热带草原气候，东部沿海为热带季风气候，南部沿海为地中海式气候。全境气候分为春夏秋冬四季。12月～2月为夏季，最高气温可达32 ℃～38 ℃；6～8月是冬季，最低气温为-10 ℃～-12 ℃。全年降水量由东部的1 000毫米逐渐减少到西部的60毫米，平均450毫米。首都比勒陀利亚年平均气温17 ℃。

（2）人口：5 400万，分黑人、白人、有色人和亚裔四大种族，分别占总人口的79.4%、9.3%、8.8%和2.5%。黑人主要有祖鲁、科萨、斯威士、茨瓦纳、北索托、南索托、聪加、文达、恩德贝莱9个部族，主要使用班图语。白人主要是荷兰血统的阿非利卡人（约占57%）和英国血统的白人（约占39%），语言为阿非利卡语和英语。有色人是殖民时期白人、土著人和奴隶的混血人后裔，主要使用阿非利卡语。亚裔人主要是印度人（约占99%）和华人。有11种官方语言，英语和阿非利卡语为通用语言。白人、大多数有色人和60%的黑人信奉基督教新教或天主教；亚裔人约60%信奉印度教，20%信奉伊斯兰教；部分黑人信奉原始宗教。

2）经济

南非属于中等收入的发展中国家，也是非洲经济最发达的国家。自然资源十分丰富。金融、法律体系比较完善，通信、交通、能源等基础设施良好。矿业、制造业、农业和服务业均较发达，是南非经济四大支柱，深井采矿等技术居于世界领先地位，但南非国民经济各部门、地区发展不平衡，城乡、黑白二元经济特征明显。20世纪80年代初至90年代初受国际制裁影响，经济出现衰退。新南非政府制定了“重建与发展计划”，强调提高黑人的社会、经济地位。1996年推出“增长、就业和再分配计划”，旨在通过推进私有化，削减财政赤字，增加劳动力市场灵活性，促进出口，放松外汇管制，鼓励中小企业发展等措施实现经济增长，增加就业，逐步改变分配不合理的情况。2006年实施“南非加速和共享增长倡议”，加大政府干预经济力度，通过加强基础设施建设、实行行业优先发展战略、加强教育和人力资源培训等措施，促进就业和减贫。1994—2004年经济年均增长3%，2005—2007年超过5%。

受国际金融危机影响，南非2008年经济增速放缓，同比增长下滑至3.1%，2009年为-1.8%，一度陷入衰退。为应对金融危机冲击，南非自2008年12月以来6次下调利率，并出台增支减税、刺激投资和消费、加强社会保障等综合性政策措施，以遏止经济下滑势头。在南非政府经济刺激措施、国际经济环境逐渐好转和筹办世界杯足球赛的共同作用下，南非经济逐渐企稳。2010 年以来，祖马政府相继推出“新增长路线”和《2030 年国家发展规划》，围绕解决贫困、失业和贫富悬殊等社会问题，以强化政府宏观调控为主要手段，加快推进经济社会转型。2010 年经济增长率为 2.8%，2011 年为 3.5%。目前，南非政府正在重点实施“工业政策行动计划”和“基础设施发展计划”，旨在促进南非高附加值和劳动密集型制造业发展，改变经济增长过度依赖原材料和初级产品出口的现状，加快铁路、公路、水电、物流等基础设施建设。

当前，受全球经济增长缓慢尤其是欧债危机拖累，南非经济总体低迷，增长乏力。2012 年 8 月爆发的马利卡纳铂金矿大罢工演变成严重流血冲突，并引发新一轮罢工潮，重创南非矿业和交通运输业等支柱产业，加上国际评级机构先后调降南非长期主权信用评级展望和政府债券评级，令南非经济再度面临严峻形势，兰特兑美元汇率一度跌至 3 年来新低。2013 年以来，由于美国退出量化宽松政策等因素影响，南非出现大幅资本外流。2014 年南非主要经济数据如下：

国内生产总值：约 3 510 亿美元。

人均国内生产总值：约 6 500 美元。

国内生产总值年增长率：1.6%。

货币名称：兰特（Rand）。

汇率（2014 年年底）：1 美元≈14 兰特。

（1）资源。南非矿产资源丰富，是世界五大矿产资源国之一。现已探明储量并开采的矿产有 70 余种。铂族金属、氟石、铬的储量居世界第一位，黄金、钒、锰、锆居第二位，钛居第四位，磷酸盐矿、铀、铅、锑居第五位，煤、锌居第八位，铜居第九位。根据南非矿业部统计数据，2011 年已探明的矿藏储量：黄金 6 000 吨（占世界总储量的 11.8%，下同），铂族金属 6.3 万吨（95.5%），锰 1.5 亿吨（23.8%），钒 364 万吨（26%），蛭石 1 400 万吨，铬 31 亿吨（85%），铀 29.5 万吨（5.5%），煤 301.56 亿吨（3.5%），钛 7 130 万吨（10.3%），锆 1 400 万吨（27%），氟石 4 100 万吨（17.1%），磷酸盐 15 亿吨（2.1%），锑 2.1 万吨（1.2%），铅 30 万吨（2.1%），锌 1 400 万吨（3.3%），铜 1 100 万吨（1.6%）。

（2）工业。制造业、建筑业、能源业和矿业是南非工业四大部门。制造业门类齐全，技术先进，产值约占国内生产总值的 17.2%。南非主要产品有钢铁、金属制品、化工、运输设备、机器制造、食品加工、纺织、服装等。钢铁工业是南非制造业的支柱，拥有六大钢铁联合公司、130 多家钢铁企业。近年来，纺织、服装等缺乏竞争力的行业萎缩，汽车制造等新兴出口产业发展较快。

建筑业发展较快。1994—1999 年，南非政府共筹集投入 125 亿兰特建设低造价住房，以缓解黑人城镇居民住房问题。近年来，由于南非加快实施 2010 年世界杯足球赛场馆建设及房地产开发热，南非建筑业发展较快，但设备陈旧、技术工人缺乏等问题比较突出。南非政府目前正在实施基础设施发展规划，建筑业面临进一步发展的大好时机。

能源工业基础雄厚，技术较先进。电力工业较发达，发电量占全非洲的 2/3，其中约 92% 为火力发电。国营企业南非电力公司（ESKOM）是世界上排名前十电力生产和第十一大电力销售企业，拥有世界上最大的干冷发电站，供应南非95%和全非60%的用电量。近年来由于电力生产和管理滞后等原因，全国性电力短缺现象严重。在开普敦附近建有非洲大陆唯一的核电站——库贝赫（Koeberg）核电站，发电能力180万千瓦。此外，南非萨索尔（SASOL）公司的煤合成燃油及天然气合成燃油技术商业化水平居世界领先地位，其生产的液体燃油约占南非燃油供应总量的1/4。

南非矿业历史悠久，具有完备的现代矿业体系和先进的开采冶炼技术，是南非经济的支柱。2012年矿业产值约占国内生产总值的5.5%。矿产品是出口的重要构成部分，2012年矿产品出口额约占出口总额38%。南非是世界上重要的黄金、铂族金属和铬生产国和出口国。南非钻石产量约占世界的9%。南非德比尔斯（De Beers）公司是世界上最大的钻石生产和销售公司，总资产200亿美元，其营业额一度占世界钻石供应市场90%的份额，目前仍控制着世界粗钻石贸易的60%。

2011年南非矿产品产量如下：黄金180.2吨，铂族金属288.9吨，铬10 721千吨，锰865.2万吨，煤2.528亿吨，铜8.9万吨，钻石7 046千克拉。

（3）农业。南非农业较发达，产值占国内生产总值的3%。可耕地约占土地面积的12%，但适于耕种的高产土地仅占22%。农业、林业、渔业就业人数约占人口的7%，其产品出口收入占非矿业出口收入的15%。农业生产受气候变化影响明显。玉米是最重要的粮食作物。各类罐头食品、烟、酒、咖啡和饮料畅销海外。盛产花卉、水果，葡萄酒享有盛誉。

（4）畜牧业。畜牧业较发达，主要集中在西部2/3的国土。牲畜种类主要包括牛、绵羊、山羊、猪等，家禽主要有鸵鸟、肉鸡等。主要产品有禽蛋、牛肉、鲜奶、奶制品羊肉、猪肉、绵羊毛等。所需肉类85%自给，15%从纳米比亚、博茨瓦纳、斯威士兰等邻国和澳大利亚、新西兰及一些欧洲国家进口。绵羊毛产量可观，是世界第4大绵羊毛出口国。

水产养殖业产量占全非洲5%和世界的0.03%。南非商业捕捞船队有各种船只500多艘，全国约有2.8万人从事海洋捕捞业。主要捕捞种类为淡菜、鳟鱼、牡蛎和开普无须鳕。每年捕捞量约58万吨，产值近20亿兰特。此外，南非养蜂业年产值约2 000万兰特。

（5）旅游业。旅游业是当前南非发展最快的行业之一，产值占国内生产总值的8.7%，从业人员达140万人。南非旅游资源丰富，设施完善，有700多家大饭店，2 800多家大小宾馆、旅馆及10 000多家饭馆。旅游点主要集中于东北部和东、南沿海地区。生态旅游与民俗旅游是南非旅游业两大最主要的增长点。2010年6月11日至7月11日，第十九届世界杯足球赛决赛圈比赛在南非举行，有力拉动了南非旅游业。2012年到南非旅游的外国游客达919万人次。

（6）交通运输。南非拥有非洲最完善的交通运输系统，对本国以及邻国的经济发挥着重要作用。南非交通运输以铁路、公路为主，空运发展迅速。近年来加强了城镇及经济开发区交通基础设施建设。

铁路：总长约3.41万千米，其中1.82万千米为电气化铁路，有电气机车2 000多辆。年度货运量约1.75亿吨。由比勒陀利亚驶往开普敦的豪华蓝色客车在国际上享有盛誉。连接行政首都比勒陀利亚和约翰内斯堡奥立佛·坦博国际机场的高速铁路2011年8月通车，总长约80千米。

公路：南非公路分为国家、省及地方三级。2009年总里程（含各级公路和街道）达

75.5万千米，其中国家级公路16 170千米。年客运量约450万人次，货运量310万辆。

水运：南非海洋运输业发达，约98%的出口要靠海运来完成，主要港口有开普敦、德班、东伦敦、伊丽莎白港、理查兹湾、萨尔达尼亚和莫瑟尔湾，有商船990艘，总吨位75.5万吨，年港口吞吐量约为12亿吨。德班是非洲最繁忙的港口及最大的集装箱集散地，年集装箱处理量达120万个。

空运：截至2007年6月月底，南注册飞机总数10 189架，其中南非航空公司拥有包括30余架波音飞机和15架空中客车在内的各类民航机共48架，是非洲大陆最大的航空公司之一，也是世界最大的50家航空公司之一。南非现约有27个民航机场，其中11个是国际机场，每周有600多个国内航班和70多个国际航班，与非洲、欧洲、亚洲及中东、南美一些国家直接通航，平均年客运量达1 200万人次。南非主要国际机场有奥立佛·坦博国际机场（原约翰内斯堡国际机场）、开普敦国际机场和德班沙卡王国际机场等。

管道运输：南非管道运输网络总长3 000千米，输送全国85%的石油加工产品。

（7）财政金融。2007—2013年南非财政收支情况见表6-19。

表6-19　2007—2013年南非财政收支情况

单位：百万兰特

年份	2007—2008财年	2008—2009财年	2009—2010财年	2010—2011财年	2011—2012财年	2012—2013财年
收入	559 774	611 124	571 492	755 000	830 200	887 800
支出	541 499	633 907	748 816	897 400	972 500	105 590
赤字或盈余	18 275	-22 783	-177 324	-142 400	-142 300	-168 100

（资料来源：南非财政部网站）

2013年，南非官方外汇储备497亿美元。截至2013年年底，外债总额1 395亿美元。

南非储备银行（The South African Reserve），系南非中央银行，始建于1920年，为股份有限银行，除行长与副行长由政府任命外，享有很大的独立决策权。总部设在比勒陀利亚。

截至2009年年底，南非共有注册银行31家，另有42家外国银行在南非设有代表处。南非银行业资产29 670亿兰特。其中最大的四家银行是：第一兰特银行（First Rand Bank）、南非联合银行集团（Amalgamated Banks of South Africa Group）、标准银行（Standard Bank）、莱利银行（NedBank Limited）。上述四大商业银行总资产约占南非商业银行总资产的84.6%。

（8）对外贸易。南非实行自由贸易制度，是世界贸易组织（WTO）的创始会员国。欧盟与美国等是南非传统的贸易伙伴，但近年与亚洲、中东等地区的贸易也在不断增长。据南非税务总局统计，2013年南非货物进出口额为1 979亿美元，其中，出口951亿美元，进口1 028亿美元，贸易逆差77亿美元。

南非出口产品有黄金，金属及金属制品，钻石，食品、饮料及烟草，机械及交通运输设备等制成品；主要进口机械设备，交通运输设备，化工产品，石油等。2011年前十大出口目的地国为：中国、美国、日本、德国、英国、印度、瑞士、荷兰、津巴布韦、莫桑比克；

前十大进口来源国为：中国、德国、美国、日本、印度、英国、意大利、法国、韩国、巴西。

3. 博茨瓦纳共和国（The Republic of Botswana）

1）概况

（1）自然地理：面积58.173万平方千米，是非洲南部内陆国家。平均海拔1 000米左右。东接津巴布韦，西连纳米比亚，北邻赞比亚，南界南非。地处南非高原中部的卡拉哈里沙漠，西北部为奥卡万戈三角洲沼泽地，东南部和弗朗西斯敦周围是丘陵。大部分地区属热带干旱草原气候，西部为沙漠、半沙漠气候。年均气温21 ℃。年均降水量400毫米。

（2）人口：203万（2011年人口普查数字）。绝大部分为班图语系的茨瓦纳人（占人口的90%）。全国有八个主要部族：恩瓦托、昆纳、恩瓦凯策、塔瓦纳、卡特拉、莱特、罗龙和特罗夸。恩瓦托族最大，约占人口的40%。欧洲人和亚洲人约1万人。官方语言为英语，通用语言为茨瓦纳语和英语。多数居民信奉基督教新教和天主教，农村地区部分居民信奉传统宗教。

2）经济

博兹瓦纳是非洲经济发展较快，经济状况较好的国家之一。钻石业是其经济支柱，产值约占国内生产总值的1/3。养牛业是传统产业，制造业落后，近年来旅游业发展较快，成为新兴产业。独立后，博兹瓦纳政府建立了自由市场经济体制，采取优惠措施吸引外资和国外先进技术，先后制定了10个国家发展计划，经济实现了快速、持续发展。为改变经济发展主要依赖钻石业的状况，从20世纪80年代后期开始，博兹瓦纳政府开始推行经济多元化政策，取得一定成效。

卡马总统执政以来，博兹瓦纳政府继续实行积极财政政策和稳健货币政策，加大对基础设施和社会领域的投入，努力扩大内需，创造就业。在继续重视钻石经济和提升附加值的同时，吸引外资开发镍、铜等矿产资源；启动火电站建设，加快电力自给和出口；推动旅游业发展，促进经济多元化。受国际金融危机影响，钻石产量和出口收入一度大幅下降。随着国际市场矿产品需求回暖及价格回升，博茨瓦纳经济自2009年第二季度起开始复苏。博茨瓦纳政府加大对主要产业部门扶植力度，确定钻石业、农业、卫生、教育、交通、创新六大重点发展领域。根据相关国际机构公布的数据，博兹瓦纳2013年主要经济数据如下：

国内生产总值（GDP）：148.37亿美元。

人均国内生产总值：7 135.9美元。

经济增长率：3.9%。

货币名称：普拉。

汇率：1美元=9.51普拉。

通货膨胀率：4.1%。

（资料来源：2014年6月《经济季评》及博茨瓦纳统计局相关数据）

（1）资源。矿产资源丰富。主要矿藏为钻石，其次为铜镍、煤、苏打灰、铂、金、锰等。钻石储量和产量均居世界前列。已探明的铜镍矿藏量为4 600万吨，煤蕴藏量170亿吨。

（2）工矿业。从20世纪70年代中期起，采矿业取代畜牧业成为博茨瓦纳国民经济的主要部门。博茨瓦纳是世界上主要毛坯钻石生产国之一。近年来，博茨瓦纳政府积极发展钻石加工业，以提高钻石业利润，已批准4个钻石加工企业营业执照。2008年钻石产量3 260万克拉，产值32.7亿美元，位列世界第一。受国际金融危机影响，2009年钻石产量大幅减少，为1 773万克拉。2011年钻石产量为2 290万克拉。铜镍是继钻石后重要的出口矿产品，2011年产量为3.2万吨。2012年，博茨瓦纳钻石出口额361亿普拉，占出口总额的79.3%，铜镍出口额33.1亿普拉，占出口总额的7.3%。2013年，博茨瓦纳钻石产量提高12.4%，矿业产值增加10.6%。

传统轻工业以畜牧产品加工为主，其次是饮料、金属加工和纺织等。

（3）农牧业。博茨瓦纳农业较落后，可耕地占全国面积的15%，种植面积为可耕地的5%。农业产量较低，只能满足国内粮食需求的10%左右，主要农作物为高粱和玉米。政府鼓励农民多种粮，增加粮食自给，自2008年以来，博茨瓦纳政府实施综合支持耕地发展项目。2011—2012财年博茨瓦纳土地种植面积为34.1万公顷，农作物产量7.3万吨。2011年农业产值占国内生产总值的2.4%。

博茨瓦纳畜牧业占农业产值的70%，是国民经济传统支柱产业之一，也是农民的主要收入来源。畜牧业以养牛为主，养羊为辅。博茨瓦纳有现代化的大型屠宰厂和肉类加工厂，年屠宰能力为40～50万头牛。2008年牛肉出口额5.3亿普拉，约占出口总额的1.58%。2010年，博茨瓦纳牛畜存栏量为265万头。2011年3月，因受口蹄疫疫情影响，欧盟已无限期暂停进口博茨瓦纳牛肉。2011年博茨瓦纳肉类出口额3.3亿普拉，约占出口总额的0.8%。

（4）旅游业。博茨瓦纳是非洲主要旅游国之一。博茨瓦纳旅游资源丰富，是非洲野生动物种类和数量较多的国家。博茨瓦纳政府把全国38%的国土划为野生动物保护区，设立了3个国家公园，5个野生动物保护区。乔贝国家公园和奥卡万戈三角洲野生动物保护区为主要旅游点。旅游业现为博茨瓦纳第二大外汇收入来源，是经济多元化战略的重点发展产业。20世纪90年代以来，旅游业持续增长。为加强对旅游业的推销和宣传，2005年博茨瓦纳成立了旅游董事会。2006年游客数量为182万人次。2008年，博茨瓦纳拥有宾馆302所，客房5 145间，床位9 020张。2010年博接待外籍游客总数创纪录达210万人次。2006年至2010年，游客数量年均增长率为10.7%。旅游业对GDP贡献率达3.7%。截至2012年6月，博茨瓦纳有旅游公司764家，其中406家为本国公民所有。

（5）交通运输。博茨瓦纳的交通运输以公路运输为主，主要城镇之间有公路相连，总长1.94万公里，其中30%为柏油路面。全国各主要城镇之间以及博茨瓦纳与南非、赞比亚、津巴布韦和纳米比亚之间已基本由柏油马路连接，其中干线公路等级较高。

博茨瓦纳铁路长900公里，主要铁路线跨越弗朗西斯敦、哈博罗内和洛巴策，连接南非和津巴布韦。博茨瓦纳铁路公司是负责铁路运输的国有企业。2004年铁路发送旅客40.6万人次，发送货物197.4万吨。2003—2007年实施了铁路五年治理计划，主要包括提高运营水平、更新车皮、机车和信号系统。2012年前9个月，铁路发送货物150万吨，创收2.24亿普拉。

2011年8月，博茨瓦纳获得石油输出国组织国际发展基金4 000万美元贷款，用于综合交通建设项目，旨在整合博茨瓦纳现有的公路和铁路系统，建设新的交通设施，提高运输能力，促进经济发展。

博茨瓦纳航空公司有飞往南非的地区航线和国内主要城镇及旅游区之间的航线。现有六个国际机场，首都有卡马国际机场，其余五个机场设在弗朗西斯敦、马翁、卡萨尼、塞莱比—皮奎和杭济。此外有数十个小型机场分散在全国各地。2005 年，博茨瓦纳成立独立的民用航空管理局。

（6）财政金融。博茨瓦纳国家银行于 1975 年建立，1976 年发行本国货币“普拉”。博茨瓦纳长期执行审慎的财政政策，财政收支处于盈余状态。前几年由于受矿业收入下降、普拉对美元升值和政府施行积极财政政策的影响，曾一度出现财政赤字。政府采取了严格控制支出等措施，使财政收支最终处于盈余状态。2013 年年底博茨瓦纳外汇储备为 78.42 亿美元。

（7）对外贸易。博茨瓦纳实行自由贸易政策，主要出口钻石、铜镍矿产品、苏打灰、牛肉产品、纺织品和汽车配件等；进口汽车及交通设备、机械及电子产品、食品及饮料、金属、化工和橡胶制品、燃料和烟草等。博茨瓦纳的主要贸易伙伴有：南部非洲关税同盟其他国家（南非、纳米比亚、莱索托、斯威士兰）、欧盟、津巴布韦等。2013 年，博茨瓦纳进口额为 73.62 亿美元，出口额为 76.03 亿美元。

思考题

1. 国际物流的概念及特点是什么？
2. 简述美国、德国及新加坡的物流发展对我国物流业的启示。

附录1　中国政区图

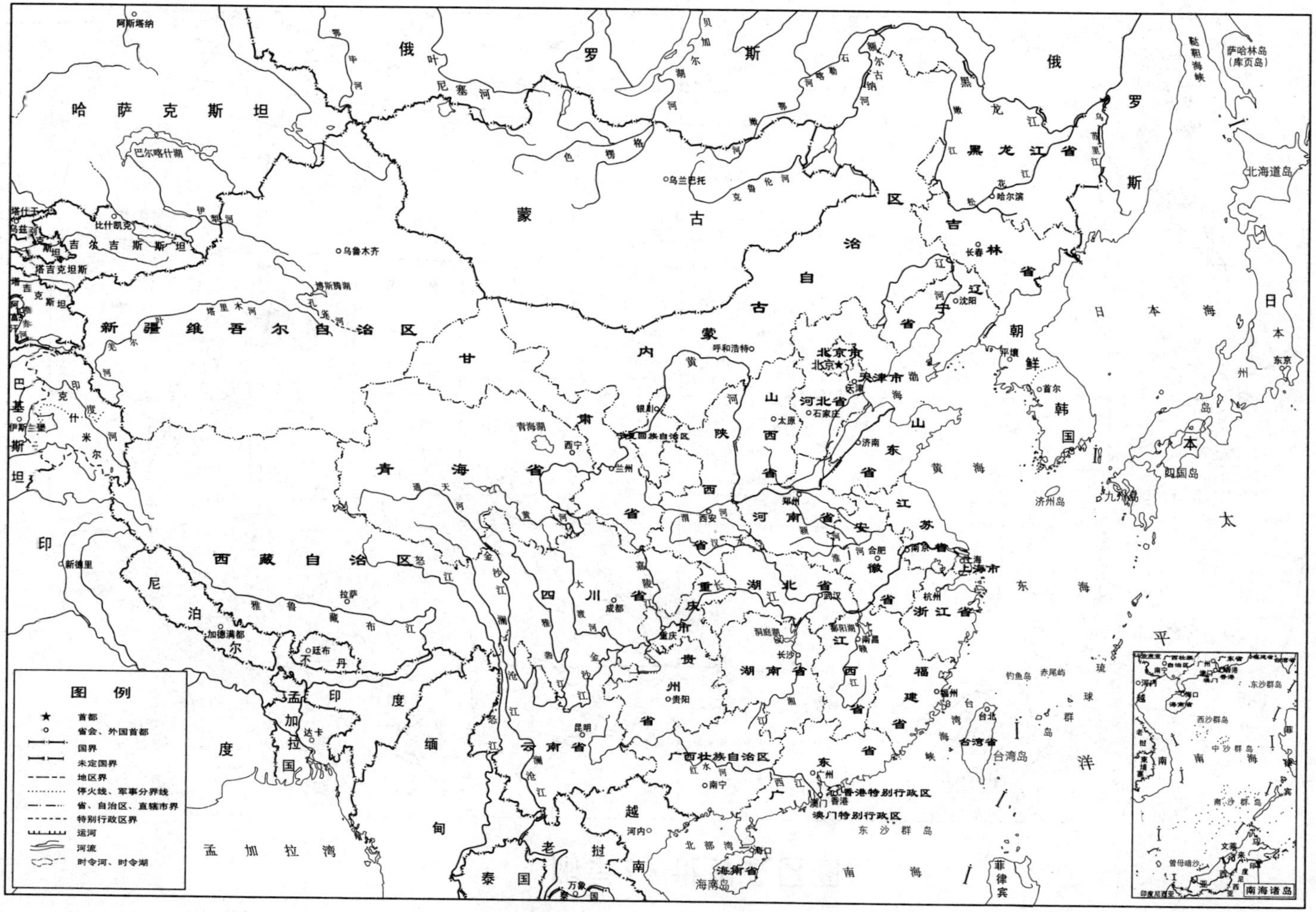

图例
首都
省会、外国首都
国界
未定国界
地区界
停火线、军事分界线
省、自治区、直辖市界
特别行政区界
运河
河流
时令河、时令湖
南海诸岛
新疆维吾尔自治区
西藏自治区
青海省
甘肃省
内蒙古自治区
黑龙江省
吉林省
辽宁省
北京市
天津市
河北省
山西省
山东省
河南省
陕西省
四川省
重庆市
湖北省
湖南省
贵州省
云南省
广西壮族自治区
广东省
江西省
安徽省
江苏省
上海市
浙江省
福建省
台湾省
海南省
香港特别行政区
澳门特别行政区
宁夏回族自治区

附录2　世界政区图

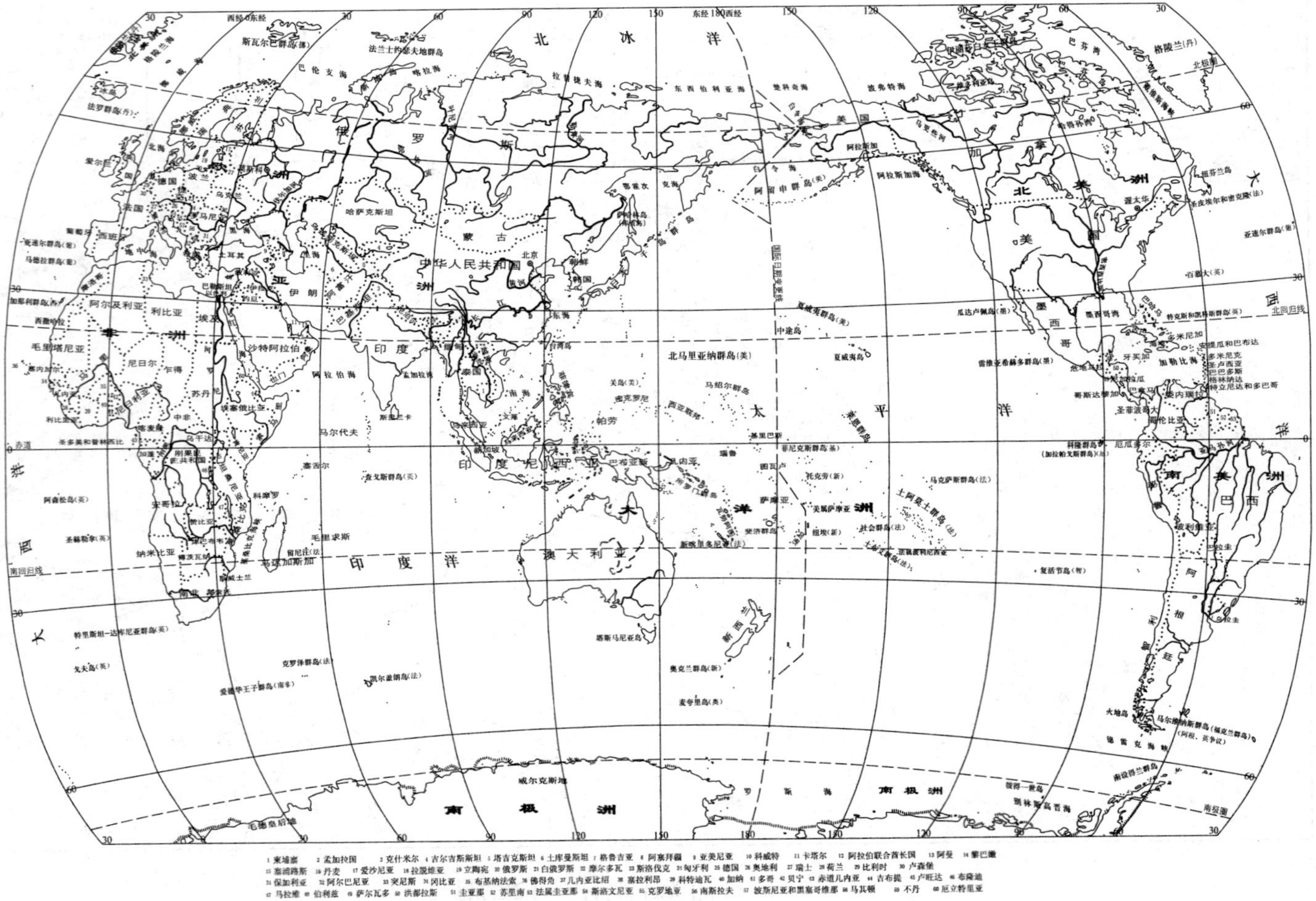
北冰洋
太平洋
大西洋
印度洋
亚洲
欧洲
非洲
北美洲
南美洲
大洋洲
南极洲
中华人民共和国
北京
俄罗斯
蒙古
澳大利亚
美国
加拿大
巴西
赤道
北回归线
南回归线
北极圈
南极圈
国际日期变更线
1 柬埔寨　2 孟加拉国　3 克什米尔　4 吉尔吉斯斯坦　5 塔吉克斯坦　6 土库曼斯坦　7 格鲁吉亚　8 阿塞拜疆　9 亚美尼亚　10 科威特　11 卡塔尔　12 阿拉伯联合酋长国　13 阿曼　14 黎巴嫩
15 塞浦路斯　16 丹麦　17 爱沙尼亚　18 拉脱维亚　19 立陶宛　20 俄罗斯　21 白俄罗斯　22 摩尔多瓦　23 斯洛伐克　24 匈牙利　25 德国　26 奥地利　27 瑞士　28 荷兰　29 比利时　30 卢森堡
31 保加利亚　32 阿尔巴尼亚　33 突尼斯　34 冈比亚　35 布基纳法索　36 佛得角　37 几内亚比绍　38 塞拉利昂　39 科特迪瓦　40 加纳　41 多哥　42 贝宁　43 赤道几内亚　44 吉布提　45 卢旺达　46 布隆迪
47 马拉维　48 伯利兹　49 萨尔瓦多　50 洪都拉斯　51 圭亚那　52 苏里南　53 法属圭亚那　54 斯洛文尼亚　55 克罗地亚　56 南斯拉夫　57 波斯尼亚和黑塞哥维那　58 马其顿　59 不丹　60 厄立特里亚

参 考 文 献

［1］丁立言，张铎．国际物流学［M］．北京：清华大学出版社，2000.

［2］刘念．物流地理［M］．北京：机械工业出版社，2005.

［3］林婉如．中国经济地理［M］．大连：东北财经大学出版社，2005.

［4］曾宪培，陈鹏．物流经济地理［M］．北京：机械工业出版社，2006.

［5］陈焰．物流经济地理［M］．北京：中国物资出版社，2005.

［6］孟庆超，吕向生．国际贸易地理［M］．合肥：合肥工业大学出版社，2006.

［7］王之泰．现代物流学［M］．北京：中国物资出版社，2002.

［8］戴娟萍，张重晓．中国经济地理［M］．北京：中国物资出版社，2006.

［9］国家统计局．中国统计摘要2006［M］．北京：中国统计出版社，2006.

［10］林发源．法国物流发展概况、特点与启示［EB/OL］．［2007－07－01］．http：//www.56new.cn/artide/logistic-school/2006101539416.html

［11］［美］戴维·泰勒．全球物流与供应链管理案例［M］．胡克，等，译．北京：中信出版社，2004.

［12］田颖．襄樊粮食物流流量、流向的分析与预测［J］．物流技术，2006，7：100-102.

［13］人民交通出版社地图编辑组．中国公路铁路水路图集［M］．北京：人民交通出版社，2006.

［14］地质出版社地图编辑室．中国旅游地图册［M］．北京：地质出版社，2001.

［15］广东地图出版社．实用世界地图册［M］．广州：广东地图出版社，2001.

［16］德昆．欧洲经典游［M］．桂林：广西师范大学出版社，2006.

［17］魏巧云．新加坡物流业发展纵览［EB/OL］．［2007－07－01］．http：//info.jctrans.com/zhuanti/zta/9/20055286567.shtml

［18］邓爱民．德国物流产业的进程［EB/OL］．［2007－07－01］．http：//info.jctrans.com/xueyuan/wlyt/gjw/200472263972.shtml

［19］张重晓．物流地理［M］．北京：机械工业出版社，2006.

［20］徐玲玲．物流经济地理［M］．北京：中国物资出版社，2006.

［21］郑洁华．中国经济地理［M］．北京：中国商业出版社，2002.

［22］胡欣．中国经济地理［M］第5版．上海：立信会计出版社，2004.

参考文献

[illegible]